PRECATÓRIOS
NEGÓCIOS, MERCADO E REGULAÇÃO

FSC
www.fsc.org
MISTO
Papel | Apoiando
o manejo florestal
responsável
FSC® C111076

A Editora Fórum, consciente das questões sociais e ambientais, utiliza, na impressão deste material, papéis certificados FSC® (*Forest Stewardship Council*).

A certificação FSC é uma garantia de que a matéria-prima utilizada na fabricação do papel deste livro provém de florestas manejadas de maneira ambientalmente correta, socialmente justa e economicamente viável.

DANIEL RODRIGUES COSTA

PRECATÓRIOS
NEGÓCIOS, MERCADO E REGULAÇÃO

Belo Horizonte

FÓRUM
CONHECIMENTO JURÍDICO

2024

© 2024 Editora Fórum Ltda.

É proibida a reprodução total ou parcial desta obra, por qualquer meio eletrônico, inclusive por processos xerográficos, sem autorização expressa do Editor.

Conselho Editorial

Adilson Abreu Dallari
Alécia Paolucci Nogueira Bicalho
Alexandre Coutinho Pagliarini
André Ramos Tavares
Carlos Ayres Britto
Carlos Mário da Silva Velloso
Cármen Lúcia Antunes Rocha
Cesar Augusto Guimarães Pereira
Clovis Beznos
Cristiana Fortini
Dinorá Adelaide Musetti Grotti
Diogo de Figueiredo Moreira Neto (in memoriam)
Egon Bockmann Moreira
Emerson Gabardo
Fabrício Motta
Fernando Rossi
Flávio Henrique Unes Pereira

Floriano de Azevedo Marques Neto
Gustavo Justino de Oliveira
Inês Virgínia Prado Soares
Jorge Ulisses Jacoby Fernandes
Juarez Freitas
Luciano Ferraz
Lúcio Delfino
Marcia Carla Pereira Ribeiro
Márcio Cammarosano
Marcos Ehrhardt Jr.
Maria Sylvia Zanella Di Pietro
Ney José de Freitas
Oswaldo Othon de Pontes Saraiva Filho
Paulo Modesto
Romeu Felipe Bacellar Filho
Sérgio Guerra
Walber de Moura Agra

FÓRUM
CONHECIMENTO JURÍDICO

Luís Cláudio Rodrigues Ferreira
Presidente e Editor

Coordenação editorial: Leonardo Eustáquio Siqueira Araújo / Aline Sobreira de Oliveira
Revisão:
Capa, projeto gráfico e diagramação: Walter Santos

Rua Paulo Ribeiro Bastos, 211 – Jardim Atlântico – CEP 31710-430
Belo Horizonte – Minas Gerais – Tel.: (31) 99412.0131
www.editoraforum.com.br – editoraforum@editoraforum.com.br

Técnica. Empenho. Zelo. Esses foram alguns dos cuidados aplicados na edição desta obra. No entanto, podem ocorrer erros de impressão, digitação ou mesmo restar alguma dúvida conceitual. Caso se constate algo assim, solicitamos a gentileza de nos comunicar através do e-mail editorial@editoraforum.com.br para que possamos esclarecer, no que couber. A sua contribuição é muito importante para mantermos a excelência editorial. A Editora Fórum agradece a sua contribuição.

Dados Internacionais de Catalogação na Publicação (CIP) de acordo com ISBD

C837p   Costa, Daniel Rodrigues

Precatórios: negócios, mercado e regulação / Daniel Rodrigues Costa.
Belo Horizonte: Fórum, 2024.

304 p. 14,5x21,5cm
ISBN 978-65-5518-562-1

1. Precatórios. 2. Regulação. 3. Crowdfunding. 4. Crowdlending (P2P). 5. Correspondente de instituição financeira. I. Título.

CDD: 347.05
CDU: 347.9

Ficha catalográfica elaborada por Lissandra Ruas Lima – CRB/6 – 2851

Informação bibliográfica deste livro, conforme a NBR 6023:2018 da Associação Brasileira de Normas Técnicas (ABNT):

COSTA, Daniel Rodrigues. Precatórios: negócios, mercado e regulação. Belo Horizonte: Fórum, 2024. 304 p. ISBN 978-65-5518-562-1.

O fim do Direito não é abolir nem restringir, mas preservar e ampliar a liberdade.

John Locke. *Two treatises of government*, 1823.

O progresso é precisamente aquilo não previsto pelas leis e regulamentos.

Ludwig von Mises. *Bureaucracy*, 1944.

SUMÁRIO

INTRODUÇÃO 11

CAPÍTULO 1
PRECATÓRIO: LEGISLAÇÃO, CONCEITO, FORMAÇÃO,
FRACIONAMENTO, CARACTERIZAÇÃO E DÍVIDA 17
1.1 Evolução legislativa 17
1.2 Precatório e ofício requisitório 21
1.3 Regime geral e especial 28
1.4 Diferença entre precatório e requisição de pequeno valor 33
1.5 Pagamento não integral (parcial) 36
1.6 Administração e Fazenda Pública 39
1.7 Panorama geral e dívida consolidada 42

CAPÍTULO 2
QUESTÕES REFERENTES AO PAGAMENTO
DAS REQUISIÇÕES 47
2.1 Juros e correção 47
2.2 Leilão e acordo 63
2.3 Recebimento preferencial por idade avançada ou doença grave 68
2.4 Precatório como moeda de troca: diferentes usos 70
2.4.1 Compensação 73
2.4.2 Compra de imóveis públicos 78
2.4.3 Pagamento de outorga de delegações de serviços públicos 80
2.4.4 Aquisição, inclusive minoritária, de participação societária 83
2.4.5 Compra de direitos disponibilizados para antecipação de valores
       a serem recebidos em contratos de partilha de petróleo 84
2.5 Precatório cancelado e devolvido ao Tesouro Nacional 84
2.6 A possibilidade jurídica da cessão das requisições de pagamento 92

CAPÍTULO 3
A NEGOCIAÇÃO DE PRECATÓRIOS 95

3.1 Os interesses econômicos envolvidos na negociação de créditos lastreados em precatórios 95

3.2 Procedimento para transmissão de precatórios 100

3.2.1 Investir adquirindo o precatório diretamente do titular 103

3.2.2 Aquisição de quotas de FIDC e FIDC-NP 105

3.2.3 Aquisição de créditos derivados de precatórios por meio de plataformas eletrônicas 112

CAPÍTULO 4
RISCOS A PONDERAR 115

4.1 Riscos inerentes à atuação da sociedade tomadora via plataformas eletrônicas 116

4.1.1 Penhora 116

4.1.2 Recuperação judicial e falência 121

4.2 Risco de reconsideração da decisão que homologa a cessão de crédito: atos, vícios e ações judiciais 129

4.2.1 Negócio jurídico inexistente 131

4.2.2 Causas de invalidade dos negócios jurídicos e fundamento para ações judiciais 133

4.2.2.1 Simulação 136

4.2.2.2 Erro 138

4.2.2.3 Coação 141

4.2.2.4 Dolo 142

4.2.2.5 Estado de perigo 145

4.2.2.6 Lesão 146

4.2.2.7 Fraude contra credores 148

4.2.2.8 Ação anulatória, declaratória e pauliana 151

4.2.3 A ineficácia da cessão de crédito 153

4.2.3.1 Condição 154

4.2.3.2 Termo 155

4.2.3.3 Encargo ou modo 156

4.3 Risco de cancelamento do precatório por vícios no processo que o originou 157

4.3.1 Ato processual 158

4.3.2 A sanabilidade dos vícios 162

4.3.3 Ação rescisória 164

4.3.4 Querela nullitatis insanabilis 172
4.4 Riscos políticos e legislativos 177

CAPÍTULO 5
A NEGOCIAÇÃO DE DIREITOS PESSOAIS PATRIMONIAIS BASEADOS EM PRECATÓRIOS SE SUJEITA À REGULAÇÃO DO BANCO CENTRAL DO BRASIL E DA COMISSÃO DE VALORES MOBILIÁRIOS? 183
5.1 Regulação exercida pelo BACEN 186
5.2 Regulação exercida pela CVM 188
5.2.1 Situações em que os contratos de investimento coletivos são valores mobiliários. Aplicação do *Howey Test* 197
5.2.2 Títulos cambiais de responsabilidade de instituição financeira podem ser valores mobiliários? Aplicação do *Reves Test* 208
5.3 Negociação de direitos pessoais patrimoniais baseados em precatórios via plataformas eletrônicas 215
5.3.1 Via plataformas de *crowdfunding* 222
5.3.2 Por instituições financeiras 234
5.3.2.1 Via plataforma eletrônica mantida por correspondente de IF 236
5.3.2.2 Via plataforma eletrônica mantida por SEP 239
5.3.3 Via plataformas eletrônicas não reguladas 247

CONCLUSÃO 259

REFERÊNCIAS 265

INTRODUÇÃO

É papel dos legisladores e demais operadores do Direito questionar e dar respostas aos conflitos que surgem na sociedade. Com a popularização da internet a partir do século XXI, viu-se profunda transformação das relações sociais e na forma com a qual negócios jurídicos passaram a ser celebrados. O Direito, como é de sua essência, não se manteve inerte e passou a regulamentar novas formas de transmissão de direitos pessoais patrimoniais que ocorrem em ambientes digitais, principalmente por meio da edição de normas infralegais a cargo da Comissão de Valores Mobiliários (CVM), do Conselho Monetário Nacional (CMN) e do Banco Central do Brasil (BACEN). A Instrução CVM nº 588/2017 foi pioneira ao regular o *crowdfunding* de investimentos e, após cinco anos de vigência, foi substituída pela Resolução CVM nº 88/2022 visando incrementar as regras e proporcionar mais oportunidades de negócios. A Resolução CMN nº 4.656/2018 regulamentou a atividade das *fintechs* de crédito, sendo revogada e atualizada pela Resolução CMN nº 5.050/2022, e a Resolução CMN nº 4.935/2021 passou a autorizar que correspondentes de instituições financeiras atuassem via plataformas eletrônicas disponibilizadas em sítio eletrônico na internet.

Com normas mais claras e permissivas, nos últimos anos percebeu-se um aumento vertiginoso na quantidade de valores transacionados por essas plataformas, juntamente com maior diversidade de bens e direitos sendo oferecidos como garantias, tais como florestas de mogno africano, cotas de consórcio, frotas de veículos, fazendas para produção de energia elétrica, *royalties* em direitos musicais, vendas de atletas de futebol, loteamentos, incorporações imobiliárias, aluguéis de *iPhones*, até processos judiciais e precatórios.

Optou-se, nesta obra, por delimitar o estudo à emissão de objetos provenientes de precatórios, e estima-se que esses negócios jurídicos têm, anualmente, movimentado bilhões de reais no mercado brasileiro, sobretudo em virtude da atuação dos Fundos de Investimento em Direitos Creditórios Não-Padronizados (FIDC-NPs) e, mais recentemente, após a publicação da Resolução CVM nº 175/2022, dos Fundos de Investimentos em Direitos Creditórios (FIDCs), que, a partir de 2 de outubro de 2023, estarão autorizados a adquirir precatórios.

A revisão bibliográfica permitiu verificar que capítulo de livro (DELGADO, 2003), livros (OLIVEIRA, 2008; SCAFF, 2009; PIMENTA, 2010; FURTADO, 2013; MEDAUAR, 2015; CUNHA, 2020; MOREIRA *et al.*, 2021), dissertação (SANTOS, 2013) e tese (FAIM FILHO, 2014), além de outros materiais publicados, produziram conhecimento sobre o conceito e a sistemática de emissão e pagamento dos precatórios, suas origens, seu funcionamento, as possibilidades e estratégias jurídicas para resolver – ou ao menos tentar reduzir – a dor de milhares de brasileiros que aguardam anos para ver satisfeitos seus direitos de crédito perante entes públicos.

Sem pretender apresentar solução para o pagamento dos precatórios ou para tornar as cessões de crédito mais seguras e menos burocráticas, nesta obra avança-se em relação aos demais estudos, pois se debruça sobre o mercado secundário de precatórios, especificamente via plataformas eletrônicas em que negócios são celebrados para transferir objetos oriundos de direitos de créditos exigíveis de entes públicos, com o objetivo de verificar a sujeição dessa negociação à regulação da CVM e do BACEN.

Imaginava-se, no começo do estudo, que, por não ser título da dívida federal, estadual ou municipal, a oferta pública de precatórios no mercado por sociedade empresária de pequeno porte, desde que realizada por meio de plataforma eletrônica de investimento participativo devidamente autorizada pela CVM, estaria de acordo com o arcabouço regulatório. Observou-se, no entanto, que raras vezes são ofertados precatórios, mas, sim, títulos ou valores cuja garantia de pagamento é o precatório. Além disso, caso o objeto negociado fosse uma Cédula de Crédito Bancário (CCB), título de crédito regido pelo Direito Cambial emitido em favor de instituições financeiras, admitia-se a competência exclusiva do BACEN para regular e fiscalizar, uma vez que este é o responsável pela oferta de crédito no mercado.

Para embasar a forma de intervenção do Estado na economia por meio de entidades autárquicas que normatizam, fiscalizam e sancionam

INTRODUÇÃO | 13

agentes no mercado de capitais e no sistema financeiro nacional, adotou-se como marco teórico a escola de regulação econômica americana (ALAN STONE, 1982, *apud* VISCUSI; VERNON; HARRINGTON, 1998, EIZIRIK *et al.*, 2011), presente no art. 174 da Constituição da República Federativa do Brasil de 1988. Para explorar a intersecção entre os precatórios e a regulação dos mercados de crédito e de capitais, adotou-se a vertente jurídico-dogmática do direito, tendo em vista a análise do ordenamento jurídico brasileiro, em detrimento de aspectos sociológicos e filosóficos, com o intuito de verificar a compatibilidade entre a emissão pública de títulos e valores decorrentes de precatórios com as normas positivadas. O estudo hermenêutico, para essa pesquisa, mostrou-se importante na sua faceta interpretativa do direito positivo, principalmente em relação ao termo "esforço", fundamental para a classificação de determinadas espécies de valores mobiliários – Lei nº 6.385/1976, IX, art. 2º –, e a respeito das atividades privativas de instituições financeiras – Lei nº 4.595/1964, art. 17. A parte analítica, por sua vez, consistiu na simplificação e redução de expressões e conceitos complexos e, posteriormente, em sua sistematização, como a realizada nos primeiros capítulos sobre os precatórios.

Dessa forma, iniciou-se pela forma com a qual as normas acerca dos precatórios se alteraram ao longo dos anos e pelas principais diferenças e semelhanças entre os mais diversos tipos de precatórios e credores, incluindo um panorama geral da dívida. Antes de adentrar os assuntos referentes à negociação dos precatórios e aos interesses econômicos envolvidos, foram delineadas as principais questões envolvendo o pagamento das requisições, como juros, correção monetária, leilão, acordo, recebimento preferencial, compensação e cessão. Particularmente, houve especial dificuldade nesse tema, visto que a Emenda Constitucional (EC) nº 113, de 8 de dezembro de 2021, alterou substancialmente a forma de aplicar juros e correção monetária no curso das ações judiciais e nos precatórios. Em sequência, a Resolução CNJ nº 448, de 25 de março de 2022, e a Resolução CNJ nº 482, de 19 de dezembro de 2022, alteraram, renumeraram e acrescentaram dispositivos à Resolução CNJ nº 303/2019 para esclarecer algumas mudanças que a Emenda não dispôs. Por fim, o recente julgamento das Ações Diretas de Inconstitucionalidade (ADIs) nºs 7.047/DF e 7.064/DF, em que o Supremo Tribunal Federal (STF) derrubou algumas alterações implementadas em 2021 no regime constitucional de precatórios.

Para remunerar o capital no tempo valendo-se de precatórios, foram apresentadas três modalidades: a aquisição direta com o beneficiário (credor originário); a compra de cotas de FIDCs ou FIDC-NPs;

e a aquisição de frações ideais de créditos resultantes de precatórios originados por sociedades especializadas e negociados por meio de plataformas eletrônicas. Para isso, foi preciso transcorrer, sinteticamente, pelas etapas necessárias à sua transmissão, tal como localização do titular, análise do processo judicial, cálculos de atualização e desconto, formalização via instrumento particular ou escritura pública e peticionamento nos autos requerendo a homologação da cessão de crédito.

Dessa maneira, foram identificados diversos riscos que podem impactar a rentabilidade projetada pelo investidor, a exemplo da reconsideração da decisão que homologa a cessão de crédito, dos vícios processuais aptos a rescindir e/ou declarar inexistente o título executivo judicial que serviu de base para a expedição do precatório, das ECs nº 113/2021 e nº 114/2021, que, além de alterarem os juros e a correção monetária, instituíram, momentaneamente, um limite de valor anual do orçamento que poderia ser disponibilizado para o pagamento dos precatórios da União. Os investidores via plataformas, todavia, devem se preocupar, além desses, com a penhora do precatório para garantir outras obrigações da sociedade tomadora dos recursos e titular do crédito, eis que essa se sujeita à recuperação judicial ou falência.

A busca por entender melhor os riscos e o que as sociedades poderiam fazer para reduzir as chances de perda foi um dos fatores que motivaram o estudo e a publicação desta obra. Chegou-se a pensar em patrimônio de afetação para segregar os recursos dos investidores dos recursos da sociedade tomadora, mas tal hipótese foi rejeitada de plano, já que restrita a empreendimentos imobiliários.

No quinto e último capítulo, visando responder à pergunta que norteou esta pesquisa, analisou-se o arcabouço regulatório brasileiro tendo como ponto de partida o *Howey* e o *Reves Test*, ambos desenvolvidos a partir de julgados da Suprema Corte dos Estados Unidos. Percebeu-se, com base em revisão bibliográfica, análise normativa, decisões judiciais e administrativas, que existem muitas semelhanças e diferenças entre os modelos adotados pela CVM e pelo BACEN para a coleta e o repasse de recursos financeiros via plataformas eletrônicas.

Com alicerce na definição de valor mobiliário do inciso IX do art. 2º da Lei nº 6.385/1976, questionou-se, de forma inovadora até então, em que momento o empreendedor deve esforçar-se para que o contrato ou título seja classificado como um valor mobiliário. Ao final, como parte da resposta ao problema enfrentado, partindo da definição de instituição financeira prevista no art. 17 da Lei nº 4.595/1964 e art. 1º da Lei nº 7.492/1986, foi analisada a coleta de recursos por sociedade, sem a intermediação de instituição autorizada a funcionar pelo BACEN, via emissão de objetos não classificados como valor mobiliário. Para exemplificar a falta de uniformidade na regulação estatal, apresentou-se a Empresa Simples de Crédito (ESC) e a sociedade de fomento mercantil (*factoring*) que, embora não sejam instituições financeiras, têm autorização para, exclusivamente com capital próprio, exercer a atividade de aplicação de recursos financeiros.

A comparação acerca dos aparatos regulatórios editados pela CVM, pelo CMN e pelo BACEN serviu de base para a reflexão final sobre as formas de coleta e repasse de recursos financeiros que têm como fundamento os precatórios expedidos pelo Poder Judiciário. O precatório, contudo, constitui apenas um crédito entre uma infinidade de créditos e bens que podem ser utilizados como garantia de objetos negociados via plataformas eletrônicas. Por esse motivo, este trabalho pode ser utilizado como instrumento de reflexão para o aprimoramento do sistema normativo vigente e para a interpretação das normas, independentemente da garantia utilizada pelas sociedades empresárias tomadoras de recursos.

CAPÍTULO 1

PRECATÓRIO: LEGISLAÇÃO, CONCEITO, FORMAÇÃO, FRACIONAMENTO, CARACTERIZAÇÃO E DÍVIDA

Para abordar aspectos específicos à regulação estatal de negócios jurídicos de transmissão de precatórios e riscos envolvidos na cessão de crédito, antes é fundamental compreender como ocorrem os pagamentos de sentenças judiciais condenatórias contra a Fazenda Pública e como esse direito de crédito vem sendo oferecido ao mercado como alternativa de investimento. Dessa forma, são apresentados nos tópicos seguintes, após a demonstração da evolução das previsões normativas a seu respeito, o que são precatórios, suas espécies, como eles se formam e são quitados.

1.1 Evolução legislativa

As duas primeiras Constituições brasileiras não faziam referência ao termo "precatório", embora na Constituição do Império já houvesse referência à fixação, pelo Poder Legislativo, das despesas públicas decorrentes de condenações judiciais baseadas em orçamento preparado pelo Executivo.[1] A primeira menção a precatório encontrada

---

[1] Constituição Politica do Imperio do Brazil (de 25 de março de 1824). *Art. 15. É da attribuição da Assembléa Geral (...) X. Fixar annualmente as despezas publicas, e repartir a contribuição directa. (...) XIV. Estabelecer meios convenientes para pagamento da divida publica. XV. Regular a administração dos bens Nacionaes, e decretar a sua alienação. (...). Art. 172. O Ministro de Estado da Fazenda, havendo recebido dos outros Ministros os orçamentos relativos ás despezas das suas Repartições, apresentará na Camara dos Deputados annualmente, logo que esta estiver reunida, um Balanço geral da receita e despeza do Thesouro Nacional do anno antecedente, e igualmente o orçamento geral de todas as despezas publicas do anno futuro, e da importancia de todas as contribuições, e rendas publicas (...).*

no ordenamento jurídico brasileiro é de 15 de julho de 1859, presente no art. 95 do Decreto nº 2.433/1859.[2] Sob a égide da Constituição da República de 1891, dispondo sobre a forma de execução da sentença contra a Fazenda Nacional e apresentando os precatórios de forma semelhante à atual, foi editado pela União o Decreto nº 3.084/1898.[3] O precatório foi referenciado na Constituição de 1934[4] e na Constituição de 19370,[5] mas somente abrangia os pagamentos devidos pela Fazenda federal. Interessante inovação foi apresentada pelo Código de Processo Civil (CPC) de 1939, ao estipular que os pagamentos de débitos decorrentes de sentenças judiciais devidos pelos estados, Distrito Federal e municípios deveriam ser feitos conforme a ordem de apresentação.[6] Os pagamentos devidos pelas Fazendas estaduais e municipais, em virtude de sentença

---

[2] Decreto nº 2.433, de 15 de junho de 1859. *Art. 95. Se depois de concluida a arrematação, e recolhido o producto á Recebedoria do Municipio, comparecer o dono do escravo ou animal achado do evento, e justificar pelos meios competentes, no Juizo da Provedoria, o seu dominio nesse escravo ou animal, e a identidade delle, de maneira que o Juiz reconheça o seu direito, ordenará por sua sentença que se lhe entregue o producto liquido da arrematação do mesmo escravo ou animal, e lhe dará precatorio para o levantamento, na fôrma do art. 58 deste regulamento, sem que deva ser acompanhado dos autos originaes da justificação. Nestas justificações será ouvido o Procurador da Fazenda e nas deprecadas para o levantamento terá vista no Thesouro Nacional o Procurador Fiscal.*

[3] Decreto nº 3.084, de 5 de novembro de 1898. *Art. 41. Sendo a Fazenda condemnada por sentença a algum pagamento, estão livres de penhora os bens nacionaes, os quaes não podem ser alienados sinão por acto legislativo. A sentença será executada, depois de haver passado em julgado e de ter sido intimado o procurador da Fazenda, si este não lhe offerecer embargos, expedindo o juiz precatoria ao Thesouro para effectuar-se o pagamento.*

[4] Constituição da República dos Estados Unidos do Brasil (de 16 de julho de 1934). *Art. 182. Os pagamentos devidos pela Fazenda federal, em virtude de sentença judiciária, far-se-ão na ordem de apresentação dos precatórios e à conta dos créditos respectivos, sendo vedada a designação de caso ou pessoas nas verbas legais.*

[5] Constituição dos Estados Unidos do Brasil (de 10 de novembro de 1937). *Art. 95. Os pagamentos devidos pela Fazenda federal, em virtude de sentenças judiciárias, far-se-ão na ordem em que forem apresentadas as precatórias e à conta dos créditos respectivos, vedada a designação de casos ou pessoas nas verbas orçamentárias ou créditos destinados àquele fim.*

[6] Decreto-lei nº 1.608, de 18 de setembro de 1939 (Código de Processo Civil). *Art. 918. Na execução por quantia certa, o devedor será citado para, em vinte e quatro (24) horas, contadas da citação, pagar, ou nomear bens a penhora, sob pena de serem penhorados os que se lhe encontrarem. Parágrafo único. Os pagamentos devidos, em virtude de sentença, pela Fazenda Pública, far-se-ão na ordem em que forem apresentadas as requisições e à conta dos créditos respectivos, vedada a designação de casos ou pessoas nas verbas orçamentárias ou créditos destinados àquele fim. As verbas orçamentárias e os créditos votados para os pagamentos devidos, em virtude de sentença, pela Fazenda Pública, serão consignados do Poder Judiciário, recolhendo-se as importâncias ao cofre dos depósitos públicos. Caberá ao presidente do Tribunal de Apelação, ou do Supremo Tribunal Federal, se a execução fôr contra a Fazenda Nacional, expedir as ordens de pagamento, dentro das fôrças do depósito, e, a requerimento do credor preterido em seu direito de precedência autorizar o sequestro da quantia necessária para satisfazê-lo, depois de ouvido o Procurador Geral.*

judiciária, passaram a ser citados a partir da Constituição de 1946,[7] pacificando a questão. Isso porque, até então, embora houvesse previsão infraconstitucional presente no CPC/1939, era de competência de cada estado-membro editar sua própria Constituição para fazer constar os pagamentos pelo regime dos precatórios. O dia 1º de julho como data limite para que as entidades de direito público incluíssem no orçamento as verbas necessárias ao pagamento dos precatórios teve início a partir da Constituição de 1967.[8]

O CPC de 1973, nos arts. 730, incisos I e II, e art. 731, que vigorou até março de 2016, constituiu o primeiro conjunto de normas organizadas para regulamentar o procedimento de execução de quantias contra a Fazenda Pública[9] e permaneceu estável até a entrada em vigor da atual Constituição. A redação original do art. 100 da Constituição de 1988 manteve a essência do regime dos precatórios e continha apenas dois parágrafos,[10] e o art. 33 do Ato das Disposições Constitucionais

---

[7] Constituição dos Estados Unidos do Brasil (de 18 de setembro de 1946). *Art. 204. Os pagamentos devidos pela Fazenda federal, estadual ou municipal, em virtude de sentença judiciária, far-se-ão na ordem de apresentação dos precatórios e à conta dos créditos respectivos, sendo proibida a designação de casos ou de pessoas nas dotações orçamentárias e nos créditos extra-orçamentários abertos para esse fim.*

[8] Constituição da República Federativa do Brasil de 1967. *Art. 112. Os pagamentos devidos pela Fazenda federal, estadual ou municipal, em virtude de sentença judiciária, far-se-ão na ordem de apresentação dos precatórios e à conta dos créditos respectivos, proibida a designação de casos ou de pessoas nas dotações orçamentárias e nos créditos extra-orçamentários abertos para esse fim. §1º É obrigatória a inclusão, no orçamento das entidades de direito público, de verba necessária ao pagamento dos seus débitos constantes de precatórios judiciários, apresentados até primeiro de julho.*

[9] Lei nº 5.869, de 11 de janeiro de 1973 (Código de Processo Civil/1973). *Art. 730. Na execução por quantia certa contra a Fazenda Pública, citar-se-á a devedora para opor embargos em 10 (dez) dias; se esta não os opuser, no prazo legal, observar-se-ão as seguintes regras: (Vide Lei nº 8.213, de 1991) (Vide Lei nº 9.469, de 1997) (Vide Lei nº 9.494, de 1997). I – o juiz requisitará o pagamento por intermédio do presidente do Tribunal competente; II – far-se-á o pagamento na ordem de apresentação do precatório e à conta do respectivo crédito". "Art. 731. Se o credor for preterido no seu direito de preferência, o presidente do Tribunal, que expediu a ordem, poderá, depois de ouvido o chefe do Ministério Público, ordenar o seqüestro da quantia necessária para satisfazer o débito.*

[10] Constituição da República Federativa do Brasil de 1988. *Art. 100. À exceção dos créditos de natureza alimentícia, os pagamentos devidos pela Fazenda Federal, Estadual ou Municipal, em virtude de sentença judiciária, far-se-ão exclusivamente na ordem cronológica de apresentação dos precatórios e à conta dos créditos respectivos, proibida a designação de casos ou de pessoas nas dotações orçamentárias e nos créditos adicionais abertos para este fim (Revogado). §1º É obrigatória a inclusão, no orçamento das entidades de direito público, de verba necessária ao pagamento de seus débitos constantes de precatórios judiciários, apresentados até 1º de julho, data em que terão atualizados seus valores, fazendo-se o pagamento até o final do exercício seguinte (Revogado). §2º As dotações orçamentárias e os créditos abertos serão consignados ao Poder Judiciário, recolhendo-se as importâncias respectivas à repartição competente, cabendo ao Presidente do Tribunal que proferir a decisão exeqüenda determinar o pagamento, segundo as possibilidades do depósito, e autorizar, a requerimento do credor e exclusivamente para o caso de preterimento de seu direito de precedência, o seqüestro da quantia necessária à satisfação do débito (Revogado).*

Transitórias (ADCT), a seu turno, apenas um.[11] O constituinte derivado, porém, inovou bastante. Atualmente, o art. 100 conta com 22 parágrafos, e o art. 33 do ADCT permanece sem alterações. A EC nº 62/2009, a seu turno, incluiu no ADCT o art. 97 com 18 parágrafos. A entrada em vigor do CPC de 2015 (arts. 534, 535 e 910) apresentou regras procedimentais para o cumprimento de sentença contra a Fazenda Pública similares às encontradas na Constituição de 1988, sendo que esta foi alterada por nove emendas constitucionais (ECs).[12] No exercício da função de realizar o controle da atuação administrativa e financeira do Poder Judiciário, o Conselho Nacional de Justiça (CNJ) também edita normas sobre precatórios, tendo sido a primeira a Resolução CNJ nº 115/2010, que foi revogada e substituída pela Resolução nº 303/2019, atualmente composta por 89 artigos que dispõem sobre a gestão dos precatórios e os procedimentos que devem ser obedecidos no Poder Judiciário para a sua criação, transmissão e pagamento. O Conselho da Justiça Federal (CJF), por sua vez, editou a Resolução nº 458/2017, revogada e substituída pela Resolução nº 822/2023, para regulamentar, no âmbito da Justiça Federal de primeiro e segundo graus, os procedimentos relativos à expedição de ofícios requisitórios, cumprimento da ordem cronológica dos pagamentos, compensações, saque e levantamento dos depósitos.

Apesar de todas essas normas e alterações, o tema relativo aos precatórios continua a apresentar grande repercussão social e econômica e a ser frequentemente inserido em pauta de discussões nas cortes superiores e no Congresso Nacional, o que não se mostrou suficiente para solucionar todas as questões que o envolvem, a exemplo da controvérsia a respeito do conceito e definição de precatório e ofício requisitório, que se verá a seguir.

---

[11] Constituição da República Federativa do Brasil de 1988. Ato das Disposições Constitucionais Transitórias. *Art. 33. Ressalvados os créditos de natureza alimentar, o valor dos precatórios judiciais pendentes de pagamento na data da promulgação da Constituição, incluído o remanescente de juros e correção monetária, poderá ser pago em moeda corrente, com atualização, em prestações anuais, iguais e sucessivas, no prazo máximo de oito anos, a partir de 1º de julho de 1989, por decisão editada pelo Poder Executivo até cento e oitenta dias da promulgação da Constituição (Vide Emenda Constitucional nº 3, de 1993). Parágrafo único. Poderão as entidades devedoras, para o cumprimento do disposto neste artigo, emitir, em cada ano, no exato montante do dispêndio, títulos de dívida pública não computáveis para efeito do limite global de endividamento.*

[12] Cf. Emendas Constitucionais nº 20/1998; 30/2000; 37/2002; 62/2009; 94/2016; 99/2017; 109/2021; 113/2021; 114/2021.

1.2 Precatório e ofício requisitório

A Fazenda Pública[13] quita as dívidas oriundas de condenações judiciais por meio das chamadas requisições de pagamento, cuja justificativa tem como fundamento: (i) a impenhorabilidade dos bens públicos;[14] (ii) a necessidade de autorização prévia de despesas ou obrigações diretas no orçamento pelo Poder Legislativo;[15] (iii) a importância de tratar de forma isonômica os credores, em observância ao princípio da igualdade amparado no art. 5º da Constituição Federal.[16]

A corrente adotada pelos Tribunais Regionais Federais[17] e por Oliveira (2008, p. 534), Santos (2013, p. 43), Scaff (2009, p. 102), Pimenta

---

[13] Conforme o entendimento de Marinoni, Arenhart e Mitidiero (2016, p. 338), "consideram-se Fazenda Pública a União, os Estados, os Municípios, o Distrito Federal, suas autarquias e fundações públicas". A mesma visão é compartilhada por Costa (2015, p. 846), ao afirmar que, "para fins de execução fiscal, Fazenda Pública = União + Estados + Distrito Federal + Municípios + respectivas autarquias (Lei nº 6.830/1980, art. 1º). Para fins de execução contra a Fazenda Pública, o conceito é o mesmo".

[14] Para Dantas (1998, p. 65), a impenhorabilidade dos bens nacionais iniciou-se com a Constituição do Império de 1824, que, em seu art. 15, XV, estabeleceu a competência da Assembleia Geral para regular a administração dos bens nacionais e decretar sua alienação. Cunha (2014, p. 216), por sua vez, acredita que a impenhorabilidade começou a partir do §1º do art. 529 do Decreto nº 737, de 1850, ao dispor que não poderiam ser penhorados os bens inalienáveis. Já para Delgado (2003, p. 9-10), a impenhorabilidade surgiu desde a edição da Instrução Normativa de 10 de abril de 1851 que, nos termos do seu art. 14, determinou a impenhorabilidade dos bens da Fazenda Nacional. Somente após a edição dos arts. 66 e 67 do Código Civil (CC) de 1916 é que restou consolidada a impenhorabilidade dos bens públicos da União, dos estados e municípios.

[15] "Os precatórios judiciais, apresentados até 1º de julho e nesta data atualizados, devem ser incluídos na proposta orçamentária que, submetida ao crivo do Poder Legislativo (art. 48, II, e 166 da CF), transformar-se-á na lei orçamentária do exercício seguinte. Somente se nela estiverem previstas dotações orçamentárias para tal fim é que os requisitórios poderão ser pagos; *pois é vedada a realização de qualquer despesa sem que haja previsão no orçamento* (art. 167, II, CF)" (BRASIL. Supremo Tribunal Federal (STF). Ação Direta de Inconstitucionalidade (ADI) nº 225/PR. Rel. Min. Paulo Brossard. Julg. 31 ago. 1994. Plenário. *Diário da Justiça eletrônico*, Brasília, 25 maio 2001a. Grifos nossos).

[16] "A exigência constitucional de expedição do precatório, com a consequente obrigação imposta ao Estado de estrita observância da ordem cronológica de apresentação daquele instrumento de requisição judicial de pagamento, tinha (e ainda tem) por finalidade impedir favorecimentos pessoais indevidos e frustrar injustas perseguições ditadas por razões de caráter político-administrativo. A regra inscrita no art. 100 da CF – cuja gênese reside, em seus aspectos essenciais, na Constituição de 1934 (art. 182) – tinha por objetivo precípuo viabilizar, na concreção de seu alcance normativo, a submissão incondicional do Poder Público ao dever de respeitar o princípio que conferia preferência jurídica a quem dispusesse de precedência cronológica ('*prior in tempore, potior in jure*')" (BRASIL. Supremo Tribunal Federal (STF). Ação Penal (AP) nº 503/PR. Rel. Min. Celso de Mello. Julg. 20 maio 2010. Plenário. *Diário da Justiça eletrônico*, Brasília, 1º fev. 2013d).

[17] Cf. BRASIL, TRF, 1ª Reg., 2021a; BRASIL, TRF, 2ª Reg., 2009; BRASIL, TRF, 3ª Reg. Item 10, 2017; BRASIL, TRF, 4ª Reg., item 9, 2021b; BRASIL, TRF, 5ª Reg., item 25, 2021c.

(2010, p. 121) e Furtado (2013, p. 231)[18] – admite o precatório como espécie de requisição de pagamento de quantia certa a que a Fazenda Pública foi condenada em processo judicial. Outra corrente (FAIM FILHO, 2014, p. 6), analisando o precatório do ponto de vista do credor, admite-o como a "representação de um crédito" lastreado em um título executivo judicial e, pelo prisma do devedor, como representação de uma dívida originada de um processo judicial.

Uma terceira concepção, que combina elementos das duas anteriores, formulada pela 2ª Turma do Superior Tribunal de Justiça (STJ), primeiro, aceita-o como uma "carta (precatória)" expedida ao Presidente do Tribunal para requisitar valores e, em seguida, como documento que veicula direito de crédito.[19] Tal abordagem foi defendida pelo Conselho Administrativo de Recursos Fiscais (CARF) em julgamento acerca de cobrança de imposto de renda da pessoa física (ME, 2020).

O CNJ adota a expressão "ofício precatório" para se referir ao documento "expedido pelo juízo da execução ao Tribunal, de forma padronizada e contendo elementos que permitam aferir o momento de sua apresentação" – Resolução CNJ nº 303/2019, art. 5º, *caput*. Medauar (2015, p. 468)[20] também adota referida expressão ao conceituar precatório de maneira muito próxima daquela admitida pelos Tribunais Regionais Federais e autores defensores da primeira corrente.

Aceita-se, nesta obra, que o documento para requisitar valores não deve ser chamado de precatório, mas, sim, de "ofício precatório" ou "ofício requisitório". Isso porque se entende, com base em Faim Filho (2014, p. 5), sob o prisma processual, o precatório como uma etapa de

---

[18] "(...) é o instrumento que representa uma requisição judicial de pagamento, consubstanciado no ofício requisitório expedido pelo juiz da execução de sentença ao Presidente do Tribunal que preferir a decisão exequenda, em face de a Fazenda Pública ter sido condenada ao pagamento de determinada soma em processo transitado em julgado."

[19] "O precatório é uma carta (precatória) expedida pelo juiz da execução ao Presidente do Tribunal respectivo a fim de que, por seu intermédio, seja enviado o ofício de requisição de pagamento para a pessoa jurídica de direito público obrigada. Sendo assim, é um documento que veicula um direito de crédito líquido, certo e exigível proveniente de uma decisão judicial transitada em julgado. Em outras palavras: o precatório veicula um direito cuja aquisição da disponibilidade econômica e jurídica já se operou com o trânsito em julgado da sentença a favor de um determinado beneficiário." (BRASIL. Superior Tribunal de Justiça (STJ). Recurso em Mandado de Segurança (RMS) nº 42.409/RJ. Rel. Min. Mauro Campbell Marques, Segunda Turma. Julg. 6 out. 2015. *Diário de Justiça eletrônico*, Brasília, 16 out. 2015).

[20] "É o ofício emitido pelo Judiciário, determinando o pagamento de importância em que a Fazenda Pública foi condenada a conta dos créditos respectivos."

execução do direito de crédito consubstanciado em título executivo judicial formado após sentença judicial condenatória transitada em julgado contra a Fazenda Pública.

O ofício requisitório, a seu turno, é o documento essencial à formação do precatório judicial. Trata-se de instrumento pelo qual o juízo da execução, de modo padronizado, formaliza a requisição de pagamento ao Presidente do Tribunal respectivo, que deve aferir sua regularidade formal, assegurar a obediência à ordem cronológica e de preferência, bem como autorizar o pagamento dos créditos.

A Resolução CNJ nº 303/2019, alterada pela Resolução CNJ nº 482/2022, dispõe, em seu art. 6º, que os ofícios requisitórios devem ser elaborados individualmente para cada beneficiário:

> Art. 6º No ofício precatório constarão os seguintes dados e informações:
>
> I – numeração única do processo judicial, número originário anterior, se houver, e data do respectivo ajuizamento;
>
> II – número do processo de execução ou cumprimento de sentença, no padrão estabelecido pelo Conselho Nacional de Justiça, caso divirja do número da ação originária;
>
> III – nome(s) do(s) beneficiário(s) do crédito, do seu procurador, se houver, com o respectivo número no Cadastro de Pessoas Físicas – CPF, no Cadastro Nacional de Pessoas Jurídicas – CNPJ ou no Registro Nacional de Estrangeiro – RNE, conforme o caso;
>
> IV – indicação da natureza comum ou alimentícia do crédito;
>
> V – valor total devido a cada beneficiário e o montante global da requisição, constando o principal corrigido, o índice de juros ou da taxa SELIC, quando utilizada, e o correspondente valor;
>
> VI – a data-base utilizada na definição do valor do crédito;
>
> VII – data do trânsito em julgado da sentença ou do acórdão lavrado na fase de conhecimento do processo judicial;
>
> VIII – data do trânsito em julgado dos embargos à execução ou da decisão que resolveu a impugnação ao cálculo no cumprimento de sentença, ou do decurso do prazo para sua apresentação;
>
> IX – data do trânsito em julgado da decisão que reconheceu parcela incontroversa, se for o caso;
>
> X – a indicação da data de nascimento do beneficiário, em se tratando de crédito de natureza alimentícia e, se for o caso, indicação de que houve deferimento da superpreferência perante o juízo da execução;
>
> XI – a natureza da obrigação (assunto) a que se refere à requisição, de acordo com a Tabela Única de Assuntos – TUA do CNJ;

XII – número de meses – NM a que se refere a conta de liquidação e o valor das deduções da base de cálculo, caso o valor tenha sido submetido à tributação na forma de rendimentos recebidos acumuladamente RRA, conforme o art. 12-A da Lei nº 7.713/1988;

XIII – o órgão a que estiver vinculado o empregado ou servidor público, civil ou militar, da administração direta, quando se tratar de ação de natureza salarial, com a indicação da condição de ativo, inativo ou pensionista, caso conste dos autos;

XIV – quando couber, o valor:

a) das contribuições previdenciárias, bem como do órgão previdenciário com o respectivo CNPJ;

b) da contribuição para o Fundo de Garantia por Tempo de Serviço – FGTS;

c) de outras contribuições devidas, segundo legislação do ente federado.

XV – identificação do Juízo de origem da requisição de pagamento;

XVI – identificação do Juízo onde tramitou a fase de conhecimento, caso divirja daquele de origem da requisição de pagamento;

XVII – no caso de sucessão e/ou cessão, o nome do beneficiário originário, com o respectivo número de inscrição no CPF ou CNPJ, conforme o caso.

Ressalte-se que pode ser exigida a complementação desses requisitos – por exemplo, o Tribunal de Justiça de Minas Gerais, no anexo único da Portaria nº 5047/PR/2021,[21] requer, além dos previstos pela Resolução nº 303/2019 do CNJ, que, dentre outros, sejam apresentados: (i) certidão do escrivão de que as cópias que instruem o ofício precatório conferem com os originais; ou declaração do advogado, nos termos do art. 425, IV, do CPC/2015; (ii) cópia de documento oficial em que constem o nome e o nº da carteira de identidade/CPF/CNPJ/OAB e, se for o caso, PIS/PASEP e NIT do beneficiário do crédito relativo ao ofício precatório; (iii) cópia da inicial e da sentença; (iv) cópias das memórias discriminadas e detalhadas de todos os cálculos apresentados pelas partes e, principalmente, do cálculo que embasou o ofício precatório, inclusive de pagamentos de superpreferências no juízo da execução; (v) cópias de documentos que eventualmente impliquem valores ou critérios/parâmetros de cálculo; (vi) cópia da certidão de decurso do

---

[21] MINAS GERAIS. Portaria nº 5047/PR/2021. Regulamenta a expedição do ofício precatório, via Sistema Eletrônico de Informações, no âmbito do Tribunal de Justiça do Estado de Minas Gerais, o recebimento do ofício precatório expedido por outros Tribunais, revoga as Portarias da Presidência que menciona e dá outras providências. Diário de Justiça Eletrônico (DJe), Belo Horizonte, 13 jan. 2021.

prazo para apresentação da impugnação ao cálculo ou da certidão de trânsito em julgado; (vii) cópia da certidão de decurso do prazo para impugnação à expedição da requisição ou da certidão contendo a data da concordância das partes com a expedição; (viii) documento padrão no ambiente SEI Administrativo, de competência exclusiva do juízo da execução, a ser criado conforme a classe de beneficiário, sendo apenas um documento e um processo SEI por beneficiário, conforme o beneficiário.

Antes do envio da requisição, o juiz da execução intimará as partes para manifestação e, sendo o exequente titular de créditos de naturezas distintas, será expedida uma requisição para cada tipo de direito creditório. No caso de devolução do ofício ao juízo da execução por fornecimento incompleto ou equivocado de dados ou documentos, a data de apresentação será a do recebimento com as informações e documentação completas. O erro material no ofício requisitório é passível de retificação perante o Tribunal e não constitui motivo para sua devolução, conforme art. 7º, §§6º, 7º, e 8º da Resolução CNJ nº 303/2019.[22]

Assim, pode-se dizer que o precatório é o procedimento final de cobrança de direito de crédito, cuja formação pode demorar vários anos, desde a ofensa cometida pela Administração Pública a um direito, até a elaboração dos cálculos e o trânsito em julgado do cumprimento de sentença. Em suma, o ofendido ajuíza uma demanda perante o Poder Judiciário e, após o trâmite do processo e o trânsito em julgado da sentença condenatória, está autorizado a requerer ao juízo da execução[23] a transmissão do ofício requisitório e consequente expedição do precatório.

O fluxo a seguir demonstra as fases do procedimento.

---

[22] Resolução CNJ nº 303, de 18 de dezembro de 2019. Art. 7º. *Os ofícios precatórios serão elaborados individualmente, por beneficiário. §6º É vedada a apresentação pelo juízo da execução ao tribunal de requisição de pagamento sem a prévia intimação das partes quanto ao seu inteiro teor. §7º No caso de devolução do ofício ao juízo da execução por fornecimento incompleto ou equivocado de dados ou documentos, e ainda por ausência da intimação prevista no parágrafo anterior, a data de apresentação será aquela do recebimento do ofício com as informações e documentação completas. §8º O preenchimento do ofício com erros de digitação ou material que possam ser identificados pela mera verificação das informações existentes no processo originário é passível de retificação perante o tribunal, e não se constitui motivo para a devolução do ofício precatório.*

[23] O juiz da execução, nesse caso, é o magistrado responsável por dar seguimento à tramitação do processo judicial, no juízo no qual o título se formou, que tenha por objeto obrigação pecuniária de responsabilidade da Fazenda Pública.

Figura 1 – Fases para expedição do precatório

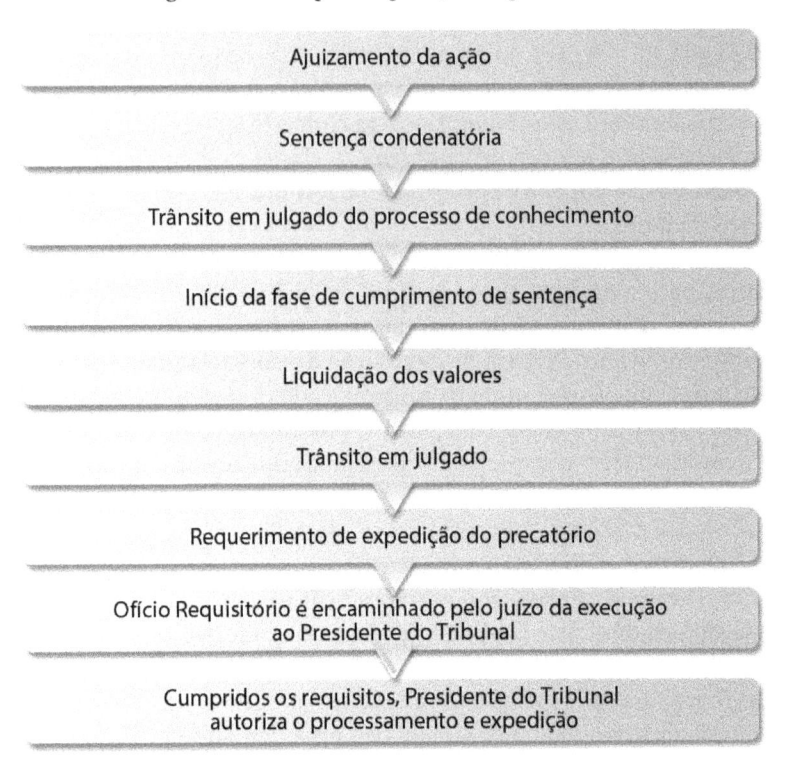

- Ajuizamento da ação
- Sentença condenatória
- Trânsito em julgado do processo de conhecimento
- Início da fase de cumprimento de sentença
- Liquidação dos valores
- Trânsito em julgado
- Requerimento de expedição do precatório
- Ofício Requisitório é encaminhado pelo juízo da execução ao Presidente do Tribunal
- Cumpridos os requisitos, Presidente do Tribunal autoriza o processamento e expedição

Fonte: Elaborada pelo autor.

Compete ao juízo da execução aferir a natureza do crédito – art. 6º, IV, da Resolução CNJ nº 303/2019,[24] sendo vedada a sua revisão por outro magistrado, inclusive pelo Presidente do Tribunal, uma vez que sua atuação é administrativa, e não jurisdicional.

O ordenamento jurídico brasileiro admite duas espécies de requisições, isto é, uma de natureza alimentar e outra comum. Para entender a diferença entre elas, melhor iniciar a explicação pela comum, uma vez que é conceituada por exclusão. Trata-se da requisição que diz respeito a créditos não alimentares, como os decorrentes de ações cuja causa de pedir discutiu repetição de indébito tributário,

---

[24] Resolução CNJ nº 303, de 18 de dezembro de 2019. Art. 6º No ofício precatório constarão os seguintes dados e informações: (...) IV – indicação da natureza comum ou alimentícia do crédito.

desapropriações, indenizações por dano moral entre outros. Pelo fato de não terem prioridade em seus pagamentos, podem ser objeto de parcelamentos.[25]

São consideradas requisições de natureza alimentar, por outro lado, aquelas que, conforme o §1º do art. 100 da Constituição Federal, pretendem a satisfação de créditos decorrentes de: (i) salários, (ii) vencimentos, (iii) proventos, (iv) pensões e suas complementações, (v) benefícios previdenciários; e (vi) indenizações por morte ou por invalidez, fundadas em responsabilidade civil. Além desses, em virtude da não exaustividade na Constituição Federal, são considerados alimentares os créditos decorrentes de: (vii) verbas trabalhistas;[26] (viii) ações acidentárias;[27] e (ix) honorários advocatícios sucumbenciais.[28]

A diferença entre as requisições alimentares e as comuns é significativa quando o ente devedor está no regime especial.[29] A razão disso é porque, primeiro, são quitadas todas as requisições relativas a créditos alimentares de um ano de vencimento para, depois, iniciar o pagamento das comuns. Quando a Fazenda Pública está submetida ao regime geral, realiza o pagamento dos precatórios de ambas as naturezas praticamente na mesma data. Além disso, conforme será aprofundado no tópico 2.3 (Recebimento preferencial por idade

---

[25] Constituição da República Federativa do Brasil de 1988. Ato das Disposições Constitucionais Transitórias. *Art. 78. Ressalvados os créditos definidos em lei como de pequeno valor, os de natureza alimentícia, os de que trata o art. 33 deste Ato das Disposições Constitucionais Transitórias e suas complementações e os que já tiverem os seus respectivos recursos liberados ou depositados em juízo, os precatórios pendentes na data de promulgação desta Emenda e os que decorram de ações iniciais ajuizadas até 31 de dezembro de 1999 serão liquidados pelo seu valor real, em moeda corrente, acrescido de juros legais, em prestações anuais, iguais e sucessivas, no prazo máximo de dez anos, permitida a cessão dos créditos. §1º É permitida a decomposição de parcelas, a critério do credor. §2º As prestações anuais a que se refere o caput deste artigo terão, se não liquidadas até o final do exercício a que se referem, poder liberatório do pagamento de tributos da entidade devedora. §3º O prazo referido no caput deste art. fica reduzido para dois anos, nos casos de precatórios judiciais originários de desapropriação de imóvel residencial do credor, desde que comprovadamente único à época da imissão na posse.*

[26] Os créditos trabalhistas são espécie do gênero créditos alimentares (BRASIL. Supremo Tribunal Federal (STF). Ação Originária (AO) nº 152. Embargos à execução-ED-AgR. Rel. Min. Ricardo Lewandowski. Julg. 17 nov. 2011, Plenário. *Diário de Justiça eletrônico*, Brasília, 1º dez. 2011a).

[27] BRASIL. Supremo Tribunal Federal (STF). Recurso Extraordinário (RE) 167.359, Rel. Min. Néri da Silveira. Julg. 22 nov. 1994, 2ª Turma, *Diário da Justiça*, Brasília, 25 ago. 1995.

[28] BRASIL. Supremo Tribunal Federal (STF). Súmula Vinculante nº 47. *Os honorários advocatícios incluídos na condenação ou destacados do montante principal devido ao credor consubstanciam verba de natureza alimentar cuja satisfação ocorrerá com a expedição de precatório ou requisição de pequeno valor, observada ordem especial restrita aos créditos dessa natureza.* Diário da Justiça eletrônico, Brasília, 2 jun. 2015c.

[29] No tópico seguinte, os regimes geral e especial serão explicados.

avançada ou doença grave), somente os beneficiários de requisições baseadas em créditos alimentares têm direito a receber adiantamento ao valor devido por motivo relacionado à idade avançada ou doença grave, existindo diferença no valor a ser recebido, dependendo do regime a que o ente se encontra submetido.

Vale explicar, a seguir, o que caracteriza o regime geral e o especial.

1.3 Regime geral e especial

Conforme o art. 3º do ADCT, ressalvados os créditos de natureza alimentar, o valor dos precatórios judiciais pendentes de pagamento na data da promulgação da Constituição, incluído o remanescente de juros e correção monetária, deveria ter sido pago em moeda corrente, com atualização, em prestações anuais, iguais e sucessivas, em até no máximo oito anos, a partir de 1º de julho de 1989. Em 2000, tendo em vista que os precatórios não haviam sido quitados, esse prazo foi prorrogado por mais dez anos com a promulgação da EC nº 30/2000, que acrescentou o art. 78 ao ADCT.[30]

O regime geral, também chamado de ordinário, compreende os devedores que não estão em mora nos pagamentos e quitam suas dívidas até o final do exercício financeiro seguinte para os precatórios apresentados até 2 de abril, respeitando o prazo constitucional, conforme o art. 100, §5º, da Constituição Federal.[31]

O regime especial, por sua vez, iniciou-se com a publicação da EC nº 62/2009. Foi com a inclusão do §15 ao art. 100 da Constituição Federal[32] e do art. 97 ao ADCT que, pela primeira vez, falou-se em

---

[30] Constituição da República Federativa do Brasil de 1988. Ato das Disposições Constitucionais Transitórias. *Art. 78. Ressalvados os créditos definidos em lei como de pequeno valor, os de natureza alimentícia, os de que trata o art. 33 deste Ato das Disposições Constitucionais Transitórias e suas complementações e os que já tiverem os seus respectivos recursos liberados ou depositados em juízo, os precatórios pendentes na data de promulgação desta Emenda e os que decorram de ações iniciais ajuizadas até 31 de dezembro de 1999 serão liquidados pelo seu valor real, em moeda corrente, acrescido de juros legais, em prestações anuais, iguais e sucessivas, no prazo máximo de dez anos, permitida a cessão dos créditos.*

[31] Constituição da República Federativa do Brasil de 1988. *Art. 100, §5º É obrigatória a inclusão no orçamento das entidades de direito público de verba necessária ao pagamento de seus débitos oriundos de sentenças transitadas em julgado constantes de precatórios judiciários apresentados até 2 de abril, fazendo-se o pagamento até o final do exercício seguinte, quando terão seus valores atualizados monetariamente. (Redação dada pela Emenda Constitucional nº 114, de 2021).*

[32] Constituição da República Federativa do Brasil de 1988. *Art. 100, §15. Sem prejuízo do disposto neste artigo, lei complementar a esta Constituição Federal poderá estabelecer regime*

regime especial para pagamento de crédito de precatórios de estados, Distrito Federal e municípios. Sem prejuízo dos acordos realizados com os juízos conciliatórios, foram incluídos no regime especial todos os precatórios com pagamentos atrasados até a data da publicação da EC nº 62/2009 e aqueles que seriam expedidos na vigência do regime especial. A importância de incluir precatórios que venceriam no curso do regime, ou seja, aqueles ainda não expedidos, justificava-se em razão da necessidade de evitar a criação de uma lista de pagamentos paralela de precatórios que não se enquadrariam no regime especial, ou seja, que burlaria a regra cronológica e privilegiaria credores com precatórios recém-expedidos.

Conhecida como a primeira emenda do "calote", por autorizar o parcelamento dos precatórios, a Emenda nº 62/2009 dispõe que, com exceção da União, os entes federados, incluindo as autarquias, fundações, sociedades de economia mista e empresas públicas, que estivessem em mora na quitação de precatórios vencidos deveriam realizar depósitos periódicos em conta especial administrada pelo respectivo Tribunal.

Os entes devedores[33] tinham duas opções para realizar o pagamento dos precatórios: na primeira, poderiam vincular um percentual da receita corrente líquida[34] aos pagamentos. Na segunda, determinava-se que fossem escolhidos valores que, em até 15 anos, reduziriam a fila de pagamento a patamares que desconfigurariam a mora.

De acordo com a primeira opção, chamada "regime mensal", o ente federado deveria realizar o depósito mensalmente na proporção de 1/12 (um doze avos) do valor calculado percentualmente sobre as respectivas receitas correntes líquidas, apuradas no segundo mês

---

especial para pagamento de crédito de precatórios de Estados, Distrito Federal e Municípios, dispondo sobre vinculações à receita corrente líquida e forma e prazo de liquidação.

[33] Resolução CNJ nº 303, de 18 de dezembro de 2019. Art. 2º, V – *ente devedor é a pessoa jurídica de direito público da administração direta subordinada ao regime especial de pagamento de precatórios disciplinado nos art. 101 e seguintes do ADCT; (redação dada pela Resolução nº 482, de 19.12.2022).*

[34] Constituição da República Federativa do Brasil de 1988. Ato das Disposições Constitucionais Transitórias. Art. 97, §3º. *Entende-se como receita corrente líquida, para os fins de que trata este artigo, o somatório das receitas tributárias, patrimoniais, industriais, agropecuárias, de contribuições e de serviços, transferências correntes e outras receitas correntes, incluindo as oriundas do §1º do art. 20 da Constituição Federal, verificado no período compreendido pelo mês de referência e os 11 (onze) meses anteriores, excluídas as duplicidades e deduzidas: I – nos Estados, as parcelas entregues aos Municípios por determinação constitucional; II – nos Estados, no Distrito Federal e nos Municípios, a contribuição dos servidores para custeio do seu sistema de previdência e assistência social e as receitas provenientes da compensação financeira referida no §9º do art. 201 da Constituição Federal.*

anterior ao pagamento. Não havia prazo de duração predefinido para que esse modelo continuasse em vigência, perdurando enquanto os estoques de precatórios pendentes de pagamento fossem superiores ao valor dos recursos vinculados à sua satisfação.

Ainda em relação a esse modelo, o legislador optou por estipular diferentes percentuais da receita corrente líquida a ser depositada por ente federativo, separando-os por regiões geográficas:

I – para as unidades federativas:
a) de, no mínimo, 1,5% (um inteiro e cinco décimos por cento), para os Estados das regiões Norte, Nordeste e Centro-Oeste, além do Distrito Federal, ou cujo estoque de precatórios pendentes das suas administrações direta e indireta corresponder a até 35% (trinta e cinco por cento) do total da receita corrente líquida;

b) de, no mínimo, 2% (dois por cento), para os Estados das regiões Sul e Sudeste, cujo estoque de precatórios pendentes das suas administrações direta e indireta corresponder a mais de 35% (trinta e cinco por cento) da receita corrente líquida.

II – para os municípios:
a) de, no mínimo, 1% (um por cento), para Municípios das regiões Norte, Nordeste e Centro-Oeste, ou cujo estoque de precatórios pendentes das suas administrações direta e indireta corresponder a até 35% (trinta e cinco por cento) da receita corrente líquida;

b) de, no mínimo, 1,5% (um inteiro e cinco décimos por cento), para Municípios das regiões Sul e Sudeste, cujo estoque de precatórios pendentes das suas administrações direta e indireta corresponder a mais de 35% (trinta e cinco por cento) da receita corrente líquida.

No julgamento das Ações Diretas de Inconstitucionalidade nº 4.357/DF e nº 4.425/DF, essa modalidade foi criticada por não ter lapso temporal predeterminado. Foi apontado pelo ministro Luiz Fux que a EC nº 62/2009[35]

---

[35] BRASIL. Supremo Tribunal Federal (STF). Ação Direta de Inconstitucionalidade (ADI) nº 4.357/DF. Rel. Min. Ayres Britto. Redator p/ o acórdão: Min. Luiz Fux. Ata nº 5, julg. 13 mar. 2013. *Diário da Justiça eletrônico*, Brasília, 1º abr. 2013a, p. 113; BRASIL. Supremo Tribunal Federal (STF). Ação Direta de Inconstitucionalidade (ADI) nº 4.425/DF. Rel.: Min. Ayres Britto. Redator p/ o acórdão: Min. Luiz Fux. Ata nº 5, 14 mar. 2013. *Diário da Justiça eletrônico*, Brasília, 19 dez. 2013b, p. 101.

frustrou a efetividade da tutela jurisdicional e embaraçou o acesso à justiça. De que serve uma sentença condenatória incapaz de surtir efeitos práticos? A resposta é simples e direta: nada. Uma sentença condenatória despida de força executiva é incapaz de tutelar a esfera do cidadão, sob o ângulo subjetivo, e insuscetível de restaurar a higidez da ordem jurídica, sob o prisma objetivo.

Votaram pela inconstitucionalidade do art. 97 do ADCT, acompanhando o relator Ayres Britto, os ministros Luiz Fux, Rosa Weber, Cármen Lúcia, Celso de Mello e Joaquim Barbosa. Em 25 de março de 2015, o STF concluiu o julgamento sobre a modulação dos efeitos temporais da declaração de inconstitucionalidade[36] da EC nº 62/2009, e na decisão tomada em questão de ordem ficou mantido parcialmente o regime especial pelo período de cinco anos contados a partir de janeiro de 2016.

A EC nº 94/2016 incluiu o §17 ao art. 100 da Constituição,[37] *constitucionalizando* a modulação dos efeitos das ADIs para determinar que a União, os estados, o Distrito Federal e os municípios reservassem um percentual da receita corrente líquida para o pagamento de precatórios e requisições de pequeno valor.

Os devedores no regime especial que optaram pela segunda opção, conhecida como regime anual, na qual tinham até quinze anos para acabar com as filas de pagamento, deveriam realizar depósitos na conta especial que correspondesse anualmente ao saldo total dos precatórios dividido pelo número de anos restantes no regime especial

---

[36] Explicação acerca da modulação dos efeitos temporais da declaração de inconstitucionalidade pelo ministro Alexandre de Moraes: "O art. 27 da Lei 9.868/1999 permite a estabilização de relações sociais surgidas sob a vigência da norma inconstitucional, com o propósito de prestigiar a segurança jurídica e a proteção da confiança legítima depositada na validade de ato normativo emanado do próprio Estado. 4. Há um juízo de proporcionalidade em sentido estrito envolvido nessa excepcional técnica de julgamento. A preservação de efeitos inconstitucionais ocorre quando o seu desfazimento implica prejuízo ao interesse protegido pela Constituição em grau superior ao provocado pela própria norma questionada. Em regra, não se admite o prolongamento da vigência da norma sobre novos fatos ou relações jurídicas, já posteriores à pronúncia da inconstitucionalidade, embora as razões de segurança jurídica possam recomendar a modulação com esse alcance, como registra a jurisprudência da CORTE" (BRASIL. Supremo Tribunal Federal (STF). Recurso Extraordinário (RE) nº 870.947/SE. Ed-Terceiros. Rel.: Min. Luiz Fux. Redator do acórdão: Min. Alexandre de Moraes. Ata nº 1/2020. *Diário da Justiça eletrônico*, Brasília, 3 fev. 2020b).

[37] Constituição da República Federativa do Brasil de 1988. Art. 100, §17. *A União, os Estados, o Distrito Federal e os Municípios aferirão mensalmente, em base anual, o comprometimento de suas respectivas receitas correntes líquidas com o pagamento de precatórios e obrigações de pequeno valor.*

de pagamento. Os valores deveriam ser acrescidos de: (i) correção monetária pelo índice oficial de remuneração básica da caderneta de poupança[38] e (ii) juros simples de mora no mesmo percentual de juros incidentes sobre a caderneta de poupança.[39]

Inicialmente essa opção estava prevista para encerrar em 2014, mas, como os devedores não obtiveram êxito na redução da fila correspondente à ordem cronológica, em 2016 foi editada a EC nº 94/2016, que alterou o §2º e incluiu os §§17 a 20 no art. 100 da Constituição. Além disso, ao acrescentar o art. 101 ao ADCT, estipulou que os estados, o Distrito Federal e os municípios que, em 25 de março de 2015, estivessem em mora com o pagamento de seus precatórios deveriam quitá-los até 31 de dezembro de 2020.

Pouco depois foi editada a EC nº 99/2017 para alterar o art. 101 do ADCT, postergando o prazo de pagamento para dezembro de 2024. A EC nº 109/2021, publicada em 16 de março de 2021, prorrogou o prazo de pagamento dos entes federados no regime especial para até 31 de dezembro de 2029, privilegiando o desrespeito à coisa julgada. Já em dezembro de 2021, com a promulgação da EC nº 114/2021, alteraram-se as regras para o pagamento dos precatórios da União, estabelecendo-se um limite para alocação na proposta orçamentária das despesas com o pagamento de precatórios correspondente ao valor da despesa paga no exercício de 2016, incluídos os restos a pagar quitados, corrigido pelo IPCA-E, para cada exercício financeiro. Porém, tal alteração não permaneceu em vigor por muito tempo, dado que as ADIs nºs 7.047/DF e 7.067 retiraram as despesas com precatórios do teto de gastos e estipularam a abertura de créditos extraordinários para quitação dos precatórios expedidos para os exercícios de 2022, 2023, 2024, 2025 e 2026, quando excedentes do subteto fixado.

Ao que tudo indica, observando-se o histórico das emendas, pode-se arriscar a antever que em breve será editada outra norma propondo postergar, novamente, os pagamentos dos precatórios devidos por estados e municípios em mora e, possivelmente, para a União. Percebe-se que não há, por parte dos constituintes, interesse legítimo em promover medidas efetivas para quitação das dívidas

---

[38] A correção monetária pelo índice oficial de remuneração básica da caderneta de poupança foi julgada inconstitucional, conforme tópico 2.1 (Juros e correção).

[39] Os juros de mora com índice igual ao da poupança foram substituídos pela taxa Selic com a promulgação da EC nº 113/2021, conforme tópico 2.1 (Juros e correção).

judiciais dos entes federados, isso porque o cerne das alterações constitucionais foi sempre no sentido de rolar a dívida para os próximos anos.

Essa sistemática e essa diferenciação entre regime especial e geral para o pagamento das requisições estão limitadas aos precatórios, ou seja, às condenações de "maior valor". Para os débitos judiciais considerados de "pequeno valor", existem regras mais benéficas aos credores, que serão apresentadas no tópico seguinte.

1.4 Diferença entre precatório e requisição de pequeno valor

O regime dos precatórios, conforme visto no tópico relativo à evolução legislativa (tópico 1.1), está presente em nosso ordenamento jurídico há muitos anos. Por outro lado, as requisições de pequeno valor (RPV), também chamadas "obrigações de pequeno valor" (OPV) por alguns tribunais, a exemplo do TJSP, foram introduzidas somente em 1998, por meio da adição do §3º ao art. 100 da Constituição, com a publicação da EC nº 20/1998.[40]

As requisições de pequeno valor devem ser definidas em lei pelas entidades de direito público, segundo as diferentes capacidades econômicas, cujo teto deve ter valor mínimo igual ao valor do maior benefício do regime geral de Previdência Social.[41] Em outras palavras, o ente federado não poderá editar lei própria estipulando que suas dívidas decorrentes de sentenças judiciais condenatórias abaixo de R$7.786,02 (valores para 2024),[42] incluindo verbas acessórias, sejam pagas via precatórios. Elas devem, obrigatoriamente, ser quitadas por meio das RPVs.

---

[40] Constituição da República Federativa do Brasil de 1988. *Art. 100, §3° O disposto no caput deste artigo, relativamente à expedição de precatórios, não se aplica aos pagamentos de obrigações definidas em lei como de pequeno valor que a Fazenda Federal, Estadual ou Municipal deva fazer em virtude de sentença judicial transitada em julgado. (Incluído pela Emenda Constitucional nº 20, de 1998) (Revogado).*

[41] Lei nº 8.213, de 24 de julho de 1991. *Art. 128. As demandas judiciais que tiverem por objeto o reajuste ou a concessão de benefícios regulados nesta Lei cujos valores de execução não forem superiores a R$ 5.180,25 (cinco mil, cento e oitenta reais e vinte e cinco centavos) por autor poderão, por opção de cada um dos exeqüentes, ser quitadas no prazo de até sessenta dias após a intimação do trânsito em julgado da decisão, sem necessidade da expedição de precatório.*

[42] "*Art. 2º A partir de 1º de janeiro de 2024, o salário de benefício e o salário de contribuição não poderão ser inferiores a R$ 1.412,00 (um mil quatrocentos e doze reais), nem superiores a R$ 7.786,02 (sete mil setecentos e oitenta e seis reais e dois centavos)*" (ME, 2024).

Inexistindo lei editada pelo ente federativo, ou em caso de desrespeito ao valor mínimo estipulado, a regra geral aplicada é: (i) 60 salários mínimos, se devedora a fazenda federal;[43] (ii) 40 salários mínimos, se devedora a fazenda estadual ou distrital – ADCT, art. 87, I e (iii) 30 salários mínimos, se devedora a fazenda municipal – ADCT, art. 87, II. Esses valores devem ser observados no momento da expedição da requisição judicial. Em caso de condenação que supere o valor mínimo dos precatórios, a parte exequente tem a faculdade de renunciar ao excedente para que receba via requisição de pequeno valor.[44] Por exemplo, considerando o salário mínimo de R$1.100,00 e existindo condenação em âmbito federal no valor de R$70.000,00, a parte exequente pode renunciar a R$4.000,00 para receber R$66.000,00 na forma de requisição de pequeno valor.

O Estado de Minas Gerais possui lei própria estabelecendo como teto para RPV em 2024 a quantia de R$24.936,02.[45] No caso do Distrito Federal, foi fixado em 20 salários mínimos o patamar máximo da requisição de pequeno valor, por autor.[46] O Município de Belo Horizonte, por sua vez, definiu como teto o valor máximo do benefício previdenciário.[47] Isso significa que quaisquer requisições judiciais

---

[43] Lei nº 10.259, de 12 de julho de 2001. *Art. 17, §1º Para os efeitos do §3º do art. 100 da Constituição Federal, as obrigações ali definidas como de pequeno valor, a serem pagas independentemente de precatório, terão como limite o mesmo valor estabelecido nesta Lei para a competência do Juizado Especial Federal Cível (art. 3º, caput). Art. 3º Compete ao Juizado Especial Federal Cível processar, conciliar e julgar causas de competência da Justiça Federal até o valor de sessenta salários mínimos, bem como executar as suas sentenças.*

[44] Constituição da República Federativa do Brasil de 1988. Ato das Disposições Constitucionais Transitórias. *Art. 87. Parágrafo único. Se o valor da execução ultrapassar o estabelecido neste artigo, o pagamento far-se-á, sempre, por meio de precatório, sendo facultada à parte exeqüente a renúncia ao crédito do valor excedente, para que possa optar pelo pagamento do saldo sem o precatório, da forma prevista no §3º do art. 100 (Incluído pela Emenda Constitucional nº 37, de 2002).*

[45] A Lei Estadual nº 20.540, de 14 de dezembro de 2012, estabeleceu que o valor máximo pago via requisição de pequeno valor pelo Estado de Minas Gerais é de 4.723 Ufemgs (quatro mil setecentas e vinte e três Unidades Fiscais do Estado de Minas Gerais), na data da liquidação. O valor da Ufemg é atualizado pela Secretaria de Estado da Fazenda e, conforme Resolução SEF nº 5.748, de 27 de dezembro de 2023, o valor da Unidade Fiscal do Estado de Minas Gerais para o exercício de 2024 é de R$ 5,2797.

[46] Lei nº 3.624, de 18 de julho de 2005. *Art. 1º Para os efeitos do disposto no art. 100, §3º, da Constituição Federal, são consideradas de pequeno valor as obrigações a serem pagas pelo Distrito Federal e por suas entidades de administração indireta, decorrentes de condenação judicial da qual não penda recurso ou defesa, cujo valor não supere 20 salários mínimos, por autor. (Artigo Alterado(a) pelo(a) Lei 6.618 de 08/06/2020).*

[47] Lei nº 11.158, de 13 de fevereiro de 2019. *Art. 1º, §1º Para fins do disposto no caput, consideram-se de pequeno valor no Município os débitos ou as obrigações consignados em precatório judiciário, cujos valores brutos apurados em liquidação de sentença e após o trânsito em julgado de eventuais embargos do devedor sejam iguais ou inferiores ao valor definido na legislação federal como o maior benefício pago pelo Regime Geral de Previdência Social – RGPS.*

que superem esses montantes serão quitadas seguindo o regime dos precatórios.

O pagamento da requisição de pequeno valor será realizado em até dois meses, mediante depósito em agência da Caixa Econômica Federal ou do Banco do Brasil mais próxima da residência do credor.[48] Na hipótese de a RPV não ser paga em até sessenta dias contados da entrega da requisição à autoridade citada para a causa, o juiz deverá realizar o sequestro do valor requisitado diretamente nas contas do devedor e repassá-lo ao credor por meio de alvará judicial.[49] Em 18 de dezembro de 2020, o Plenário virtual do STF julgou válido o prazo de dois meses previsto no CPC e declarou que os estados e municípios não possuem competência para alongar esse prazo, pois se trata de prazo processual e, portanto, regido pelo CPC (ADI nº 5.534/PA).[50]

No outro oposto, com o propósito de manter o equilíbrio fiscal dos entes federativos, há regra específica para os precatórios de elevado valor. A EC nº 94/2016 incluiu o §20 ao art. 100 da Constituição Federal[51] para estipular que os precatórios de natureza comum, cujo valor seja superior a 15% (quinze por cento) do montante incluído no orçamento para pagamento no exercício financeiro seguinte (caso apresentados

---

[48] Lei nº 13.105, de 16 de março de 2015 (Código de Processo Civil). *Art. 535, §3º, II – por ordem do juiz, dirigida à autoridade na pessoa de quem o ente público foi citado para o processo, o pagamento de obrigação de pequeno valor será realizado no prazo de 2 (dois) meses contado da entrega da requisição, mediante depósito na agência de banco oficial mais próxima da residência do exequente.* Lei nº 10.259, de 12 de julho de 2001. *Art. 17. Tratando-se de obrigação de pagar quantia certa, após o trânsito em julgado da decisão, o pagamento será efetuado no prazo de sessenta dias, contados da entrega da requisição, por ordem do Juiz, à autoridade citada para a causa, na agência mais próxima da Caixa Econômica Federal ou do Banco do Brasil, independentemente de precatório.*

[49] Lei nº 10.259, de 12 de julho de 2001. *Art. 17. §2º Desatendida a requisição judicial, o Juiz determinará o sequestro do numerário suficiente ao cumprimento da decisão.*

[50] "1. A autonomia expressamente reconhecida na Constituição de 1988 e na jurisprudência do Supremo Tribunal Federal aos estados-membros para dispor sobre obrigações de pequeno valor restringe-se à fixação do valor referencial. Pretender ampliar o sentido da jurisprudência e do que está posto nos §§3º e 4º do art. 100 da Constituição, de modo a afirmar a competência legislativa do estado-membro para estabelecer também o prazo para pagamento das RPV, é passo demasiadamente largo" (BRASIL. Supremo Tribunal Federal (STF). Ação Direta de Inconstitucionalidade (ADI) nº 5.534/PA. Rel. Dias Toffoli. Ata 22, 11 fev. 2021).

[51] Constituição da República Federativa do Brasil de 1988. *Art. 100, §20. Caso haja precatório com valor superior a 15% (quinze por cento) do montante dos precatórios apresentados nos termos do §5º deste artigo, 15% (quinze por cento) do valor deste precatório serão pagos até o final do exercício seguinte e o restante em parcelas iguais nos cinco exercícios subsequentes, acrescidas de juros de mora e correção monetária, ou mediante acordos diretos, perante Juízos Auxiliares de Conciliação de Precatórios, com redução máxima de 40% (quarenta por cento) do valor do crédito atualizado, desde que em relação ao crédito não penda recurso ou defesa judicial e que sejam observados os requisitos definidos na regulamentação editada pelo ente federado.*

até 2 de abril), devem ser parcelados.⁵² Para ilustrar, imagine-se que no início de 2021 tenha sido expedido precatório submetido ao regime comum no valor de R$300.000,00 e que o ente federado tenha reservado R$1.000.000,00 para quitação de seus débitos de precatórios em 2022. Nessa situação, apenas um precatório corresponde a 30% do montante incluído no orçamento para pagamento e, por essa razão, deve ter seu pagamento parcelado.

A primeira parcela corresponderá a 15% do valor do precatório e deve ser paga até o final do exercício seguinte. Nos cinco exercícios subsequentes, o restante do pagamento deve ser realizado em parcelas iguais, acrescidas de juros de mora e correção monetária, correspondentes a 17% do valor do precatório. É imperioso destacar que esse parcelamento se aplica caso exista mais de um precatório a ser pago no exercício financeiro, pois a norma prevê a necessidade de observar o "montante dos precatórios".

Por fim, da mesma forma que é possível o parcelamento dos créditos, por serem de elevado valor, também existem hipóteses em que os precatórios são pagos de forma não integral, em virtude de preferências e trânsito em julgado parcial na fase de execução.

1.5 Pagamento não integral (parcial)

As emendas constitucionais e decisões judiciais que alteraram as regras para os precatórios e requisições de pequeno valor resultaram em situações que já foram autorizadas por nosso ordenamento jurídico, mas que atualmente são vedadas.

Precatórios complementares eram expedidos com o propósito de pagar diferenças restantes da execução – por exemplo, juros e correção

---

[52] A previsão para esse parcelamento consta na Resolução CNJ nº 303, de 18 de dezembro de 2019: *Art. 34. Havendo precatórios com valor individual superior a 15% do montante dos precatórios apresentados nos termos do §5º do art. 100 da Constituição Federal, assim considerados todos aqueles cujo pagamento foi efetivamente requisitado pelos tribunais à entidade devedora, 15% do valor destes precatórios serão pagos até o final do exercício seguinte, conforme o §2º do mesmo artigo. (redação dada pela Resolução nº 438, de 28.10.2021) §1º Para os fins do previsto no caput deste artigo, deverá haver manifestação expressa do devedor de que pagará o valor atualizado correspondente aos 15%, juntamente com os demais precatórios requisitados, até o final do exercício seguinte ao da requisição. §2º A manifestação de que trata o §1º deste artigo deverá também apontar a forma do pagamento do valor remanescente do precatório: I – informando opção pelo parcelamento, o saldo remanescente do precatório será pago em até cinco exercícios imediatamente subsequentes, em parcelas iguais e acrescidas de juros de mora e correção monetária, que observarão o disposto nos §§5º e 6º do art. 100 da Constituição Federal, inclusive em relação à previsão de sequestro, sendo desnecessárias novas requisições.*

monetária. Os precatórios suplementares, a seu turno, correspondiam à parte controvertida, definida com o trânsito em julgado dos embargos à execução, e para a correção de erro material em relação ao valor requisitado. A expedição de ambos passou a ser vedada com a edição da EC nº 37/2002, que adicionou o §4º ao art. 100 da Constituição Federal de 1988.[53] Atualmente, tal vedação está prevista no §8º, incluído pela EC nº 62/2009,[54] e para evitar que exista diferença de juros e correção que ensejariam a expedição de precatórios complementares, estipulou-se que o precatório deve ter o seu valor atualizado até o momento do pagamento.[55]

O fracionamento, repartição ou quebra do valor da execução para enquadrá-los na categoria das requisições de pequeno valor é vedado desde a edição da EC nº 37/2002 e, por isso, é chamado "fracionamento inconstitucional". Em algumas situações, porém, a exemplo do pagamento de parcela superpreferencial em razão de idade, doença grave ou deficiência, a Constituição Federal autoriza o fracionamento.[56]

Não configura fracionamento o recebimento do crédito por credores individualizados em ações propostas em litisconsórcio ativo, sendo irrelevante o valor total da ação proposta. Assim, para cada credor deve ser observado individualmente o valor da requisição, a fim de verificar se o pagamento ocorrerá via precatório ou RPV.[57]

No caso de parcela controvertida em execução, é autorizada a expedição de requisição relativa ao valor incontroverso, ou seja, em relação ao montante do valor executado que não foi objeto de embargos

---

[53] Constituição da República Federativa do Brasil de 1988. Art. 100, §4º São vedados a expedição de precatório complementar ou suplementar de valor pago, bem como fracionamento, repartição ou quebra do valor da execução, a fim de que seu pagamento não se faça, em parte, na forma estabelecida no §3º deste artigo e, em parte, mediante expedição de precatório. (Revogado) (Incluído pela Emenda Constitucional nº 37, de 2002).

[54] Constituição da República Federativa do Brasil de 1988. Art. 100. §8º. É vedada a expedição de precatórios complementares ou suplementares de valor pago, bem como o fracionamento, repartição ou quebra do valor da execução para fins de enquadramento de parcela do total ao que dispõe o §3º deste artigo.

[55] As regras de juros e correção podem ser melhor entendidas no tópico 2.1.

[56] Constituição da República Federativa do Brasil de 1988. Art. 100, §2º Os débitos de natureza alimentícia cujos titulares, originários ou por sucessão hereditária, tenham 60 (sessenta) anos de idade, ou sejam portadores de doença grave, ou pessoas com deficiência, assim definidos na forma da lei, serão pagos com preferência sobre todos os demais débitos, até o valor equivalente ao triplo fixado em lei para os fins do disposto no §3º deste artigo, admitido o fracionamento para essa finalidade, sendo que o restante será pago na ordem cronológica de apresentação do precatório. (Redação dada pela Emenda Constitucional nº 94, de 2016).

[57] BRASIL. Supremo Tribunal Federal (STF). Recurso Extraordinário (RE) nº 568.645/SP. Relª Min. Cármen Lúcia. Ata nº 170/2014. Diário da Justiça eletrônico, Brasília, 13 nov. 2014b.

à execução,[58] não sendo, nesse caso, caracterizado o fracionamento. Para fins de expedição de requisição de pequeno valor ou precatório de parcela incontroversa, deve ser observado o valor total da execução, conforme reconhecido no Tema nº 28 do STF.[59] Exemplificando: imagine-se que o exequente tenha requerido, na fase de cumprimento de sentença, a quantia de R$100.000,00, e o magistrado proferiu decisão determinando a expedição de precatório/requisição de pequeno valor referente à parcela incontroversa no valor de R$40.000,00. Nesse caso, os R$40.000,00 incontroversos estariam abaixo do valor-piso para expedição de precatório federal e poderiam ser requisitados por meio de RPV. Contudo, como o montante total da execução é de R$100.000,00, deve ser expedido precatório, e não RPV, referente à parcela incontroversa. Consequentemente, se o montante da execução fosse R$50.000,00 (quantia que seria expedida na forma de RPV no âmbito federal), e fosse determinada expedição de parcela incontroversa no valor R$40.000,00, esta seria expedida na forma de RPV. Quanto à parte controvertida, se posteriormente for constituído o direito do exequente, deve ser expedido novo precatório na primeira situação (total de execução acima do valor-piso) e RPV na segunda (total da execução abaixo do valor-piso).

A expedição de ofício requisitório autônomo referente aos honorários sucumbenciais, separado do crédito principal,[60] é outra ressalva à vedação do fracionamento. O STF, no Tema nº 18 da repercussão geral que resultou na edição da Súmula Vinculante nº 47, adverte que mesmo o valor do principal se sujeitando ao pagamento por precatório, pode o advogado eleger de antemão a expedição de RPV para a sucumbência.[61] Os honorários contratuais, por outro lado, devem seguir

---

[58] BRASIL. Advocacia-Geral da União (AGU). Súmula nº 31, de 9 de junho de 2008. *É cabível a expedição de precatório referente a parcela incontroversa, em sede de jul. ajuizada em face da Fazenda Pública*. Diário Oficial da União, Seção 1, de 10, 11 e 12 jun. 2008a.

[59] Julgado mérito de tema com repercussão geral. Foi fixada a seguinte tese: *Surge constitucional expedição de precatório ou requisição de pequeno valor para pagamento da parte incontroversa e autônoma do pronunciamento judicial transitada em julgado observada a importância total executada para efeitos de dimensionamento como obrigação de pequeno valor* (BRASIL. Supremo Tribunal Federal (STF). Recurso Extraordinário (RE) nº 1.205.530/SP. Rel. Min. Marco Aurélio. Tribunal pleno. Ata nº 100/2020. Diário da Justiça eletrônico, Brasília, 1º jul. 2020d).

[60] Resolução CNJ nº 303, de 18 de dezembro de 2019. *Art. 8º O advogado fará jus à expedição de ofício precatório autônomo em relação aos honorários sucumbenciais.*

[61] BRASIL. Supremo Tribunal Federal (STF). Recurso Extraordinário (RE) nº 564.132/RS. Tema nº 18 da repercussão geral. Div. 9 fev. 2015. Rel. Eros Grau. *Diário da Justiça eletrônico*, Brasília, 10 fev. 2015b.

o regime imposto ao crédito principal, ou seja, caso o crédito principal seja enquadrado como precatório, por ter seu valor acima do teto das requisições de pequeno valor, o advogado deve receber seus honorários contratuais como precatório, mesmo que o valor correspondente à sua parte seja inferior ao teto da RPV.[62]

Para exemplificar a situação dos honorários de sucumbência e contratuais, suponha-se que o autor da ação tenha firmado contrato de honorários *ad exitum* com seu procurador no valor de 20%, e a União tenha sido condenada a pagar R$100.000,00 para o autor e R$15.000,00 para o procurador a título de honorários sucumbenciais. Nessa situação hipotética, a divisão das requisições de pagamento seria realizada da seguinte forma: *para o autor*: (i) precatório no valor de R$80.000,00; *para o procurador*: (ii) precatório no valor de R$20.000,00 referente aos honorários contratuais; e (iii) RPV no valor de R$15.000,00 referente aos honorários de sucumbência. Importante recordar que os valores para definir se uma requisição terá a forma de precatório ou RPV alteram-se conforme o devedor, mas é uniforme entre a administração direta e as entidades que compõem a administração indireta do mesmo ente federado.

1.6 Administração e Fazenda Pública

A Constituição Federal, ao dispor que os pagamentos devidos pelas Fazendas Públicas[63] federal, estaduais, distrital e municipais serão realizados por meio de precatórios, não está se referindo à Administração Pública em sentido amplo. Abarca, contudo, entidades de direito público da administração indireta, como as autarquias, as

---

[62] Resolução CJF nº 822, de 20 de março de 2023. *Art. 15. Ao advogado será atribuída a qualidade de beneficiário quando se tratar de honorários sucumbenciais e de honorários contratuais. §2º Os honorários contratuais deverão ser considerados como parcela integrante do valor devido a cada credor para fins de classificação da espécie da requisição (precatório ou requisição de pequeno valor).*

[63] "Conforme se constata há nítida identidade entre os conceitos constitucionais de *Fazenda Pública, Erário* e *Fisco*" (MOREIRA *et al.*, 2021, p. 50, grifos dos autores). "Dessa análise resulta que a Fazenda Pública estampada no art. 100 da CRFB há de ser entendida como *o conjunto, limitado e determinado, de órgãos e entidades da Administração Pública, destinado a promover atividades que envolvam a gestão dos bens e direitos do Erário, bem como a sua defesa em juízo.* Em outras palavras, a Fazenda Pública é composta pelas *pessoas jurídicas de direito público* que administram, ativa e passivamente, o Fisco" (MOREIRA *et al.*, 2021, p. 51, grifos dos autores).

fundações e as associações de direito público[64] e, conforme se verá a seguir, há algumas particularidades que devem ser analisadas caso a caso.

As fundações públicas de direito público equiparam-se às autarquias, e os conselhos de fiscalização profissional possuem natureza jurídica autárquica.[65] Porém, enquanto as fundações têm seus bens protegidos contra penhora, os conselhos não possuem essa vantagem devido a decisões judiciais e, consequentemente, sujeitam-se ao regime de precatórios.[66]

Entre os entes que compõem a Administração Pública, as empresas públicas[67] e as sociedades de economia mista,[68] na visão de Cunha (2020, p. 34-36), por serem pessoas jurídicas de direito privado, não estão abrangidas no conceito de Fazenda Pública e, por esse motivo, seriam impossibilitadas de quitar suas obrigações judiciais pela via dos precatórios e requisições de pequeno valor. Contudo, mesmo não abrangidas pelo conceito de "Fazenda Pública" ou "entidade de direito público", é possível analisar a situação das empresas estatais por outra perspectiva, dividindo-as em exploradoras de atividade econômica em sentido estrito e prestadoras de serviço público.[69]

As exploradoras de atividade econômica em sentido estrito estão sujeitas ao regime jurídico próprio das empresas privadas,

---

[64] "A expressão Fazenda Pública é utilizada para designar as pessoas jurídicas de direito público que figurem em ações judiciais, mesmo que a demanda não verse sobre matéria estritamente fiscal ou financeira. Quando a legislação processual utiliza-se do termo Fazenda Pública está a referir-se à União, aos Estados, aos Municípios, ao Distrito Federal e às suas respectivas autarquias e fundações. Em vários dispositivos, o Código de Processo Civil alude à expressão Fazenda Pública para referir-se àqueles entes públicos (arts. 85, §§3º, 5º e 7º, 91, 95, §4º, 100, parágrafo único, 152, IV, b, 178, parágrafo único, 534, 535, 616, VIII, 626, 629, 633, 634, 638, 654, 700, §6º, 701, §6º, 722, 740, §6º, 742, §1º, 745, §4º, 910, 1.021, §5º, 1.026, §3º, e 1.059)" (CUNHA, 2020, p. 33-34).

[65] BRASIL. Supremo Tribunal Federal (STF). Mandado de Segurança (MS) nº 22.643/SC. Rel. Min. Moreira Alves. Julg. 6 ago. 1998. *Diário de Justiça*, Brasília, 4 dez. 1998.

[66] BRASIL. Supremo Tribunal Federal (STF). Recurso Extraordinário (RE) nº 938.837/SP. Tema nº 877. Rel. Edson Fachin, Tribunal Pleno. Julg. 19 abr. 1917. Ata nº 139/1917. *Diário da Justiça eletrônico*, Brasília 25 set. 2017c.

[67] Lei nº 13.303, de 30 de junho de 2016. Art. *3º Empresa pública é a entidade dotada de personalidade jurídica de direito privado, com criação autorizada por lei e com patrimônio próprio, cujo capital social é integralmente detido pela União, pelos Estados, pelo Distrito Federal ou pelos Municípios.*

[68] Lei nº 13.303, de 30 de junho de 2016. Art. *4º Sociedade de economia mista é a entidade dotada de personalidade jurídica de direito privado, com criação autorizada por lei, sob a forma de sociedade anônima, cujas ações com direito a voto pertençam em sua maioria à União, aos Estados, ao Distrito Federal, aos Municípios ou a entidade da administração indireta.*

[69] BRASIL. Supremo Tribunal Federal (STF). Recurso Extraordinário (RE) nº 407.099/RS, Rel. Min. Carlos Velloso, 2ª Turma. Julg. 22 jun. 2004. *Diário de Justiça*, Brasília, 6 ago. 2004a.

inclusive quanto aos direitos e obrigações civis, comerciais, trabalhistas e tributárias.[70] Nesse sentido, conforme entendimento do STF, as empresas estatais que executam atividades em regime de concorrência ou que tenham como objetivo distribuir lucros aos seus acionistas não podem se beneficiar dos privilégios da Fazenda Pública para quitação das dívidas decorrentes de decisões judiciais, uma vez que isso resultaria em uma situação de desigualdade entre os agentes do mercado.

Dessa forma, no julgamento do RE nº 599.628/DF, por maioria, contra os votos dos ministros Ayres Britto (Relator), Gilmar Mendes e Dias Toffoli, o STF negou provimento ao recurso para decidir que a sociedade de economia mista Centrais Elétricas do Norte do Brasil S.A. (Eletronorte) não poderia utilizar o regime dos precatórios para satisfazer suas obrigações decorrentes de sentenças judiciais condenatórias. Situação semelhante é enfrentada pela Caixa Econômica Federal (CEF), empresa pública que não satisfaz seus débitos constantes de sentenças judiciais pela via do precatório por atuar em regime concorrencial e explorar atividade econômica em sentido estrito.

Por outro lado, a jurisprudência da Suprema Corte é no sentido da aplicabilidade do regime de precatório às prestadoras de serviços públicos que, mesmo estando submetidas ao regime das pessoas jurídicas de direito privados, assumem atividade própria do Estado, de natureza exclusiva, sem objetivo primordial acumular patrimônio.[71]

É aplicável como exemplo o privilégio da impenhorabilidade de bens, rendas e serviços à Empresa Brasileira de Correios e Telégrafos (ECT), empresa pública e pessoa jurídica equiparada à Fazenda Pública, porquanto não exerce atividade econômica em sentido estrito, mas presta e mantém serviço público da competência da União Federal,

---

[70] Constituição da República Federativa do Brasil de 1988. Art. 173. *Ressalvados os casos previstos nesta Constituição, a exploração direta de atividade econômica pelo Estado só será permitida quando necessária aos imperativos da segurança nacional ou a relevante interesse coletivo, conforme definidos em lei. §1º A lei estabelecerá o estatuto jurídico da empresa pública, da sociedade de economia mista e de suas subsidiárias que explorem atividade econômica de produção ou comercialização de bens ou de prestação de serviços, dispondo sobre: (...) II – a sujeição ao regime jurídico próprio das empresas privadas, inclusive quanto aos direitos e obrigações civis, comerciais, trabalhistas e tributárias.*

[71] BRASIL. Supremo Tribunal Federal (STF). Recurso Extraordinário (RE) nº 852.302. AgR/AL, Rel. Min. Dias Toffoli, 2ª Turma. Julg. 15 dez. 2015; BRASIL. Supremo Tribunal Federal (STF). Recurso Extraordinário (RE) nº 627.242. AgR/AL. Rel. Min. Marco Aurélio, Rel. p/ o acórdão Min. Roberto Barroso, 1ª Turma. Julg. 2 maio 2017. Diário da Justiça eletrônico, Brasília 25 maio 2017d.

qual seja, o monopólio postal para envio de cartas pessoais e comerciais, cartões-postais e correspondências agrupadas (malotes).[72] Tal entendimento tem sido admitido para além da ECT. A Companhia de Saneamento do Estado de Alagoas (CASAL) – RE nº 852.302-AgR/AL[73] – e a Companhia de Águas e Esgotos do Rio Grande do Norte (CAERN) – ADPF nº 556/RN[74] –, embora sejam sociedades de economia mista, atuam como prestadoras, em regime não concorrencial, de serviços de abastecimento de água e saneamento. Considerando que não há intuito primário de lucro, o serviço exercido corresponde à própria atuação do Estado, o que resulta na quitação dos seus débitos judiciais pela via das requisições de pagamento.

1.7 Panorama geral e dívida consolidada

A dívida de precatórios e requisições de pequeno valor aumenta a cada ano, e até 31 de dezembro de 2021 a dívida total de precatórios devidos pela União, Distrito Federal, estados e municípios devedores já superava os R$225.000.000.000,00.

Considerando dados extraídos do SICONFI em 01.04.2023, referente ao último quadrimestre dos exercícios, o total da dívida dos estados é de R$95.750.821.104,89, sendo que o Estado de São Paulo possui o montante de R$28.999.327.490,97; Minas Gerais – R$3.000.134.091,45; Mato Grosso – R$673.848.721,74; Rio de Janeiro – R$6.523.198.258,90; Bahia – R$4.991.925.371,97; e Rio Grande do Sul – R$16.475.986.306,12. O total da dívida dos municípios, no exercício de 2022, é de R$48.189.048.545,99, sendo que São Paulo/SP possui uma dívida de R$21.965.388.542,11; Belo Horizonte/MG – R$348.846.107,60; Cuiabá/MT – R$321.787.197,01; Rio de Janeiro/RJ – R$237.876.494,03; Salvador/BA – R$626.011.846,88; e Porto Alegre/RS – R$204.091.788,27 (VISÃO..., 2022).[75]

A tabela a seguir apresenta os montantes dos precatórios e requisições de pequeno valor pagos no período de 2010 a 2019, os

---

[72] Cf. AI nº 313.854 (BRASIL, STF, 2001b); RE nº 220.906 (BRASIL, STF, 2002a); RE nº 229.696 (BRASIL, STF, 2002b); RE nº 225.011 (BRASIL, STF, 2002c); RE nº 354.897 (BRASIL, STF, 2004c); RE nº 398.630 (BRASIL, STF, 2004b); RE nº 407.099 (BRASIL, STF, 2004a).

[73] Cf. Nota 71.

[74] BRASIL. Supremo Tribunal Federal (STF). Arguição de Descumprimento de Preceito Fundamental (ADPF) nº 556/RN, Relª Minª Cármen Lúcia, Tribunal Pleno. Julg. 14 fev. 2020. *Diário da Justiça eletrônico*, Brasília, 6 mar. 2020a.

[75] Saliente-se que há discrepância nos valores divulgados por diferentes órgãos, uma vez que não divulgam se os valores são atualizados e quais os índices utilizados.

valores autorizados para 2020 e previstos para 2021, bem como a sua representatividade em relação à receita corrente líquida (RCL) da União.

Tabela 1 – Precatórios e requisições de pequeno valor em R$ milhões

Ano	Precatórios	RPV	Total	RCL	% RCL
2010	8.617,30	4.600,60	13.217,90	499.866,60	2,64%
2011	8.788,60	5.660,20	14.448,80	558.706,40	2,59%
2012	7.656,50	6.354,70	14.011,20	616.933,40	2,27%
2013	8.854,30	6.555,70	15.410,00	656.094,20	2,35%
2014	10.033,50	8.290,40	18.323,90	641.578,20	2,86%
2015	17.080,50	7.972,30	25.052,80	674.522,70	3,71%
2016	19.251,90	10.159,90	29.411,80	709.929,60	4,14%
2017	19.212,30	11.648,40	30.860,70	727.254,30	4,24%
2018	22.423,50	13.120,00	35.543,50	805.348,40	4,41%
2019	24.524,80	15.528,60	40.053,40	905.658,60	4,42%
2020	35.080,30	16.086,00	51.166,30	789.910,60	6,48%
2021	34.941,60	17.174,40	52.116,00	804.490,00	6,48%

Fonte: PLOA 2021, Tesouro Gerencial, 2020 e 2021, valores estimados (CÂMARA DOS DEPUTADOS, 2020).

Para se ter uma ideia, em 2010, na esfera federal, o valor total pago pela União foi pouco mais de R$13.000.000.000,00. Após doze anos, em 2022, o valor estimado da dívida chegou próximo aos R$90.000.000.000,00, um aumento de aproximadamente sete vezes. A Receita Corrente Líquida (RCL), no entanto, não acompanhou o crescimento das despesas com precatórios e requisições de pequeno valor na mesma proporção, o que levou à edição das ECs nº 113/2021 e 114/2021 para minimizar o impacto no orçamento federal, que em 2021 já superava 6% da RCL.

Considerando o Produto Interno Bruto (PIB) aproximado do Brasil de R$7.662.000.000.000,00 em 2021, o pagamento de R$52.116.000.000,00 referente a precatórios e requisições de pequeno valor corresponde a uma despesa equivalente a 0,68% do PIB. Ao verificar que essa despesa estava na casa de 0,34% em 2010, percebe-se o impacto do rápido crescimento da dívida da União decorrente de sentenças judiciais condenatórias, em relação ao PIB.

Na figura a seguir, verifica-se o crescimento da dívida de precatórios e RPVs da União e o expressivo aumento de valores a pagar referente a "Precatórios de Terceiros – Estados", que abrange os estados da federação beneficiários de precatórios, como no caso dos créditos decorrentes de falta de repasses para o Fundo de Manutenção e Desenvolvimento do Ensino Fundamental e de Valorização do Magistério (FUNDEF). Essa dívida iniciou-se em 2019, com o valor de R$71.000,00; em 2020, passou para R$261.000.000,00, em 2021 chegou a R$16.633.359.989,00, em 2022 reduziu para R$14.688.368.021,00, e, em 2023, alcançou o valor de R$9.710.399.217,00.

Figura 2 – Crescimento da dívida de precatórios e RPVs da União

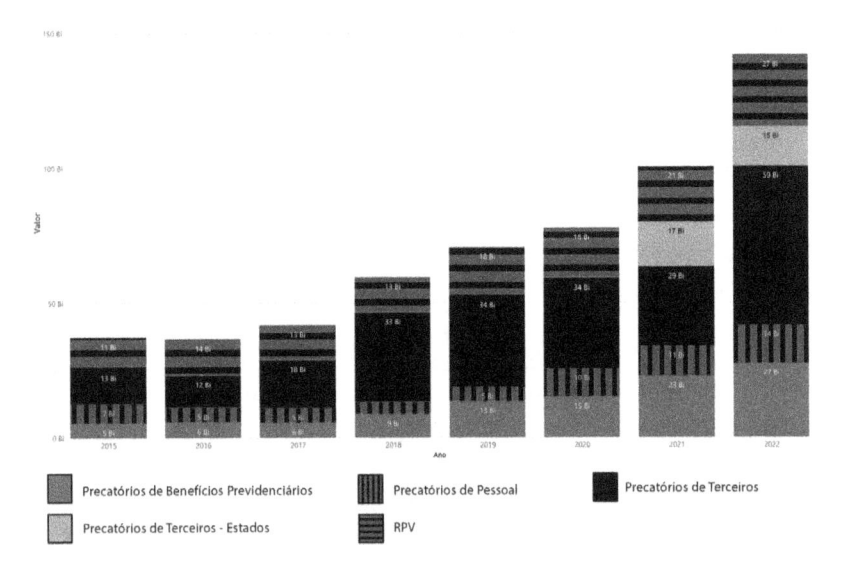

Fonte: RISCOS..., 2023.

Incluem-se no grupo dos "Precatórios de Benefícios Previdenciários" as obrigações oriundas de proventos de aposentadorias, reformas e pensões. No conjunto dos "Precatórios de Pessoal" estão compreendidos os valores de obrigações referentes a salários ou remunerações e outros benefícios a servidores e empregados. Os "Precatórios de Terceiros", por sua vez, referem-se aos demais precatórios.

CAPÍTULO 2

QUESTÕES REFERENTES AO PAGAMENTO DAS REQUISIÇÕES

O assunto que possivelmente gera mais debates e questionamentos nas cortes superiores refere-se ao pagamento e ao cancelamento das requisições, além dos consectários legais e formas de recebimento antecipado – por exemplo, por meio de leilões, acordos e preferências.

2.1 Juros e correção

O cálculo de juros e correção monetária[76] nos precatórios é assunto bastante controvertido, tendo sido objeto de emendas constitucionais e ações diretas de inconstitucionalidade. O art. 33 do ADCT e a redação original do §1º do art. 100 da Constituição de 1988[77] previam a atualização dos precatórios. A EC nº 30/2000, embora tenha alterado a redação do §1º, não modificou o trecho que se referia à atualização monetária.[78]

---

[76] "(...) a correção monetária é mecanismo de recomposição do poder de compra da moeda, e não de remuneração de capital, razão pela qual deve sempre representar as alternâncias reais da economia e jamais se prestar à manipulação de instituições financeiras, que, evidentemente, lucram com as importâncias depositadas em seus cofres (...). Não se confunde, portanto, com os juros, que visam à remuneração do capital. A atualização monetária cuida apenas de preservar o equilíbrio entre os partícipes das relações econômicas, neutralizando os efeitos da inflação" (BRASIL. Superior Tribunal de Justiça (STJ). Recurso Especial (REsp.) nº 1.131.360/RJ. Rel. Min. Napoleão Nunes Maia Filho, Rel. p/ Acórdão Min. Maria Thereza de Assis Moura, Corte Especial. Julg. 3 maio 2017. *Diário de Justiça eletrônico*, Brasília, 30 jun. 2017).

[77] Redação original: *Art. 100, §1º É obrigatória a inclusão, no orçamento das entidades de direito público, de verba necessária ao pagamento de seus débitos constantes de precatórios judiciários, apresentados até 1º de julho, data em que terão atualizados seus valores, fazendo-se o pagamento até o final do exercício seguinte.*

[78] Redação dada pela Emenda Constitucional nº 30, de 13 de setembro de 2000: *Art. 100, §1º É obrigatória a inclusão, no orçamento das entidades de direito público, de verba necessária ao*

Somente em 2009, com a edição da EC nº 62/2009, quando foi incluído o §12 ao art. 100, que se passou a incidir: (i) atualização de valores de requisitórios após sua expedição, até o efetivo pagamento, independentemente de sua natureza, pelo índice oficial de remuneração básica da caderneta de poupança; e (ii) juros de mora não capitalizados no mesmo percentual de juros incidentes sobre a caderneta de poupança, ficando excluída a incidência de juros compensatórios.

Contra essa nova fórmula de atualização monetária e juros apresentada na EC nº 62/2009, foram propostas quatro ADIs. A ADI nº 4.372/DF,[79] manejada pela Associação Nacional dos Magistrados Estaduais (ANAMAGES), e a ADI nº 4.400/DF,[80] ajuizada pela Associação Nacional dos Magistrados da Justiça do Trabalho (ANAMATRA), foram julgadas improcedentes por ilegitimidade ativa e, por essa razão, não serão objeto de estudo.

O tema foi dividido *em seis importantes marcos temporais*, a fim de melhor organizar sua apresentação.

O primeiro corresponde ao julgamento das outras duas ADIs (nº 4.357/DF e nº 4.425/DF), em 14 de março de 2013, nas quais as expressões "índice oficial de remuneração básica da caderneta de poupança" e "independentemente de sua natureza" foram declaradas de inconstitucionais pelo Supremo Tribunal Federal.

A respeito da atualização monetária, o redator dos acórdãos, ministro Luiz Fux, redigiu as ementas de forma praticamente idêntica, somente invertendo a ordem das frases e algumas palavras:

---

pagamento de seus débitos oriundos de sentenças transitadas em julgado, constantes de precatórios judiciários, apresentados até 1º de julho, fazendo-se o pagamento até o final do exercício seguinte, quando terão seus valores atualizados monetariamente.

[79] BRASIL. Supremo Tribunal Federal (STF). Ação Direta de Inconstitucionalidade (ADI) nº 4.372/DF. Rel. Min. Ayres Britto. Julg. 6 mar. 2013. Ata nº 137, 25 set. 2014. *Diário da Justiça eletrônico*, Brasília, 26 set. 2014a.

[80] BRASIL. Supremo Tribunal Federal (STF). Ação Direta de Inconstitucionalidade (ADI) nº 4.400/DF. Rel. Min. Ayres Brito. Ata nº 146, 2 out. *Diário da Justiça eletrônico*, Brasília, 3 out. 2013c.

ADI nº 4.357/DF	ADI nº 4.425/DF
O direito fundamental de propriedade (CF, art. 5º, XXII) resta violado nas hipóteses em que a atualização monetária dos débitos fazendários inscritos em precatórios perfaz-se segundo o índice oficial de remuneração da caderneta de poupança, na medida em que este referencial é manifestamente incapaz de preservar o valor real do crédito de que é titular o cidadão. É que a inflação, fenômeno tipicamente econômico-monetário, mostra-se insuscetível de captação apriorística (*ex ante*), de modo que o meio escolhido pelo legislador constituinte (remuneração da caderneta de poupança) é inidôneo a promover o fim a que se destina (traduzir a inflação do período).	A atualização monetária dos débitos fazendários inscritos em precatórios segundo o índice oficial de remuneração da caderneta de poupança viola o direito fundamental de propriedade (CF, art. 5º, XXII) na medida em que é manifestamente incapaz de preservar o valor real do crédito de que é titular o cidadão. A inflação, fenômeno tipicamente econômico-monetário, mostra-se insuscetível de captação apriorística (*ex ante*), de modo que o meio escolhido pelo legislador constituinte (remuneração da caderneta de poupança) é inidôneo a promover o fim a que se destina (traduzir a inflação do período).

Nos mesmos julgados, por arrastamento, também foi declarado inconstitucional o art. 5º da Lei nº 11.960/2009, que deu nova redação ao art. 1º-F da Lei nº 9.494/1997, uma vez que reproduzia as mesmas regras para atualização monetária e fixação de juros moratórios previstas no §12 do art. 100 da Constituição Federal e, por esse motivo, incorria nos mesmos vícios de juridicidade.

O trecho que trata da natureza das requisições foi, respeito ao princípio da isonomia, declarado inconstitucional. Isso porque os créditos de origem tributária eram atualizados com base na taxa Selic[81]

---

[81] Lei nº 9.250, de 26 de dezembro de 1995. *Art. 39. A compensação de que trata o art. 66 da Lei nº 8.383, de 30 de dezembro de 1991, com a redação dada pelo art. 58 da Lei nº 9.069, de 29 de junho de 1995, somente poderá ser efetuada com o recolhimento de importância correspondente a imposto, taxa, contribuição federal ou receitas patrimoniais de mesma espécie e destinação constitucional, apurado em períodos subseqüentes. §4º A partir de 1º de janeiro de 1996, a compensação ou restituição será acrescida de juros equivalentes à taxa referencial do Sistema Especial de Liquidação e de Custódia – SELIC para títulos federais, acumulada mensalmente, calculados a partir da data nº do pagamento indevido ou a maior até o mês anterior ao da compensação ou restituição e de 1% relativamente ao mês em que estiver sendo efetuada. (Vide Lei nº 9.532, de 1997).* Lei nº 8.212, de 24 de julho de 1991. *Art. 35. Os débitos com a União decorrentes das contribuições sociais previstas nas alíneas a, b e c do parágrafo único do art. 11 desta Lei, das contribuições instituídas a título de substituição e das contribuições devidas a terceiros, assim entendidas outras entidades*

e, caso a redação permanecesse inalterada, seriam corrigidos com base no "*índice oficial de remuneração básica da caderneta de poupança*".

Assim, para dar tratamento isonômico às partes, o trecho foi declarado inconstitucional, preservando o mesmo índice para atualização do crédito e do débito tributário. Em outras palavras, a alíquota prevista para hipóteses de tributo recolhido em atraso deve ser a mesma utilizada pelos contribuintes no caso da repetição de indébito – Ementa da ADI nº 4.357/DF e ADI nº 4.425/DF.[82]

O segundo, em 25 de março de 2015, corresponde ao julgamento da questão de ordem sobre a modulação dos efeitos da declaração de inconstitucionalidade. Nessa ocasião o Plenário da Suprema Corte manteve, até a data do julgamento, a correção dos precatórios pelo índice oficial de remuneração básica da caderneta de poupança, nos termos da EC nº 62/2009. Em seguida, determinou que os créditos deveriam ser corrigidos pelo Índice de Preços ao Consumidor Amplo Especial (IPCA-E). A modulação reconheceu a validade dos precatórios expedidos ou pagos até a data do julgamento, impedindo, assim, que o débito fosse rediscutido com base na aplicação de outros índices.

---

e fundos, não pagos nos prazos previstos em legislação, serão acrescidos de multa de mora e juros de mora, nos termos do art. 61 da Lei nº 9.430, de 27 de dezembro de 1996. (Redação dada pela Lei nº 11.941, de 2009). Lei nº 9.430, de 27 de dezembro de 1996. *Art. 61. Os débitos para com a União, decorrentes de tributos e contribuições administrados pela Secretaria da Receita Federal, cujos fatos geradores ocorrerem a partir de 1º de janeiro de 1997, não pagos nos prazos previstos na legislação específica, serão acrescidos de multa de mora, calculada à taxa de trinta e três centésimos por cento, por dia de atraso. (Vide Decreto nº 7.212, de 2010). (...). §3º Sobre os débitos a que se refere este artigo incidirão juros de mora calculados à taxa a que se refere o §3º do art. 5º, a partir do primeiro dia do mês subseqüente ao vencimento do prazo até o mês anterior ao do pagamento e de um por cento no mês de pagamento. (Vide Medida Provisória nº 1.725, de 1998) (Vide Lei nº 9.716, de 1998)"* (BRASIL, 1996). *"Art. 5º O imposto de renda devido, apurado na forma do art. 1º, será pago em quota única, até o último dia útil do mês subseqüente ao do encerramento do período de apuração. §3º As quotas do imposto sobre a renda equivalentes à taxa referencial do Sistema Especial de Liquidação e Custódia – SELIC, para títulos federais, acumulada mensalmente, calculados a partir do primeiro dia do segundo mês subseqüente ao do encerramento do período de apuração até o último dia do mês anterior ao do pagamento e de um por cento no mês do pagamento.*

[82] "A quantificação dos juros moratórios relativos a débitos fazendários inscritos em precatórios segundo o índice de remuneração da caderneta de poupança vulnera o princípio constitucional da isonomia (CF, art. 5º, *caput*) ao incidir sobre débitos estatais de natureza tributária, pela discriminação em detrimento da parte processual privada que, salvo expressa determinação em contrário, responde pelos juros da mora tributária à taxa de 1% ao mês em favor do Estado (*ex vi* do art. 161, §1º, CTN). Declaração de inconstitucionalidade parcial sem redução da expressão 'independentemente de sua natureza', contida no art. 100, §12, da CF, incluído pela EC nº 62/09, para determinar que, quanto aos precatórios de natureza tributária, sejam aplicados os mesmos juros de mora incidentes sobre todo e qualquer crédito tributário".

Logo em seguida, em 17 de abril de 2015, foi reconhecida a repercussão geral da questão constitucional discutida no RE nº 870.947/ SE.[83] O ministro-relator Luiz Fux argumentou pela necessidade de pronunciamento da Corte a respeito das razões que fundamentaram a modulação dos efeitos das decisões nas ADIs nº 4.357/DF e nº 4.425/ DF, com o objetivo de orientar os tribunais inferiores evitando que novos casos idênticos fossem objeto de outros recursos extraordinários. A discussão no RE nº 870.947/SE, em relação às ADIs nº 4.357/DF e nº 4.425/DF, era mais ampla, pois passava: (i) pela natureza da relação jurídica em que nasceu o crédito em desfavor da Fazenda Pública; e (ii) pela correção monetária de débitos em qualquer fase processual, inclusive nas instâncias administrativas.

O *terceiro momento relevante* corresponde à publicação do acórdão do RE nº 870.947/SE, em 20 de novembro de 2017, com a fixação da tese no Tema nº 810 de repercussão geral do STF.[84] No julgamento do mérito, o ministro-relator alegou que, ao contrário dos juros moratórios, nas condenações impostas à Fazenda Pública há atualização monetária em dois momentos distintos, quais sejam: (i) na fase de conhecimento, correspondendo o período entre o ajuizamento e o trânsito em julgado do cumprimento de sentença; e (ii) na fase executiva, que compreende o intervalo de tempo entre a inscrição em precatório e o efetivo pagamento pelo ente federado. Nesse sentido, ressaltou-se que as ADIs se restringiram a abordar o intervalo de tempo presente na fase executiva.[85]

---

[83] BRASIL. Supremo Tribunal Federal (STF). Recurso Extraordinário (RE) nº 870.947/SE. Decisão pela existência de repercussão geral. Ata nº 23/2015. *Diário da Justiça eletrônico*, Brasília, 27 abr. 2015a.

[84] "1) O art. 1º-F da Lei nº 9.494/1997, com a redação dada pela Lei nº 11.960/2009, na parte em que disciplina os juros moratórios aplicáveis a condenações da Fazenda Pública, é inconstitucional ao incidir sobre débitos oriundos de relação jurídico-tributária, aos quais devem ser aplicados os mesmos juros de mora pelos quais a Fazenda Pública remunera seu crédito tributário, em respeito ao princípio constitucional da isonomia (CRFB, art. 5º, *caput*); quanto às condenações oriundas de relação jurídica não-tributária, a fixação dos juros moratórios segundo o índice de remuneração da caderneta de poupança é constitucional, permanecendo hígido, nesta extensão, o disposto no art. 1º-F da Lei nº 9.494/1997 com a redação dada pela Lei nº 11.960/2009; e 2) O art. 1º-F da Lei nº 9.494/1997, com a redação dada pela Lei nº 11.960/2009, na parte em que disciplina a atualização monetária das condenações impostas à Fazenda Pública segundo a remuneração oficial da caderneta de poupança, revela-se inconstitucional ao impor restrição desproporcional ao direito de propriedade (CRFB, art. 5º, XXII), uma vez que não se qualifica como medida adequada a capturar a variação de preços da economia, sendo inidônea a promover os fins a que se destina" (BRASIL. Supremo Tribunal Federal (STF). Recurso Extraordinário (RE) nº 870.947/SE. Tema nº 810 de repercussão geral do STF. Rel. Min. Luiz Fux. Ata nº 174/2017. *Diário da Justiça eletrônico*, Brasília, 20 nov. 2017a).

[85] "O Supremo Tribunal Federal, ao julgar as ADIs nº 4.357 e 4.425, declarou a inconstitucionalidade da correção monetária pela TR apenas quanto ao segundo período, isto é,

Por fim, aduziu estar coerente a postura adotada pelos tribunais inferiores que, com base nas ADIs nº 4.357/DF e 4.425/DF, julgaram devidas as atualizações tanto no curso do processo quanto após a expedição do precatório. Isso em razão de o ordenamento jurídico não ter estabelecido critérios distintos para cálculo de correção em precatórios e em condenações judiciais.

O *quarto marco temporal* é representado pela decisão proferida em 3 de outubro de 2019, que rejeitou, por maioria, quatro embargos de declaração[86] opostos em face do acórdão que julgou o mérito do RE nº 870.947/SE. Com a decisão, ficou inalterado o acórdão anteriormente proferido e não foi aplicada a modulação dos efeitos da decisão que declarou a inconstitucionalidade do art. 1°-F da Lei nº 9.494/1997, afastando, dessa forma, a aplicação da TR (Taxa Referencial aplicada à poupança) no período entre 2009 e 2015.

O INSS argumentou que caso se atribuísse eficácia *ex tunc* à declaração de inconstitucionalidade, com alteração do indexador de correção monetária da TR para o IPCA, o impacto financeiro ao erário seria de R$6.970.942.933,70 (seis bilhões, novecentos e setenta milhões, novecentos e quarenta e dois mil, novecentos e trinta e três reais e setenta centavos).

Contudo, conforme apresentado pelo redator do acórdão, ministro Alexandre de Moraes, as razões de segurança jurídica e interesse social que se pretendia prestigiar pela modulação dos efeitos temporais tinham como propósito beneficiar tão somente os interesses fiscais das Fazendas Públicas devedoras, sendo tais motivos insuficientes para atribuir efeitos a uma norma inconstitucional. Além disso, querer estender a incidência do índice da poupança como critério de correção monetária para o período entre 2009 e 2015 seria incongruente com o julgamento de mérito no RE nº 870.947/SE e nas ADIs nº 4.357/

---

quanto ao intervalo de tempo compreendido entre a inscrição do crédito em precatório e o efetivo pagamento. Isso porque a norma constitucional impugnada nas ADIs (art. 100, §12, da CRFB, incluído pela EC nº 62/09) referia-se apenas à atualização do precatório e não à atualização da condenação ao concluir-se a fase de conhecimento" (BRASIL, STF, 2017d).

[86] Rejeitados os embargos opostos pela: 1) Confederação Nacional dos Servidores Públicos (CNSP) em conjunto com a Associação Nacional dos Servidores do Poder Judiciário (ANSJ); 2) pelo Estado do Pará; 3) pelo Distrito Federal em conjunto com os Estados do Acre, Amapá, Amazonas, Goiás, Mato Grosso, Mato Grosso do Sul, Minas Gerais, Paraná, Pernambuco, Piauí, Rio Grande do Norte, Rio Grande do Sul, Roraima, Santa Catarina, São Paulo e Sergipe; e 4) pelo Instituto Nacional do Seguro Social (BRASIL. Supremo Tribunal Federal (STF). Recurso Extraordinário (RE) nº 870.947/SE. Embargos rejeitados. Ata nº 1/2020. Diário da Justiça eletrônico, Brasília, 3 fev. 2020c).

DF e nº 4.425/DF, já que "virtualmente esvazia o efeito prático desses pronunciamentos para um universo expressivo de destinatários da norma".

O STF, reforçando a tese firmada no RE nº 870.947/SE, em 11 de novembro de 2019, por maioria, julgou procedente o pedido formulado na ADI nº 5.348/DF, de relatoria da ministra Cármen Lúcia, para declarar a inconstitucionalidade do art. 1º-F da Lei nº 9.494/1997, alterado pela Lei nº 11.960/2009, na parte em que se estabelecia a aplicação dos índices da caderneta de poupança como critério de atualização monetária nas condenações da Fazenda Pública.

Considerando a modulação dos efeitos nas ADIs nº 4.357/DF e nº 4.425/DF e o julgamento de mérito no RE nº 870.947/SE, concluiu-se como:

(i) *inconstitucional* a correção monetária pelo índice básico de correção da poupança para: (a) condenações judiciais da Fazenda Pública em qualquer período; e (b) precatórios de qualquer natureza, exceto para o período entre julho de 2009 a março de 2015;

(ii) *constitucional* a aplicação dos juros de mora pelo índice básico de correção da poupança para as condenações judiciais (fase de conhecimento e cumprimento de sentença) e precatórios da Fazenda Pública, à exceção dos indébitos de natureza tributária.

Até o momento abordou-se somente a questão relativa aos índices que poderiam ser utilizados para cálculo dos juros e correção monetária; entretanto, as fases em que eram aplicados também devem ser perquiridas.

Até a promulgação da EC nº 113/2021, era pacífico que a correção monetária incidia desde a ocorrência do dano (Súmula nº 43)[87] – dependendo da causa que originou o precatório – até o efetivo pagamento, segundo o art. 100, §5º, da Constituição Federal de 1988.[88]

---

[87] BRASIL. Superior Tribunal de Justiça (STJ). Súmula nº 43. *Incide correção monetária sobre dívida por ato ilícito a partir da data do efetivo prejuízo.* Corte Especial. Julg. 14 maio 1992. Diário de Justiça, Brasília, 20 maio 1992.

[88] Constituição da República Federativa do Brasil de 1988. Art. 100, §5º. *É obrigatória a inclusão no orçamento das entidades de direito público de verba necessária ao pagamento de seus débitos oriundos de sentenças transitadas em julgado constantes de precatórios judiciários apresentados até 2 de abril, fazendo-se o pagamento até o final do exercício seguinte, quando terão seus valores atualizados monetariamente* (grifo nosso).

Já acerca do período de incidência dos juros, desde 2017 está cristalizado o entendimento do STF determinando que "incidem os juros da mora no período compreendido entre a data da realização dos cálculos e a da requisição ou do precatório".[89] É comum verificar, principalmente em ações envolvendo grande número de partes no polo ativo, como no caso de ações civis públicas ou de associações e sindicatos atuando como substitutos processuais, que é grande o lapso temporal entre a data da realização dos cálculos e a efetiva requisição do precatório ou requisição de pequeno valor. Isso ocorre porque são processos de maior complexidade e, dado o elevado número de partes, o procedimento de verificação e análise dos requisitos e elementos necessários à efetiva expedição do ofício requisitório torna-se mais demorado.

Em 16 de junho de 2020, no âmbito do RE nº 1.169.289/SC,[90] foi apreciado o Tema nº 1.037 da repercussão geral e, por 9 votos contra 2, a maioria dos ministros seguiu o voto divergente apresentado pelo ministro Alexandre de Moraes para declarar que não deve incidir juros de mora no período entre a data da expedição[91] do precatório ou da requisição de pequeno valor e o efetivo pagamento, caso este fosse realizado no exercício financeiro seguinte para precatórios apresentados até 1º de julho.[92] Nesse sentido, foi negado provimento ao Recurso Extraordinário e fixada a seguinte tese:

> O enunciado da Súmula Vinculante 17[93] não foi afetado pela superveniência da Emenda Constitucional 62/2009, de modo que não incidem juros de mora no período de que trata. O parágrafo 5º do artigo 100 da Constituição. Havendo o inadimplemento pelo ente público devedor, a fluência dos juros inicia-se após o "período de graça".

---

[89] Tese definida em 2017 no RE nº 579.431, Tema nº 96.

[90] BRASIL. Supremo Tribunal Federal (STF). Recurso Extraordinário (RE) nº 1.169.289/SC. Julgado mérito de tema com repercussão geral. Ata nº 100. *Diário da Justiça eletrônico*, Brasília, 1º jul. 2020e.

[91] Resolução nº 822, de 20 de março de 2023. *Art. 46. §2º. Considera-se como momento da expedição do precatório a data de 2 de abril, para os precatórios apresentados ao tribunal entre 3 de abril do ano anterior e 2 de abril do ano da expedição.*

[92] Data limite até a promulgação da EC nº 114/2021. Após promulgação da EC, a data limite passou a ser 2 de abril.

[93] BRASIL. Supremo Tribunal Federal (STF). Súmula Vinculante nº 17. *Durante o período previsto no parágrafo 1º do artigo 100 da Constituição, não incidem juros de mora sobre os precatórios que nele sejam pagos.* Ata nº de Aprovação Sessão Plenária de 29 out. 2009. Diário da Justiça eletrônico, Brasília, 10 nov. 2009.

O STF, ao declarar a TR inconstitucional para correção monetária das condenações judiciais, não delimitou quais índices deveriam substituí-la. Dessa forma, seguindo caminho paralelo, a discussão acerca dos juros e correção monetária chegou ao STJ. No Tema nº 905, julgado em 22 de fevereiro de 2018,[94] cobrindo a lacuna deixada pela Suprema Corte, decidiu-se que os índices de correção e os juros deveriam ser aplicados conforme a natureza da condenação. Ressalte-se que o STJ não tratou de juros e correção dos precatórios, mas, sim, dos encargos que correm no curso do processo judicial, cujo índice variava dependendo da matéria discutida (previdenciário, tributário, administrativo, servidores públicos etc.).

Na hipótese de condenações referentes a servidores e empregados públicos – pela cobrança de determinada gratificação –, existiam regras específicas resumidas na tabela a seguir:

Tabela 2 – Condenações relacionadas a verbas de servidores e empregados públicos

PERÍODOS	ENCARGOS
Até julho/2001	Juros de mora: 1% ao mês (capitalização simples). Correção monetária: de acordo com o *Manual de Cálculos* da JF.
De agosto/2001 a junho/2009	Juros de mora: 0,5% ao mês. Correção monetária: IPCA-E.
A partir de julho/2009	Juros de mora: índice de remuneração da caderneta de poupança. Correção monetária: IPCA-E.

Fonte: Tema nº 905

---

[94] O Tema nº 905 é composto de três Recursos Especiais: *(i)* BRASIL. Superior Tribunal de Justiça (STJ). Recurso Especial (REsp.) nº 1.495.144/RS Rel. Min. Mauro Campbell Marques. Data de Afetação: 11 nov. 2014. Julg. 22 fev. 2018. Diário de Justiça eletrônico, Brasília, 20 mar. 2018b. Embargos de Declaração: 9 jun. 2018. Trânsito em Julgado: 6 fev. 2020; *(ii)* BRASIL. Superior Tribunal de Justiça (STJ). Recurso Especial (REsp.) nº 1.495.146/MG. Rel. Min. Mauro Campbell Marques. Data de Afetação: 11 nov. 2014. Julg. 22 fev. 2018. Diário de Justiça, Brasília, 2 mar. 2018c. Embargos de Declaração: 19 jun. 2018. Trânsito em Julgado: 13 set. 2018; *(iii)* BRASIL. Superior Tribunal de Justiça (STJ). Recurso Especial (REsp.) nº 1.492.221/PR. Rel. Min. Mauro Campbell Marques. Data de Afetação: 11 nov. 2014. Julg. 22 fev. 2018. Diário de Justiça eletrônico, Brasília, 20 mar. 2018d. Embargos de Declaração: 19 jun. 2018. Trânsito em Julgado: 11 fev. 2020.

Na esfera das condenações judiciais referentes a desapropriações diretas e indiretas, havia regras particulares, principalmente no tocante aos juros moratórios e compensatórios:

Tabela 3 – Condenações judiciais envolvendo desapropriação

ENCARGOS	ÍNDICES
Correção monetária	Índices previstos no *Manual de Cálculos* da JF.
Juros de mora	a) até dezembro/2009: 0,5% (capitalização simples); b) janeiro/2010 a abril/2012: 0,5% (capitalização simples); c) a partir de maio/2012: juros da caderneta de poupança, capitalizados de forma simples, correspondentes a: c.1) 0,5% ao mês, caso a taxa SELIC ao ano seja superior a 8,5%; c.2) 70% da taxa SELIC ao ano, mensalizada, nos demais casos.
Juros compensatórios	a) até 10.06.1997: 1% (capitalização simples); b) 11.06.1997 a 13.09.2001: 0,5% (capitalização simples); c) a partir de 14.09.2001: 1% (capitalização simples).

Fonte: Tema nº 905

Em sessão de julgamento ocorrida em 28 de outubro de 2020, o STJ, na Petição nº 12.344/DF,[95] acompanhando o *decisum* da ADI nº 2.332/DF,[96] decidiu pela revisão da Tese nº 126 e definiu que os juros compensatórios (compensação pela perda antecipada da posse do bem) deveriam ser calculados em 6% a partir de 11 de junho de 1997 – data de edição da Medida Provisória nº 1.577/1997 –, em vez do percentual de 12% para o período posterior a 13 de setembro de 2001.

Para condenações judiciais de natureza administrativa em geral – por exemplo, em ação de: (a) responsabilidade civil do Estado; (b)

---

[95] BRASIL. Superior Tribunal de Justiça (STJ). Processo nº 0230803-95.2018.3.00.0000. Petição nº 12.344/DF (2018/0230803-5). Rel. Min. Og Fernandes. Autuado em 4 set. 2018. *Diário de Justiça*, Brasília, 13 nov. 2020e.

[96] BRASIL. Supremo Tribunal Federal (STF). Ação Direta de Inconstitucionalidade (ADI) nº 2.332/DF. Rel. Min. Roberto Barroso. Tribunal Pleno. Julg. 17 maio 2018. Inconstitucionalidade (ADI) nº 5.348/DF. Relª Min. Cármen Lúcia. Julg. 11 nov. 2019 – Ata nº 181/2019. *Diário da Justiça eletrônico*, Brasília, 16 abr. 2019b.

cobrança contra o Estado por enriquecimento sem causa; (c) indenização por danos morais; entre outras –, aplicava-se a tabela nº 4:

Tabela 4 – Condenações judiciais de natureza administrativa em geral

PERÍODOS	ENCARGOS
Até dezembro/2002	Juros de mora: 0,5% ao mês. Correção monetária: de acordo com o *Manual de Cálculos* da JF.
Depois do CC/2002 e antes da Lei nº 11.960/2009	Aplica-se apenas a taxa SELIC, vedada a cumulação com qualquer outro índice (isso porque a SELIC inclui juros e correção).
Depois da vigência da Lei nº 11.960/2009	Juros de mora: índice de remuneração da caderneta de poupança. Correção monetária: IPCA-E.

Fonte: Tema nº 905

As sentenças judiciais decorrentes de ações de natureza previdenciárias também possuíam regras próprias para correção monetária e juros:

Tabela 5 – Condenações relacionadas com verbas de natureza previdenciária

PERÍODOS	ENCARGOS
Até a vigência da Lei nº 11.430/2006	Juros de mora: 1% ao mês. Correção monetária: de acordo com o *Manual de Cálculos* da JF.
Depois da Lei nº 11.430/2006 e antes da Lei nº 11.960/2009	Juros de mora: 1% ao mês. Correção monetária: INPC.
Período posterior à Lei nº 11.960/2009	Juros de mora: índice de remuneração da caderneta de poupança. Correção monetária: INPC.

Fonte: Tema nº 905

Os benefícios assistenciais BPC/LOAS, embora sejam de natureza previdenciária, têm a sua correção pelo IPCA-E até a data estabelecida pela EC nº 113/2021, conforme decidido no RE nº 870.947/SE.

Por fim, para as condenações judiciais de natureza tributária, é necessário observar como a Fazenda Pública cobra seus créditos.

Não havendo disposição legal específica, os juros de mora são calculados à taxa de 1% ao mês,[97] sendo legítima a utilização da taxa Selic e vedada sua cumulação com outros índices.

O *quinto marco temporal* consistiu na promulgação da EC nº 113/2021, que alterou substancialmente a forma de aplicar os juros e a correção monetária no curso das ações judiciais e nos precatórios. Os índices e alíquotas, que variavam conforme a natureza da ação, passaram, para fins de atualização monetária, de remuneração do capital e de compensação da mora, a incidir uma única vez, até o efetivo pagamento, conforme a taxa Selic acumulada mensalmente – EC nº 113/2021, art. 3º. Isso significa que não há mais distinção entre ações de desapropriação, servidores públicos, previdenciárias, tributárias e indenizatórias para aferir quais índices aplicar para a correção monetária no curso da lide e para os precatórios em mora. A partir da promulgação da Emenda, deve-se utilizar da taxa Selic para qualquer discussão e condenação contra a Fazenda Pública, exceto no período de graça, como se verá adiante.

Para tornar mais claras as regras alteradas pela EC nº 113/2021, o CNJ, em 25 de março de 2022, editou a Resolução nº 448 para alterar, renumerar e acrescentar dispositivos à Resolução CNJ nº 303/2019. Estabeleceu-se, no art. 21-A, §4º da Resolução CNJ nº 303/2019, que os precatórios de natureza tributária devem observar os mesmos critérios que a Fazenda Pública remunera seu crédito tributário até novembro de 2021, e com base na taxa referencial do Sistema Especial de Liquidação e de Custódia (Selic) a partir de dezembro de 2021. Ficou decidido, além disso, de acordo com a previsão do *caput* do art. 21-A, que os precatórios não tributários requisitados antes de dezembro de 2021 serão atualizados a partir de sua data-base, conforme os indicadores abaixo:

I – ORTN – de 1964 a fevereiro de 1986;
II – OTN – de março de 1986 a janeiro de 1989;
III – IPC / IBGE de 42,72% – em janeiro de 1989;
IV – IPC / IBGE de 10,14% – em fevereiro de 1989;
V – BTN – de março de 1989 a março de 1990;

---

[97] Lei nº 5.172, de 25 de outubro de 1966 (Código Tributário Nacional). *Art. 161. O crédito não integralmente pago no vencimento é acrescido de juros de mora, seja qual for o motivo determinante da falta, sem prejuízo da imposição das penalidades cabíveis e da aplicação de quaisquer medidas de garantia previstas nesta Lei ou em lei tributária. §1º Se a lei não dispuser de modo diverso, os juros de mora são calculados à taxa de um por cento ao mês.*

VI – IPC / IBGE – de março de 1990 a fevereiro de 1991;
VII – INPC – de março de 1991 a novembro de 1991;
VIII – IPCA-E / IBGE – em dezembro de 1991;
IX – UFIR – de janeiro de 1992 a dezembro de 2000;
X – IPCA-E / IBGE – de janeiro de 2001 a 9 de dezembro de 2009;
XI – Taxa Referencial (TR) – 10 de dezembro de 2009 a 25 de março de 2015;
XII – IPCA-E / IBGE – de 26.03.2015 a 30 de novembro de 2021;
XIII – Taxa Referencial do Sistema Especial de Liquidação e de Custódia (Selic) – de dezembro de 2021 em diante.

Embora o inciso XIII apresente a taxa Selic como devida para correção dos precatórios de dezembro de 2021 em diante, ressalte-se que essa deve ser aplicada indiscriminadamente, por todo o período, somente para os precatórios de natureza tributária (enquanto for esse o critério pelo qual a Fazenda Pública federal corrige seus créditos tributários). Para os demais, durante o período de graça previsto no art. 100, §5º, deve-se aplicar o IPCA-E, já que não pode incidir juros de mora sobre os precatórios que nele sejam pagos.[98] Como justificativa para afastar a Selic nesse período, apresenta-se a decisão do STF nas ADIs nº 5.867/DF[99] e nº 6.021/DF,[100] em que ficou assentado que essa taxa engloba juros moratórios e correção monetária. Ou seja, caso a Selic fosse aplicada durante o período de graça, estar-se-ia violando o enunciado da Súmula Vinculante nº 17. Vale pontuar que a aplicação do IPCA-E durante o período de graça também consta na Lei de Diretrizes Orçamentárias[101] e na Resolução CJF nº 822/2023.[102]

---

[98] BRASIL. Supremo Tribunal Federal (STF). Súmula Vinculante nº 17. Ata nº de Aprovação Sessão Plenária de 29 out. 2009. Diário da Justiça eletrônico, Brasília, 10 nov. 2009.

[99] BRASIL. Supremo Tribunal Federal (STF). Ação Direta de Inconstitucionalidade (ADI) nº 5.867/DF. Rel. Gilmar Mendes. Ata 55, 6 abr. 2021. *Diário da Justiça eletrônico*, Brasília, 7 abr. 2021b.

[100] BRASIL. Supremo Tribunal Federal (STF). Ação Direta de Inconstitucionalidade (ADI) nº 6.021/PA. Rel. Gilmar Mendes. Ata 55, 6 abr. 2021. *Diário da Justiça eletrônico*, Brasília, 7 abr. 2021c.

[101] Lei nº 14.791, de 29 de dezembro de 2023. *Art. 40. Nas discussões e condenações que envolvam a Fazenda Pública federal, para fins de atualização monetária, remuneração do capital e compensação da mora, incidirá, no exercício financeiro de 2024, apenas uma vez, até o efetivo pagamento, o índice da taxa referencial do Sistema Especial de Liquidação e de Custódia - taxa Selic, acumulado mensalmente. §1º A atualização dos precatórios não tributários, no período a que se refere o §5º do art. 100 da Constituição, será efetuada exclusivamente pela variação do Índice Nacional de Preços ao Consumidor Amplo Especial - IPCA-E.*

[102] Resolução nº 822, de 20 de março de 2023. *Art. 7º Para a atualização monetária de precatórios e RPVs tributários e não tributários, serão utilizados, da data-base informada pelo juízo da execução*

A aplicação da Selic em substituição do IPCA-E, acrescido dos juros de mora, ocorre somente para os precatórios que já estejam em mora em dezembro de 2021. Isto é, para aqueles cujo período de graça já transcorreu. Além disso, tanto os precatórios de natureza tributária quanto os não tributários, caso não sejam pagos até o último dia de seu ano de vencimento, deverão ser atualizados pela taxa Selic desde o termo inicial da mora (1º dia após o prazo previsto constitucionalmente para pagamento) até a data do efetivo pagamento, conforme Resolução CNJ nº 303/2019, art. 21-A, §§5º e 6º e Resolução CJF nº 822/2023.[103]

Outra mudança substancial trazida pela Resolução CNJ nº 448/2022 diz respeito ao índice de correção para qualquer ação envolvendo a Fazenda Pública, independentemente de sua natureza. Até a alteração, para os precatórios de origem não tributária, incidia juros de mora até a sua data de expedição.[104] E, com a redação dada pela Resolução CNJ nº 482/2022, passou-se a aplicar juros de mora somente até novembro de 2021, dado que, em diante, a taxa Selic deve ser aplicada sobre o valor consolidado, correspondente ao crédito principal atualizado monetariamente.[105] Apresentou-se como justificativa para essa alteração um possível descompasso nas contas públicas. Isso porque a Fazenda Pública remunera os seus investidores (credores) com base na taxa Selic e se tivesse os seus débitos atualizados pelo IPCA-E, acrescidos de juros de mora, a depender da inflação e dos juros, poderia entrar em uma espiral negativa de não conseguir mais captar recursos ao ponto de quitar seus débitos.

---

até o efetivo depósito, os índices estabelecidos na lei de diretrizes orçamentárias, ressalvado o disposto no art. 74 desta Resolução. §2º Não haverá incidência de juros de mora na forma prevista pelo §12 do art. 100 da Constituição Federal quando o pagamento das requisições (precatórios) ocorrer até o final do exercício seguinte à expedição pelo tribunal em 2 de abril.

[103] Resolução nº 822, de 20 de março de 2023. *Art. 7º. §3º Haverá incidência da Selic sobre o valor consolidado quando o pagamento ocorrer após o final do exercício seguinte à expedição para os precatórios não tributários e após o prazo previsto na Lei nº 10.259/2001 para RPVs não tributárias.*

[104] BRASIL. Supremo Tribunal Federal (STF). Recurso Extraordinário (RE) nº 579.431. Tema nº 96. Rel. Min. Marco Aurélio. Julg. 19 abr. 2017. *Diário da Justiça eletrônico*, Brasília, 30 jun. 2017b.

[105] Resolução CNJ nº 303, de 18 de dezembro de 2019. *Art. 22. Na atualização da conta do precatório não tributário os juros de mora devem incidir somente até o mês de novembro de 2021, observado o disposto no §5º do artigo anterior. §1º A partir de dezembro de 2021, a compensação da mora dar-se-á na forma discriminada no art. 20 desta Resolução, ocasião em que a taxa referencial do Sistema Especial de Liquidação e de Custódia – Selic incidirá sobre o valor consolidado, correspondente ao crédito principal atualizado monetariamente na forma do art. 22 desta Resolução até novembro de 2021 e aos juros de mora, observado o disposto nos §§5º e 6º do artigo anterior.*

O *sexto marco temporal* diz respeito ao ajuizamento e julgamento das ADIs nº 7.047/DF/DF[106] e nº 7.064/DF/DF,[107] questionando a constitucionalidade de estipular a taxa Selic como índice aplicável para fins de correção e juros das dívidas da Fazenda Pública de qualquer natureza, matéria amplamente discutida na modulação dos efeitos das ADIs nº 4.357/DF e nº 4.425/DF e no julgamento de mérito no RE nº 870.947/SE – Tema nº 810 da repercussão geral.

Como ponto principal, o ministro Luiz Fux alegou que, contrariamente às opiniões que sugerem prejuízos ao cidadão decorrentes da aplicação da taxa Selic para a correção dos precatórios, dados empíricos demonstram uma realidade diferente. No ano de 2023, por exemplo, a rentabilidade proporcionada pela Selic superou significativamente a do IPCA. No voto foi demonstrado que, de acordo com o Instituto Brasileiro de Geografia e Estatística (IBGE), até agosto de 2023, o IPCA registrou um aumento acumulado de 3,23%, e no acumulado do ano de 2023, de 4,61%. Paralelamente, a Selic manteve-se em 13,75% ao ano de junho de 2022 até início de agosto de 2023, reduzindo-se para 13,25% em 02 de setembro de 2023. Portanto, a escolha do índice mais vantajoso dependeria das condições macroeconômicas vigentes.

O ministro reiterou que, desde 1995, a taxa Selic tem sido o índice padrão para a atualização de valores devidos nas relações jurídico-tributárias, tanto pela Fazenda quanto pelo contribuinte e que esta prática é amplamente reconhecida pela jurisprudência unânime dos tribunais brasileiros, como evidenciado na Súmula nº 199 do STJ. A taxa Selic, definida pelo Comitê de Política Monetária do Banco Central do Brasil (COPOM), baseia-se em fundamentos econômicos sólidos, especialmente após a Lei Complementar nº 179/2021, que consagra a autonomia técnica do Banco Central e transcende a mera vontade política. Adicionalmente, enfatizou que a relação entre a taxa de juros e a inflação é notoriamente estreita, refletida pelo fato de que um dos fatores determinantes para a variação da Selic é a projeção inflacionária futura. Portanto, concluiu que a alegação de desproporcionalidade entre estes dois indicadores não encontra respaldo, existindo, ao contrário, uma conexão direta e imediata entre eles.

---

[106] BRASIL. Supremo Tribunal Federal (STF). Ação Direta de Inconstitucionalidade (ADI) nº 7.047/DF. Rel. Min. Rosa Weber. Petição Inicial (nº 117661) recebida em 10 dez. 2021. *Diário da Justiça eletrônico*, Brasília, 13 dez. 2021d.

[107] BRASIL. Supremo Tribunal Federal (STF). Ação Direta de Inconstitucionalidade (ADI) nº 7.064/DF. Rel. Min. Rosa Weber. Petição Inicial (nº 1095) recebida em 13 jan. 2022. *Diário da Justiça eletrônico*, Brasília, 14 jan. 2022b.

No voto foi destacada a clara intenção das Emendas Constitucionais em simplificar a atualização dos débitos da Fazenda Pública, consolidando-a em um índice único, pois, a análise dos arts. 21 a 21-A da Resolução CNJ nº 303/2019 revela a ineficiência do sistema preexistente, evidenciando a necessidade dessa simplificação. Pontou-se, inclusive, complexidade da tese firmada no Tema Repetitivo nº 905, detalhada no *quarto marco temporal*, para demonstrar a grande diversificação de índices de correção. Com isso, considerando a praticabilidade da unificação dos índices de atualização para precatórios e o reconhecimento, pelo STF, da taxa Selic como um indicador apropriado para a atualização de débitos judiciais, as críticas ao art. 3º da EC nº 113/2021 não foram julgadas procedentes.

Por fim, é importante pontuar que a forma pela qual a Fazenda Pública é obrigada a corrigir seus débitos decorrentes de condenações judiciais, dependendo da causa de pedir/natureza da ação, impacta diretamente no valor total de precatórios a pagar. Considerando que um processo, até o trânsito em julgado da fase de cumprimento de sentença, dura em média seis anos e seis meses na Justiça Estadual e nove anos e cinco meses na Justiça Federal, conhecer a forma de correção das sentenças proferidas nessas ações é de suma importância para entender o motivo de a dívida de precatórios ser tão elevada nos dias de hoje.

Figura 3 – Tempo médio da inicial até a sentença nas fases de execução e conhecimento, no primeiro grau

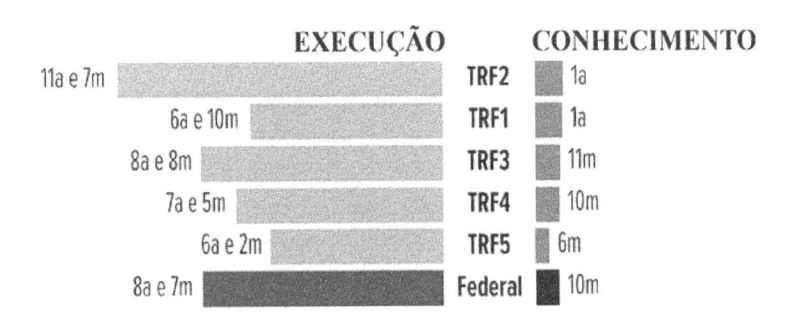

	EXECUÇÃO		CONHECIMENTO
11a e 7m		TRF2	1a
	6a e 10m	TRF1	1a
	8a e 8m	TRF3	11m
	7a e 5m	TRF4	10m
	6a e 2m	TRF5	6m
	8a e 7m	Federal	10m

EXECUÇÃO

- 3a e 6m
- 5a e 5m
- 5a e 11m
- 4a
- 5a e 1m
- 2a e 11m
- 5a e 11m
- 4a e 4m
- 4a e 8m
- 5a e 3m
- 3a e 6m
- 2a e 8m
- 3a e 4m
- 3a e 9m
- 1a e 10m
- 4a e 9m
- 10m
- 3a
- 3a e 8m
- 2a e 7m
- 3a e 4m
- 5a
- 2a e 10m
- 2a e 1m
- 1a e 9m
- 1a e 4m
- 2a e 11m
- 4a e 7m

CONHECIMENTO

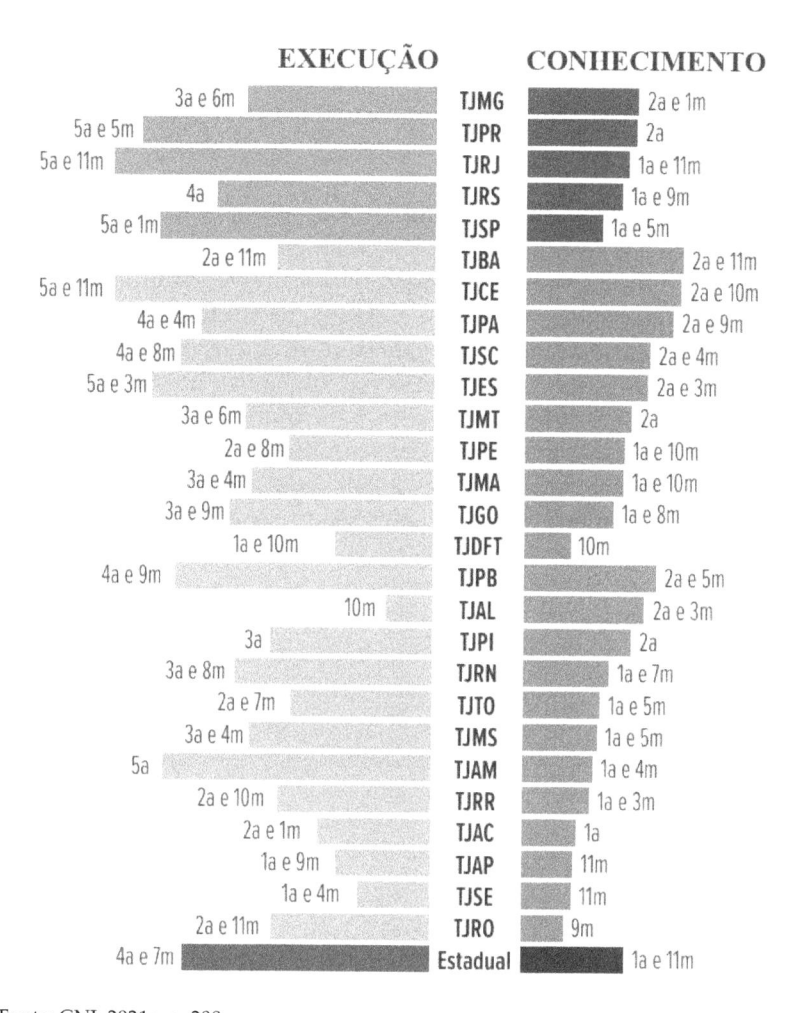

TJMG	2a e 1m
TJPR	2a
TJRJ	1a e 11m
TJRS	1a e 9m
TJSP	1a e 5m
TJBA	2a e 11m
TJCE	2a e 10m
TJPA	2a e 9m
TJSC	2a e 4m
TJES	2a e 3m
TJMT	2a
TJPE	1a e 10m
TJMA	1a e 10m
TJGO	1a e 8m
TJDFT	10m
TJPB	2a e 5m
TJAL	2a e 3m
TJPI	2a
TJRN	1a e 7m
TJTO	1a e 5m
TJMS	1a e 5m
TJAM	1a e 4m
TJRR	1a e 3m
TJAC	1a
TJAP	11m
TJSE	11m
TJRO	9m
Estadual	1a e 11m

Fonte: CNJ, 2021a, p. 208.

2.2 Leilão e acordo

Como forma de reduzir o montante da elevada dívida de precatórios, foram introduzidos pela EC nº 62/2009 – que incluiu o §8º ao art. 97 do ADCT[108] – os leilões e acordos judiciais.

---

[108] Constituição da República Federativa do Brasil de 1988. Ato das Disposições Constitucionais Transitórias. *Art. 97, §8º. A aplicação dos recursos restantes dependerá de opção a ser exercida*

Com o propósito de viabilizar a antecipação do recebimento por parte dos credores, mediante aplicação de desconto no valor a ser recebido, os entes federados que optassem pela realização dos leilões e acordos deveriam reservar, pelo menos, 50% (cinquenta por cento) dos recursos para a quitação da fila na ordem cronológica. O que o legislador buscou, ao dividir a disponibilidade dos recursos, foi resguardar o pagamento aos credores da ordem cronológica, pois, caso contrário, imagina-se que os entes disponibilizariam a integralidade dos recursos para os leilões e acordos, já que o deságio aplicado nessas hipóteses resultava em grande economia para os cofres públicos.

Os leilões foram declarados inconstitucionais no julgamento das ADIs nº 4.357/DF e nº 4.425/DF, pois, entre outros fatores, configurava situação em que o poder público inadimplente, por adquirir suas próprias dívidas com desconto, beneficiava-se da própria torpeza. Dentre os argumentos apresentados pelos autores da ADI nº 4.357/DF, ressaltou-se que essa estratégia era uma ofensa ao princípio da separação dos poderes e à garantia da coisa julgada, uma vez que induzia os credores a aceitar deságios cada vez maiores, tornando a sentença judicial condenatória transitada em julgada em mercadoria de ativo podre. Em seu voto-vista, o ministro Luiz Fux argumentou que o leilão viola, de modo ostensivo, a moralidade administrativa, a impessoalidade republicana e a igualdade entre os cidadãos:

> O leilão por maior deságio é prática verdadeiramente antijurídica, porquanto incentiva o cidadão a abrir do seu direito, já reconhecido em juízo, para ver-se satisfeito. E o pior: aquele que dispuser de parcela maior terá mais chances de receber algum valor. No limite, a medida incentiva um verdadeiro perdão de dívida, como se o errado fosse receber o que de direito. É a completa inversão da ordem natural das coisas. Aquele que deve tem de pagar, sobretudo quando se trata do Estado, cuja sanha arrecadatória não deixa escapar qualquer centavo do contribuinte. Configura ato atentatório à moralidade administrativa, na vertente da boa-fé e da lealdade, portar-se de maneira tão contraditória enquanto credor e devedor. O ilícito perpetrado pelo Poder Público deve ser sanado na exata extensão em que reconhecido pelo Estado-juiz. (ADI nº 4.357/DF, p. 118 e ADI nº 4.425/DF, p. 106)

---

por Estados, Distrito Federal e Municípios devedores, por ato do Poder Executivo, obedecendo à seguinte forma, que poderá ser aplicada isoladamente ou simultaneamente: I – destinados ao pagamento dos precatórios por meio do leilão; II – destinados a pagamento a vista de precatórios não quitados na forma do §6° e do inciso I, em ordem única e crescente de valor por precatório; III – destinados a pagamento por acordo direto com os credores, na forma estabelecida por lei própria da entidade devedora, que poderá prever criação e forma de funcionamento de câmara de conciliação.

Em 25 de março de 2015, foi concluído o julgamento da modulação dos efeitos das declarações de inconstitucionalidade para: (i) considerar válidos os leilões realizados até a data do julgamento, a partir da qual não seria mais possível a quitação de precatórios por tal modalidade; e (ii) manter a possibilidade de realização de acordos diretos, observada a ordem de referência dos credores e de acordo com lei própria da entidade devedora,[109] com redução máxima de 40% do valor do crédito atualizado. Foi estabelecida a redução máxima, visto que, levando em conta que o montante disponível para acordos e leilões era restrito, e a aceitação de um maior deságio aceleraria o pagamento, os credores estavam dispostos a abrir mão de até 75% dos valores a serem recebidos.[110]

Apesar da declaração de inconstitucionalidade, o que se vê em alguns entes federados, a exemplo do Estado de Minas Gerais, é que os leilões continuam, mas sob a roupagem de acordos diretos. Nos termos do Edital nº 02/2022, de 26 de outubro de 2022, deve ser enviada oferta ao Estado identificando-se o percentual de deságio, observados o valor mínimo de 20% (vinte por cento) e o máximo de 40% (quarenta por cento) sobre o crédito. Na sequência, o Tribunal de Justiça, por meio do Juízo da CEPREC, classifica os credores escolhidos para os acordos diretos, considerando os maiores percentuais de deságio oferecidos. A classificação ocorrerá em ordem decrescente, do maior ao menor percentual. Será dada preferência aos precatórios de natureza alimentar, seguidos pelos precatórios de natureza comum que apresentem o mesmo deságio. Dentro da mesma categoria de natureza

---

[109] Resolução CNJ nº 303, de 18 de dezembro de 2019. *Art. 2º, IV – considera-se entidade devedora a pessoa condenada definitivamente e responsável pelo pagamento do precatório ou requisição de obrigação definida como de pequeno valor, assim considerada: a) a pessoa jurídica de direito público; b) a empresa pública e a sociedade de economia mista que desempenhe atividade de Estado cujo orçamento dependa do repasse de recursos públicos, em regime não concorrencial e sem intuito primário de lucro.*

[110] "O Estado de Santa Catarina ofereceu pagamento antecipado àqueles que aceitassem abrir mão de valores entre 50% e 75% da quantia efetivamente devida. (...) O Tribunal de Justiça de Goiás tem homologado acordos em que os credores alimentares aceitam 66% e 67% de deságio (DJGO de 23.04.2012, S1, p. 90; DJGO de 17.01.2012, S1, p. 65, e.g.). Por sua vez, alguns credores do Estado do Pará ou seus sucessores puderam receber os valores ao concordarem com redução de 35% da quantia reconhecida como devida em sentença transitada em julgado (DJPA de 14.05.2013, p. 14, e.g.). No extremo sul do país, o deságio médio praticado pelo Estado do Rio Grande do Sul é da 30%" (BRASIL. Supremo Tribunal Federal (STF). Ação Direta de Inconstitucionalidade (ADI) nº 4.357/DF. Rel. Min. Ayres Britto. Redator p/ o acórdão: Min. Luiz Fux. Ata nº 5, julg. 13 mar. 2013. *Diário da Justiça eletrônico*, Brasília, 1º abr. 2013a).

do crédito e considerando o maior percentual de deságio oferecido, a classificação seguirá a seguinte ordem de prioridade: (i) credor portador de doença grave; (ii) credor com deficiência; (iii) credores maiores de 80 anos, conforme a Lei nº 13.466/2017, seguidos pelos credores com 60 anos ou mais na data do requerimento de habilitação nos acordos diretos; (iv) em caso de empate entre os credores dos incisos I, II e III, terá preferência aquele cujo precatório seja mais antigo na ordem de precedência cronológica. Dessa maneira, dado que aquele que apresenta a maior proposta de deságio é o primeiro a ser contemplado no acordo, iniciando-se pelo maior desconto, a proposta de acordo direto do Estado de Minas Gerais muito se assemelha com o leilão holandês, também conhecido como leilão de preço decrescente.

A EC nº 94/2016 incluiu o art. 102 ao ADCT estipulando que, enquanto vigorar o regime especial, pelo menos 50% dos recursos devem ser destinados ao pagamento dos precatórios em mora segundo a ordem cronológica de apresentação, respeitadas as preferências dos créditos alimentares, e, nessas, as relativas à idade, ao estado de saúde e à deficiência. O restante dos recursos poderá ser destinado ao pagamento mediante acordos diretos, perante Juízos Auxiliares de Conciliação de Precatórios, com redução máxima de 40% do valor do crédito atualizado, desde que em relação ao crédito não haja recurso ou defesa judicial e que sejam observados os requisitos definidos na regulamentação editada pelo ente federado.[111] A exigência de norma regulamentadora do ente federado é reforçada no art. 34, §2º, II, da Resolução CNJ nº 303/2019.[112] A União, por meio da Lei nº 14.057/2020, exerceu seu poder de regulamentação estabelecendo os critérios para propostas de acordo que podem, na esfera federal, ser apresentadas em juízo.

---

[111] Constituição da República Federativa do Brasil de 1988. *Art. 100, §20. Caso haja precatório com valor superior a 15% (quinze por cento) do montante dos precatórios apresentados nos termos do §5º deste artigo, 15% (quinze por cento) do valor deste precatório serão pagos até o final do exercício seguinte e o restante em parcelas iguais nos cinco exercícios subsequentes, acrescidas de juros de mora e correção monetária, ou mediante acordos diretos, perante Juízos Auxiliares de Conciliação de Precatórios, com redução máxima de 40% (quarenta por cento) do valor do crédito atualizado, desde que em relação ao crédito não penda recurso ou defesa judicial e que sejam observados os requisitos definidos na regulamentação editada pelo ente federado. (Incluído pela Emenda Constitucional nº 94, de 2016).*

[112] Resolução CNJ nº 303, de 18 de dezembro de 2019. *Art. 34, §2º, II – optando pelo acordo direto, o pagamento correspondente ocorrerá com observância da ordem cronológica, após sua homologação pelo Juízo Auxiliar de Conciliação de Precatórios do Tribunal e à vista da comprovação: a) da vigência da norma regulamentadora do ente federado e do cumprimento dos requisitos nela previstos.*

A EC nº 114/2021 incluiu o art. 107-A, §3º, ao ADCT, facultando aos credores de precatórios em mora, em virtude da vinculação do crescimento das despesas a eles referentes ao teto dos gastos públicos, a possibilidade de optar pelo recebimento, mediante acordos diretos perante Juízos Auxiliares de Conciliação de Pagamento de Condenações Judiciais contra a Fazenda Pública Federal, em parcela única, até o final do exercício seguinte, com renúncia de 40% (quarenta por cento) do valor desse crédito.

Porém, com o julgamento das ADIs nºs 7.047/DF/DF e 7.064/DF/DF, foi declarada a *inconstitucionalidade por arrastamento* do §3º do art. 107-A do ADCT. A análise realizada pelo STF sobre o art. 2º da EC nº 114/2021 esclareceu que a previsão para o pagamento de precatórios foi limitada ao exercício fiscal de 2022. Diante disso, quaisquer disposições estendendo tal mecanismo para além deste período deveriam ser incompatíveis com a Constituição e, portanto, foi necessário declarar a inconstitucionalidade por arrastamento dos dispositivos que tratavam de situações que ocorreriam com os precatórios não pagos entre 2022 e 2026. Ressalta-se que, a partir do momento que o limite temporal para o pagamento dos precatórios deixou de existir, tornou-se obsoleto e sem propósito manter um regime de exceção baseado em tais premissas. Tal raciocínio sublinha a importância de uma legislação que reflita a realidade fiscal e jurídica do país, eliminando normas que, por sua desconexão com o contexto atual, perdem sua razão de ser, e, embora §3º do art. 107-A do ADCT tenha sido declarado inconstitucional, permanece a possibilidade de acordos diretos com base no §1º do art. 102 do ADCT.[113]

Além dos acordos diretos para recebimento antecipado dos precatórios, conforme aprofundado no tópico a seguir, o Estado proporciona adiantamento para os credores de débitos alimentares, que, em teoria, por terem idade mais avançada, deficiência ou doença considerada grave pela legislação brasileira, necessitam receber antes dos demais.

---

[113] Constituição da República Federativa do Brasil de 1988. *Art. 102, §1º. A aplicação dos recursos remanescentes, por opção a ser exercida por Estados, Distrito Federal e Municípios, por ato do respectivo Poder Executivo, observada a ordem de preferência dos credores, poderá ser destinada ao pagamento mediante acordos diretos, perante Juízos Auxiliares de Conciliação de Precatórios, com redução máxima de 40% (quarenta por cento) do valor do crédito atualizado, desde que em relação ao crédito não penda recurso ou defesa judicial e que sejam observados os requisitos definidos na regulamentação editada pelo ente federado.*

2.3 Recebimento preferencial por idade avançada ou doença grave

Embora geralmente vedado o fracionamento dos precatórios para recebimento via requisição de pequeno valor, o credor – originário ou por sucessão hereditária[114] – de precatório de natureza alimentícia que seja idoso, portador de doença grave[115] ou com deficiência[116] poderá requerer o adiantamento dos valores até o equivalente ao: (i) triplo fixado em lei como requisição de pequeno valor para devedores no regime geral;[117] (ii) quíntuplo fixado em lei como requisição de pequeno valor para devedores no regime especial.[118]

Quando se trata da superpreferência por idade, consoante art. 46, I, da Resolução CJF nº 822/2023, é preciso que o requerente tenha no mínimo 60 (sessenta) anos de idade no dia 20 do mês de pagamento, sendo os dados pessoais analisados de ofício a partir dos documentos

---

[114] Lei nº 10.406, de 10 de janeiro de 2002 (Código Civil). *Art. 1.829. A sucessão legítima defere-se na ordem seguinte: (Vide Recurso Extraordinário nº 646.721) (Vide Recurso Extraordinário nº 878.694) I – aos descendentes, em concorrência com o cônjuge sobrevivente, salvo se casado este com o falecido no regime da comunhão universal, ou no da separação obrigatória de bens (art. 1.640, parágrafo único); ou se, no regime da comunhão parcial, o autor da herança não houver deixado bens particulares; II – aos ascendentes, em concorrência com o cônjuge; III – ao cônjuge sobrevivente; IV – aos colaterais.*

[115] Lei nº 7.713, de 22 de dezembro de 1988. *Art. 6º, XIV. (...) tuberculose ativa, alienação mental, esclerose múltipla, neoplasia maligna, cegueira, hanseníase, paralisia irreversível e incapacitante, cardiopatia grave, doença de Parkinson, espondiloartrose anquilosante, nefropatia grave, hepatopatia grave, estados avançados da doença de Paget (osteíte deformante), contaminação por radiação, síndrome da imunodeficiência adquirida, com base em conclusão da medicina especializada. (Redação dada pela Lei nº 11.052, de 2004) (Vide Lei nº 13.105, de 2015) (Vide ADIN 6025).*

[116] Lei nº 13.146, de 6 de julho de 2015 (Estatuto da Pessoa com Deficiência). *Art. 2º. Considera-se pessoa com deficiência aquela que tem impedimento de longo prazo de natureza física, mental, intelectual ou sensorial, o qual, em interação com uma ou mais barreiras, pode obstruir sua participação plena e efetiva na sociedade em igualdade de condições com as demais pessoas.*

[117] Constituição da República Federativa do Brasil de 1988. *Art. 100. §2º Os débitos de natureza alimentícia cujos titulares, originários ou por sucessão hereditária, tenham 60 (sessenta) anos de idade, ou sejam portadores de doença grave, ou pessoas com deficiência, assim definidos na forma da lei, serão pagos com preferência sobre todos os demais débitos, até o valor equivalente ao triplo fixado em lei para os fins do disposto no §3º deste artigo, admitido o fracionamento para essa finalidade, sendo que o restante será pago na ordem cronológica de apresentação do precatório. (Redação dada pela Emenda Constitucional nº 94, de 2016).*

[118] Constituição da República Federativa do Brasil de 1988. Ato das Disposições Constitucionais Transitórias. *Art. 102. §2º. Na vigência do regime especial previsto no art. 101 deste Ato das Disposições Constitucionais Transitórias, as preferências relativas à idade, ao estado de saúde e à deficiência serão atendidas até o valor equivalente ao quíntuplo fixado em lei para os fins do disposto no §3º do art. 100 da Constituição Federal, admitido o fracionamento para essa finalidade, e o restante será pago em ordem cronológica de apresentação do precatório. (Incluído pela Emenda constitucional nº 99, de 2017).*

já presentes nos autos. Isso pode ser feito tanto pelo Tribunal quanto pela Presidência, sem a necessidade de requerimento por parte do interessado.[119]

Se o precatório já tiver sido expedido, o pedido de superpreferência relacionado à moléstia grave ou deficiência do requerente deve ser encaminhado ao presidente do Tribunal de origem do precatório, que decidirá sobre o pedido, seguindo as normas estabelecidas em seu regimento interno, garantindo o contraditório, permitida a delegação, pelo tribunal, ao juízo do cumprimento de sentença.[120]

O pagamento superpreferencial será feito diretamente ao credor e não garante uma ordem de pagamento imediato, apenas uma preferência na ordem de pagamento, ressaltando-se que a parcela superpreferencial devida a idosos, pessoas com doença grave ou deficiência, será paga independentemente do ano de requisição, com prioridade, inclusive, sobre os precatórios pendentes de anos anteriores.[121]

Caso um precatório já tenha sido parcialmente liquidado devido ao pagamento de uma parcela superpreferencial, ele manterá sua posição original na ordem cronológica de pagamento. Além disso, não é permitido realizar um novo pagamento da parcela superpreferencial, mesmo que surja um novo motivo para tal pagamento posteriormente.[122] Isto é, as preferências nas requisições de natureza alimentar não podem ser reconhecidas mais de uma vez em um mesmo precatório – AgInt no RMS nº 61.014/RO[123] – e por cumprimento de sentença,[124] não se aplicando aos cessionários.[125]

Uma vez que são verificadas três condições para o recebimento da preferência, os primeiros a receber são os titulares de débitos de

---

[119] Resolução CNJ nº 303, de 18 de dezembro de 2019. *Art. 9º. §2º.*
[120] Resolução CNJ nº 303, de 18 de dezembro de 2019. *Art. 9º. §3º.*
[121] Resolução CJF nº 822, de 20 de março de 2023. *Art. 46. §3º.*
[122] Resolução CNJ nº 303, de 18 de dezembro de 2019. *Art. 9º. §§4º, 5º e 6º.*
[123] BRASIL. Superior Tribunal de Justiça (STJ). Agravo Interno (AgInt) no Recurso em Mandado de Segurança (RMS) nº 61.014/RO. Petição nº 757249/2019. Diário de Justiça eletrônico, Brasília 24 abr. 2020a.
[124] Resolução CNJ nº 303, de 18 de dezembro de 2019. *Art. 9º. §7º.*
[125] Resolução CNJ nº 303, de 18 de dezembro de 2019. *Art. 42, §1º O beneficiário poderá ceder, total ou parcialmente, seus créditos a terceiros, independentemente da concordância da entidade devedora, não se aplicando ao cessionário o disposto nos §§2º e 3º do art. 100 da Constituição Federal, cabendo ao presidente do Tribunal providenciar o registro junto ao precatório. §1º A cessão não altera a natureza do precatório, podendo o cessionário gozar da preferência de que trata o §1º do art. 100 da Constituição Federal, quando a origem do débito assim permitir, mantida a posição na ordem cronológica originária, em qualquer caso.*

natureza alimentícia maiores de 80 (oitenta) anos.[126] Depois, aqueles com idade igual ou superior a 60 (sessenta) anos e, por fim, os portadores de doença grave. Percebe-se a opção feita pelo legislador de priorizar o recebimento pela idade em detrimento das condições de saúde.

A EC nº 114/2021, ao incluir o art. 107-A, §8º, ao ADCT, alterou a ordem de prioridade para o recebimento de precatórios e estipulou que os pagamentos devidos pela Fazenda Pública em virtude de sentenças judiciárias condenatórias transitadas em julgado deverão ser realizados respeitando a seguinte hierarquia: 1º) obrigações definidas em lei como de pequeno valor; 2º) precatórios de natureza alimentícia cujos titulares, originários ou por sucessão hereditária, tenham no mínimo 60 (sessenta) anos de idade ou sejam portadores de doença grave ou pessoas com deficiência, assim definidos na forma da lei, até o valor equivalente ao triplo do montante fixado em lei como obrigação de pequeno valor; 3º) demais precatórios de natureza alimentícia até o valor equivalente ao triplo do montante fixado em lei como obrigação de pequeno valor; 4º) demais precatórios de natureza alimentícia cujo valor seja superior ao triplo do fixado em lei para as requisições de pequeno valor; e 5º) precatórios comuns.

Portanto, considerando que as ADIs nºs 7.047/DF/DF e 7.064/DF/DF não abordaram o §8º do art. 107-A do ADCT, este dispositivo se mantém em vigor no ordenamento jurídico brasileiro. Para os entes federativos que seguem o regime geral de pagamentos e efetuam o pagamento dos precatórios respeitando o prazo constitucional, a definição de uma ordem de preferência não implica mudanças significativas para os credores. Isso se deve ao fato de que, na prática, a quitação dos débitos ocorre de maneira quase simultânea, não afetando a condição financeira ou as expectativas desses credores.

2.4 Precatório como moeda de troca: diferentes usos

A faculdade de compensar precatórios com débitos inscritos em dívida ativa já estava prevista na Constituição Federal. A EC nº 113/2021, portanto, inovou ao conferir aos titulares de precatórios um

---

[126] Lei nº 10.741, de 1º de outubro de 2003 (Estatuto da Pessoa Idosa). *Art. 71. É assegurada prioridade na tramitação dos processos e procedimentos e na execução dos atos e diligências judiciais em que figure como parte ou interveniente pessoa com idade igual ou superior a 60 (sessenta) anos, em qualquer instância. §5º Dentre os processos de idosos, dar-se-á prioridade especial aos maiores de oitenta anos. (Incluído pela Lei nº 13.466, de 2017).*

direito subjetivo público que lhes permite empregar seus créditos para adquirir imóveis públicos da União, efetuar o pagamento de outorga em delegações de serviços públicos, adquirir participação societária em empresas estatais e comprar direitos disponibilizados para cessão da antecipação de valores a serem recebidos a título do excedente em óleo em contratos de partilha de petróleo.

A EC nº 113/2021 alterou o *caput* do §11 do art. 100 da Constituição para determinar a *autoaplicabilidade* da norma exclusivamente para a União, enquanto os demais entes federativos devedores necessitavam promulgar legislação própria para ativar os efeitos jurídicos pertinentes. Isso implicava uma eficácia contida para a União e uma eficácia limitada para estados e municípios, dependendo de regulamentação adicional.

Tal disposição, contudo, foi considerada inconstitucional no bojo das ADIs nºs 7.047/DF/DF e 7.064/DF/DF sob a argumentação de que criava uma condição excessivamente permissiva, permitindo uma atuação arbitrária por parte do credor, o que colocava o ente federal em uma posição de submissão incondicional a esses critérios. Adicionalmente, a decisão pela inconstitucionalidade foi reforçada pelo reconhecimento de que a limitação de gastos imposta pelas ECs entrava em conflito com a garantia de direitos fundamentais, eliminando a base jurídica que sustentava a aplicação irrestrita do §11 do art. 100. Assim, foi dada interpretação conforme a Constituição, excluindo do texto a especificação de *com autoaplicabilidade para a União*, nivelando o tratamento normativo entre todos os entes federativos quanto à necessidade de regulamentação para estabelecer os critérios sob os quais o processo de encontro de contas pode ser efetuado.

O CNJ, alinhando-se aos interesses do constituinte derivado reformador, editou a Resolução CNJ nº 482/2022, introduzindo o art. 45-A na Resolução CNJ nº 303/2019, com outros dispositivos relevantes ao microssistema de precatórios, e, assim, regulamentando sua utilização em diversos fins. Conforme estabelecido pela Resolução, o uso de créditos de precatórios para a compensação, aquisição de imóveis públicos, pagamento de outorga e aquisição de participação societária não constitui pagamento para fins de ordem cronológica. Além disso, positivou que o aproveitamento desses créditos independe do regime de pagamento do precatório, desde que ocorra no âmbito do Poder Executivo e que se limite ao valor líquido disponível – isto é, ao valor que ainda não tenha sido disponibilizado ao beneficiário.

Primeiramente, cumpre salientar que, para apurar o valor líquido disponível do precatório, é necessário deduzir o montante reservado para o pagamento de tributos incidentes e demais valores já registrados, tais como a cessão parcial de crédito, penhora, depósitos de FGTS e honorários advocatícios contratuais. Dessa forma, qualquer utilização prévia do precatório deve ser subtraída na apuração do valor líquido disponível.

Para correta mensuração do valor líquido disponível, solicitava-se ao tribunal a Certidão do Valor Líquido Disponível (CVLD), contendo todos os dados necessários para a completa identificação do crédito, do precatório e de seu beneficiário, conforme figura nº 4:

Figura 4 – Modelo de CVLD

DADOS DO PRECATÓRIO	
Credor Principal	CPF/CNPJ:
Honorário contratual, se houver:	CPF/CNPJ:
Cessionário, se houver:	CPF/CNPJ:
Valor Nominal do Precatório: R$	Data-Base Valor Nominal:
Processo de Origem:	Processo de Execução:
Número da requisição:	Juízo/Vara:

CÁLCULO DO VALOR LÍQUIDO DISPONÍVEL	
Credor Solicitante da CVLD (NOME/CPF/CNPJ):	
DATA DO VALOR ATUALIZADO	MM/AAAA
VALOR ATUALIZADO	R$
Honorários contratuais, se houver	R$
Cessão de crédito, se houver	R$
Penhora/Arresto, se houver	R$
Provisão de IR: ( ) 3% a título de antecipação (art. 27 da Lei 10.833/2003) ( ) Tributação exclusiva pela regra do RRA (artigo 12-A da Lei 7.713/88 e IN RFB 1.500/2014)	R$
Valor de FGTS, se houver	R$
PSS, se houver	R$
Outros impostos/tributos, se houver	R$
Parcela paga	R$
Crédito utilizado	R$
Outras deduções (identificar)	R$
VALOR LIQUIDO DISPONÍVEL	R$

Fonte: Anexo da Resolução CJF nº 822/2023

O crédito disponibilizado na CVLD não poderia ser utilizado para compensar, pagar outorga, adquirir imóvel ou participação societária em valor superior ao indicado na certidão.

No caso de utilização do crédito de precatório por cessionário, era preciso registrar a cessão e solicitar a expedição da CVLD em seu nome. Se todo o valor líquido disponível fosse utilizado, e ainda assim houvesse saldo remanescente, decorrente de retenções legais na fonte, penhora, cessão, honorários contratuais ou contribuições para o FGTS, o Presidente do Tribunal deveria providenciar os recolhimentos e pagamentos devidos. Para isso, a entidade federativa devedora deveria dispor dos recursos levando em conta a ordem cronológica.

Durante o período de análise, ocorria o bloqueio total do precatório no seu prazo de validade, sem retirá-lo da ordem cronológica; e após a quitação integral, era feita a baixa do precatório e encerrava-se a validade da CVLD, seja ela usada total ou parcialmente.

Na prática observou-se que, após as ADIs nºs 7.047/DF/DF e 7.064/DF/DF, alguns Tribunais Regionais Federais, que em sua maioria ainda não estavam muito familiarizados com a expedição da CVLD, suspenderam a sua expedição, dificultando, desse modo, a possibilidade de utilizar os precatórios como moeda de troca.

2.4.1 Compensação

A compensação é instituto regulado pelo Direito Civil que visa eliminar um ciclo desnecessário de cobranças e pagamentos por credores e devedores que possuem dívidas recíprocas.[127] A compensação de créditos tributários com créditos líquidos e certos, vencidos ou vincendos, do sujeito passivo contra a Fazenda Pública, em harmonia com o disposto na Lei nº 5.172/1966, art. 170, depende de autorização legislativa, e esta encontra-se na Constituição/1988,[128] na Resolução CNJ nº 303/2019,[129] na Resolução CJF nº 822/2023[130] e em normas estaduais e

---

[127] Lei nº 10.406, de 10 de janeiro de 2002 (Código Civil). *Art. 368. Se duas pessoas forem ao mesmo tempo credor e devedor uma da outra, as duas obrigações extinguem-se, até onde se compensarem.*

[128] Constituição da República Federativa do Brasil de 1988. *Art. 100, §11. É facultada ao credor, conforme estabelecido em lei do ente federativo devedor, com auto aplicabilidade para a União, a oferta de créditos líquidos e certos que originalmente lhe são próprios ou adquiridos de terceiros reconhecidos pelo ente federativo ou por decisão judicial transitada em julgado para: I – quitação de débitos parcelados ou débitos inscritos em dívida ativa do ente federativo devedor, inclusive em transação resolutiva de litígio, e, subsidiariamente, débitos com a administração autárquica e fundacional do mesmo ente.*

[129] Resolução CNJ nº 303, de 18 de dezembro de 2019. *Art. 45-A. É facultada ao credor do precatório, na forma estabelecida pela lei do ente federativo devedor, a utilização de créditos em precatórios originalmente próprios ou adquiridos de terceiros para: I – quitação de débitos parcelados ou débitos inscritos em dívida ativa do ente federativo devedor, inclusive em transação resolutiva de litígio, e, subsidiariamente, débitos com a administração autárquica e fundacional do mesmo ente.*

[130] Resolução CJF nº 822, de 20 de março de 2023. *Art. 29. §10. A compensação operar-se-á no momento em que admitida a sua utilização, conforme regulamentação do Poder Executivo, ficando, nos termos do art. 36 da Lei nº 12.431/2011, sob condição resolutória de ulterior disponibilização*

municipais. É uma das formas que o poder público tem para extinguir a sua obrigação com o particular, que, por sua vez, extingue o seu débito tributário.[131]

É importante pontuar que o acordo para compensação do débito inscrito em dívida ativa com o precatório deve ser realizado na área do ente federativo em que se tem a Fazenda Pública a ele correspondente. Ou seja, um precatório expedido cujo devedor seja a Prefeitura de Belo Horizonte, incluindo as entidades da administração indireta, somente pode ser utilizado para compensar débitos desse Município. Não se pode utilizar um crédito municipal para compensar um débito estadual, federal ou até mesmo de outro ente federado municipal.

Foi a partir da promulgação da EC nº 62/2009 que se passou a permitir, a título de compensação, o abatimento dos créditos em precatórios com débitos líquidos e certos, inscritos ou não em dívida ativa. Todavia, em julgamento realizado em 14 de março de 2013, na ADI nº 4.425/DF, foi declarada a inconstitucionalidade parcial da EC nº 62/2009. Entre outras discussões, estava o §9º do art. 100 da Constituição de 1988, que previa a compensação automática dos precatórios.

Como justificativa para a inconstitucionalidade da compensação unilateral promovida pela entidade política devedora, e operada pelo Presidente do Tribunal onde se processava o pagamento do precatório, argumentou-se que tal previsão: consistia em embaraço à efetividade da jurisdição (CF, art. 5º, XXXV); desrespeitava a coisa julgada material (CF, art. 5º, XXXVI); vulnerava a separação dos poderes (CF, art. 2º); ofendia a isonomia entre o poder público e o particular (CF, art. 5º, *caput*), cânone essencial do estado democrático de direito (CF, art. 1º, *caput*).

Antes dessa discussão, o STF, na ADI nº 3.453-7/DF,[132] julgada em 2006, já havia declarado inconstitucional o art. 19 da Lei nº 11.033/ 2004,[133] pois este condicionava o levantamento ou a autorização para

---

financeira do recurso pelo tribunal respectivo, que poderá ocorrer, no limite, até o momento originalmente previsto para pagamento do precatório.

[131] Lei nº 5.172, de 25 de outubro de 1966 (Código Tributário Nacional). *Art. 156. Extinguem o crédito tributário:* (...) *II – a compensação.*

[132] BRASIL. Supremo Tribunal Federal (STF). Ação Direta de Inconstitucionalidade (ADI) nº 3.453-7/DF. Rel. Min. Cármen Lúcia. Julg. 30 maio 2007. *Diário da Justiça eletrônico*, Brasília, 09 abr. 2007.

[133] Art. 19. O levantamento ou a autorização para depósito em conta bancária de valores decorrentes de precatório judicial somente poderá ocorrer mediante a apresentação ao juízo de certidão negativa de tributos federais, estaduais, municipais, bem como certidão de regularidade para com a Seguridade Social, o Fundo de Garantia do Tempo de Serviço

depósito em conta bancária de valores decorrentes de precatório judicial a apresentação ao juízo de: (i) certidão negativa de tributos federais, estaduais, municipais; e (ii) certidão de regularidade para com a Seguridade Social, o Fundo de Garantia do Tempo de Serviço – FGTS e a Dívida Ativa da União, depois de ouvida a Fazenda Pública.

As decisões do STF baseiam-se em diversos fundamentos, incluindo a Súmula nº 70, que estabelece que a interdição de estabelecimento não pode ser utilizada como meio coercitivo para a cobrança de tributos, e a Súmula nº 323, que proíbe a apreensão de mercadorias como forma coercitiva de pagamento de tributos. Ambas abordam a questão do uso desproporcional da força estatal na cobrança de tributos e na compensação unilateral. Conforme o entendimento dos ministros, a Fazenda Pública dispõe de uma ampla gama de instrumentos para proteger seus créditos, o que torna desnecessário o obstáculo à atividade econômica do contribuinte inadimplente ou o comprometimento da recuperação de seus créditos.

Após a modulação dos efeitos da decisão proferida na ADI nº 4.425/DF, foram promulgadas três Emendas Constitucionais para possibilitar a compensação tributária com precatórios.

A primeira foi a EC nº 94/2016, que incluiu o art. 105 ao Ato das Disposições Constitucionais Transitórias para possibilitar aos detentores de precatórios, sejam eles próprios ou de terceiros, a realização de compensação com débitos de origem tributária ou de outra ordem, os quais, até 25 de março de 2015, houvessem sido inscritos na dívida ativa. Essa possibilidade estendia-se aos governos estaduais, ao Distrito Federal e aos municípios, mediante a observância dos requisitos estabelecidos em legislação específica de cada ente federado.

A segunda foi a EC nº 99/2017, e estabeleceu regras para a compensação que, entre outras, retiram qualquer tipo de vinculação, como as transferências a outros entes e as destinadas à educação, à saúde e a outras finalidades. Além disso, dispôs que os estados, o Distrito Federal e os municípios teriam até o final de abril de 2018 para regulamentar a compensação em suas respectivas leis. Por fim, que os credores de precatório teriam o direito de compensar seus créditos independentemente de lei regulamentadora, se esta não fosse

---

– FGTS e a Dívida Ativa da União, depois de ouvida a Fazenda Pública. (Vide ADIN 3.453-7) Parágrafo único. Não se aplica o disposto no caput deste artigo: I – aos créditos de natureza alimentar, inclusive honorários advocatícios; II – aos créditos de valor igual ou inferior ao disposto no art. 3º da Lei nº 10.259, de 12 de julho de 2001, que dispõe sobre a instituição dos Juizados Especiais Cíveis e Criminais no âmbito da Justiça Federal.

editada até 1º de maio de 2018 (ADCT, art. 105, §§1º a 3º). O que se viu, no entanto, foi que poucos entes federados editaram suas leis, e, dessa maneira, os contribuintes não conseguiram proceder com a compensação administrativamente.

Por fim, a EC nº 113/2021, ao modificar o §11 do art. 100, estabeleceu que a compensação de precatórios com débitos inscritos em dívida ativa dispensava a edição norma regulamentadora, por ser autoaplicável para o credor da União.[134] Além dessa, promoveu modificações no §9º do art. 100, introduzindo mecanismos jurídicos destinados a otimizar a liquidação de créditos referentes a precatórios para aqueles credores que simultaneamente figuram como devedores perante a Fazenda Pública.

Após a promulgação da Emenda, publicou-se: 1º) o Decreto nº 11.249, em 10 de novembro de 2022, dispondo acerca da possibilidade de aproveitar créditos líquidos e certos, próprios ou adquiridos de terceiros, para quitação de débitos parcelados ou débitos inscritos em dívida ativa da União, inclusive em transação resolutiva de litígio; 2º) a Resolução CNJ nº 482, de 19 de dezembro de 2022, que modificou a Resolução CNJ nº 303/2019, estabelecendo que o beneficiário do precatório[135] era responsável por solicitar a expedição da CVLD, em nome do cessionário, ao tribunal para que pudesse utilizar seus créditos;[136] 3º) a Portaria PGFN nº 10.826/2022, para regulamentar os requisitos formais, a documentação necessária e os procedimentos a serem observados uniformemente para a utilização de créditos líquidos e certos decorrentes de decisões transitadas em julgado para quitação de débitos inscritos em dívida ativa da União.

Porém, com o julgamento das ADIs nºs 7.047/DF/DF e 7.064/DF/DF, foi dada interpretação conforme a Constituição, para excluir do §11 do art. 100 a *autoaplicabilidade para a União*. Sobre esse ponto, a Secretaria do Tesouro Nacional ressaltou que, com a autoaplicabilidade da norma para a União, a compensação poderia comprometer o planejamento orçamentário e financeiro, ao retirar do Governo Central a capacidade

---

[134] Constituição da República Federativa do Brasil de 1988. *Art. 100, §11. É facultada ao credor, conforme estabelecido em lei do ente federativo devedor, com auto aplicabilidade para a União, a oferta de créditos líquidos e certos que originalmente lhe são próprios ou adquiridos de terceiros reconhecidos pelo ente federativo ou por decisão judicial transitada em julgado para: I – quitação de débitos parcelados ou débitos inscritos em dívida ativa do ente federativo devedor, inclusive em transação resolutiva de litígio, e, subsidiariamente, débitos com a administração autárquica e fundacional do mesmo ente.*

[135] Resolução CNJ nº 303, de 18 de dezembro de 2019. *Art. 2º Para os fins desta Resolução: X – beneficiário principal é o titular da requisição com vínculo processual com a Fazenda Pública.*

[136] Resolução CNJ nº 303, de 18 de dezembro de 2019. *Art. 46-A, caput e §8º.*

de determinar o momento exato para a liquidação de suas dívidas ou obrigações provenientes de decisões judiciais. Ademais, pontuou que a autoaplicabilidade constitui uma violação direta aos princípios fundamentais da segurança jurídica e da responsabilidade fiscal, uma vez que interfere significativamente na gestão eficaz dos recursos públicos e na manutenção do equilíbrio fiscal.

Com a alteração estabelecida pelo §9º do art. 100, a Fazenda Pública era obrigada a notificar o respectivo Tribunal acerca de débitos registrados em dívida ativa em nome do credor de precatórios, instituindo assim um procedimento para que o montante devido na requisição de pagamento fosse consignado diretamente no juízo responsável pela execução da cobrança. Destarte, incumbiu ao magistrado responsável a decisão sobre a aplicação desses valores na compensação dos débitos existentes.

Não se pode dizer que essa disposição, embora tenha sido incluída em 2021, seja inovadora. Isso porque seu conteúdo assemelha-se ao antigo §9º do art. 100, incluído em 2009 com a EC nº 62 e, posteriormente, julgado inconstitucional nas ADIs nº 4.357/DF e nº 4.425/DF, que assentaram a impossibilidade de compensação automática de precatórios com débitos da Fazenda Pública por embaraço à efetividade da jurisdição; desrespeito à coisa julgada material; ofensa à separação dos poderes e à isonomia entre o poder público e o particular.

Portanto, com a alteração do §9º do art. 100, o constituinte reformador optou por incluir novamente no texto constitucional a previsão de compensação sem iniciativa ou anuência do particular, contrariando decisões anteriores do STF.

Nesse diapasão, no bojo das ADIs nºs 7.047/DF/DF e 7.064/DF/DF questionou-se, entre outros, a constitucionalidade do mecanismo de compensação obrigatória dos precatórios em proveito exclusivo da Fazenda Pública. O STF, em seus argumentos, constatou que o mecanismo proposto, que autoriza a transferência de valores ao juízo responsável por ações de cobrança ou execução fiscal promovidas pela Fazenda Pública contra o credor do precatório, é essencialmente uma reiteração da compensação automática introduzida pela EC nº 62/2009. Dessa maneira, dado que já havia sido estabelecido um precedente relevante sobre esse tema, foi declarada a inconstitucionalidade do art. 100, §9º, da Constituição Federal, conforme modificado pela EC nº 113/2021.

Assim, ressalvando-se as compensações que já tenham sido efetivadas, conclui-se que as ADIs nºs 7.047/DF/DF e 7.064/DF/DF culminaram na declaração de inconstitucionalidade de determinadas disposições legais que versavam sobre a possibilidade de compensar precatórios com débitos inscritos em dívida ativa. No entanto, tal decisão não obsta a viabilidade da compensação de precatórios. Isso se deve ao fato de que a inconstitucionalidade apontada restringe-se especificamente às normas que conferiam ao credor a prerrogativa de compensação de forma automática para a União, bem como à obrigatoriedade de depósito dos valores devidos na conta do juízo encarregado da execução fiscal relacionada aos débitos do credor do precatório.

Desse modo, embora tais disposições tenham sido invalidadas pelo STF, o procedimento de compensação, em si, permanece admissível dentro do marco legal que regula a matéria, desde que observadas as condições e os limites estabelecidos pela legislação e jurisprudência pertinente.

2.4.2 Compra de imóveis públicos

Imóvel público compreende bens imóveis que pertencem ao Estado, os quais são destinados a atender a interesses coletivos e públicos. Entre esses bens, podem ser incluídos terrenos, edificações, águas e outras propriedades que estejam sob a titularidade do poder público, com finalidades específicas, como acomodação de órgãos governamentais, construção e manutenção de infraestrutura pública e realização de atividades essenciais ao bem-estar da sociedade. Tais bens são de caráter inalienável, imprescritível e indisponível, em virtude de sua finalidade pública e da responsabilidade do Estado em assegurar o acesso e a fruição desses bens pela coletividade.

Até a promulgação da EC nº 113/2021, a aquisição de bens públicos somente era realizada mediante pagamento em moeda corrente, e, mesmo sendo a norma autoaplicável para a União, a Secretaria de Coordenação e Governança do Patrimônio da União (SPU) do Ministério da Economia publicou, em 7 de novembro de 2022, a Portaria nº 9.650/2022, cujo objetivo consiste em esclarecer as regras para aquisição de imóveis públicos por meio de créditos líquidos e certos reconhecidos pela União, suas autarquias ou fundações públicas, ou por decisão judicial transitada em julgado.

Conforme disposições da Portaria, os editais de venda de imóveis públicos da União devem mencionar expressamente a faculdade concedida aos credores de precatórios para aquisição dos bens imóveis.

Aqueles que optarem pelo pagamento com créditos de precatórios deverão, após convocação, apresentar um acervo documental que comprove a titularidade e a liquidez dos créditos ofertados. O prazo para o pagamento com créditos líquidos e certos será o mesmo previsto em edital para a quitação em moeda corrente, e as mesmas penalidades por atraso serão aplicadas.

No caso de indeferimento da utilização dos créditos ofertados por inidoneidade dos créditos, a proposta será desclassificada, e outras penalidades previstas em edital poderão ser aplicadas. Em caso de indeferimento por razão diversa, a SPU notificará o adquirente para substituição total ou parcial dos créditos ou solicitará o pagamento por outra modalidade admitida, desde que respeitados os prazos estabelecidos no edital.

Consoante salientado pelo secretário Especial de Desestatização, Desinvestimento e Mercados, Pedro Capeluppi, "o precatório passa a ser uma moeda, como se dinheiro fosse. Estamos colocando em prática uma possibilidade de pagamento que traz transparência, segurança jurídica e informação para os interessados na aquisição dos imóveis federais".

Dessa maneira, pessoas físicas ou jurídicas que desejam adquirir imóveis públicos – seja por meio da tradicional concorrência na Proposta de Aquisição de Imóveis (PAI), seja por venda direta – têm a opção de efetuar o pagamento com precatórios, moeda corrente ou ainda com créditos autorizados.

O PAI corresponde à possibilidade de pessoas físicas e jurídicas formalizarem junto à SPU um pedido de aquisição de imóveis pertencentes à União. Após registrar uma proposta de interesse, a SPU avalia a viabilidade da venda do imóvel solicitado em até 30 dias, mas, antes dessa análise, é necessário que o imóvel tenha sido avaliado por pessoa habilitada ou empresa especializada. Se a avaliação for homologada pela SPU, poderá ser iniciado o processo de alienação do bem, mas isso não gera qualquer direito subjetivo à aquisição, e o requerimento não obriga a administração pública federal a alienar o imóvel.

A venda direta de imóveis da União, por sua vez, ocorre quando não há propostas ou não há propostas habilitadas em duas licitações, consecutivas. A Portaria SPU/ME nº 5.343, de 10 de junho de 2022, regulamenta os procedimentos para a venda direta, na hipótese de licitação deserta ou fracassada, e dispõe que os imóveis devem ser disponibilizados por meio de edital no Diário Oficial da União e no VendasGov, com antecedência mínima de 10 dias corridos para abertura da venda. Os imóveis são vendidos como coisa certa e discriminada, na condição em que se encontram, e o interessado pode contatar a SPU para visitá-los antes de fazer uma oferta.

A venda direta é uma opção que a SPU tem para alienar imóveis em caso de licitação malsucedida, enquanto o PAI é uma possibilidade para pessoas físicas e jurídicas formalizarem junto à SPU um pedido de aquisição de imóveis da União.

2.4.3 Pagamento de outorga de delegações de serviços públicos

A regulação da concessão e permissão da prestação de serviços públicos tem sua disciplina pela Lei nº 8.987/1995, pode ser realizada pela União, estados, Distrito Federal ou municípios, conforme a competência do serviço público em questão e, em certos casos, implica remuneração para o poder concedente. Após a promulgação da EC nº 113/2021, houve a autorização para que o referido pagamento possa ser efetuado por meio de precatórios.

Em casos como a outorga de direito de uso ou interferência de recursos hídricos, o Poder Público concede ao particular a possibilidade de fazer uso da água por determinado período, finalidade e condição, por meio de um ato administrativo de autorização ou concessão. Já no caso da infraestrutura aeroportuária, a Constituição Federal atribui à União a competência pela sua exploração, mas essa atividade pode ser repassada à iniciativa privada por meio de concessões e autorizações, mediante o pagamento de outorgas.

A Portaria Normativa AGU nº 73, de 12 de dezembro de 2022, estabeleceu as formalidades, documentação necessária e procedimentos que devem ser seguidos pelos órgãos da Advocacia-Geral da União e pela administração pública direta, autárquica e fundacional para a utilização de precatórios. De acordo com a referida Portaria, créditos líquidos são aqueles em que o valor do objeto da relação jurídica obrigacional é incontroverso, enquanto créditos certos são aqueles definidos por decisão judicial transitada em julgado, cujos elementos da relação jurídica obrigacional estão evidenciados com precisão e não estão sujeitos a rescisão ou impugnação de inexigibilidade da obrigação.[137]

---

[137] Essa definição se assemelha à de créditos reconhecidos por decisão judicial transitada em julgado, em que a existência e o valor foram objeto de uma decisão judicial imutável, indiscutível e não sujeita a recursos, inclusive em embargos à execução.

No entanto, pouco mais de três meses após a publicação da norma, houve a sua revogação por meio da Portaria AGU nº 87/2023. Como justificativa, apresentou-se que a Portaria Normativa AGU nº 73/2022 não possuía densidade normativa suficiente para regular adequadamente os procedimentos internos entre os órgãos da Advocacia-Geral da União, uma vez que se restringia às obrigações dos cidadãos no uso de instrumentos precários de pagamento. Ademais, pontuou-se que a norma não refletia a estrutura interna atual da AGU, estabelecida pelo Decreto nº 11.328, em vigor desde 24 de janeiro de 2023.

Ressaltaram que a Portaria revogada apresentava pontos divergentes em relação a outros regulamentos relevantes sobre o assunto, como a Portaria PGFN nº 10.826, de 21 de dezembro de 2022. Além disso, que havia se tornado obsoleta por ter sido emitida antes de outras normas que tratam do assunto, como a Portaria nº 10.702/2022, do antigo Ministério da Economia, e a Resolução CNJ nº 482/2022.

Com o objetivo de esclarecer possíveis dúvidas em relação à revogação da regulamentação, a AGU divulgou que cada órgão ou entidade federal será responsável por decidir sobre o recebimento dos precatórios para essa finalidade, com base na previsão constitucional existente. Ademais, que cada órgão ou entidade deve avaliar se as condições da licitação permitem o pagamento sem infringir a igualdade do certame. O referido posicionamento, ainda conforme a AGU, tem por finalidade assegurar uma maior segurança jurídica à decisão do gestor.

Vale esclarecer que, por outro lado, ao revogar a norma, a AGU não considerou a segurança jurídica dos particulares que celebraram negócios jurídicos com a expectativa de utilizar créditos de precatórios para o pagamento de outorgas. Por fim, foi comunicado que uma nova regulamentação sobre o assunto seria publicada em até 120 dias. Até a data da elaboração desta obra, todavia, não houve qualquer regulamentação editada por parte do Estado, mas foi disponibilizada pela AGU consulta pública (encerrada em 30.06.2023) com proposta de nova regulamentação para o uso de precatórios.

Uma das inovações propostas é a inclusão de informações sobre precatórios ofertados à administração pública no Portal da Transparência. Isso inclui a Certidão do Valor Líquido Disponível (CVLD) emitida pelo Poder Judiciário em nome do requerente, ou seja, da pessoa interessada em utilizar os precatórios nas situações previstas na Constituição Federal. Além disso, a proposta de regulamentação estabelece que o órgão ou entidade pública deve definir, por meio de edital ou ato normativo, as condições e os limites para a aceitação de precatórios, a fim de garantir o cumprimento de metas regulatórias dentro de sua área de competência. O Ministério da Fazenda e a AGU, em consulta com os ministérios do Planejamento e Orçamento e da Gestão e Inovação, poderão estabelecer um limite global anual, em valor, para o uso de precatórios nas situações previstas no §11 do art. 100 da Constituição. Esse limite deve ser definido em até 60 dias após a publicação da portaria conjunta e levar em consideração critérios de responsabilidade fiscal e previsões de investimentos de capital.

A norma em discussão estabelece que o órgão ou entidade pública deverá exigir uma garantia para aceitar precatórios, a fim de se proteger contra os riscos de inexecução dos créditos. Além disso, que a pessoa interessada em utilizar os precatórios poderá oferecer essa garantia por meio de três modalidades: depósito em dinheiro, fiança bancária ou seguro-garantia. No entanto, a apresentação da garantia é dispensada se o precatório for resultado de um acordo judicial com a AGU ou se envolver o pagamento de dívida ativa tributária.

A proposta também esclarece que os precatórios podem ser utilizados nas situações previstas na Constituição, como quitação de débitos parcelados ou inscritos em dívida ativa da União, compra de imóveis públicos e pagamento de outorga de delegações de serviços públicos. No entanto, os créditos não serão aceitos em outras situações não previstas, como pagamento de taxas de fiscalização e aluguéis, obrigações de investimento previstas em contrato e indenizações decorrentes da execução de contrato de concessão.

Por fim, a portaria estabelece que as ofertas de uso de precatórios que ainda estejam pendentes de análise devem ser reavaliadas pelos órgãos públicos com base nos critérios estabelecidos na norma.

Evidenciando a insegurança jurídica resultado das frequentes alterações legislativas, apresenta-se o mandado de segurança impetrado pela Rumo Malha Paulista S.A., por suposto ato omissivo do Superintendente de Transporte Ferroviário da Agência Nacional de Transportes Terrestres – ANTT,[138] que, mesmo tendo sido impetrado antes da edição das Portarias, já questionava a falta de autoaplicabilidade do §11 do art. 100 da Constituição. No caso em comento, a sociedade adquiriu mais de R$120 milhões em precatórios federais com o objetivo

---

[138] BRASIL. Tribunal Regional Federal (TRF) da 1ª Região. Mandado de Segurança (MS) nº 1044272-13.2022.4.01.3400. Distribuído em 13 jul. 2022. Órgão Julgador: 8ª Vara Federal Cível da SJDF.

de pagar parcela de acordo celebrado com União Federal e ANTT para realização de um encontro de contas entre créditos e débitos reciprocamente existentes entre as partes, decorrente do Contrato de Concessão da Malha Paulista objeto do Edital do BNDES nº PND-02/98/RFFSA.

Diante da negativa em analisar os pleitos constantes no Requerimento Administrativo, no qual a Rumo afirmou ter quitado uma parcela mediante a compensação de precatórios federais, e considerando a iminência do prazo para vencimento da parcela, a Impetrante requereu, com o propósito de evitar a configuração da mora e quaisquer efeitos decorrentes da falta de processamento ou pagamento dentro dos prazos e formas estabelecidos pela legislação, a concessão de medida *liminar inaudita altera parte*, a fim de que a ANTT, ou seu representante legal, declare explicitamente sua abstenção de qualquer ato de cobrança relacionado à parcela até que haja o processamento do Requerimento Administrativo e a emissão do termo de quitação. Até o momento da presente publicação, a demanda encontra-se pendente de julgamento.

2.4.4 Aquisição, inclusive minoritária, de participação societária

Ao promulgar a EC nº 113/2021, o governo alegou que a utilização de precatórios para aquisição de participação acionária da União em empresas estatais tinha como objetivo tratá-los como como moeda de desestatização, ou seja, como uma forma de financiar a privatização dessas empresas. O objetivo era possibilitar aos credores a opção de receber o valor dos precatórios em ações de empresas, o que reduziria o pagamento em dinheiro pelo governo.

Apesar de o Decreto nº 11.249/2022 ter afirmado a possibilidade de utilizar precatórios para aquisição de participação em empresas estatais, não foram explicitados os procedimentos e informações indispensáveis para a efetivação desse direito, o que torna a medida, até o momento, sem aplicabilidade.

2.4.5 Compra de direitos disponibilizados para antecipação de valores a serem recebidos em contratos de partilha de petróleo

O regime de partilha é caracterizado, entre outros aspectos, pela participação compulsória da União, por meio da PPSA (Pré-Sal Petróleo S.A.), empresa pública federal vinculada ao Ministério de Minas e Energia (MME) responsável pela gestão e representação dos interesses da União, no consórcio vencedor da licitação do bloco a ser explorado, e pelo direito da União à parte do óleo e gás natural obtidos com a respectiva produção.

Com inclusão na Constituição da possibilidade de antecipar os valores a serem recebidos, pela União, a título do excedente em óleo em contratos de partilha de petróleo em áreas não contratadas na região do pré-sal ou em áreas estratégicas, comercializadas pela PPSA, oportuniza-se a transferência onerosa de ativos da União ao setor privado e a migração para uma agenda ambiental e socialmente responsável.

O atual modelo adotado faz com que a União compartilhe com os parceiros privados os riscos associados à exploração do petróleo e exija que a PPSA desempenhe atividades similares às de *traders* privados para comercializar o óleo de propriedade da União, o que demanda ações complexas para maximizar as receitas do governo.

Com a utilização de precatórios para adquirir os direitos da União previstos nos contratos de partilha, a PPSA deixaria de integrar os atuais contratos, resultando em decisões empresariais tomadas exclusivamente por entidades privadas. Essa medida possibilitaria a redução da presença do Estado na economia por meio da transferência onerosa de ativos da União ao setor privado, e a diminuição da participação federal em energia proveniente de fontes poluentes.

2.5 Precatório cancelado e devolvido ao Tesouro Nacional

Em 7 de julho de 2017 entrou em vigor a Lei nº 13.463, estabelecendo o cancelamento e a transferência para a Conta Única do Tesouro Nacional dos precatórios e das RPVs expedidas cujos valores tenham sido depositados há mais de dois anos em instituição financeira oficial e não tenham sido levantados pelo credor. Após o cancelamento, o Banco do Brasil ou a Caixa Econômica Federal, conforme o caso, informava ao Presidente do Tribunal, que comunicava o juízo da execução para notificar o credor.[139] Foi distribuída, no entanto, pelo Partido Democrático Trabalhista (PDT), a ADI nº 5.755/DF[140] questionando constitucionalidade da Lei, seja sob o prisma formal, seja sob a ótica material.

Poucos meses após a publicação da Lei, foi editada a EC nº 99, de 14 de dezembro de 2017, que acrescentou o inciso IV ao §2º do art. 101 do ADCT, com o objetivo autorizar o cancelamento dos requisitórios correspondentes aos depósitos em precatórios e requisições diretas de pagamento de obrigações de pequeno valor efetuados até 31 de dezembro de 2009, que ainda não haviam sido levantados. É importante pontuar que a revalidação dos requisitórios pelos juízos dos processos perante os tribunais, mediante requerimento dos credores e após a oitiva da entidade devedora, foi garantida. E, nesse caso, era mantida a ordem cronológica original e a remuneração de todo o período.

Depois de alguns anos convivendo com o cancelamento de precatórios que não eram sacados, o Plenário do STF, em 30 de junho de 2022, por maioria, julgou procedente a ADI nº 5.755/DF para declarar a inconstitucionalidade material do art. 2º, *caput* e §1º da Lei nº 13.463/2017,[141] que prevê a transferência de recursos não sacados e depositados em instituições financeiras, sem a prévia ciência do credor, por ofender, entre outros, os princípios constitucionais da segurança jurídica, da garantia da coisa julgada (decisões judiciais definitivas), do devido processo legal, da separação de Poderes, da efetividade da jurisdição e da isonomia entre a Fazenda Pública e o cidadão. A ministra Rosa Weber, relatora do caso, aduziu que o "legislador desbordou do seu espaço de atuação", uma vez que criou verdadeira inovação ao regime dos pagamentos de precatórios quando estabeleceu um limite temporal – não previsto na Constituição de 1988 – para o exercício do direito de levantamento dos valores.

Houve oposição de embargos de declaração, por parte da União, alegando que o saldo acumulado de precatórios e RPVs cancelados e não reincluídos ou recompostos mediante decisão judicial, até 31 de

---

[139] Lei nº 13.463, de 6 de julho de 2017. Art. 2º, §§1º, 3º e 4º.
[140] BRASIL. Supremo Tribunal Federal (STF). Ação Direta de Inconstitucionalidade (ADI) nº 5.755/DF. Rel. Rosa Weber. Tribunal Pleno. Ata nº 19/2022 e nº 20/2022. *Diário da Justiça eletrônico*, Brasília, Julg. 30 jun. 2022a.
[141] Lei nº 13.463, de 6 de julho de 2017. *Art. 2º Ficam cancelados os precatórios e as RPV federais expedidos e cujos valores não tenham sido levantados pelo credor e estejam depositados há mais de dois anos em instituição financeira oficial. §1º O cancelamento de que trata o caput deste artigo será operacionalizado mensalmente pela instituição financeira oficial depositária, mediante transferência dos valores depositados para a Conta Única do Tesouro Nacional.*

dezembro de 2021, constantes da Nota Técnica SEI nº 31992/2022/ME, perfaz o total de R$15,2 bilhões. Nesse sentido, requereu a atribuição de efeito suspensivo à decisão, tendo em vista o risco de grave dano para a segurança orçamentária e para a estabilidade de serviços públicos essenciais. Além disso, que fossem supridas as omissões, principalmente no que tange à ausência de definição acerca dos efeitos da decisão embargada.

Por fim, a modulação dos efeitos do acórdão embargado, para que ele tenha eficácia *ex nunc*, determinando a aplicação do art. 3º da Lei nº 13.463/2017 aos casos em que os valores já foram estornados ao Tesouro Nacional. Isto é, com a recomposição ocorrendo a partir da expedição de novo requisitório, solicitado pelo credor, e observando as novas regras estabelecidas pelas Emendas Constitucionais nº 113 e 114/2021, incluindo o limite de pagamento previsto no art. 107-A do ADCT. Subsidiariamente, na hipótese de o acórdão embargado manter efeitos *ex tunc*, requereu que a restituição dos valores de precatórios e RPVs cancelados dependesse da expedição de novo requisitório, solicitado pelo credor e regido pelo art. 3º da Lei nº 13.463/2017, que também deve seguir as regras estabelecidas pelas Emendas Constitucionais nº 113 e 114/2021, incluindo o limite de pagamento previsto no art. 107-A do ADCT.

Em resposta aos embargos, a Confederação dos Trabalhadores no Serviço Público Federal (CONDSEF), a Federação Nacional dos Trabalhadores no Serviço Público Federal (FENADSEF) e o Sindicato Nacional dos Servidores Federais da Educação Básica, Profissional e Tecnológica (SINASEFE) manifestaram-se, em conjunto, pelo desprovimento do recurso, ante a ausência de omissão no acórdão combatido. O Partido Democrático Trabalhista, por sua vez, pronunciou-se pelo não conhecimento dos embargos, dada a ilegitimidade recursal do AGU e, no mérito, por sua rejeição, tendo em vista o não preenchimento dos requisitos do art. 27 da Lei nº 9.868/1999. A Associação Nacional dos Procuradores e Advogados Públicos Federais, na condição de *amicus curiae*, apresentou contrarrazões alegando ausência de omissão acerca dos riscos decorrentes da recomposição dos precatórios e RPVs indevidamente devolvidos ao erário e impossibilidade de modulação dos efeitos do julgado. Para completar, o Procurador-Geral da República opinou pela rejeição dos embargos. A Associação dos Advogados de São Paulo também se manifestou buscando o não conhecimento, ou a rejeição dos embargos, para que fosse mantido o acórdão proferido em sua integralidade, sem modulação de efeitos da declaração de inconstitucionalidade.

Nos termos do voto da Relatora, ministra Rosa Weber, o Tribunal decidiu por unanimidade acolher parcialmente os embargos de declaração para modular os efeitos da declaração de inconstitucionalidade. Ficou decidido que a decisão de mérito só terá efeitos a partir da data de publicação da ata do julgamento meritório, que ocorreu em 06 de julho de 2022. Como justificativa, alegou-se que o grave impacto ocasionado ao erário com reativação imediata de requisitórios, especialmente no tocante ao planejamento financeiro da União Federal, geraria um estado de instabilidade incompatível com o Estado de Direito.

Dessa forma, atentando para o princípio da nulidade das normas inconstitucionais, a declaração de inconstitucionalidade do art. 2º, *caput* e §1º da Lei nº 13.463/2017, torna nulo e sem efeito todos atos praticados baseados na sua aplicação, e, como consequência, surge a possibilidade de reexpedições de precatórios por pessoas que tiveram os recursos transferidos para a Conta Única do Tesouro Nacional em virtude do não levantamento a partir de 06 de julho de 2022. Assim, considerando a modulação dos efeitos da decisão, entende-se que o STF anuiu com a produção de efeitos pela norma impugnada durante o período que compreende o dia 07.07.2017 e o dia 06.07.2022.

Na sequência, foram opostos embargos de declaração, em conjunto, pela CONDSEF, FENADSEF e SINASEFE, a fim de que a ementa do julgamento de mérito deixasse claro que a reexpedição dos precatórios e das requisições de pequeno valor cancelados pela aplicação da Lei nº 13.463/2017 não se sujeitava a qualquer tipo de prescrição, incluindo o prazo estabelecido no art. 1º do Decreto nº 20.910/1932. Além deste, o PDT também opôs embargos visando ao esclarecimento da obscuridade acerca do direito dos credores que tiveram seus precatórios cancelados. O STF, por unanimidade, não conheceu dos embargos de declaração opostos pela CONDSEF, FENADSEF e SINASEFE e rejeitou os aclaratórios manejados pelo PDT. O acórdão transitou em julgado em 31.08.2023.

Para que o cancelamento e a devolução dos valores não levantados deixem de ser praticados em outros entes federados, como o Estado do Rio de Janeiro – que possui lei própria[142] – é preciso que, entre outros, seja: (i) editada norma revogando a anterior; (ii) julgada procedente

---

[142] O Governo do Estado do Rio de Janeiro editou sua legislação (Lei nº 7.781, de 10 de novembro de 2017, art. 2º) permitindo o cancelamento de precatórios após três anos do depósito sem saque efetuado. Embora submetida a ações de inconstitucionalidade em âmbito estadual, a norma permanece em vigor.

ADI no respectivo Tribunal de Justiça caso o parâmetro seja uma norma da Constituição Estadual; ou (iii) julgada procedente ADI no STF, questionando a constitucionalidade da Lei estadual, se o parâmetro for uma norma da Constituição Federal. Tendo em vista que a ADI nº 5.755/ DF trouxe como parâmetro normas da Constituição Federal, e, com base na teoria da transcendência dos motivos determinantes,[143] segundo a qual a *ratio decidendi* caracteriza-se pelos fundamentos principais da decisão no controle concentrado de constitucionalidade, o efeito vinculante desse precedente deverá ser observado pelos demais órgãos do Poder Judiciário para garantir a uniformidade das decisões judiciais e minimizar as chances de propositura de Reclamação Constitucional que vise à: (i) preservação da competência do STF e (ii) garantia da autoridade de suas decisões (Constituição/1988, art. 102, I, l).[144]

Ainda sobre o tema do cancelamento dos precatórios, importante pontuar a discussão que chegou ao STJ no ano de 2020, nos REsps. nº 1.856.498/PE[145] e nº 1.874.973/RS,[146] cuja tese proposta pela União

---

[143] "A vinculação dos motivos determinantes tem por finalidade garantir uma maior segurança jurídica, permitindo que a observância das razões fundamentais de um determinado julgamento do STF se torne obrigatória tanto para o Poder Executivo quanto para o Judiciário, até que outra fundamentação provoque uma decisão diferente. (...) Com a transcendência dos motivos determinantes visa-se também a aproximar o direito pátrio do *common law*, que atribui grande prestígio aos precedentes das Cortes Supremas, a ponto de torná-los vinculantes. A estabilidade atribuída à fundamentação garante que situações semelhantes possam ser tratadas de maneira semelhante, não com base na mesma decisão (parte dispositiva), mas nos mesmos fundamentos estabelecidos pelo Supremo" (SIQUEIRA; LINO JR, 2014).

[144] "Merece destaque a lembrança do Min. Gilmar Mendes a doutrina de Klaus Vogel, que, embora aludindo à coisa julgada, disse que a sua extensão iria além do dispositivo para abranger o que designou de 'norma decisória concreta'. Essa seria a 'ideia jurídica subjacente à formulação contida na parte dispositiva, que, concebida de forma geral, permite não só a decisão do caso concreto, mas também a decisão de casos semelhantes'. Na verdade, Vogel está rotulando a força obrigatória das decisões, peculiar ao *common law*, de coisa julgada, ou, ainda mais precisamente, está conferindo à fundamentação o que o *common law* atribui à *ratio decidendi*. É certo que é possível impedir às partes de rediscutir os fundamentos da decisão, conforme agora enfatiza o art. 503, §1º, do CPC de 2015. Porém, há que se notar que este impedimento apenas pode atingir as partes ou beneficiar aqueles que são titulares de pretensões que têm como base a mesma questão já plenamente debatida e decidida em outro processo, não tendo qualquer relação com a eficácia obrigatória dos precedentes das Cortes Supremas. Trata-se, em verdade, da distinção corrente no *common law* entre *collateral estoppel* e *stare decisis*" (SARLET; MARINONI; MITIDIERO, 2022, p. 494).

[145] BRASIL. Superior Tribunal de Justiça (STJ). Recurso Especial (REsp.) nº 1.856.498/PE (2020/0004490-8). Rel. Min. Napoleão Nunes Maia Filho. Julg. 6 out. 2020. *Diário de Justiça eletrônico*, Brasília, 13 out. 2020f.

[146] BRASIL. Superior Tribunal de Justiça (STJ). Recurso Especial (REsp.) nº 1.874.973/RS (2020/0116115-1). Rel. Min. Napoleão Nunes Maia Filho. Julg. 6 out. 2020. *Diário de Justiça eletrônico*, Brasília, 13 out. 2020g.

visava ao reconhecimento da prescrição do direito do credor de postular a expedição de nova requisição após o cancelamento se, entre a data do depósito do valor do precatório e o pedido de reexpedição, transcorresse mais de cinco anos.

A 1ª Turma, por maioria apertada, entendeu que não havia prazo para que o credor requisitasse novamente seu precatório ou requisição de pequeno valor. Dentre os argumentos expostos, salientou-se que antes da promulgação da Lei que autorizava o cancelamento não existia prazo para o credor levantar os precatórios depositados, não havendo como sustentar que desde o depósito já corria prazo de prescrição para que o saque fosse realizado. Além disso, argumentou-se que não há previsão legal estabelecendo prazo para requisitar nova expedição de ofício, nem termo inicial de prescrição para o credor reaver valores cancelados.[147]

Por outro lado, para a 2ª Turma, por unanimidade, o direito à expedição de novo precatório ou requisição de pequeno valor é prescritível e a contagem do prazo prescricional deve observar a teoria da *actio nata*, segundo a qual o termo inicial de contagem inicia-se com a violação do direito subjetivo e a partir do momento em que o titular do seu direito passa a conhecer o fato e a extensão de suas consequências.[148] O direito de solicitar a expedição de novas requisições canceladas, desse modo, prescreveria em cinco anos a partir da data do cancelamento.[149]

---

[147] O ministro-relator, Napoleão Nunes Maia Filho, afirmou que a reexpedição do precatório ou RPV configura o exercício de um direito potestativo e, por esse motivo, não está sujeito a prazo prescricional. Enfatizou que a pretensão executória é exercida tempestivamente com a expedição do precatório ou da requisição de pequeno valor, sendo confirmada, até mesmo, pelo depósito dos valores. Dessa forma, após a transferência dos valores da União para conta criada em nome do beneficiário em instituição financeira oficial, os recursos passam à propriedade do credor, que tem a faculdade de sacá-los quando entender mais oportuno. A subtração definitiva desses valores pelo poder público configuraria verdadeiro confisco ou, até mesmo, "desapropriação de dinheiro", instituto ilegal perante o ordenamento jurídico pátrio.

[148] "Evidente, outrossim, que tal pretensão não é imprescritível (...). 5. Nesse caso, deve-se aplicar a teoria da *actio nata*, segundo a qual o termo *a quo* para contagem da prescrição da pretensão tem início com a violação do direito subjetivo e quando o titular do seu direito passa a conhecer o fato e a extensão de suas consequências" (BRASIL. Superior Tribunal de Justiça (STJ). Agravo Interno (AgInt) no Recurso Especial (REsp.) nº 1.859.389/CE. Rel. Min. Herman Benjamin, Segunda Turma. Julg. 29 jul. 2020. *Diário de Justiça eletrônico*, Brasília, 21 ago. 2020b).

[149] "O direito do credor de que seja expedido novo precatório ou nova RPV começa a existir na data em que houve o cancelamento do precatório ou RPV cujos valores, embora depositados, não tenham sido levantados. 4. '(...) no momento em que ocorre a violação de um direito, considera-se nascida a ação para postulá-lo judicialmente e, consequentemente, aplicando-se a teoria da *actio nata*, tem início a fluência do prazo prescricional' (REsp. 327.722/PE, Rel. Ministro Vicente Leal, Sexta Turma, DJ 17/09/2001, p. 205)" (BRASIL.

A 1ª Seção do STJ afetou, em 25 de abril de 2022, como paradigmas da controvérsia, os REsps. nº 1.944.707/PE,[150] nº 1.944.899/PE[151] e nº 1.961.642/CE,[152] de relatoria da ministra Assusete Magalhães, para julgamento sob o rito dos repetitivos. Embora o STF, na ADI nº 5.755/DF,[153] tenha declarado a inconstitucionalidade do cancelamento de precatórios e RPVs federais não resgatados pelos credores após dois anos de depósito, o julgamento não comprometeu a análise da controvérsia pelo STJ por duas razões principais. *Em primeiro lugar*, o Supremo, ao analisar os embargos de declaração, atribuiu ao julgamento de mérito um efeito *ex nunc*, ou seja, os efeitos da decisão passaram a valer somente a partir de 6 de julho de 2022, data em que foi publicado o acórdão do julgamento de mérito. *Em segundo lugar*, o art. 3º da Lei nº 13.463/2017, que confere o direito ao credor de solicitar a expedição de um novo precatório ou RPV, não foi objeto de impugnação pela ADI nº 5.755/DF. Assim, a decisão do STF não ofereceu qualquer posicionamento sobre a natureza prescritível ou perpétua desse direito. Em sua fundamentação, a ministra Rosa Weber, relatora do acórdão, enfatizou que a análise sobre a demora do credor em solicitar o levantamento dos valores depositados deve ser realizada no contexto do processo de execução. Portanto, a questão permaneceu aberta à deliberação e interpretação jurídica, necessitando de exame detalhado para sua adequada resolução.

A relatora dos recursos especiais repetitivos, ministra Assusete Magalhães, tendo em vista a discrepância de interpretações entre a Primeira Turma e a Segunda Turma, com base no art. 1º do Decreto nº 20.910/1932, ressaltou que as dívidas públicas, assim como quaisquer direitos ou ações contra entes federativos (União, estados, municípios),

---

Superior Tribunal de Justiça (STJ). Recurso Especial (REsp.) nº 1.859.409/RN. Rel. Min. Mauro Campbell Marques, Segunda Turma. Julg. 16 jun. 2020. *Diário de Justiça eletrônico*, Brasília, 25 jun. 2020h).

[150] BRASIL. Superior Tribunal de Justiça (STJ). Proposta de Afetação de Recurso Especial. (ProAfR) nº 1.944.707/PE (2021/0192720-8) Rel. Min. Assusete Magalhães, 2ª Turma. *Diário de Justiça eletrônico*, Brasília, 22 abr. 2022a.

[151] BRASIL. Superior Tribunal de Justiça (STJ). Proposta de Afetação de Recurso Especial. (ProAfR) nº 1.944.899/PE (2021/0193641-0). Rel. Min. Assusete Magalhães, 2ª Turma. *Diário de Justiça eletrônico*, Brasília, 22 abr. 2022b.

[152] BRASIL. Superior Tribunal de Justiça (STJ). Proposta de Afetação de Recurso Especial. (ProAfR) nº 1.961.642/CE (2020/0285630-8). Rel. Min. Assusete Magalhães, 2ª Turma. *Diário de Justiça eletrônico*, Brasília, 22 abr. 2022c.

[153] BRASIL. Supremo Tribunal Federal (STF). Ação Direta de Inconstitucionalidade (ADI) nº 5.755/DF. Rel. Rosa Weber. Tribunal Pleno. Ata nº 19/2022 e nº 20/2022. *Diário da Justiça eletrônico*, Brasília, Julg. 30 jun. 2022a.

estão submetidas ao prazo prescricional de cinco anos. A relatora explicou que, segundo a Lei nº 13.463/2017, que regula o cancelamento de requisições de pagamento, é assegurado ao credor o direito de solicitar uma nova ordem de pagamento. Ao fazer tal pedido, o credor reconstitui sua condição de titular de um crédito, cuja efetivação depende da ação do devedor, configurando assim uma nova pretensão de direito. Além disso, a ministra enfatizou a aplicação do art. 189 do Código Civil, que estabelece que a pretensão se extingue pela prescrição, devendo ser aplicado tanto às relações entre particulares quanto às que envolvem a Fazenda Pública, consolidando a perspectiva de que o prazo prescricional de cinco anos também se aplica aos novos pedidos de precatórios ou RPVs que foram cancelados. Por fim, destacou que o termo inicial do prazo prescricional se dá com a ciência do ato de cancelamento pelo credor, conforme a teoria da *actio nata*, que considera o aspecto subjetivo da consciência do direito violado.

Dessa forma, no Tema nº 1.141 do STJ, aprovou-se por unanimidade a seguinte tese jurídica: "A pretensão de expedição de novo precatório ou requisição de pequeno valor, fundada nos arts. 2º e 3º da Lei 13.463/2017, sujeita-se à prescrição quinquenal prevista no art. 1º do Decreto nº 20.910/1932 e tem, como termo inicial, a notificação do credor, na forma do §4º do art. 2º da Lei nº 13.463/2017". Com essa definição, os processos individuais e coletivos que estavam suspensos, aguardando a decisão sobre esse precedente qualificado no STJ, especialmente aqueles que versavam sobre recurso especial ou agravo em recurso especial com a mesma questão jurídica, foram retomados e prosseguiram em sua tramitação.

No âmbito dos juizados especiais federais, a União manejou pedido de uniformização de interpretação de lei federal representativo de controvérsia no qual, com base na argumentação apresentada pela 2ª Turma do STJ, fixou-se a seguinte tese no Tema nº 247 da Turma Nacional de Uniformização (TNU): "A pretensão de expedição de novo precatório ou requisição de pequeno valor, após o cancelamento de que trata o art. 2º da Lei nº 13.463/2017, prescreve em cinco anos, contados da data do cancelamento do anterior ofício requisitório". O tema foi revisado em decorrência do julgamento da ADI nº 5.755/DF, com a declaração de inconstitucionalidade do dispositivo.

No período em que a Lei nº 13.463/2017 esteve em vigor, os valores correspondentes à remuneração das disponibilidades dos recursos depositados, descontada a remuneração legal devida ao beneficiário do precatório ou da requisição de pequeno valor, constituíam receita e eram recolhidos em favor do Poder Judiciário, o qual poderia destinar até 10% do total para o pagamento de perícias realizadas em ação popular. Do montante cancelado, deveria ser aplicado pela União, pelo menos, 20% na manutenção e no desenvolvimento do ensino e, no mínimo, 5% no Programa de Proteção a Crianças e Adolescentes Ameaçados de Morte.[154]

Em síntese, o STF estabeleceu que a ausência de saque não justifica o cancelamento dos precatórios, enquanto o STJ determinou o prazo de cinco anos para que os credores que tiveram seus precatórios cancelados solicitem sua reexpedição. Com a compreensão estabelecida sobre a natureza dos precatórios, o próximo capítulo discorrerá sobre as dimensões negociais que lhes foram conferidas com a adição do art. 78 ao ADCT pela EC nº 30/2000.

2.6 A possibilidade jurídica da cessão das requisições de pagamento

A cessão de crédito é negócio jurídico bilateral, isto é, espécie de contrato pelo qual o cedente transfere ao cessionário posição de titular de direito de crédito em relação a terceiro. O credor do precatório, ao cedê-lo ao cessionário, recebe valor certo no momento da sua transmissão, sendo que somente o receberia no futuro e com submissão à incerteza quanto à duração (*certus an incertus*).[155] Para se transmitir os direitos decorrentes do precatório são suficientes as declarações de vontade do cedente e do cessionário, sendo dispensável a participação do devedor, que deve somente ser notificado da cessão (GOMES, 2019c, p. 161).

Caso não haja oposição decorrente da natureza da obrigação, de previsão em lei ou em convenção celebrada com o devedor, o credor pode ceder seu crédito. Nos termos do Código Civil, arts. 286 a 296, eventual cláusula proibitiva da cessão não pode ser oposta ao cessionário de boa-fé se não estiver presente no instrumento de cessão. Geralmente, são abrangidos todos os acessórios, e a cessão é ineficaz em relação a terceiros se a transmissão não for celebrada mediante instrumento público, ou particular revestido das solenidades – como

---

[154] Lei nº 13.463, de 6 de julho de 2017. *Art. 1º, parágrafo único e art. 2º, §2º, I-II.*
[155] Cassettari (2019, p. 160) alega que "é aquele certo quanto ao fato, mas incerto quanto à duração. Como exemplo, citamos a morte (sabemos que ela chega, mas não quando ocorre)".

o registro no cartório de títulos e documentos. Somente terá eficácia em relação ao devedor se este for notificado, valendo como prova da notificação, escrito público ou particular, em que é declarada ciência. Independentemente do conhecimento da cessão pelo devedor, pode o cessionário exercer os atos conservatórios do direito cedido. O cedente, ainda que não se responsabilize, fica responsável pela existência do crédito ao tempo em que lhe cedeu, mas, salvo estipulação em contrário, não responde pela solvência do devedor.

A EC nº 62/2009 incluiu na Constituição de 1988 disposição que até então era prevista somente no ADCT,[156] qual seja a previsão que o titular do precatório o transfira total ou parcialmente a terceiros, independentemente da concordância da entidade devedora, cabendo ao Presidente do Tribunal providenciar o registro da cessão junto ao precatório.[157] Na Resolução CNJ nº 303/2019, arts. 42 a 45, e na Resolução CJF nº 822/2023, arts. 20 a 26, encontram-se normas que autorizam a cessão de créditos lastreados em precatórios, nos mesmos termos do art. 100, §§13 e 14 da Constituição Federal.

A cessão de crédito não altera a natureza do precatório, podendo o cessionário gozar da preferência relativa aos débitos de natureza alimentar, mantida a posição na ordem cronológica originária, em qualquer caso. A preferência aos credores com mais de 60 e 80 anos ou portadores de doença grave, entretanto, não são transferidas aos cessionários, bem como as preferências relativas às obrigações definidas em leis consideradas de pequeno valor.[158]

A respeito da intransmissibilidade da preferência aos cessionários de requisições de pequeno valor, foram encontrados julgados com posicionamentos distintos, sendo que em uma decisão indeferiu-se

---

[156] Constituição da República Federativa do Brasil de 1988. Ato das Disposições Constitucionais Transitórias *Art. 78. Ressalvados os créditos definidos em lei como de pequeno valor, os de natureza alimentícia, os de que trata o art. 33 deste Ato das Disposições Constitucionais Transitórias e suas complementações e os que já tiverem os seus respectivos recursos liberados ou depositados em juízo, os precatórios pendentes na data de promulgação desta Emenda e os que decorram de ações iniciais ajuizadas até 31 de dezembro de 1999 serão liquidados pelo seu valor real, em moeda corrente, acrescido de juros legais, em prestações anuais, iguais e sucessivas, no prazo máximo de dez anos, permitida a cessão dos créditos. (Incluído pela Emenda Constitucional nº 30, de 2000).*

[157] Constituição da República Federativa do Brasil de 1988. *Art. 100, §13. O credor poderá ceder, total ou parcialmente, seus créditos em precatórios a terceiros, independentemente da concordância do devedor, não se aplicando ao cessionário o disposto nos §§2º e 3º. §14. A cessão de precatórios, observado o disposto no §9º deste artigo, somente produzirá efeitos após comunicação, por meio de petição protocolizada, ao Tribunal de origem e ao ente federativo devedor.*

[158] Vedação prevista no §13 do art. 100 da Constituição da República Federativa do Brasil de 1988.

o pedido de habilitação do cessionário[159] e, em outra, autorizou-se a cessão de crédito.[160] Nesse sentido, vislumbra-se que a Constituição Federal, em seu art. 100, trata o termo "precatório" como gênero da qual requisição de pequeno valor é espécie, não havendo sentido em autorizar cessões de créditos de valores maiores e vedar o direito dos credores de cederem seus créditos de pequeno valor.

Considerando que no valor do precatório ainda estão incluídas, eventualmente – a depender do caso –, contribuição social, contribuição para o FGTS, honorários advocatícios, penhora registrada, parcela superpreferencial já paga e compensação parcial, na hipótese de cessão de crédito, é necessário apurar qual é o valor líquido, pois a transmissão do crédito somente alcança o valor disponível ao cedente.

Tais informações são relevantes para a celebração de negócios envolvendo precatórios, conforme se verá no capítulo seguinte.

---

[159] RIO GRANDE DO SUL. 4ª Vara da Fazenda Pública do Foro Central da Comarca de Porto Alegre. Processo nº 001/1.09.0303537-9 (CNJ 3035371-97.2009.8.21.0001). *Diário de Justiça do Estado do Rio Grande do Sul (DJRS)*, 19 nov. 2010.

[160] BRASIL. Tribunal Regional Federal (TRF) da 4ª Região. Agravo de Instrumento (AG) nº 5017094-33.2014.4.04.0000. Rel. Luís Alberto d'Azevedo Aurvalle, 4ª Turma. Julg. 23 set. 2014. *Diário Oficial do Estado de Porto Alegre*, 24 set. 2014.

CAPÍTULO 3

A NEGOCIAÇÃO DE PRECATÓRIOS

Para compreender os principais negócios jurídicos que têm como objeto a transmissão de precatórios usualmente celebrados no mercado, é necessário, antes, entender os motivos que explicam o interesse na busca de precatórios como alternativa para alocação de capital, como se projeta sua rentabilidade e de que modo se processa sua transferência dos titulares originários aos cessionários e investidores.

Para tanto, expõem-se três diferentes maneiras de investir em precatórios, quais sejam: (i) a aquisição direta perante o titular do crédito; (ii) a aquisição de cotas de Fundos de Investimento em Direitos Creditórios (FIDCs) e de Fundos de Investimento em Direitos Creditórios Não-Padronizados (FIDC-NPs); (iii) a aquisição, via plataformas eletrônicas de investimento, de objetos vinculados a precatórios adquiridos por sociedades empresárias.

Essa última alternativa divide-se em quatro formatos de negociação de precatórios, uma vez que as plataformas eletrônicas de investimento ofertam parcelas representativas de direitos baseados nesses objetos, adotando diferentes modos de atuação no mercado. Uma das principais perguntas a responder nesta obra é se nesses casos estão preenchidos os critérios subjetivos e materiais que determinam sua submissão à regulação estatal, seja porque as titulares das plataformas devem obter prévia autorização estatal para entrar no mercado, seja porque os objetos ali negociados se qualificam como valores mobiliários.

3.1 Os interesses econômicos envolvidos na negociação de créditos lastreados em precatórios

Há diferentes conceitos para o termo "investimento". Dependendo do contexto em que se está utilizando, é aceitável dizer que se investe na saúde, na qualidade de vida, nas relações interpessoais, no desenvolvimento pessoal, no trabalho e em outros interesses – por exemplo, ao ler este livro, pode-se dizer que você está investindo seu tempo em conhecimento a respeito de precatórios e seus aspectos negociais. O ponto comum a todos esses sentidos está no fato de que se implementam atos no presente com o objetivo de obter algum benefício futuro, bem como nos investimentos financeiros que, para Graham (2016, p. 442), consistem em negócios "que, após análise profunda, prometem a segurança do principal e um retorno adequado. As operações que não atendem a essas condições são especulativas".

Graham era economista e investidor, precursor da estratégia *buy and hold* e, por esse motivo, distingue investimento de especulação. Na presente obra não será feita distinção entre investimento e especulação, sendo considerados negócios voltados para investimentos aqueles que busquem lucros, independentemente de análise profunda. Nesse sentido, admite-se a aquisição de precatórios com deságio como um investimento, uma vez que se celebra um negócio jurídico com vista a obter o principal acrescido de retorno. Não obstante isso, antes de verificar as formas de se investir em precatórios, fundamental compreender os motivos que explicam o interesse em adquiri-los.

Cumpre esclarecer, primeiramente, que o deságio é o termo comumente utilizado para apresentar desconto aplicado em uma operação financeira em que o valor pago é inferior ao seu valor nominal. É a diferença entre o valor do ativo, do crédito, do bem, e o valor pago por ele, impactando diretamente nos rendimentos percebidos – por exemplo, imagine-se um precatório adquirido por R$60.000,00 cujo valor perfaça R$100.000,00. Nesse caso, há um deságio de R$40.000,00 ou 40%.

Para facilitar a conta do retorno possível de se obter investindo em precatórios, desconsiderar-se-á a atualização monetária, possíveis juros, penhora, parcela superpreferencial e os descontos tributários e de honorários. Assim, para fins de exemplo, tanto o valor histórico quanto o valor líquido atualizado do precatório foram simulados no mesmo valor (R$100.000,00). O valor do investimento (R$60.000,00) foi calculado considerando somente o valor pago ao cedente, desconsiderando-se, portanto, custos operacionais de cartório, análise jurídica do crédito e comissionamento a intermediários.

O retorno absoluto sobre o investimento, chamado *Return on Investment* (ROI), é calculado pela seguinte fórmula: (valor recebido – investimento) / investimento. Considerando que o investidor pagou

R$60.000,00 (investimento) e irá receber R$100.000,00 (valor recebido), terá um rendimento sobre o investimento da ordem de 66,66%.

ROI = (valor recebido – investimento) / investimento
ROI = (R$100.000,00 – R$60.000,00) / R$60.000,00
ROI = R$40.000,00 / R$60.000,00
ROI = 0,6666
ROI (%) = 0,6666 x 100 = 66,66%

Em outras palavras, para se chegar aos R$100.000,00 (valor recebido), é preciso acrescer 66,66% ao investimento, ou seja, ao valor pago pelo cessionário ao cedente (R$60.000,00). Caso o investidor tivesse acertado com o cedente o valor de R$50.000,00, em vez de R$60.000,00, seu retorno seria de 100%, pois dobraria o capital investido.

Além do retorno sobre o investimento, é imprescindível que o investidor tenha uma expectativa a respeito do prazo para recebimento. Ao estimar um prazo para recebimento, é possível imaginar qual será o retorno anualizado e, dessa maneira, comparar com a rentabilidade passada e projetada de outros produtos disponíveis no mercado – por exemplo, fundos de ações, fundos de renda fixa, certificados de depósitos bancários, letras de câmbio, letras de crédito imobiliário e do agronegócio, títulos públicos entre outros.

Para calcular o retorno anualizado, também chamado *Compound Annual Growth Rate* (CAGR), a fórmula é um pouco mais complicada, mas simples de fazer com o auxílio de ferramentas adequadas, como calculadora científica ou *Microsoft Excel*. Nesse cálculo, é preciso analisar o valor de aquisição do precatório (VA), o valor recebido pelo precatório (VR) e o período, calculado sempre em anos (n). Supondo que o prazo para recebimento desse precatório tenha sido de dois anos, deve-se utilizar a seguinte fórmula:

CAGR = $(VA / VR)^{1/n}$ -1
CAGR = $(100.000,00 / R\$60.000,00)^{1/2}$ -1
CAGR = $1,666^{1/2}$ -1
CAGR = 1,29099999999-1
CAGR = 0,2910
CAGR (%) = 0,2910 x 100 = 29,10%

Para calcular o retorno mensalizado – *Compound Monthly Growth Rate* (CMGR), basta substituir o período calculado em anos por meses.

$CMGR = (VA / VR)^{1/n} -1$
$CMGR = (100.000,00 / R\$60.000,00)^{1/24} -1$
$CMGR = 1,666^{1/24} -1$
$CMGR = 1,0214955-1$
$CMGR = 0,0214955$
$CMGR (\%) = 0,0214955 \times 100 = 2,15\%$

Na tabela seguinte, utilizando os valores do exemplo, apresenta-se o retorno do investidor considerando diferentes prazos para o recebimento do precatório.

Tabela 6 – Retorno do investidor

Data	Tempo (em meses)	ROI	CMGR	CAGR
01/01/2024	1	66,67%	66,67%	45839,37%
01/02/2024	2	66,67%	29,10%	2043,35%
01/03/2024	3	66,67%	18,56%	671,60%
01/04/2024	4	66,67%	13,62%	362,96%
01/05/2024	5	66,67%	10,76%	240,75%
01/06/2024	6	66,67%	8,89%	177,78%
01/07/2024	7	66,67%	7,57%	140,06%
01/08/2024	8	66,67%	6,59%	115,17%
01/09/2024	9	66,67%	5,84%	97,61%
01/10/2024	10	66,67%	5,24%	84,59%
01/11/2024	11	66,67%	4,75%	74,59%
01/12/2024	12	66,67%	4,35%	66,67%
01/01/2025	13	66,67%	4,01%	60,24%
01/02/2025	14	66,67%	3,72%	54,94%
01/03/2025	15	66,67%	3,46%	50,48%
01/04/2025	16	66,67%	3,24%	46,69%
01/05/2025	17	66,67%	3,05%	43,42%
01/06/2025	18	66,67%	2,88%	40,57%
01/07/2025	19	66,67%	2,73%	38,07%
01/08/2025	20	66,67%	2,59%	35,87%
01/09/2025	21	66,67%	2,46%	33,90%
01/10/2025	22	66,67%	2,35%	32,13%
01/11/2025	23	66,67%	2,25%	30,54%
01/12/2025	24	66,67%	2,15%	29,10%

Fonte: Elaborada pelo autor.

Observa-se que o ROI não sofre alterações com o passar do tempo, independentemente se o prazo é de 6, 12 ou 24 meses. Isso porque esse indicador corresponde ao retorno sobre o investimento, e, dessa maneira, o investidor que pagou R$60.000,00 e recebeu R$100.000,00 sempre terá um retorno sobre o investimento de 66,66%. No prazo de 1 mês, o retorno mensalizado (CMGR) é igual ao ROI, ao passo que o retorno anualizado (CAGR) possui o mesmo valor do ROI passados 12 meses.

Com acesso aos retornos e prazos estimados para recebimento, o investidor tem em seu poder as ferramentas necessárias para fundamentar a sua tomada de decisão, podendo confrontar esse retorno com o obtido em outros investimentos. No exemplo acima, foi utilizado o prazo de dois anos, pois corresponde ao prazo médio para pagamento de precatórios de entes federados que estão no regime geral. Para devedores que estão no regime especial e possuem prazos de pagamento de anos ou décadas, o deságio aplicado na aquisição dos créditos pode chegar a até 80%, e a fórmula para calculá-lo tem por base a tabela nº 6, em que o investidor avalia qual será seu retorno anualizado, partindo da premissa que o precatório será pago em data futura após o transcurso de um longo período.

É preciso considerar que quanto maior o prazo previsto para recebimento, maior o prêmio de risco a ser pago ao investidor. Um investidor que busca retorno em um horizonte de vinte anos no mercado de precatórios provavelmente não se contentará com um retorno anual estimado de 29%, pois as circunstâncias políticas e econômicas do País podem se alterar de forma que o seu prazo para recebimento dobre ou então sobrevenha alguma alteração nas formas de correção, resultando em um retorno inferior ou próximo aos investimentos "livres de risco".[161] Caso o precatório utilizado no exemplo tivesse prazo para pagamento de quatro anos, em vez de dois, o retorno anualizado seria de 13,62% e, possivelmente, insuficiente para que o investidor optasse por adquirir esse crédito, dada a proporção de risco diante do retorno previsto.

---

[161] Investimento livre de risco é aquele em que há 100% de probabilidade de que o investidor receba ao final a rentabilidade esperada. Geralmente, são atrelados aos títulos públicos, mas considerando que pode haver atraso ou calote nos títulos públicos, trata-se de hipótese que pode ser refutada diante da realidade dos fatos. Gonçalves (2020, p. 9) afirma que os títulos emitidos pelo governo podem ser considerados livres de risco, pois o Estado pode elevar impostos para pagar essas dívidas.

Selic é a taxa básica de juros no Brasil e, quando calculada de forma acumulada, é apontada como o principal fundamento do cálculo para investimento livre de risco, representando o mínimo de retorno esperado. No Brasil, pode-se apontar o Tesouro Selic como investimento mais seguro a ser realizado (BONA, 2020). Assim, considerando que a meta da taxa Selic anual, em julho de 2023, estava em 13,75% (BACEN, 2022c), verifica-se o prêmio de risco do investimento em precatórios, pois, para que investidores optem por aplicar em precatórios em detrimento de ativos livres de risco, é necessário remunerá-los com uma taxa superior.

Nos últimos anos, corretoras e distribuidoras de títulos e valores mobiliários investiram na melhoria da experiência do usuário – *user experience* (UX) –, tornando mais intuitiva a usabilidade de *sites* e aplicativos, o que resultou, entre outros fatores, no aumento do número de clientes pessoa física. Desse modo, antes de investir em precatórios, é comum a análise do custo de oportunidade por parte do poupador, dada a grande e fácil oferta, por exemplo, de títulos públicos, certificados de depósitos bancários, cotas de fundos de investimento, ações. Logo, embora em precatórios seja possível conseguir um retorno anualizado acima de outros produtos, é preciso considerar que os riscos e a forma de concretizar o investimento são diferentes, uma vez que a negociação de precatórios não se dá em um ambiente organizado de bolsa, e tampouco é ofertado publicamente a qualquer investidor por corretoras e distribuidoras registradas na Comissão de Valores Mobiliários.

3.2 Procedimento para transmissão de precatórios

Existem alguns passos e procedimentos para que qualquer pessoa possa se tornar investidora de precatórios, mas, antes de tudo, é preciso que o autor da ação contra o Estado, seja ele pessoa física, seja jurídica, opte por ceder seu crédito a terceiro visando antecipar o recebimento dos valores fixados em sentença judicial condenatória transitada em julgado.

Nesse sentido, supondo que o cessionário tenha encontrado o credor, ou que o credor tenha localizado o cessionário informando seu interesse em realizar a cessão, o próximo passo é acertar os valores que serão pagos, analisar o processo que originou o precatório e formalizar a transferência do crédito, que pode se dar por meio de um instrumento particular ou escritura pública de cessão de crédito. A Resolução CNJ nº 438/2021 incluiu o §5º ao art. 42 da Resolução CNJ nº 303/2019, com redação atual dada pela Resolução CNJ nº 482/2022,[162] para facultar ao Presidente do Tribunal a edição de regulamento que exija a forma pública do respectivo instrumento como condição de validade para o registro e homologação das cessões. De qualquer forma, em ambos os casos ainda é necessário que as partes se dirijam a um cartório para assinar o instrumento de cessão ou, caso possuam certificado digital registrado pelo E-Notariado, efetuem a assinatura de forma virtual pela plataforma administrada pelo Colégio Notarial do Brasil.

Após a colheita das assinaturas, o pagamento é realizado ao titular do crédito (cedente) no mesmo dia ou nos dias seguintes, dependendo da forma combinada durante a negociação. A cessão total ou parcial somente será registrada se o interessado comunicar ao presidente do Tribunal sua ocorrência por petição instruída com os documentos comprobatórios do negócio jurídico, e depois de intimadas as partes por meio de seus procuradores.[163] É comum que a comunicação seja feita pelo cessionário, representado judicialmente por seu advogado, mediante petição protocolada nos autos do cumprimento de sentença que deu origem ao precatório e, dependendo do caso, também nos autos do precatório, pois, após realizar o pagamento ao cedente, sendo o principal interessado, busca assegurar que os valores sejam corretamente direcionados à pessoa devida, ou seja, a si próprio.

Essa petição deve vir acompanhada da procuração, instrumento particular ou escritura pública de cessão, documentos de identificação do cessionário e, no caso de pessoa jurídica, contrato ou estatuto social, sendo aconselhável a juntada do comprovante de transferência bancária ao cedente. Apesar de não ser obrigatório, magistrados, eventualmente, requisitam das partes – após a juntada da petição requerendo a homologação – que o cedente apresente, nos autos, declaração de que está ciente da cessão de crédito realizada, com o propósito de averiguar a ausência de fraude ou vício.

O juízo, depois de verificar presentes os requisitos formais e materiais da cessão, profere decisão interlocutória de caráter homologatório para deferir ou indeferi-la. A homologação da cessão corresponde a um procedimento de jurisdição voluntária, no qual, conforme Lima

---

[162] Resolução CNJ nº 303, de 18 de dezembro de 2019. Art. 42. *§5º O presidente do tribunal poderá editar regulamento para exigir a forma pública do respectivo instrumento como condição de validade para o registro de que tratam os artigos seguintes desta Resolução, resguardada a validade das cessões por instrumento particular informadas nos autos ou registradas até a data da publicação do aludido normativo.*

[163] Resolução CNJ nº 303, de 18 de dezembro de 2019. Art. 45.

(2011, p. 4), "o Estado exerce, por vários órgãos, função administrativa de interesses privados para a devida validade, eficácia e segurança do ato", ou seja, significa a administração de interesses privados por parte do poder público. Quando deferida, geralmente é expedido ofício ao setor de pagamento de precatórios do Tribunal para que o valor do precatório, quando realizado o pagamento, seja colocado à disposição do cessionário. Concomitante a essa decisão, o juízo deve proceder à habilitação do cessionário nos autos como terceiro interessado ou sucessor processual.

Conforme Resolução CNJ nº 303/2019, art. 45, §§1º e 4º, o registro da cessão será lançado no precatório após a homologação e deferimento pelo Presidente do Tribunal, que também cientificará a entidade devedora e o juízo da execução. Destaque-se que o Presidente do Tribunal pode delegar ao juízo da execução o processamento e a análise do pedido de registro de cessão.

Caso as partes e o juízo da execução estejam devidamente cientificados, o pagamento será realizado ao novo credor (cessionário) ou a seu procurador com poderes especiais para receber e dar quitação: (i) mediante saque em conta bancária aberta de forma individualizada em instituição financeira; (ii) por meio de alvará, mandado, guia de pagamento; ou (iii) por meio de transferência bancária eletrônica para a conta pessoal do destinatário (Resolução CNJ nº 303/2019, art. 31). Para que o pagamento seja feito corretamente, é fundamental que o cessionário esteja habilitado nos autos e esclareça, com precisão, a forma que deseja receber.

Por outro lado, evidenciando um dos riscos de investir em precatórios, vale apontar que, mesmo após o peticionamento com a juntada de todos os documentos necessários à homologação da cessão, observam-se indeferimentos por motivos diversos, como por suposta violação ao art. 114 da Lei nº 8.213/1991,[164] que veda a cessão de benefícios previdenciários, ou por possíveis vícios sociais ou do consentimento aptos a ensejar a nulidade ou anulação do negócio jurídico de cessão. Os indeferimentos mencionados resultaram no julgamento em sede de repercussão geral, do REsp nº 1.896.515/RS, no qual se estabeleceu o entendimento de que é possível a cessão a terceiros do crédito inscrito

---

[164] Lei nº 8.213, de 24 de julho de 1991. *Art. 114. Salvo quanto a valor devido à Previdência Social e a desconto autorizado por esta Lei, ou derivado da obrigação de prestar alimentos reconhecida em sentença judicial, o benefício não pode ser objeto de penhora, arresto ou seqüestro, sendo nula de pleno direito a sua venda ou cessão, ou a constituição de qualquer ônus sobre ele, bem como a outorga de poderes irrevogáveis ou em causa própria para o seu recebimento.*

em precatório proveniente de ação previdenciária. Isto é, embora o art. 114 da Lei nº 8.213/1991 estabeleça o princípio da intangibilidade das prestações da Previdência Social, que impede a cessão direta dos benefícios e, por conseguinte, a alienação ou transmissão irrestrita de direitos personalíssimos e indisponíveis, o titular de um crédito inscrito em precatório – incluindo aqueles decorrentes de ações previdenciárias – possui o direito patrimonial disponível de transferir o seu crédito a terceiros. Para os ministros, a cessão de crédito representa um benefício ao credor, uma vez que a formalização de acordos privados permite a satisfação do direito reconhecido judicialmente, garantindo ao seu titular a solvência financeira.

Vale ressaltar que o notório inadimplemento do poder público é o que fomenta a criação de um mercado para os respectivos créditos, que abrange até mesmo as parcelas de natureza alimentar. Assim, demonstrada a lógica econômica que explica a rentabilidade, o interesse de se investir em precatório e o procedimento para se processar a sua legítima aquisição, cumpre, a seguir, detalhar as três supramencionadas formas de se realizar tal investimento.

3.2.1 Investir adquirindo o precatório diretamente do titular

Em harmonia com o abordado no tópico anterior, para se investir em precatório, é imprescindível a formalização da cessão de crédito por meio de escritura pública ou instrumento particular de cessão de crédito com firma reconhecida e registrado em cartório. Saliente-se que, embora o CNJ disponha que o Presidente do Tribunal poderá estabelecer que serão aceitos somente instrumentos públicos, para o STJ não há óbice para a homologação de cessões realizadas por contrato particular[165] – opção preferida de parcela dos investidores, pois os custos notariais são substancialmente menores.

Na hipótese a ser detalhada neste tópico, o cessionário adquire o crédito diretamente com o titular (autor e vencedor da ação

---

[165] "Especificamente quanto à cessão de créditos, extrai-se do Código Civil que a necessidade de utilização de instrumento público – ou instrumento particular, revestido das solenidades previstas no art. 654, §1º, do mesmo diploma substantivo – representa uma exceção à regra geral estabelecida em seu art. 107. De ser ver, portanto, que a ressalva contida no art. 288 do Código Civil aplica-se tão somente à hipótese em que se pretenda fazer valer determinada cessão de crédito em relação à terceira pessoa, sendo inoponível tal condição de validade em face dos próprios cedente e cessionário" (BRASIL, STJ, 2021c).

movida contra o Estado) e, após a homologação pelo juízo, aguarda pacientemente por meses ou anos a quitação pelo ente federado. A incorporação do crédito em seu patrimônio não tem como objetivo a emissão de outros objetos, seja via FIDCs ou FIDC-NPs, seja via plataformas eletrônicas de investimento.

Essa forma de investir demanda capacidade operacional, técnica e financeira. A capacidade operacional é necessária para conseguir identificar os titulares dos precatórios e realizar propostas para aquisição do crédito. Existem algumas formas para realizar essa atividade, entre elas está a consulta de credores: (i) nos sítios eletrônicos dos Tribunais; (ii) nas publicações dos Diários Oficiais ou (iii) na parte relacionada aos precatórios na Lei Orçamentária Anual (LOA), em que são divulgados os números dos precatórios e os valores incluídos para pagamento no exercício financeiro seguinte. Ao se ter conhecimento do número do precatório ou do processo, é necessário, por meio de consulta processual ou de diários oficiais, identificar o titular do crédito e contatá-lo para realizar a proposta de aquisição.

Caso sobrevenha o aceite da proposta, o interessado na aquisição deve proceder à análise de aspectos formais e materiais de constituição do precatório, bem como de possíveis vícios processuais presentes na ação que o originou, além de cuidar para que, no momento da cessão, não incorra em qualquer vício afeto aos negócios jurídicos, como dolo, lesão, simulação, coação, estado de perigo, erro e fraude contra credores. Para que o adquirente investidor pratique validamente atos processuais necessários à homologação da cessão, caso não tenha capacidade postulatória, é imprescindível contratar um advogado. Posteriormente, quando ocorrer o depósito dos valores em conta judicial criada especificamente para esse fim, será novamente necessário o peticionamento requerendo a expedição de mandado de levantamento ou a transferência eletrônica dos valores.[166]

Dadas essas dificuldades técnicas, os investidores que adquirem diretamente os precatórios, revestidos da natureza jurídica de cessionários, geralmente são advogados que se familiarizem com a matéria ou pessoas que contratam escritórios de advocacia para analisar o processo judicial e o risco de crédito do cedente – ou seja, a possibilidade de

---

[166] Lei nº 13.105, de 16 de março de 2015 (Código de Processo Civil). *Art. 906. Ao receber o mandado de levantamento, o exequente dará ao executado, por termo nos autos, quitação da quantia paga. Parágrafo único. A expedição de mandado de levantamento poderá ser substituída pela transferência eletrônica do valor depositado em conta vinculada ao juízo para outra indicada pelo exequente.*

evicção ou de ações ou execuções contra o titular que possam resultar na penhora do precatório adquirido. Ademais, deve-se acompanhar a homologação em juízo e proceder ao levantamento dos valores, aumentando, desse modo, os custos envolvidos na operação.

O motivo pelo qual foi apresentada a capacidade financeira como aspecto crucial para o investimento direto em precatórios reside no fato de que, ao menos tratando-se de precatórios federais, o valor mínimo para sua expedição corresponde a 60 salários mínimos. Na cessão é aplicado um deságio sobre esse valor, mas o desconto não é relevante a ponto de tornar o precatório acessível como produto de investimento à grande parte dos membros da sociedade brasileira.

Para aqueles que possuem elevada capacidade financeira, mas não querem o trabalho de identificar os titulares, realizar propostas, contratar parecer e praticar outras atividades necessárias à cessão do crédito com segurança, o FIDC e o FIDC-NP se mostram como uma das alternativas viáveis.

3.2.2 Aquisição de quotas de FIDC e FIDC-NP

Os fundos de investimento são formados por uma comunhão de recursos, organizados como condomínios especiais, com o objetivo de aplicação em ativos financeiros, bens e direitos. Essa estrutura também engloba os Fundos de Investimento em Direitos Creditórios (FIDCs) e os Fundos de Investimento em Direitos Creditórios Não-Padronizados (FIDC-NPs), que surgem como alternativas para os investidores que buscam se expor ao risco de investir em precatórios, sendo o FIDC-NP aquele que permite a aplicação em créditos com um perfil mais arriscado do que os direitos creditórios regulares (FACCINI, 2015, p. 204). Antes de aprofundar no estudo dos fundos, vale recordar que o investidor que opta por adquirir cotas de FIDCs ou FIDC-NPs passa a ser proprietário de um bem jurídico com valor econômico, com direitos e deveres inerentes ao patrimônio e à administração do fundo.

A autorização para a constituição de FIDCs surgiu com a edição da Resolução CMN nº 2.907, de 29 de novembro de 2001, e a Instrução CVM nº 356, de 17 de dezembro de 2001. Posteriormente, a estrutura jurídica do FIDC-NP foi regulamentada pela Instrução CVM nº 444, de 8 de dezembro de 2006, com o objetivo de oferecer um tratamento diferenciado para fundos que apresentam riscos relevantes de natureza jurídica ou operacional "que exijam do investidor mais do que a *expertise* financeira usualmente empregada na análise de modalidades de investimento já assimiladas pelo mercado" (CVM, 2006a, p. 12).

A edição da Resolução CVM nº 175/2022 trouxe várias inovações alinhadas com a Lei da Liberdade Econômica para os fundos de investimento, com destaque para: (i) a limitação da responsabilidade dos cotistas ao valor das cotas subscritas, antes ilimitada;[167] (ii) a criação de classes de cotas com patrimônios segregados para cada uma delas, o que possibilita que cada cota tenha sua própria política;[168] e (iii) a aplicação do instituto da insolvência civil aos fundos, trazendo maior segurança jurídica aos investidores.[169] Por fim, a nova regulamentação também promove (iv) maior transparência na cadeia de remuneração dos prestadores de serviços e (v) facilita a participação política dos investidores.

Em 28 de março de 2023, o Colegiado da CVM aprovou a Resolução CVM nº 181, com o objetivo de promover mudanças pontuais e prorrogar o prazo de entrada em vigor da Resolução CVM nº 175 para 2 de outubro de 2023. A medida de prorrogação foi motivada por solicitações encaminhadas à CVM por representantes do mercado, que reportaram que os agentes, após analisarem o conteúdo da norma e elaborarem suas especificações iniciais de sistemas e processos, constataram a necessidade de um prazo mais extenso para a adequada implementação da Resolução CVM nº 175. Embora a norma ofereça muitos benefícios ao mercado, a CVM considerou prudente atender aos agentes responsáveis pelos aspectos operacionais.

Os fundos em estoque deverão ser adaptados até 30 de junho de 2025, com exceção dos FIDCs, que devem adaptar-se até 29 de novembro de 2024.[170] Durante o processo de adaptação, o atual regulamento do fundo deverá ser substituído pelo novo regulamento, anexo (classe) e apêndice (subclasse). Na primeira entrada em vigor, o fundo terá apenas o regulamento e o anexo, que deverá abranger os temas típicos do apêndice. No entanto, não há impedimento para que, do ponto de vista estritamente documental, o regulamento e o anexo já contenham uma seção específica, inclusive denominada "apêndice", com as informações que serão exigidas futuramente no apêndice conforme estabelecido

---

[167] Resolução CVM nº 175, de 23 de dezembro de 2022. *Art. 135, III.*
[168] Resolução CVM nº 175, de 23 de dezembro de 2022. *Art. 5º.*
[169] Resolução CVM nº 175, de 23 de dezembro de 2022. *Arts. 107; 122, IV; 123; 124; 125; 133.*
[170] Resolução CVM nº 175, de 23 de dezembro de 2022. *Art. 134.*

pela Resolução, quando houver subclasses. É importante ressaltar que os apêndices não se aplicam aos FIDC.

Em suma, as classes são arranjos para organização dos ativos (carteiras de ativos ou estratégias de investimento), e as subclasses são arranjos para a organização dos passivos (cotistas). No caso dos FIDCs e FIDC-NPs, as subclasses são diferenciadas entre subordinadas júnior, mezanino e sênior e possuem regras específicas. A classe do fundo abrigará os ativos investidos, enquanto as subclasses serão atribuídas aos cotistas. Embora não haja vedação expressa para o vínculo direto do cotista com a classe, espera-se que o cotista esteja registrado no nível da subclasse sempre que os prestadores de serviços essenciais considerarem necessária sua constituição para melhor organização e diferenciação das características relativas aos cotistas das classes, como taxas, prazo de aplicação e resgate, público-alvo, entre outros.

O Cadastro Nacional de Pessoas Jurídicas (CNPJ) continuará sendo o principal identificador do fundo e de suas classes. Por outro lado, as subclasses serão identificadas por um código concedido pela CVM no momento de seu registro. A taxonomia do código para a subclasse será composta por números sequenciais, com dígito verificador ao final. Tanto o CNPJ do fundo e das classes quanto o código da subclasse serão gerados assim que o registro for concluído no sistema da CVM. Após o registro e a concessão do CNPJ, os documentos do fundo poderão ser atualizados com essa informação no próximo evento societário a que for submetido, que exigirá a atualização do regulamento.

Uma mudança significativa proporcionada pela Resolução CVM nº 175/2022 está relacionada à possibilidade de os investidores de varejo investirem em precatórios federais via FIDCs, uma vez que até então somente os FIDC-NPs poderiam realizar aplicações em créditos inadimplidos, originados com base em ativos estressados, ações judiciais e precatórios, independente da sua natureza e do ente devedor.

A nova norma excluiu, da categoria de não padronizados, os precatórios federais que não apresentem nenhuma impugnação (judicial ou não), e que já tenham sido expedidos e remetidos ao Tribunal Regional Federal competente.[171] Dessa maneira, questiona-se: qual é a situação dos precatórios federais expedidos por Tribunais de Justiça em virtude da delegação de competência do art. 109, I, da Constituição? No caso específico dos precatórios oriundos de causas contra o INSS envolvendo acidentes de trabalho que tramitaram na justiça estadual, é importante observar que o respectivo Tribunal de Justiça é

---

[171] Resolução CVM nº 175, de 23 de dezembro de 2022. *Anexo Normativo II, art. 2º, §1º, II*.

quem os expede, mesmo que a União Federal seja a devedora. Nesse sentido, caso fosse aplicada a norma em sua literalidade, tais créditos não poderiam ser adquiridos por FIDCs, mas apenas por FIDCs-NP. Entende-se, no entanto, que essa interpretação não é a mais adequada, já que não se verifica um aumento substancial dos riscos envolvidos apenas ao transferir a responsabilidade pela expedição do Tribunal Regional Federal para o Tribunal de Justiça Estadual. Isso se deve ao fato de que a higidez do precatório e o tempo para o seu pagamento são basicamente determinados pelos trâmites internos de cada vara e seção judiciária, e não pelo Tribunal responsável por sua expedição.

Para distribuir cotas junto ao público em geral via FIDCs, é necessário atender a certos requisitos cumulativos presentes no art. 13 do anexo II da Resolução. O primeiro refere-se à vedação para que adquiram cotas subordinadas. Além disso, o regulamento do fundo deve prever um cronograma para a amortização de cotas ou distribuição de rendimentos. Se a classe de cotas for aberta, o prazo total entre o pedido de resgate e o seu pagamento, juntamente com o prazo de carência, se houver, não pode ultrapassar 180 dias. Não é permitida a aplicação em direitos creditórios originados ou cedidos por partes relacionadas ao fundo, e a aplicação nos precatórios federais está limitada a 20% (vinte por cento) do seu patrimônio líquido, por precatório.[172] Por fim, a subclasse de cotas seniores deve ser classificada por agência de risco registrada na CVM.

Os FIDCs, ou as cotas, não destinados ao público em geral, geralmente destinam-se a investidores qualificados, ou seja: (i) investidores profissionais; (ii) pessoas naturais ou jurídicas que possuam investimentos financeiros em valor superior a R$1.000.000,00 (um milhão de reais) e que, adicionalmente, atestem por escrito sua condição de investidor qualificado mediante termo próprio; (iii) as pessoas naturais que tenham sido aprovadas em exames de qualificação técnica ou possuam certificações aprovadas pela CVM como requisitos para o registro de assessores de investimento, administradores de carteira de valores mobiliários, analistas de valores mobiliários e consultores de valores mobiliários, em relação a seus recursos próprios; e (iv) clubes de investimento, desde que tenham a carteira gerida por um ou mais cotistas, que sejam investidores qualificados.[173]

---

[172] Resolução CVM nº 175, de 23 de dezembro de 2022. *Anexo Normativo II, art. 46.*
[173] Resolução CVM nº 30/2021, de 11 de maio de 2021. *Art. 12.*

Por outro lado, para aplicar em "precatórios federais não padronizados" ou em precatórios estaduais e municipais, é preciso que o faça via FIDC-NPs, e estes são restritos a investidores profissionais, tais como: (i) instituições financeiras e outras entidades autorizadas pelo Banco Central do Brasil a funcionar; (ii) companhias seguradoras e sociedades de capitalização; (iii) entidades abertas e fechadas de previdência complementar; (iv) pessoas físicas ou jurídicas que possuam investimentos financeiros em valor superior a R$10.000.000,00 (dez milhões de reais) e que, além disso, atestem por escrito sua condição de investidor profissional por meio de um termo próprio; (v) fundos de investimento; (vi) clubes de investimento, desde que gerenciados por um administrador de carteira de valores mobiliários autorizado pela CVM; (vii) assessores de investimento, administradores de carteira de valores mobiliários, analistas de valores mobiliários e consultores de valores mobiliários autorizados pela CVM, em relação aos seus próprios recursos; (viii) investidores não residentes; e (iv) fundos patrimoniais.[174]

Ao analisar o regulamento de alguns FIDC-NPs, percebe-se que seu público-alvo são investidores que busquem rentabilidade, no longo prazo, e aceitem os riscos associados aos investimentos. É possível verificar o cuidado dos fundos com a classificação de seu público-alvo para que somente investidores profissionais sejam subscritores ou adquirentes das cotas.

Quanto aos fatores de risco associados ao investimento, os regulamentos, de forma não exaustiva, destacam basicamente os seguintes: (i) inexistência de mercado secundário para negociação de direitos creditórios;[175] (ii) fundo fechado;[176] (iii) falta de liquidez dos ativos financeiros; (iv) ausência de garantias; (v) aquisição continuada de direitos creditórios pelo fundo; (vi) risco de pagamento antecipado e descontinuidade do fundo; (vii) fatores macroeconômicos relevantes; (viii) riscos de crédito, liquidez, oscilação de mercados e de precificação de ativos; (ix) inexistência de rendimento predeterminado; (x) dependência

---

[174] Resolução CVM nº 30/2021, de 11 de maio de 2021. *Art. 11*.
[175] Não existe, no Brasil, mercado secundário ativo para negociação de direitos creditórios. Dessa maneira, se, por qualquer razão, for preciso vender os direitos creditórios, há a possibilidade de não haver compradores ou o preço de negociação causar perda ao patrimônio do fundo.
[176] Por serem constituídos sob a forma de condomínio fechado, as cotas somente serão resgatadas nas respectivas datas de resgate ou em virtude da liquidação do fundo. Não há liquidez aos investimentos, exceto no caso de amortizações e resgates ou alienação de cotas no mercado secundário. Este, contudo, apresenta baixa liquidez, uma vez que as cotas somente podem ser adquiridas por investidores autorizados.

do fluxo de pagamento dos direitos creditórios; (xi) pagamento dos encargos do fundo; (xii) possibilidade de novos aportes de recursos; (xiii) patrimônio líquido negativo em decorrência de flutuações típicas de mercado, risco de crédito, risco sistêmico, condições adversas de liquidez e negociação atípica nos mercados de atuação; (xiv) risco da titularidade indireta;[177] (xv) liquidação antecipada do fundo e resgate de cotas; (xvi) insuficiência de recursos no momento da liquidação do fundo;[178] (xvii) risco de liquidação das cotas do fundo com a dação em pagamento de direitos creditórios elegíveis; (xviii) risco decorrente da precificação dos ativos financeiros; (xix) cálculo de remuneração com antecedência em relação às datas de pagamento;[179] (xx) guarda dos documentos comprobatórios pelo Custodiante, podendo representar uma limitação à capacidade do Fundo de verificar a correta originação e formalização dos Direitos Creditórios, além de cobrar, judicial ou extrajudicialmente, os Direitos Creditórios vencidos e não pagos; (xxi) necessidade de aprovação dos cotistas subordinados em determinadas deliberações da assembleia geral; (xxii) risco de governança;[180] (xxiii) risco de fungibilidade – bloqueio da conta do fundo, pois, na hipótese de intervenção ou liquidação extrajudicial da instituição responsável pelo recebimento dos valores, existe a possibilidade de que os recursos sejam bloqueados e somente serem recuperados após a adoção de medidas judiciais; (xxiv) interrupção dos serviços pelos prestadores contratados pelo fundo; (xxv) majoração de custos dos prestadores de serviços; (xxvi) risco de concentração; (xxvii) risco de descontinuidade; (xxviii) risco de alteração da sistemática de pagamento dos direitos creditórios; (xxix) risco de alterações posteriores do valor dos direitos creditórios; (xxx) risco de questionamento da cessão dos direitos creditórios.

Além dos riscos inerentes ao investimento, os regulamentos apresentam, de forma não exaustiva, riscos associados aos direitos

---

[177] Os cotistas dos fundos não possuem propriedade direta sobre os direitos creditórios e, como consequência, seus direitos são exercidos de maneira proporcional.

[178] Na data prevista para a liquidação do fundo, pode acontecer de não existirem recursos suficientes para o pagamento dos cotistas em virtude do não recebimento dos direitos creditórios. Nessa hipótese, vislumbra-se que os cotistas poderiam aguardar os respectivos vencimentos, optar pela venda dos créditos a terceiros ou resgatar suas cotas em frações dos direitos creditórios. Em todos os casos, os cotistas poderão sofrer perdas patrimoniais.

[179] A gestora não garante que parâmetros de mercado necessários para determinação dos valores unitários de referência corrigidos antes da amortização estarão disponíveis na data prevista para o envio do relatório de gestão.

[180] Se for necessário emitir novas séries de cotas, eventualmente os demais cotistas poderão não ter direito de preferência para aquisição, o que pode gerar diluição dos direitos daqueles que já possuam cotas em circulação.

creditórios, tais como: (i) risco de que a Fazenda Pública não efetive o pagamento dos valores devidos, reajustados e com a aplicação dos juros previstos; (ii) ausência de política de crédito por parte dos devedores, resultando na ausência de garantias ao cessionário; (iii) inexistência de coobrigação ou direito de regresso contra o cedente que responde somente pela origem, formalização e liquidez dos Direitos Creditórios; (iv) possibilidade de alteração na forma de pagamento dos direitos creditórios, tal como ocorreu com a promulgação das ECs nº 30/2000, nº 62/2009, nº 113/2021 e nº 114/2021; (v) existência de Ação Direta de Inconstitucionalidade nº 2.356/DF contra a EC nº 30, que acrescentou o art. 78, *caput*, e §§1º ao 4º do ADCT, cuja liminar foi deferida para afastar o parcelamento dos precatórios em prestações anuais, porém, ainda sem o trânsito em julgado; (vi) alteração dos critérios de atualização dos direitos creditórios; (vii) alteração dos critérios de remuneração das contas individualizadas abertas em instituição bancária oficial para depósito dos valores pela Fazenda Pública; (viii) retenção de imposto de renda;[181] (ix) riscos relacionados ao recebimento de valores depositados em instituição bancária oficial, em conta remunerada individualizada, que poderão, em decorrência da morosidade da justiça brasileira, atrasar ou sofrer dificuldades na sua liberação; (x) risco quanto à substituição do cedente no polo ativo da ação; (xi) risco de não inclusão dos pagamentos dos precatórios no orçamento federal, estadual ou municipal; (xii) possibilidade de os direitos creditórios virem a ser alcançados por obrigações do cedente ou de terceiros, e os valores serem bloqueados, como por meio de "penhora *online*"; (xiii) resilição do contrato de cessão e/ou da escritura pública de cessão, conforme o caso, e resolução da cessão dos direitos creditórios.

Percebe-se que foram elencados 30 exemplos de riscos inerentes ao investimento e 13 relativos aos direitos creditórios, pois

---

[181] Na forma do art. 27 da Lei nº 10.833, de 29 de dezembro de 2003, com a redação atribuída pela Lei nº 10.865, de 30 de abril de 2004, o imposto de renda sobre os rendimentos pagos, em cumprimento de decisão da Justiça Federal, mediante precatório, será retido na fonte pela instituição financeira responsável pelo pagamento e incidirá à alíquota de 3% (três por cento) sobre o montante pago, sendo possível a retenção de percentuais superiores ao anteriormente indicado, no caso de precatórios estaduais ou municipais, sem quaisquer deduções, no momento do pagamento ao beneficiário ou seu representante legal. Conforme §1º do art. 27, fica dispensada a retenção do imposto quando o beneficiário declarar à instituição financeira responsável pelo pagamento que os rendimentos recebidos são isentos ou não tributáveis. Na prática, tem sido exigida a comprovação da isenção do credor para a expedição do alvará judicial com a dispensa de retenção, o que pode resultar na postergação do pagamento ou até mesmo no recebimento dos valores com a retenção do imposto.

a administradora, custodiante e/ou qualquer das suas afiliadas preocupam-se em não sofrer multas ou penalidades caso os cotistas sofram danos ou prejuízos resultantes dos investimentos realizados e, dessa maneira, elencam hipóteses de incidência de forma não exaustiva pretendendo excluir sua responsabilidade.

Uma conclusão relevante que foi possível extrair do exame da regulação desse modo de investir em precatórios diz respeito à existência de certa barreira de entrada para aqueles que desejam adquirir cotas de FIDCs ou FIDC-NPs, pois, como se verificou, é necessário atender a algumas formalidades, inclusive dispor de considerável valor aplicado em outros investimentos.

Por outro lado, como se verá adiante, na aquisição de objetos oriundos de frações de precatórios por meio de plataformas eletrônicas, o investidor não precisa ser qualificado e tampouco profissional, o que torna essa forma mais acessível à parcela da população que tende a não deter específico conhecimento e elevadas somas de recursos financeiros.

3.2.3 Aquisição de créditos derivados de precatórios por meio de plataformas eletrônicas

A terceira forma de se investir em precatórios apresentada corresponde à aquisição, por meio de plataformas eletrônicas, de objetos emitidos por sociedades empresárias cessionárias de precatórios.[182]

A oferta de crédito decorrente de precatório permite que investidores com menos capital e trabalho possam aplicar recursos financeiros em objetos com o risco que lhes é próprio. As plataformas realizam a intermediação de recursos financeiros entre as titulares dos precatórios (sociedades tomadoras de recursos) e os poupadores (investidores), possibilitando aportes em patamares inferiores aos necessários para a aquisição integral de um precatório ou para adquirir cotas de FIDCs ou FIDC-NPs. O negócio jurídico é formalizado no ambiente da plataforma, podendo contar com a utilização de contratos, *tokens* (geralmente do tipo ERC-20),[183] ou com a emissão de títulos

---

[182] Cf. Tópico 5.3 para explicação a respeito das plataformas eletrônicas de investimento.

[183] O *token* ERC-20 corresponde a uma espécie de contrato inteligente que atua dentro da plataforma desenvolvida pela *Ethereum*. Atualmente, pela ampla difusão da rede, segurança no uso e relativa facilidade de programação, é a modalidade preferida para as empresas que buscam captação de recursos financeiros no mercado via emissão de *tokens*. A utilização de tecnologias como DLT (*Distributed Ledger Technology*), ou qualquer outra, não descaracteriza a natureza do título enquanto valor mobiliário. Se os *tokens*

de crédito, como as Cédulas de Crédito Bancário. Qualquer que seja o instrumento, por meio dele estabelecem-se as regras, os prazos e as garantias contratadas pelas partes envolvidas na transferência de direitos consequentes de precatórios.

A cessão de direitos baseados em precatórios pode ocorrer em razão de dois principais modelos de negócios: (i) *no primeiro*, de forma antecedente à aquisição do precatório, a sociedade tomadora capta recursos financeiros de investidores interessados em se tornarem titulares de frações desse tipo de objeto e, após dispor de recursos suficientes, ela adquire o precatório e o divide em porções, atribuindo suas titularidades aos investidores por meio da emissão de valores mobiliários; (ii) *no segundo* modelo de negócio, a sociedade tomadora, com seus próprios recursos financeiros, adquire o precatório e, com base nele, oferece aos investidores objetos garantidos por frações ideais do crédito. Nos dois casos, a tomadora de recursos financeiros fica cadastrada no juízo da execução como credora do precatório e, ao receber o valor devido pelo ente federativo, efetua o pagamento correspondente ao valor da fração adquirida por investidor.

Ou seja, o precatório permanece sob a titularidade da sociedade tomadora, e esta, com fundamento na autonomia contratual, torna-se a depositária do precatório – a responsável por sua guarda e por receber o pagamento do crédito a ele correspondente perante o poder público e, posteriormente, por distribuir aos adquirentes o valor correspondente à fração do valor a que têm direito. O investidor, portanto, deve conhecer alguns riscos a que pode estar sujeita sua aplicação.

É o que se passa a expor no capítulo seguinte.

---

forem considerados valores mobiliários, as normas de registro de emissores e ofertas públicas devem ser cumpridas, assim como as disposições relacionadas à intermediação, escrituração, custódia, depósito centralizado, registro, compensação, liquidação e administração de mercado organizado para negociação de valores mobiliários.

CAPÍTULO 4

RISCOS A PONDERAR

Neste capítulo, apresenta-se o resultado da investigação quanto aos principais riscos que podem incidir sobre o investimento em precatórios, de modo que seja possível compreender quais fatores devem ser observados pelos cessionários diretos, pelos adquirentes de cotas de FIDCs ou FIDC-NPs, ou pelos investidores, via plataformas eletrônicas, de objetos baseados em precatórios.

A seguir, e na seguinte ordem, aborda-se a respeito dos:

(i) riscos decorrentes da penhora do precatório promovida por terceiros estranhos aos negócios jurídicos celebrados para sua aquisição ou sua transferência;
(ii) riscos ligados ao deferimento de pedido de recuperação judicial ou à decretação de falência da sociedade titular de precatório que negocia no mercado créditos nele baseados;
(iii) riscos de reconsideração da decisão judicial que homologou a cessão de crédito ao serem celebrados negócios jurídicos inexistentes, inválidos ou ineficazes. Para tanto, foram analisados os vícios e os defeitos dos negócios jurídicos que, com base no nível de sua gravidade, podem resultar na anulação ou nulidade da cessão de crédito. Ainda neste tema, examinou-se a escada Ponteana, o plano da eficácia e em que medida a condição, termo, encargo ou modo podem influenciar as cessões de crédito de precatórios;
(iv) riscos de desconstituição da coisa julgada material ou de declaração de inexistência de decisão viciada que ensejou a expedição de precatório. Nessas hipóteses, se julgada procedente a ação rescisória ou a *querela nullitatis insanabilis*,

respectivamente, o resultado será o cancelamento do precatório expedido que, invariavelmente, trará prejuízo aos investidores, seja pelo aumento no prazo para recebimento, seja pela efetiva perda de 100% do valor aplicado na aquisição do crédito nele baseado;

(v) riscos relacionados a fatores políticos e legislativos que podem alterar os prazos para pagamento, as formas de correção monetária e as taxas de juros devidas pelos entes públicos devedores de precatórios.

4.1 Riscos inerentes à atuação da sociedade tomadora via plataformas eletrônicas

O investidor que celebra, via plataformas eletrônicas, negócio jurídico endereçado a fazê-lo tornar-se titular de direito pessoal patrimonial respaldado em precatório, seja instrumentalizado por contrato denominado como de investimento, seja por título de crédito ou outro modo, deve preocupar-se e observar algumas questões que podem colocar em risco sua aplicação, uma vez que as sociedades tomadoras, alienantes dos direitos relativos a precatórios, são as suas verdadeiras titulares e atuam como suas depositárias até a efetiva quitação pelo poder público devedor. Nesse sentido, apresentam-se os riscos que corre o investidor no que se refere à penhora dos precatórios por débitos da sociedade, por deferimento de sua recuperação judicial ou pela decretação de sua falência.

4.1.1 Penhora

Considerando que a sociedade empresária que aliena créditos baseados em precatório é sua titular, eventuais execuções movidas por seus credores que não sejam satisfeitas pela entrega de dinheiro podem resultar em penhora sobre tantos bens quantos bastem para o pagamento do principal atualizado, dos juros, das custas e dos honorários advocatícios,[184] podendo afetar os precatórios que servem de base aos objetos por ela negociados com investidores via plataformas eletrônicas.

---

[184] Lei nº 13.105, de 16 de março de 2015 (Código de Processo Civil). *Art. 831.*

A penhora pode ser requerida pelo exequente (credor) em virtude de débitos na esfera cível, fiscal, trabalhista.

Em execuções cíveis, deve-se observar para a penhora, preferencialmente, a seguinte ordem: (i) dinheiro, em espécie ou em depósito ou aplicação em instituição financeira; (ii) títulos da dívida pública da União, dos estados e do Distrito Federal com cotação em mercado; (iii) títulos e valores mobiliários com cotação em mercado; (iv) veículos de via terrestre; (v) bens imóveis; (vi) bens móveis em geral; (vii) semoventes; (viii) navios e aeronaves; (ix) ações e quotas de sociedades simples e empresárias; (x) percentual do faturamento de empresa devedora; (xi) pedras e metais preciosos; (xii) direitos aquisitivos derivados de promessa de compra e venda e de alienação fiduciária em garantia; (xiii) outros direitos.[185] É prioritária a penhora em dinheiro, podendo o juiz, nas demais hipóteses, alterar essa ordem de acordo com as circunstâncias do caso concreto.[186]

No caso de execuções fiscais, segundo dispõe o art. 11, I-VIII, da Lei nº 6.830/1980, observa-se a seguinte ordem: (i) dinheiro; (ii) título da dívida pública, bem como título de crédito, que tenham cotação em bolsa; (iii) pedras e metais preciosos; (iv) imóveis; (v) navios e aeronaves; (vi) veículos; (vii) móveis ou semoventes; e (viii) direitos e ações.

Vale lembrar que o precatório representa um crédito e, portanto, consiste em objeto penhorável que se enquadra na categoria de "outros direitos" para execuções cíveis e em "direitos e ações" no caso das execuções fiscais. Mesmo sendo sempre o último na ordem de preferência para penhoras, a sociedade tomadora e titular do precatório que emite créditos a investidores, caso não tenha outros bens e direitos suficientes ao adimplemento das dívidas executadas, poderá ter penhorados os valores a receber do governo em virtude de sentenças judiciais transitadas em julgado. Desse modo, pode eventualmente recair em insolvência e não ter recursos para adimplir a dívida contraída com o investidor ou remunerá-lo por sua participação societária.

Tendo em mente que são passíveis de constrição tanto os precatórios de natureza comum quanto os de natureza alimentar, não tem efeito a aquisição de precatórios alimentares para que a sociedade empresária reduza o risco de penhora. Estão sujeitos, ainda, os créditos decorrentes de honorários sucumbenciais e contratuais, pois, apesar de serem considerados verbas de natureza salarial e alimentar,

---

[185] Lei nº 13.105, de 16 de março de 2015 (Código de Processo Civil). *Art. 835, I-XIII.*
[186] Lei nº 13.105, de 16 de março de 2015 (Código de Processo Civil). *Art. 835, §1º.*

não se confundem com a prestação de alimentos, cujos valores são impenhoráveis até a quantia de 50 salários mínimos.[187] Nesse sentido, o Tribunal de Justiça do Paraná reconheceu a possibilidade de penhora parcial de crédito registrado em precatório decorrente de honorários advocatícios.[188] Em decisão proferida pelo Tribunal de Justiça de São Paulo, foi reconhecida a possibilidade de penhora de precatório alimentar, cuja sentença judicial reconheceu o direito ao recebimento do adicional de tempo de serviço, pois a impenhorabilidade dos valores com natureza salarial se refere ao montante recebido no mês corrente e, havendo excedente em meses anteriores, tais verbas são passíveis de penhora.[189] O Tribunal de Justiça da Bahia, revertendo a decisão de 1ª instância que indeferiu pedido de penhora de precatório alimentar que visava à satisfação de empréstimo concedido e não quitado, deu provimento ao recurso do exequente revelando ser possível a constrição de tal crédito.[190]

Não obstante isso, em sentido contrário, identificou-se caso no Tribunal de Justiça do Distrito Federal em que o pedido de penhora de precatório foi indeferido sob o argumento de que os créditos oriundos da ação judicial seriam decorrentes de reajuste de remuneração, proventos e pensão. Apesar de, na decisão, o magistrado ter reconhecido a existência de entendimento jurisprudencial diverso, julgou conforme o entendimento de que se tratava de crédito de natureza alimentar – portanto, impenhorável –, ao se considerar a disposição legal em sua teleologia que apresenta como impenhoráveis as remunerações, os proventos de aposentadoria, pensões e outros.[191]

A substituição do bem penhorado por outro objeto é, na área cível, cabível desde que o executado comprove que a substituição lhe

---

[187] Lei nº 13.105, de 16 de março de 2015 (Código de Processo Civil). *Art. 833. §2º O disposto nos incisos IV e X do caput não se aplica à hipótese de penhora para pagamento de prestação alimentícia, independentemente de sua origem, bem como às importâncias excedentes a 50 (cinquenta) salários-mínimos mensais, devendo a constrição observar o disposto no art. 528, §8º, e no art. 529, §3º.*

[188] PARANÁ. Agravo de Instrumento (AG) nº 0064086-61.2020.8.16.0000. Rel. Ângela Maria Machado Costa, 18ª Câmara Cível. Julg. 15 fev. 2021. *Diário Oficial do Estado do Paraná (DJPR)*, Curitiba, 15 fev. 2021a.

[189] SÃO PAULO. Agravo de Instrumento (AG) n 2198932-65.2021.8.26.0000. Rel. Antonio Celso Faria, 8ª Câmara de Direito Público. Julg. 29 nov. 2021. Diário *Oficial do Estado de São Paulo (DJSP)*, São Paulo, 29 nov. 2021a.

[190] BAHIA. Agravo de Instrumento (AG) nº 8024785-11.2019.8.05.0000. Rel. Maria De Lourdes Pinho Medauar, 1ª Câmara Cível. Julg. 17 maio 2021. *Diário Oficial do Estado da Bahia (DJBA)*, Salvador, 20 maio 2021.

[191] DISTRITO FEDERAL. Agravo de Instrumento (AG) nº 0749493-35.2020.8.07.0000. Rel. Gilberto Pereira de Oliveira, 3ª Turma Cível. Julg. 10 mar. 2021. *Diário Oficial do Distrito Federal (DJDFT)*, Salvador, 23 mar. 2021.

será menos onerosa e não trará prejuízo ao exequente, devendo o pedido visando a tal fim ser feito em até dez dias contados da intimação da penhora.[192] Para o STJ, no julgamento do Recurso Especial nº 1.377.626/RJ, conjugando os interesses do credor com o princípio da menor onerosidade, "tendo o credor anuído com a substituição da penhora, mesmo que por um bem que guarde menor liquidez, não poderá o juiz, *ex officio*, indeferi-la".[193] Ou seja, em uma situação na qual tenha sido penhorado dinheiro em espécie, em depósito ou aplicado em instituição financeira, a sociedade empresária poderá, com a anuência do credor, substituir essa garantia por um precatório. Embora viável por expressa previsão legislativa e jurisprudencial, pouco provável que a anuência do credor aconteça na prática, já que na execução prefere-se bens e direitos mais líquidos.

Caso o executado requeira a substituição da penhora em execução fiscal, apenas será admitida sem a anuência da parte exequente quando feita por depósito em dinheiro, fiança bancária ou seguro garantia.[194] Assim, a sociedade empresária até poderia reaver seu precatório penhorado, mas, considerando que sua atividade econômica reside na aquisição e emissão de objetos garantidos por frações de precatórios, é difícil imaginar uma situação na qual teria verbas para substituir o valor do precatório penhorado sem que já tenha recebido o pagamento referente a outros precatórios. A prestação de fiança bancária ou seguro garantia, por outro lado, seria uma forma plausível de conseguir reaver o precatório sem incorrer, imediatamente, em gastos excessivos.

Advindo cenário contrário em que a sociedade tenha algum outro bem penhorado, poderá oferecer um de seus precatórios ainda não ofertados em plataforma eletrônica de investimento como forma de manter seu patrimônio líquido e conseguir arcar com suas obrigações diárias. Na hipótese em que a sociedade primeiro adquire os precatórios para depois negociar créditos nele baseados, caso ainda não tenha oferecido um de seus precatórios aos investidores, poderá buscar a troca do dinheiro penhorado por precatório, invertendo a ordem de preferência.

Em agravo de instrumento julgado pelo Tribunal de Justiça do Paraná, em sede de execução fiscal, entretanto, a parte executada

---

[192] Lei nº 13.105, de 16 de março de 2015 (Código de Processo Civil). *Art. 847*.
[193] BRASIL. Superior Tribunal de Justiça (STJ). Recurso Especial (REsp.) nº 1.377.626/RJ. Rel. Min. Humberto Martins, 2ª Turma. Julg. 20 jun. 2013. *Diário de Justiça eletrônico, Brasília*, 28 jun. 2013.
[194] Lei nº 6.830, de 22 de setembro de 1980 (Lei de Execuções Fiscais). *Art. 15, I*.

teve indeferido seu pedido de nomeação à penhora de precatórios ao fundamento de que não comprovou a higidez do crédito ofertado e não apresentou justificativa plausível que permitisse a alteração da ordem.[195] Embora tenha evocado o princípio da menor onerosidade[196] e alegado a possibilidade de mitigação da ordem prevista no art. 11 da Lei de Execuções Fiscais, aliado à Súmula nº 417 do STJ,[197] segundo a qual a penhora de dinheiro não tem caráter absoluto, foi alegado que a parte executada apresentou alegações genéricas, não demonstrando a necessidade de flexibilização da ordem necessária à preservação da empresa. Contra o argumento da executada, a fundamentação do acórdão baseou-se na Súmula nº 406 do STJ,[198] cujo verbete assevera que a "Fazenda Pública pode recusar a substituição do bem penhorado por precatório", ressaltando que a substituição por precatório não corresponde a uma das hipóteses de modificação obrigatória do objeto penhorado.

Em execuções decorrentes de processos oriundos da Justiça do Trabalho, conforme previsto no art. 882 da Consolidação das Leis do Trabalho (CLT) – Decreto-Lei nº 5.452/1943 – o executado que não pagar a importância reclamada pode garantir a execução mediante depósito da quantia correspondente, atualizada e acrescida das despesas processuais, apresentação de seguro-garantia judicial ou nomeação de bens à penhora, observada a ordem preferencial estabelecida no Código de Processo Civil. Ainda assim, na hipótese de insuficiência da garantia prestada pelo executado, os credores trabalhistas da sociedade empresária podem penhorar os precatórios de titularidade da executada que com base neles teria emitido, em prol de investidores, objetos garantidos por frações dos precatórios.

A penhora do precatório de titularidade da sociedade empresária é um risco relevante a ser ponderado na hora de optar por realizar aportes de recursos nesse tipo de investimento. Para que o investidor

---

[195] PARANÁ. Agravo de Instrumento (AG) nº 0067947-55.2020.8.16.0000. Rel. Marcos Sergio Galliano Daros, 3ª Câmara Cível. Julg. 1º jun. 2021. *Diário Oficial do Estado do Paraná (DJPR)*, Curitiba, 2 jun. 2021b.

[196] Lei nº 13.105, de 16 de março de 2015 (Código de Processo Civil). *Art. 805. Quando por vários meios o exequente puder promover a execução, o juiz mandará que se faça pelo modo menos gravoso para o executado.*

[197] BRASIL. Superior Tribunal de Justiça (STJ). Súmula nº 417. Na execução civil, a penhora de dinheiro na ordem de nomeação de bens não tem caráter absoluto. *Diário de Justiça eletrônico*, Brasília, 11 mar. 2010b.

[198] BRASIL. Superior Tribunal de Justiça (STJ). Súmula nº 406. *Diário da Justiça eletrônico*, Brasília, 25 nov. 2009b.

mitigue essa possibilidade de perda, uma alternativa é coletar ou solicitar as certidões negativas de distribuição de ações judiciais cíveis, fiscais e trabalhistas, a fim de verificar se existem processos em curso e em fase de execução movidos contra a sociedade. Dessa forma, na inexistência de pendências judiciais, o risco de que o precatório venha a ser penhorado é reduzido.

4.1.2 Recuperação judicial e falência

Uma sociedade que tenha custos operacionais elevados que não sejam comportados pelas receitas provenientes de suas atividades, ou, então, realize a tomada de recursos perante instituições financeiras para adquirir créditos, mas posteriormente não obtém êxito em distribuí-los no mercado, poderá não ter condições para adimplir suas obrigações e, eventualmente, requerer o pedido de recuperação judicial ou extrajudicial com o intuito de se reerguer, ou, ainda, ter a sua falência decretada em virtude do pedido de algum credor cujo crédito não tenha sido satisfeito.

Quando os planos não saem como o esperado, é primordial que se avalie quais os efeitos da falência e da recuperação para os envolvidos na negociação de créditos procedentes de precatórios via plataformas eletrônicas. De antemão, ressalte-se que a falência ou a recuperação judicial da sociedade titular de plataforma que atua apenas como intermediária entre o poupador e o tomador, propiciando que se encontrem e realizem negócios, não traz impactos significativos para o negócio jurídico firmado entre eles, isso porque os adquirentes desses créditos são credores em relação à sociedade que os alienou, sendo ela a devedora. Tampouco a falência ou recuperação do originário titular de precatório que o cedeu para a sociedade tomadora que realiza a coleta de recursos mediante emissão de objetos a investidores, eis que, uma vez cedido, o precatório passa a fazer parte do patrimônio do cessionário.

De outro modo, quando a sociedade que alienou a investidores créditos baseados em precatórios tem sua falência decretada, ou tem deferida a recuperação judicial, seja ela a própria plataforma eletrônica ou não, há implicações preocupantes a quem adquiriu esse tipo de crédito. É a respeito das consequências do deferimento desse tipo de recuperação que se trata a seguir.

Deferido o pedido de recuperação judicial e mantida a fonte produtora, o emprego dos trabalhadores e os interesses dos credores, o objetivo é preservar a empresa, sua função social e o estímulo à atividade econômica.[199] As ações e as execuções ajuizadas contra o devedor serão suspensas por 180 dias, prorrogáveis por igual período, restando proibida nesse tempo qualquer forma de retenção, arresto, penhora, sequestro, busca e apreensão e constrição judicial ou extrajudicial sobre seus bens.[200] Dessa forma, os créditos dos investidores estariam resguardados e, à medida que a sociedade recebesse os pagamentos dos precatórios, teria condições de efetuar os repasses prometidos.

Salvo as exceções,[201] todavia, estão sujeitos à recuperação judicial todos os créditos existentes na data do pedido, ainda que não vencidos. Assim, a sociedade tomadora poderia requerer a concessão de prazos e as condições especiais para pagamento das obrigações vencidas ou vincendas, incluindo, dentre elas, as obrigações de pagar os investidores de precatórios.[202] Vislumbra-se, com isso, a possibilidade de que a sociedade recuperanda, alienante de créditos baseados em precatórios, obtenha a aprovação do plano em assembleia geral de credores, mesmo sem a aprovação dos investidores, caso obtido o quórum legal mínimo, para a redução dos valores que seriam pagos por cada objeto firmado em relação a uma fração ideal do precatório.

É possível, também, que a sociedade tomadora aprove no plano a previsão de proceder à dação em pagamento, com ou sem constituição de garantia própria ou de terceiros.[203] Nesse caso, em vez de pagar os investidores em dinheiro, poderá fazê-lo por meio de prestação diversa da previamente combinada. Há, ainda, a possibilidade de que a sociedade que alienou créditos provindos de precatórios constitua outra, mas de propósito específico, para adjudicar seus ativos em

---

[199] Lei nº 11.101, de 9 de fevereiro de 2005 (Lei de Recuperação Judicial e Falências). *Art. 47.*

[200] Lei nº 11.101, de 9 de fevereiro de 2005 (Lei de Recuperação Judicial e Falências). *Art. 6º, §4º.*

[201] Lei nº 11.101, de 9 de fevereiro de 2005 (Lei de Recuperação Judicial e Falências). *Art. 49. Estão sujeitos à recuperação judicial todos os créditos existentes na data do pedido, ainda que não vencidos. §3º Tratando-se de credor titular da posição de proprietário fiduciário de bens móveis ou imóveis, de arrendador mercantil, de proprietário ou promitente vendedor de imóvel cujos respectivos contratos contenham cláusula de irrevogabilidade ou irretratabilidade, inclusive em incorporações imobiliárias, ou de proprietário em contrato de venda com reserva de domínio, seu crédito não se submeterá aos efeitos da recuperação judicial e prevalecerão os direitos de propriedade sobre a coisa e as condições contratuais, observada a legislação respectiva, não se permitindo, contudo, durante o prazo de suspensão a que se refere o §4º do art. 6º desta Lei, a venda ou a retirada do estabelecimento do devedor dos bens de capital essenciais a sua atividade empresarial.*

[202] Lei nº 11.101, de 9 de fevereiro de 2005 (Lei de Recuperação Judicial e Falências). *Art. 50, I.*

[203] Lei nº 11.101, de 9 de fevereiro de 2005 (Lei de Recuperação Judicial e Falências). *Art. 50, IX.*

pagamento dos créditos,²⁰⁴ o que seria benéfico aos investidores, pois poderia evitar que os precatórios utilizados como garantia do pagamento e mantidos em sua titularidade fossem penhorados por outros credores da sociedade, alheios aos negócios de fracionamento de precatórios, a exemplo de credores trabalhistas ou com garantias reais.

Nas deliberações sobre o plano de recuperação judicial, é necessária, em conformidade com o art. 41 da Lei de Recuperação Judicial e Falências, a aprovação da proposta pelos titulares de créditos: (i) derivados da legislação do trabalho ou decorrentes de acidentes de trabalho; (ii) com garantia real; (iii) quirografários, com privilégio especial, com privilégio geral ou subordinados; (iv) enquadrados como microempresa ou empresa de pequeno porte.

É preciso aprovação dos credores (i) com garantia real e (ii) quirografários com privilégio especial, com privilégio geral ou subordinados, que representem mais da metade do valor total dos créditos presentes na assembleia e que, cumulativamente, correspondam à maioria simples dos credores presentes.²⁰⁵ Além disso, é necessária a aprovação dos credores titulares de créditos derivados da legislação do trabalho, decorrentes de acidentes de trabalho e daqueles enquadrados como microempresa ou empresa de pequeno porte, apurada por maioria simples dos presentes, independentemente do valor de seu crédito.²⁰⁶

Na hipótese de não concretização dessas condições, o magistrado pode, conforme estipulado no art. 58, autorizar o processo de recuperação judicial, desde que, na referida assembleia, sejam cumpridas de maneira conjunta as seguintes exigências:

(i) o voto favorável de credores que representem mais da metade do valor de todos os créditos presentes à assembleia, independentemente de classes;
(ii) a aprovação de três das classes de credores ou, caso haja somente três classes com credores votantes, a aprovação de pelo menos duas das classes ou, caso haja somente duas classes com credores votantes, a aprovação de pelo menos uma delas; e

---

²⁰⁴ Lei nº 11.101, de 9 de fevereiro de 2005 (Lei de Recuperação Judicial e Falências). *Art. 50, XVI.*
²⁰⁵ Lei nº 11.101, de 9 de fevereiro de 2005 (Lei de Recuperação Judicial e Falências). *Art. 45, §1º.*
²⁰⁶ Lei nº 11.101, de 9 de fevereiro de 2005 (Lei de Recuperação Judicial e Falências). *Art. 45, §2º.*

(iii) na classe que o houver rejeitado, o voto favorável de mais de 1/3 (um terço) dos credores.

Saliente-se que os proprietários de créditos derivados de precatórios enquadram-se na categoria de quirografários, caso seus créditos não sejam gravados com direito real de garantia. Dessa forma, fundamental que a maioria simples dos credores presentes, que representem mais da metade do valor total dos créditos presentes à assembleia, aprove o plano, pois, caso contrário, na hipótese de sua rejeição, o juiz convolará a recuperação judicial em falência.[207]

A falência também pode ser decretada quando o devedor, sem relevante razão de direito, não pagar, no vencimento, obrigação líquida materializada em título ou títulos executivos protestados, cuja soma ultrapassar o equivalente a 40 (quarenta) salários mínimos na data do pedido de falência, ou, então, quando executado por qualquer quantia líquida, não pagar, não depositar e não nomear à penhora bens suficientes dentro do prazo legal.[208] Desde que não faça parte do plano de recuperação judicial, é possível ter a falência decretada se o devedor: (i) proceder à liquidação precipitada de seus ativos ou lançar mão de meio ruinoso ou fraudulento para realizar pagamentos; (ii) realizar ou, por atos inequívocos, tentar realizar, com o objetivo de retardar pagamentos ou fraudar credores, negócio simulado; ou alienar parte ou a totalidade de seu ativo a terceiro, credor ou não; (iii) transferir estabelecimento a terceiro, credor ou não, sem o consentimento de todos os credores e sem ficar com bens suficientes para solver seu passivo; (iv) simular a transferência de seu principal estabelecimento com o objetivo de burlar a legislação ou a fiscalização ou para prejudicar credor; (v) dar ou reforçar garantia a credor por dívida contraída anteriormente sem ficar com bens livres e desembaraçados suficientes para saldar seu passivo; (vi) ausentar-se sem deixar representante habilitado e com recursos suficientes para pagar os credores, abandonar estabelecimento ou tentar ocultar-se de seu domicílio, do local de sua sede ou de seu principal estabelecimento; (vii) deixar de cumprir, no prazo estabelecido, obrigação assumida no plano de recuperação judicial.[209]

---

[207] Lei nº 11.101, de 9 de fevereiro de 2005 (Lei de Recuperação Judicial e Falências). *Art. 72, parágrafo único.*

[208] Lei nº 11.101, de 9 de fevereiro de 2005 (Lei de Recuperação Judicial e Falências). *Art. 94, I-II.*

[209] Lei nº 11.101, de 9 de fevereiro de 2005 (Lei de Recuperação Judicial e Falências). *Art. 94, III.*

A primeira consequência da decretação é a inabilitação do falido para a prática de qualquer atividade empresarial até a sentença que extingue suas obrigações.[210] Em conjunto, é fixado o termo legal da falência, e este não pode retrotrair por mais de noventa dias contados do pedido de falência, do pedido de recuperação judicial ou do primeiro protesto por falta de pagamento, excluindo-se, para esta finalidade, os protestos que tenham sido cancelados.[211] É indispensável analisar esse artigo com muita atenção, pois, com a retrotração do termo legal da falência, o estado de falido do devedor pode ser caracterizado por meses ou até anos antes da celebração dos negócios jurídicos voltados para a alienação de direitos patrimoniais pessoais respaldados em precatórios via plataformas eletrônicas, tornando-os ineficazes nesse período para proteger os demais credores de possíveis fraudes contra o patrimônio da massa falida.[212]

Alguns atos praticados antes da decretação da falência podem ser declarados ineficazes e revogados, entre eles aqueles com a intenção de prejudicar credores, desde que provado o efetivo prejuízo sofrido pela massa falida e a existência de conluio fraudulento entre o devedor (sociedade tomadora – falido) e o terceiro que com ele contratar.[213] Além disso, determinados atos podem ser declarados ineficazes mesmo sem a intenção de fraudar credores, ainda que o contratante não tenha conhecimento do estado de crise econômico-financeira do devedor, como a constituição e os registros de direitos reais de garantias.[214]

---

[210] Lei nº 11.101, de 9 de fevereiro de 2005 (Lei de Recuperação Judicial e Falências). *Art. 102.*

[211] Lei nº 11.101, de 9 de fevereiro de 2005 (Lei de Recuperação Judicial e Falências). *Art. 99, II.*

[212] "(...) O negócio jurídico que operou a alienação do *box* é ineficaz por estar abrangido pelo termo legal de falência, sendo este um efeito decorrente da inflexão da norma jurídica cogente, cujo critério é objetivo, de acordo com o que estabelece o art. 129 da Lei 11.101/2005. Desnecessária se faz a instauração de procedimento próprio para apuração da intenção do devedor de fraudar credores, tampouco da ciência do terceiro prejudicado (agravante) sobre a situação do bem em relação à falida. É plenamente possível a decretação da ineficácia de ofício pelo juiz, a teor do que estabelece o parágrafo único do art. 129 da LFR" (RIO GRANDE DO SUL. Agravo de Instrumento (AG) nº 0326495-71.2018.8.21.7000. Rel. Newton Carpes da Silva, 6ª Câmara Cível. Julg. 25 abr. 2019. *Diário Oficial do Estado do Rio Grande do Sul (DJRS)*, Porto Alegre, 26 abr. 2019).

[213] Lei nº 11.101, de 9 de fevereiro de 2005 (Lei de Recuperação Judicial e Falências). *Art. 130.*

[214] Lei nº 11.101, de 9 de fevereiro de 2005 (Lei de Recuperação Judicial e Falências). *Art. 129.* São ineficazes em relação à massa falida, tenha ou não o contratante conhecimento do estado de crise econômico-financeira do devedor, seja ou não intenção deste fraudar credores: I – o pagamento de dívidas não vencidas realizado pelo devedor dentro do termo legal, por qualquer meio extintivo do direito de crédito, ainda que pelo desconto do próprio título; II – o pagamento de dívidas vencidas e exigíveis realizado dentro do termo legal, por qualquer forma que não seja a prevista pelo contrato; III – a constituição de direito real de garantia, inclusive a retenção, dentro do termo legal,

A decretação da falência determina o vencimento antecipado das dívidas do devedor.[215] Ato contínuo, arrecadam-se todos os bens e direitos da sociedade, exceto os absolutamente impenhoráveis, e procede-se com sua avaliação, separadamente ou em bloco, ficando sob a guarda do administrador judicial ou de pessoa por ele escolhida.[216] A alienação dos bens e direitos arrecadados deve ocorrer no prazo no máximo de 180 dias, contado da data da lavratura do auto de arrecadação, e dar-se-á, nos termos do art. 142 da Lei nº 11.101/2005, por: (i) leilão eletrônico, presencial ou híbrido; (ii) processo competitivo organizado ou qualquer outra modalidade, desde que aprovada nos termos da Lei.

Para satisfazer os credores da sociedade falida, prossegue-se com a distribuição dos débitos em classes hierarquicamente organizadas considerando a seguinte ordem de prioridade:

1º) Compensações de dívidas vencidas até a data da decretação da falência. Ressalte-se que não se compensam os créditos transferidos após a decretação da falência, salvo em caso de sucessão por fusão, incorporação, cisão ou morte; ou os créditos, ainda que vencidos anteriormente, transferidos quando já conhecido o estado de crise econômico-financeira do devedor ou cuja transferência se operou com fraude ou dolo.[217]

2º) Créditos extraconcursais que deverão ser satisfeitos pela administração judicial com os valores disponíveis em caixa:[218] (i) as despesas cujo pagamento antecipado seja indispensável à administração da falência;[219] (ii) créditos

---

tratando-se de dívida contraída anteriormente; se os bens dados em hipoteca forem objeto de outras posteriores, a massa falida receberá a parte que devia caber ao credor da hipoteca revogada; IV – a prática de atos a título gratuito, desde 2 (dois) anos antes da decretação da falência; V – a renúncia à herança ou a legado, até 2 (dois) anos antes da decretação da falência; VI – a venda ou transferência de estabelecimento feita sem o consentimento expresso ou o pagamento de todos os credores, a esse tempo existentes, não tendo restado ao devedor bens suficientes para solver o seu passivo, salvo se, no prazo de 30 (trinta) dias, não houver oposição dos credores, após serem devidamente notificados, judicialmente ou pelo oficial do registro de títulos e documentos; VII – os registros de direitos reais e de transferência de propriedade entre vivos, por título oneroso ou gratuito, ou a averbação relativa a imóveis realizados após a decretação da falência, salvo se tiver havido prenotação anterior. Parágrafo único. A ineficácia poderá ser declarada de ofício pelo juiz, alegada em defesa ou pleiteada mediante ação própria ou incidentalmente no curso do processo.

[215] Lei nº 11.101, de 9 de fevereiro de 2005 (Lei de Recuperação Judicial e Falências). Art. 77.
[216] Lei nº 11.101, de 9 de fevereiro de 2005 (Lei de Recuperação Judicial e Falências). Art. 108.
[217] Lei nº 11.101, de 9 de fevereiro de 2005 (Lei de Recuperação Judicial e Falências). Art. 122.
[218] Lei nº 11.101, de 9 de fevereiro de 2005 (Lei de Recuperação Judicial e Falências). Art. 84.
[219] Lei nº 11.101, de 9 de fevereiro de 2005 (Lei de Recuperação Judicial e Falências). Art. 150.

trabalhistas de natureza estritamente salarial vencidos nos 3 (três) meses anteriores à decretação da falência, até o limite de cinco salários mínimos por trabalhador;[220] (iii) ao valor efetivamente entregue ao devedor em recuperação judicial pelo financiador; (iv) créditos em dinheiro objeto de restituição; (v) as remunerações devidas ao administrador judicial e aos seus auxiliares, aos reembolsos devidos a membros do Comitê de Credores, e aos créditos derivados da legislação trabalhista ou decorrentes de acidentes de trabalho relativos a serviços prestados após a decretação da falência; (vi) obrigações resultantes de atos jurídicos válidos praticados durante a recuperação judicial;[221] (vii) as quantias fornecidas à massa falida pelos credores; (viii) as despesas com arrecadação, administração, realização do ativo, distribuição do seu produto e custas do processo de falência; (ix) as custas judiciais relativas às ações e às execuções em que a massa falida tenha sido vencida;[222] (x) aos tributos relativos a fatos geradores ocorridos após a decretação da falência.[223]

3º) Os créditos derivados da legislação trabalhista, limitados a 150 (cento e cinquenta) salários mínimos por credor, e aqueles decorrentes de acidentes de trabalho.[224] Ainda nessa faixa, serão pagos os honorários advocatícios e sucumbenciais, eis que equiparados aos créditos trabalhistas.[225]

4º) Os créditos gravados com direito real de garantia até o limite do valor do bem gravado.[226]

---

[220] Lei nº 11.101, de 9 de fevereiro de 2005 (Lei de Recuperação Judicial e Falências). *Art. 151.*
[221] Lei nº 11.101, de 9 de fevereiro de 2005 (Lei de Recuperação Judicial e Falências). *Art. 84, I-B, I-C- I-D, I-E.*
[222] Lei nº 11.101, de 9 de fevereiro de 2005 (Lei de Recuperação Judicial e Falências). *Art. 84, II-IV.*
[223] Lei nº 11.101, de 9 de fevereiro de 2005 (Lei de Recuperação Judicial e Falências). *Art. 84, V.*
[224] Lei nº 11.101, de 9 de fevereiro de 2005 (Lei de Recuperação Judicial e Falências). *Art. 83, I.*
[225] BRASIL. Superior Tribunal de Justiça (STJ). Recurso Especial (REsp.) 1.152.218/RS. Tema Repetitivo nº 637. *I – os créditos resultantes de honorários advocatícios têm natureza alimentar e equiparam-se aos trabalhistas para efeito de habilitação em falência, seja pela regência do Decreto-Lei nº 7.661/1945, seja pela forma prevista na Lei nº 11.101/2005, observado o limite de valor previsto no artigo 83, inciso I, do referido Diploma legal. II – são créditos extraconcursais os honorários de advogado resultantes de trabalhos prestados à massa falida, depois do decreto de falência, nos termos dos arts. 84 e 149 da Lei nº 11.101/2005.* Decisão de afetação 11 abr. 2013. Julg. em 7 maio 2014. Diário de Justiça, Brasília, 9 out. 2014b.
[226] Lei nº 11.101, de 9 de fevereiro de 2005 (Lei de Recuperação Judicial e Falências). *Art. 83, II.*

5º) Os créditos tributários, independentemente da sua natureza e do tempo de constituição, exceto os créditos extraconcursais e as multas tributárias.[227] Nesse caso, existem subclasses para o pagamento, sendo a preferência da União, seguida pelos estados e Distrito Federal para, enfim, chegar aos municípios.[228]
6º) Os créditos quirografários.[229]
7º) As multas contratuais e as penas pecuniárias por infração das leis penais ou administrativas, incluídas as multas tributárias.[230]
8º) Os créditos subordinados.[231]
9º) Os juros vencidos após a decretação da falência.[232]

Os créditos dos investidores de precatórios, como credores da sociedade tomadora, são quirografários, e, pela ordem de preferência acima delineada, percebe-se a quantidade de pessoas que antes deles terão seus créditos satisfeitos, caso exista patrimônio líquido da falida para tal.

Por esse motivo, como forma de resguardar os interesses dos investidores, pode-se estipular no instrumento que formaliza o investimento a cessão fiduciária do precatório, gravando o direito real de garantia e reconhecendo ao investidor a sua posição de proprietário fiduciário.[233] Por meio da cessão fiduciária de direitos creditórios,

---

[227] Lei nº 11.101, de 9 de fevereiro de 2005 (Lei de Recuperação Judicial e Falências). *Art. 83, III.*

[228] Lei nº 5.172, de 25 de outubro de 1966 (Código Tributário Nacional). *Art. 187.*

[229] Lei nº 11.101, de 9 de fevereiro de 2005 (Lei de Recuperação Judicial e Falências). *Art. 83, VI – os créditos quirografários, a saber: a) aqueles não previstos nos demais incisos deste artigo; b) os saldos dos créditos não cobertos pelo produto da alienação dos bens vinculados ao seu pagamento; e c) os saldos dos créditos derivados da legislação trabalhista que excederem o limite estabelecido no inciso I do caput deste artigo.*

[230] Lei nº 11.101, de 9 de fevereiro de 2005 (Lei de Recuperação Judicial e Falências). *Art. 83, VII.*

[231] Lei nº 11.101, de 9 de fevereiro de 2005 (Lei de Recuperação Judicial e Falências). *Art. 83, VIII – os créditos subordinados, a saber: a) os previstos em lei ou em contrato; e b) os créditos dos sócios e dos administradores sem vínculo empregatício cuja contratação não tenha observado as condições estritamente comutativas e as práticas de mercado.*

[232] Lei nº 11.101, de 9 de fevereiro de 2005 (Lei de Recuperação Judicial e Falências). *Art. 83, IX.*

[233] Lei nº 4.728, de 14 de julho de 1965 (Lei do Mercado de Capital). *Art. 66-B. §3º É admitida a alienação fiduciária de coisa fungível e a cessão fiduciária de direitos sobre coisas móveis, bem como de títulos de crédito, hipóteses em que, salvo disposição em contrário, a posse direta e indireta do bem objeto da propriedade fiduciária ou do título representativo do direito ou do crédito é atribuída ao credor, que, em caso de inadimplemento ou mora da obrigação garantida, poderá vender a*

representados pelos precatórios, a sociedade tomadora (devedor fiduciante) transfere aos investidores, desde o investimento, a propriedade resolúvel de crédito[234] – isto é, cede "seus recebíveis" aos investidores como forma de garantia do pagamento conferindo-lhes o direito de, conforme art. 19 da Lei nº 9.514/1997: (i) conservar e recuperar a posse dos títulos representativos dos créditos cedidos, contra qualquer detentor, inclusive o próprio cedente; (ii) promover a intimação dos devedores que não paguem ao cedente, enquanto durar a cessão fiduciária; (iii) usar ações, recursos e execuções, judiciais e extrajudiciais para receber os créditos cedidos; (iv) receber diretamente dos devedores os créditos cedidos fiduciariamente. A cessão fiduciária tem o condão de excluir os créditos até mesmo dos efeitos de recuperação judicial ou extrajudicial.[235]

Ao final, um risco ainda pouco dimensionado pelos investidores é a chance de extensão dos efeitos da falência. Nesse caso, o investidor pode ver seus créditos serem deslocados para o juízo universal da falência de uma sociedade alheia ao negócio firmado, desde que ela faça parte do mesmo grupo econômico e os efeitos de sua falência se estendam à tomadora dos recursos.

4.2 Risco de reconsideração da decisão que homologa a cessão de crédito: atos, vícios e ações judiciais

No tópico 3.2, em que foram expostos os procedimentos necessários para a transmissão dos precatórios, demonstrou-se a necessidade

---

terceiros o bem objeto da propriedade fiduciária independente de leilão, hasta pública ou qualquer outra medida judicial ou extrajudicial, devendo aplicar o preço da venda no pagamento do seu crédito e das despesas decorrentes da realização da garantia, entregando ao devedor o saldo, se houver, acompanhado do demonstrativo da operação realizada.

[234] Lei nº 11.101, de 9 de fevereiro de 2005 (Lei de Recuperação Judicial e Falências). Art. 49. Estão sujeitos à recuperação judicial todos os créditos existentes na data do pedido, ainda que não vencidos. §3º Tratando-se de credor titular da posição de proprietário fiduciário de bens móveis ou imóveis, de arrendamento mercantil, de proprietário ou promitente vendedor de imóvel cujos respectivos contratos contenham cláusula de irrevogabilidade ou irretratabilidade, inclusive em incorporações imobiliárias, ou de proprietário em contrato de venda com reserva de domínio, seu crédito não se submeterá aos efeitos da recuperação judicial e prevalecerão os direitos de propriedade sobre a coisa e as condições contratuais, observada a legislação respectiva, não se permitindo, contudo, durante o prazo de suspensão a que se refere o §4º do art. 6º desta Lei, a venda ou a retirada do estabelecimento do devedor dos bens de capital essenciais a sua atividade empresarial.

[235] BRASIL. Superior Tribunal de Justiça (STJ). Recurso Especial (REsp.) nº 1.629.470/MS (2016/0027047-7). Rel. Maria Isabel Gallotti, 2ª Seção. Julg. 30 nov. 2021. Diário de Justiça eletrônico, Brasília, 17 dez. 2021d.

de homologação, por meio de decisão interlocutória homologatória proferida pelo juízo da execução, do negócio jurídico de cessão de crédito. Acontece que os negócios jurídicos podem não existir ou estarem eivados de vícios e defeitos que ensejam a sua nulidade, anulação ou ineficácia e, assim, prejudicar os interesses dos investidores.

Ao adquirir precatórios para aguardar o pagamento sem repassá-los a terceiros, os cessionários devem levar em consideração essas questões durante as negociações com os titulares e formalizar adequadamente as cessões de crédito. Os investidores de cotas emitidas por fundos que investem em precatórios ou de créditos baseados em precatórios negociados via plataformas eletrônicas, não possuem controle se o fundo emissor de cotas ou se a sociedade tomadora de recursos adotou as cautelas necessárias para que o negócio jurídico se consumasse sem vícios. Para reduzir seu risco, portanto, têm o dever de investigar o emissor para os quais estão confiando os seus recursos financeiros.

Possíveis vícios e defeitos podem ocorrer, pois os negócios são compostos de atos praticados por pessoas naturais ou jurídicas, marcados pela autonomia privada, que visam alcançar um objetivo determinado, criando, modificando ou extinguindo relações, mas que, eventualmente, podem ser praticados com alguma ilicitude.

Para o estudo dos negócios jurídicos utiliza-se a tricotomia da existência e inexistência,[236] validade e invalidade (subdividido em nulo e anulável), eficácia e ineficácia, sendo a análise dos seus elementos estruturais realizada por partes, sob o ângulo negativo, com a *técnica de eliminação progressiva*. Primeiro, examina-se o plano da existência a fim de verificar se o negócio é existente ou inexistente. Se inexistente, desnecessário avançar para o plano seguinte. Se existente, considera-se

---

[236] Reconhece-se a existência de divergência doutrinária a respeito da classificação que engloba os atos e negócios jurídicos existentes. Para Tartuce (2021, p. 386-387), com base nos ensinamentos de Silvio Rodrigues e Rubens França, a teoria da inexistência é "inexata, inútil e inconveniente", dado que, entre outros motivos, os "atos inexistentes se incluem entre os atos nulos", todavia, afirma que a "maioria dos civilistas adota a *teoria da inexistência do ato ou negócio jurídico* em suas obras e manuais", e cita como exemplo os seguintes autores: "Caio Mário da Silva Pereira, Marcos Bernardes de Mello, Renan Lotufo, Antônio Junqueira de Azevedo, Sílvio de Salvo Venosa, Pablo Stolze Gagliano, Rodolfo Pamplona Filho, Francisco Amaral, Zeno Veloso, José Fernando Simão". Optou-se, assim, no presente trabalho, por seguir a corrente adotada pela maioria dos civilistas que considera a divisão tricotômica dos atos e negócios jurídicos ao compreender a possibilidade da existência de negócio jurídico que sequer chega a formar-se pela falta de um pressuposto material de constituição.

que o negócio não é aparente e avança a investigação para análise de sua validade, podendo ser válidos ou inválidos. Se forem inválidos por atos jurídicos nulos ou anuláveis, cessa a averiguação e declara-se sua invalidade. Se forem válidos, verifica-se a sua eficácia ou ineficácia (AZEVEDO, 2010, p. 63-64). Ademais, ao verificar os elementos estruturais, imprescindível obedecer à lei vigente no momento da celebração pelo princípio do *tempus regit actum*.

4.2.1 Negócio jurídico inexistente

Os pressupostos mínimos para a existência de um negócio jurídico são as partes, a vontade, o objeto e a forma. Na ausência de qualquer desses elementos, o negócio jurídico é inexistente e não produz efeitos no mundo jurídico. Embora o Código Civil não aborde expressamente as regras sobre a inexistência do negócio jurídico, Stolze e Pamplona Filho (2020, p. 235-236) admitem o plano da existência, e Mello (2019, p. 140) afirma ser este "a base de que dependem os outros elementos".

Nesse contexto, investidores de precatórios, sejam eles os cessionários diretos, sejam titulares de cotas de FIDCs, FIDC-NPs, ou de direitos de créditos contra as sociedades que os alienaram, devem ficar atentos a alguns requisitos necessários à celebração da cessão. Primeiro, embora pareça óbvio, faz-se necessário observar a pessoa com a qual se celebra o negócio jurídico, para verificar se realmente ela é a titular do precatório ou não, pois uma cessão de crédito celebrada com parte que não é a credora do direito, ou que não possui poderes especiais para representá-la, é inexistente, uma vez ausente o elemento indispensável da "parte". Para exemplificar, imagine-se que "A" é titular do precatório, "B" é um terceiro que o negocia e "C" é o adquirente. Nessa situação, B celebra instrumento de cessão em nome próprio negociando o crédito de A com C. B não falsifica assinatura de A, tampouco se passa por A, apenas transfere crédito que não lhe pertence. Nesse caso, trata-se de negócio inexistente, dado que A, titular do crédito, não participou da transação.

No Tribunal de Justiça de Minas Gerais foi instaurado Processo Administrativo Disciplinar após a titular de um precatório reclamar na Corregedoria que estavam realizando cessões de crédito fraudulentas em seu nome com o uso de documentos de identidade falsos. Após a condenação do notário pela falha em identificar a falsificação, ele recorreu ao Conselho da Magistratura e teve sua multa reduzida para

R$20.000,00.[237] Paralelamente, nos autos do processo de precatório, a titular se manifestou alegando a existência de fraude e informou também que foram propostas, perante o Juízo da Vara de Registro Público, ações para o reconhecimento da nulidade das escrituras públicas das cessões dos créditos lavradas com o documento de identidade falso da credora. O juízo decidiu suspender as mudanças de titularidade do crédito até que a validade ou não das cessões fosse esclarecida e, uma vez sem efeito, declarou que o pagamento deveria ser realizado em conta bancária vinculada ao juízo, para que fosse liberado somente após a definição em torno da suposta fraude.[238]

Observe-se que a beneficiária do precatório manejou "ação ordinária constitutiva de nulidade de escritura pública de cessões de créditos" e, subsidiariamente, requereu a anulação dos referidos atos e de todos os seus efeitos, alegando erro substancial. Baseando-se na teoria da inexistência, admite-se que o mais adequado seria requerer a declaração de inexistência do negócio jurídico, uma vez que não houve qualquer participação da titular em sua formalização, ou seja, faltava o requisito essencial da parte titular do crédito e, consequentemente, ausente sua manifestação de vontade.[239] Nessa orientação, decidiu a 1ª Turma Recursal dos Juizados Especiais do Distrito Federal, no qual restou consignado que, tratando-se de falsificação grosseira, é cabível a tese de inexistência de relação jurídica.[240]

O objeto, em um negócio jurídico de cessão de precatório, corresponde ao crédito existente contra algum ente federado em decorrência de uma sentença judicial condenatória transitada em julgado. Assim, para que a cessão seja declarada inexistente por falta de objeto, basta que as partes realizem cessão de precatório ainda não constituído. Por esse motivo, primordial que os interessados verifiquem se o processo originário já transitou em julgado e se houve a expedição do precatório, pois, do contrário, o objeto da cessão inexistirá. Vale realçar que é

---

[237] MINAS GERAIS. Recurso Administrativo (RA) nº 0346450-66.2015.8.13.0000. Rel. Eduardo Mariné da Cunha, Conselho da Magistratura. Julg. 2 fev. 2016. *Diário Oficial do Estado de Minas Gerais (DJMG)*, Belo Horizonte, 19 fev. 2016.

[238] MINAS GERAIS. Precatório nº 1269 – Alimentar. Processo de origem nº 2493049443. 5ª Vara dos Feitos da Fazenda Pública. Ente devedor: Município de Belo Horizonte. Protocolo 28 jun. 2010. *Diário do Judiciário Eletrônico (DJe)*, 2ª Instância – Administrativo. Belo Horizonte, 28 jun. 2010.

[239] MINAS GERAIS. Processo nº 0851775-24.2014.8.13.0024. Autora: Sandra Lucia de Morais Réu: Município de Belo Horizonte e outros. Distribuição: 15 abr. 2014.

[240] DISTRITO FEDERAL. Sentença nº 0714969-66.2017.8.07.0016. Juíza Giselle Rocha Raposo, 3º Juizado Especial Cível de Brasília. Julg. 27 jun. 2017. Diário Oficial do Distrito Federal e dos Territórios (DJDFT), Brasília, 29 jun. 2017.

cabível a cessão de direitos creditórios lastreados em pleitos judiciais ainda não concluídos, o que, em outros termos, significa a cessão de direitos que são objetos de processos judiciais ainda em curso, seja na fase de conhecimento, seja de cumprimento de sentença. Não é esse o caso da inexistência, aqui tratada, eis que o que torna o negócio jurídico sem objeto é a cessão de direitos sem sua especificação, ou sem que ainda estejam constituídos. No caso da cessão de direitos creditórios inexistentes, seria a transmissão de um direito que nem sequer existe.

Embora incomum, negócios jurídicos que não sigam qualquer tipo de forma (verbal, escrita, gestual...) também são considerados inexistentes. Não basta observar se há forma prescrita ou não defesa em lei, pois, afinal, é no plano da validade que se adjetivam os elementos de existência.[241]

É desnecessário declarar, por fim, a invalidade de negócios jurídicos inexistentes em razão de não produzirem qualquer consequência na esfera jurídica (GOMES, 2019b, p. 337), e, partindo do pressuposto de que o negócio existe, passa-se à análise de sua validade, verificando-se, no tópico seguinte, aspectos relativos à capacidade do agente, à licitude do objeto, se ele é possível, determinado ou determinável, e a observação de forma prescrita em lei.

4.2.2 Causas de invalidade dos negócios jurídicos e fundamento para ações judiciais

Para entender os vícios que podem recair sobre a cessão do precatório, neste tópico apresentam-se os possíveis defeitos dos negócios jurídicos sob a perspectiva de sua invalidação, seja por nulidade absoluta ou relativa.

Em primeiro lugar, cumpre apresentar os requisitos da validade dos negócios jurídicos como: (i) a capacidade do agente, isto é, a possibilidade jurídica de o sujeito integrar a relação jurídica analisada conforme o exercício ou gozo de seus direitos civis; (ii) a licitude, possibilidade ou determinabilidade material ou jurídica do objeto; (iii) a forma prescrita ou não proibida por lei; (iv) e a livre manifestação da vontade.

A declaração de nulidade absoluta dos atos visa tutelar os interesses gerais de uma sociedade equilibrada ao prever que o

---

[241] Lei nº 10.406, de 10 de janeiro de 2002 (Código Civil). *Art. 104.*

negócio jurídico constituído sem os devidos requisitos não está apto a produzir efeitos. Trata-se de uma das sanções mais graves previstas no ordenamento jurídico e, por esse motivo, o ato nulo não convalesce e não pode ser confirmado ou ratificado. Em virtude de sua importância, pode ser reconhecido incidentalmente em qualquer demanda, de ofício pelo juízo, a requerimento formulado pelo Ministério Público ou pela parte prejudicada ou interessada no reconhecimento da nulidade do ato, não estando sujeito a prazo decadencial.

Dessa forma, declara-se a nulidade do negócio jurídico quando:

(i) celebrado por menor de 16 anos (pessoa absolutamente incapaz) sem a devida representação;[242]
(ii) for ilícito, impossível de concretização por motivo físico ou jurídico, ou tiver objeto indeterminado ou indeterminável.[243] Verifica-se exemplo concreto de negócio jurídico impossível quando o titular do precatório cede seu crédito a duas pessoas distintas, sendo a segunda cessão após a homologação da primeira. Nesse caso, a segunda cessão possuía objeto impossível, visto que o direito de crédito já havia sido cedido e, dessa maneira, não fazia mais parte do patrimônio do cedente. Esse negócio não convalesce com o decurso do tempo e deve ter a sua nulidade declarada, pois o cedente responde pela existência do crédito ao tempo de realização da cessão. Com a restituição dos valores ao segundo cessionário, evita-se o enriquecimento ilícito da parte cedente e privilegia-se a boa-fé contratual;[244]
(iii) ilícito o motivo determinante comum a ambas as partes para celebração de um negócio jurídico como, por exemplo, quando se realiza de forma aparentemente lícita uma cessão de crédito para ocultar patrimônio ou, no caso de uma cessão não onerosa, como forma de retribuição pelo cometimento de um crime;[245]
(iv) não revestir a forma prescrita em lei ou for preterida alguma solenidade que a lei considere fundamental para a sua

---

[242] Lei nº 10.406, de 10 de janeiro de 2002 (Código Civil). *Art. 166, I.*
[243] Lei nº 10.406, de 10 de janeiro de 2002 (Código Civil). *Art. 166, II.*
[244] SÃO PAULO. Apelação Cível (APL) nº 1010153-53.2018.8.26.0161. Rel. Alexandre David Malfatti, 20ª Câmara de Direito Privado. Julg. 25 out. 2021. *Diário Oficial do Estado de São Paulo (DJSP)*, São Paulo, 26 out. 2021c.
[245] Lei nº 10.406, de 10 de janeiro de 2002 (Código Civil). *Art. 166, III.*

validade.[246] No caso da cessão de crédito de precatório, há mais de uma forma prevista para sua formalização, podendo ocorrer por escritura pública ou instrumento particular revestido das formalidades;[247]
(v) tiver por objetivo fraudar lei imperativa;[248]
(vi) a lei taxativamente o declarar nulo, ou proibir-lhe a prática, sem cominar sanção;[249] ou
(vii) for simulado.[250]

É dever do magistrado ouvir previamente as partes antes de declarar a nulidade absoluta, em claro respeito ao princípio da vedação às decisões-surpresa.[251] A sentença que declara a nulidade do negócio retorna às partes *status quo ante* pelos seus efeitos retroativos (*ex tunc*), já que o defeito atacado existe desde seu nascimento e é inerente ao próprio negócio, o que impede sua válida formação. Ademais, é oponível a todos (*erga omnes*), pois diz respeito a matérias de ordem pública, ressalvando-se os interesses de terceiros de boa-fé.[252]

Por outro lado, a nulidade relativa é menos grave que a absoluta, e os atos são anuláveis em vez de nulos. Isso porque envolvem interesses privados, suscetíveis de causar danos em menor proporção que os de ordem pública.

Dessa maneira, os atos jurídicos podem ser anulados quando o negócio jurídico for celebrado, sem a devida assistência de seu representante legal, por relativamente incapazes, quais sejam os: (i) maiores de dezesseis e menores de dezoito anos; (ii) ébrios habituais e viciados em tóxico; (iii) aqueles que, por causa transitória ou permanente, não puderem exprimir sua vontade e (iv) pródigos. Ademais, se houver presença de vícios do consentimento que acometem o negócio jurídico, como erro, coação moral (*vis compulsiva*), dolo, estado de perigo ou,

---

[246] Lei nº 10.406, de 10 de janeiro de 2002 (Código Civil). *Art. 166, IV-V.*
[247] BRASIL. Superior Tribunal de Justiça (STJ). Recurso em Mandado de Segurança (RMS) nº 67.005/DF (2021/0237523-0). Rel. Sérgio Kukina, 1ª Turma. Julg. 16 nov. 2021. *Diário de Justiça eletrônico*, Brasília, 19 nov. 2021c.
[248] Lei nº 10.406, de 10 de janeiro de 2002 (Código Civil). *Art. 166, VI.*
[249] Lei nº 10.406, de 10 de janeiro de 2002 (Código Civil). *Art. 166, VII.*
[250] Lei nº 10.406, de 10 de janeiro de 2002 (Código Civil). *Art. 167.*
[251] Lei nº 13.105, de 16 de março de 2015 (Código de Processo Civil). *Art. 9º Não se proferirá decisão contra uma das partes sem que ela seja previamente ouvida.*
[252] "A previsão contida no art. 169 não impossibilita que, excepcionalmente, negócios jurídicos nulos produzam efeitos a serem preservados quando justificados por interesses merecedores de tutela" (CJF, 2013).

então, de vício social como a fraude contra credores.[253] A fim de contextualizar os vícios ensejadores de nulidades (absolutas e relativas) com os riscos enfrentados por investidores de precatórios, discorre-se, na sequência, em torno das suas definições, conceituações, apresentação de exemplos hipotéticos e alguns casos decorrentes de situações reais julgadas por tribunais brasileiros.

4.2.2.1 Simulação

A simulação é causa de nulidade absoluta do negócio jurídico, por existir um pré-acordo firmado entre as partes, cuja finalidade é prejudicar terceiros por meio de vontade declarada que não corresponde à vontade interna. Há uma desconexão entre a essência e a aparência.

Em sua modalidade subjetiva, conforme art. 167, I, do Código Civil, relaciona-se aos negócios que objetivam conferir ou transmitir direitos a pessoas diversas daquelas às quais realmente se pretende fazê-lo. Na forma objetiva, incisos II e III do art. 167, diz respeito ao negócio que contém confissão, declaração, condição, cláusula não verdadeira ou, ainda, se os instrumentos particulares forem antedatados ou pós-datados.

O art. 167, §1º, incorpora a figura da simulação relativa, situação na qual aparentemente há um negócio (simulado), mas na prática subsiste outro (dissimulado). Sob certas circunstâncias, o negócio oculto pode ser considerado válido desde que cumpra todos os requisitos formais e substanciais do negócio simulado[254] e não viole a lei ou cause prejuízo a terceiros,[255] atendendo ao princípio da conservação dos contratos. Dessa forma, um pai que realiza uma cessão de crédito de um precatório ao seu filho querendo, na verdade, doá-lo, procede de forma dissimulada, pois realiza um negócio com o intuito de ocultar outro de natureza diversa. Nesse caso, subsiste a cessão de crédito na

---

[253] Lei nº 10.406, de 10 de janeiro de 2002 (Código Civil). *Art. 171.*
[254] CONSELHO DA JUSTIÇA FEDERAL (CJF). Enunciado nº 293 da IV Jornada de Direito Civil. *Na simulação relativa, o aproveitamento do negócio jurídico dissimulado não decorre tão-somente do afastamento do negócio jurídico simulado, mas do necessário preenchimento de todos os requisitos substanciais e formais de validade daquele.* Conselho da Justiça Federal, Centro de Estudos Judiciários, Brasília, 2007c.
[255] CONSELHO DA JUSTIÇA FEDERAL (CJF). Enunciado nº 153 da III Jornada de Direito Civil. *Na simulação relativa, o negócio simulado (aparente) é nulo, mas o dissimulado será válido se não ofender a lei nem causar prejuízos a terceiros.* Conselho da Justiça Federal, Centro de Estudos Judiciários, Brasília, 2005d.

forma de doação, com os ônus e encargos inerentes a essa forma de transmissão de bens e direitos.

Lado contrário, a simulação absoluta representa hipótese na qual a parte celebra determinado negócio, mas na essência não deseja celebrar nenhum. Stolze e Pamplona Filho (2020, p. 258) apresentam o seguinte exemplo para ilustrar essa situação: "Para livrar bens da partilha imposta pelo regime de bens, ante a iminente separação judicial, o cônjuge simula negócio com amigo, contraindo falsamente uma dívida, com o escopo de transferir-lhe bens em pagamento, prejudicando sua esposa".

O instituto da reserva mental ou reticência essencial remete-se a uma declaração de vontade feita por uma das partes que, em verdade, não deseja seu conteúdo.[256] É como se a parte alegasse algo já sabendo ser uma inverdade ou que não vai cumprir. Caso a vontade interna seja de conhecimento da outra parte, entende-se que é uma situação muito próxima da simulação, pois desde o princípio ambos os negociantes não desejavam que o negócio produzisse seus efeitos jurídicos. Tinham conhecimento da vontade real, mas contrataram em outros termos.

Assim, o conhecimento da vontade interna e real pela outra parte resulta na nulidade do negócio. Por outro lado, é válido o negócio na hipótese de desconhecimento da vontade interna e real pela outra parte (TARTUCE, 2021, p. 452-453). Stolze e Pamplona Filho (2020, p. 260-261) exemplificam a situação da reserva mental invalidante do negócio com a hipótese de um estrangeiro, em um país que admite a aquisição de nacionalidade pelo casamento, que contrai matrimônio visando adquirir nacionalidade para não ser expulso do país. Se a outra parte tinha conhecimento da intenção do estrangeiro, torna-se cúmplice, e o negócio poderá ser invalidado por simulação.

A alegação de que houve negócio jurídico simulado no curso da ação judicial pode ocorrer de forma incidental, inclusive por proposição de embargos de terceiros, sendo dispensável o ajuizamento de ação autônoma para seu reconhecimento.[257] Ademais, pode ser arguida tanto por terceiros prejudicados quanto pelas partes que participaram do

---

[256] Lei nº 10.406, de 10 de janeiro de 2002 (Código Civil). *Art. 110. A manifestação de vontade subsiste ainda que o seu autor haja feito a reserva mental de não querer o que manifestou, salvo se dela o destinatário tinha conhecimento.*

[257] CONSELHO DA JUSTIÇA FEDERAL (CJF). Enunciado nº 578 da VII Jornada de Direito Civil. *Sendo a simulação causa de nulidade do negócio jurídico, sua alegação prescinde de ação própria.* Conselho da Justiça Federal, Centro de Estudos Judiciários, Brasília, nov. 2015.

negócio, pois, sendo matéria de ordem pública, o ato é nulo de pleno direito,[258] não importando que as partes tenham atuado com ou sem a intenção de prejudicar terceiros.[259] Apesar de não ser oponível aos terceiros de boa-fé, sua declaração deve ocorrer todas as vezes em que houver discrepância entre a vontade manifestada e a vontade oculta.[260]

4.2.2.2 Erro

O erro verifica-se quando há divergência entre a vontade real e a vontade declarada, pervertendo a vontade do negociante e, por essa razão, é motivo para anular (nulidade relativa) negócios jurídicos. Nas palavras de Stolze e Pamplona Filho (2020, p. 239), "o erro é um estado de espírito positivo, qual seja, a falsa percepção da realidade, ao passo que a ignorância é um estado de espírito negativo, o total desconhecimento do declarante a respeito das circunstâncias do negócio."

Ocorre quando o agente tem uma noção inexata sobre alguma coisa, objeto ou pessoa sem interferência dolosa ou maliciosa da outra parte ou de terceiro que leve a pessoa a incidir no erro (DINIZ, 2012, p. 492-493).[261]

O erro substancial é aquele que se funda em circunstâncias e aspectos relevantes do negócio jurídico. Sem o erro, o ato não aconteceria. A falsa percepção da situação real é a causa determinante para a conclusão do negócio jurídico, sendo que o agente não manifestaria sua vontade no sentido declarado se tivesse conhecimento da situação.

À vista disso, o Código Civil apresenta que são anuláveis os negócios jurídicos quando o erro:

(i) interessa à natureza do negócio jurídico (*error in negotia*), ao objeto principal da declaração ou a alguma das qualidades a ele essenciais (*error in substantia*), como quando alguém adquire um direito creditório acreditando ser um precatório já expedido;

---

[258] CONSELHO DA JUSTIÇA FEDERAL (CJF). Enunciado nº 294 da IV Jornada de Direito Civil. *Sendo a simulação uma causa de nulidade do negócio jurídico, pode ser alegada por uma das partes contra a outra.* Conselho da Justiça Federal, Centro de Estudos Judiciários, Brasília, 2007d.

[259] CONSELHO DA JUSTIÇA FEDERAL (CJF). Enunciado nº 152 da III Jornada de Direito Civil. *Toda simulação, inclusive a inocente, é invalidante.* Conselho da Justiça Federal, Centro de Estudos Judiciários, Brasília, 2005c.

[260] Lei nº 10.406, de 10 de janeiro de 2002 (Código Civil). *Art. 167, §2º*.

[261] Quando alguém é induzido ao erro pela outra parte ou por terceiro, configura-se o dolo.

(ii) concerne à identidade ou à qualidade essencial da pessoa a quem se refira a declaração de vontade (*error in persona*),²⁶² desde que tenha influído nesta de modo relevante; ou (iii) sendo de direito e não implicando recusa à aplicação da lei, for o motivo único ou principal do negócio jurídico.²⁶³ Este constitui exceção ao princípio da obrigatoriedade da lei (Decreto-Lei nº 4.657/1942 – LINDB –, art. 3º).

Assim, se as declarações de vontade decorrerem de algumas das hipóteses supracitadas, situações nas quais o erro poderia ser percebido por pessoa de diligência normal, o negócio jurídico é anulável.²⁶⁴ Pouco importa se escusável o erro, o que realmente importa é perceber se a pessoa tinha ou não condições de perceber a inverdade da situação em que se encontrava. Nos dizeres do professor Simão (2007, p. 359), a *cognoscibilidade* é o elemento-chave para a caracterização do vício, e a escusabilidade do erro é indiferente para sua constituição.²⁶⁵

Para exemplificar que o erro não precisa ser escusável, Tartuce (2021, p. 421) cita como exemplo a situação de um estudante do interior que muda para a capital e, ao andar pelo centro da cidade, próximo a um viaduto, encontra um vendedor de pilhas ambulante com uma placa de "vende-se". O estudante paga pelas pilhas o valor de R$5.000,00 acreditando estar comprando o viaduto, e o vendedor se mantém silente quanto a isso. Nesse caso, mesmo tratando-se de um erro grosseiro, não escusável, cabe a anulação do negócio realizado, pois a outra parte se manteve em silêncio sabendo que o estudante estava de boa-fé ao incorrer em um erro substancial quanto ao objeto do negócio jurídico.

Pode-se transportar esse exemplo para o mercado de precatórios, imaginando-se uma situação em que o credor de algum ente federado submetido ao regime geral de pagamentos procura uma sociedade

---

²⁶² Lei nº 10.406, de 10 de janeiro de 2002 (Código Civil). *Art. 1.557. Considera-se erro essencial sobre a pessoa do outro cônjuge: I – o que diz respeito à sua identidade, sua honra e boa fama, sendo esse erro tal que o seu conhecimento ulterior torne insuportável a vida em comum ao cônjuge enganado; II – a ignorância de crime, anterior ao casamento, que, por sua natureza, torne insuportável a vida conjugal; III – a ignorância, anterior ao casamento, de defeito físico irremediável que não caracterize deficiência ou de moléstia grave e transmissível, por contágio ou por herança, capaz de pôr em risco a saúde do outro cônjuge ou de sua descendência; (Redação dada pela Lei nº 13.146, de 2015) (Vigência).*
²⁶³ Lei nº 10.406, de 10 de janeiro de 2002 (Código Civil). *Art. 139, I-III.*
²⁶⁴ Lei nº 10.406, de 10 de janeiro de 2002 (Código Civil). *Art. 138.*
²⁶⁵ "O erro, vício do negócio jurídico, é causa de anulabilidade da avença, requerendo, para sua configuração, o preenchimento de três requisitos, a saber: a) substancialidade ou essencialidade; b) cognoscibilidade para o destinatário da declaração; e c) escusabilidade para o emitente da declaração" (BRASIL, STJ, 2019b).

empresária com o objetivo de lhe ceder seus direitos de crédito. O titular do precatório acredita e verbaliza ao cessionário que, em virtude da EC nº 114/2021, que alterou o prazo para os pagamentos da União, automaticamente todos os devedores postergarão os seus pagamentos e, por essa razão, decide proceder com a cessão de crédito. O cessionário, por sua vez, mesmo sabendo que edição da EC não implica, necessariamente, alteração nos prazos e regimes de pagamento de entes federados estaduais e municipais submetidos ao regime geral, mantém-se silente. Nesse caso, em razão da inércia da sociedade empresária quanto ao erro do titular do precatório, o negócio jurídico pode ser anulado, ainda que baste a leitura da EC ou a consulta a um advogado para que o titular conheça seu conteúdo. Ou seja, a despeito do conhecimento estar ao seu alcance, tal fato não é suficiente para descaracterizar o dolo se o motivo para seguir com a cessão era a certeza de que seu crédito também teria o pagamento atrasado ou parcelado.

Por outro lado, o erro acidental é aquele de menor importância e diz respeito a qualidades secundárias da pessoa ou do objeto, a exemplo de um erro de cálculo.[266] Nessa situação, sendo passível de retificação mediante declaração de vontade, não há efetivo prejuízo, razão pela qual o negócio jurídico deve persistir, pois não foi atingido em seu plano de validade. Não há vício na manifestação de vontade, mas sim em sua transmissão (GONÇALVES, 2021, p. 562). Desse modo, uma cessão de crédito na qual o cessionário, ao calcular o valor líquido do precatório, desconta indevidamente imposto de renda e contribuições previdenciárias além do devido, não deve ser anulada caso seja possível a retificação do negócio jurídico e a intenção de mantê-lo.

O princípio da conservação dos contratos busca preservar os atos inválidos que não resultem em prejuízos e, nesse sentido, o erro não invalida o negócio se a pessoa beneficiada se oferece para executar sua contraprestação do negócio jurídico conforme a vontade real do manifestante que havia recaído no erro,[267] resguardando a eficácia jurídica do ato (STOLZE; PAMPLONA FILHO, 2020, p. 241).

---

[266] Outro exemplo de erro acidental é aquele previsto no art. 142 do Código Civil de 2002, eis que trata da identificação errônea da pessoa ou da coisa quando, pelas circunstâncias, poder-se-ia identificar a pessoa ou coisa a que a declaração de vontade se referia.

[267] Lei nº 10.406, de 10 de janeiro de 2002 (Código Civil). *Art. 144. O erro não prejudica a validade do negócio jurídico quando a pessoa, a quem a manifestação de vontade se dirige, se oferecer para executá-la na conformidade da vontade real do manifestante.*

4.2.2.3 Coação

A coação é definida por Beviláqua (1924, p. 283) como "um estado de espírito, em que o agente, perdendo a energia moral e a espontaneidade do querer, realiza o acto, que lhe é exigido". Para Pereira (2011, p. 443) e Diniz (2012, p. 509-511), a coação física (*vis absoluta*) é hipótese de nulidade absoluta, pois falta o consentimento do agente, elemento essencial que denota a gravidade da ação. Outros autores, como Gonçalves (2021, p. 583), Stolze e Pamplona Filho (2020, p. 247), entendem que há completa neutralização da manifestação da vontade que deve resultar na declaração de inexistência do negócio jurídico.

Na coação física efetivamente ocorre a supressão da vontade do coagido – por exemplo, quando uma pessoa mais forte segura a mão de outra mais fraca, forçando-a a assinar um documento. Por outro lado, quando alguém coloca uma arma na cabeça de outrem e requer a assinatura de um documento, ainda se verifica a manifestação de vontade, dado que o agente tem a faculdade de recusar assinar sob o risco de morte, sendo este um exemplo de método físico de coação moral. Logo, quando a celebração de um negócio jurídico ocorre por meio de ameaça de lesões corporais, homicídio, entre outros, entende-se que foi concretizada mediante coação moral.

A violência psicológica (*vis compulsiva*), também chamada "coação relativa", vicia a vontade da parte anulando o negócio jurídico, e, para que aquela esteja viciada, é preciso que o temor de dano iminente e considerável à sua pessoa, família ou bens seja fundado e real.[268] O que tipifica o vício da vontade não é a coação em si, mas o pânico causado pela ameaça ou pressão injusta, prejudicando a manifestação da vontade. Para aferição do pavor, deve ser observado o caso concreto, deixando de lado o critério do homem médio (*vir medius*), atualmente chamado de "critério da pessoa natural comum", pois, em virtude de razões íntimas, algumas situações podem ser consideradas graves, e outras não.

A espécie de coação denominada principal refere-se à causa determinante do ato, sem a qual o negócio não se realizaria ou seja, se a coação não tivesse sido praticada, o negócio jurídico viciado não seria concretizado, mas, para a anulação do negócio, é dever da parte

---

[268] Lei nº 10.406, de 10 de janeiro de 2002 (Código Civil). *Art. 151. A coação, para viciar a declaração da vontade, há de ser tal que incuta ao paciente fundado temor de dano iminente e considerável à sua pessoa, à sua família, ou aos seus bens. Parágrafo único. Se disser respeito a pessoa não pertencente à família do paciente, o juiz, com base nas circunstâncias, decidirá se houve coação.*

coagida provar o nexo de causa e efeito entre a violência e a anuência. Em contrapartida, a coação acidental diz respeito ao ato ilícito praticado que influencia apenas algumas condições do negócio e, mesmo que não tivesse sido praticado, o negócio jurídico ainda assim se realizaria, obrigando o coator a somente ressarcir os prejuízos.

A coação praticada por terceiro gera vício de vontade e anulabilidade do negócio jurídico,[269] enquanto a ameaça a exercício regular de direito, um receio de desagradar alguém, não constitui coação.[270]

4.2.2.4 Dolo

Tartuce (2021, p. 425) conceitua o dolo como "artifício ardiloso empregado para enganar alguém, com intuito de benefício próprio". Diferentemente do erro em que o próprio sujeito se engana a respeito das circunstâncias fáticas, no dolo a parte prejudicada é enganada pela outra ou por terceiro, havendo a clara intenção de ludibriar. Consiste na prática de manobras maliciosas para levar a parte a uma manifestação de vontade que vá contra seus interesses pessoais, beneficiando somente a outra ou terceiro. Há clara diferença entre o dolo civil e o dolo penal, pois, enquanto aquele se refere a uma vítima sendo enganada para manifestar sua vontade em determinado sentido, o dolo penal é resultante de uma conduta por meio da qual o agente quis ou assumiu o risco de produzir fato típico e vedado pela lei.[271]

A extensão dos efeitos do dolo civil pode ser essencial, também chamado de "principal" ou "substancial" (*dolus causam*) ou "acidental" (*dolus incidens*). Tal qual a coação e o erro, a invalidação do ato deve ser resultado de dolo essencial – ou seja, quando a manifestação da vontade para celebração do negócio jurídico ocorrer devido ao uso de um expediente astucioso.[272] O dolo acidental não é causa de anulação, pois sua ocorrência, por si só, não impede a realização do negócio ou não influi na livre manifestação de vontade.[273]

---

[269] Lei nº 10.406, de 10 de janeiro de 2002 (Código Civil). *Art. 154. Vicia o negócio jurídico a coação exercida por terceiro, se dela tivesse ou devesse ter conhecimento a parte a que aproveite, e esta responderá solidariamente com aquele por perdas e danos.*

[270] Lei nº 10.406, de 10 de janeiro de 2002 (Código Civil). *Art. 153. Não se considera coação a ameaça do exercício normal de um direito, nem o simples temor reverencial.*

[271] Decreto-Lei nº 2.848, de 7 de dezembro de 1940 (Código Penal). *Art. 18, I.*

[272] Lei nº 10.406, de 10 de janeiro de 2002 (Código Civil). *Art. 145. São os negócios jurídicos anuláveis por dolo, quando este for a sua causa.*

[273] Lei nº 10.406, de 10 de janeiro de 2002 (Código Civil). *Art. 146. O dolo acidental só obriga à satisfação das perdas e danos, e é acidental quando, a seu despeito, o negócio seria realizado, embora por outro modo.*

Terceiros também praticam atitudes dolosas em benefício próprio ou de outrem. Nessa situação, se a parte que dele se aproveita tem ciência da conduta, o negócio é anulável. Se o terceiro, porém, atua sem o conhecimento da parte beneficiada, o negócio não é anulável, mas o lesado está autorizado a requerer, do autor do dolo, perdas e danos.

Representantes legais e convencionais podem ser responsabilizados por condutas dolosas. Nesses casos, o representado legal só responde civilmente até a importância do proveito que teve, ao passo que o representado convencional responde solidariamente com seu representante por perdas e danos.[274]

Para pensar a ocorrência de dolo no universo da negociação de precatórios, imagine a seguinte situação: cedente (titular do precatório) procura sociedade especializada na aquisição de precatórios e títulos executivos judiciais buscando receber proposta de valor para ceder seu crédito constituído em face do Estado do Rio de Janeiro. A sociedade empresária, sabendo que o titular não tem conhecimento a respeito da ordem cronológica de pagamento do ente devedor, informa que o Estado está com vinte anos de atraso nos pagamentos e que demorará mais de trinta para quitar o precatório posto em oferta, quando em verdade o atraso é menor (suponha que inferior a cinco anos), e, assim, o precatório será quitado em menos tempo que o alegado.

Ainda no exemplo, para verificar se o dolo é essencial ou acidental, necessário saber se o cedente, tendo conhecimento que o prazo para recebimento de seu precatório era inferior a cinco anos, estaria disposto ou não a ceder seu crédito à sociedade especializada. Caso soubesse que o prazo era inferior a cinco anos e, ainda assim, estivesse disposto a ceder o crédito, pouco importa que a cessionária tenha alegado que o prazo para recebimento seria superior a trinta anos, pois, do mesmo modo, o cedente seguiria com o negócio, caracterizando o dolo acidental. Por outro lado, considerando que o cedente não seguiria com o negócio se tivesse ciência de que o prazo seria inferior a cinco anos, restaria configurada hipótese de dolo essencial, pois, nesse caso, o engodo atinge o cerne do negócio jurídico, sendo passível de anulação.

---

[274] Lei nº 10.406, de 10 de janeiro de 2002 (Código Civil). Art. 149. *O dolo do representante legal de uma das partes só obriga o representado a responder civilmente até a importância do proveito que teve; se, porém, o dolo for do representante convencional, o representado responderá solidariamente com ele por perdas e danos.*

A atuação da sociedade empresária pode ser positiva (como no exemplo) ou negativa (omissiva),[275] ou seja, em um cenário diferente, o cedente poderia ter abordado a sociedade acreditando e alegando que o prazo para pagamento seria de décadas. Atuando de forma negativa, a sociedade, mesmo sabendo que o cedente estava enganado, poderia manter-se inerte para celebrar o negócio em seu benefício. Nesse caso, para diferenciar o dolo omissivo do erro, é preciso verificar se a parte beneficiada agiu de forma maliciosa e se foi intencional ao manter-se silente. É cabível falar em dolo omissivo quando, existindo o dever de informar da outra parte, ela se mantém inerte.

De qualquer modo, tanto no dolo positivo quanto no negativo, para verificar sua ocorrência, deve-se apurar qual seria a postura do cedente e em qual sentido manifestaria livremente a sua vontade se soubesse a real situação do Estado do Rio de Janeiro quanto aos prazos para pagamento dos precatórios.

Caso, no exemplo hipotético, houvesse um terceiro intermediando a negociação e, atuando de forma dolosa, enganasse o cedente quanto ao prazo para quitação por parte do ente devedor, o negócio também poderia ser anulado.[276] Para a anulação, entretanto, o cessionário deveria ter conhecimento da atuação maliciosa do intermediário ou, pelo menos, ter meios para presumi-la em face das circunstâncias do fato. Em tal caso, o cessionário pode ser civilmente responsabilizado juntamente com o intermediário. Sob outra perspectiva, se o cessionário não sabia, tampouco tinha como saber da atuação dolosa do intermediário, o negócio subsiste, respondendo apenas o intermediário pelas perdas e danos devidos ao cedente pela prática do ato ilícito.

O STJ, em agravo interposto em face de decisão proferida no julgamento de Recurso Especial, conheceu parcialmente recurso negando-lhe provimento em caso semelhante ao exemplo acima. A lide que chegou à Corte Superior decorria da propositura de ação anulatória de contrato de cessão de crédito de precatório por dolo e coação, e, nesse contexto, o STJ manteve o posicionamento do Tribunal de Justiça *a quo*, no sentido de que "o simples arrependimento, não constitui causa de

---

[275] Lei nº 10.406, de 10 de janeiro de 2002 (Código Civil). Art. 147. *Nos negócios jurídicos bilaterais, o silêncio intencional de uma das partes a respeito de fato ou qualidade que a outra parte haja ignorado, constitui omissão dolosa, provando-se que sem ela o negócio não se teria celebrado.*

[276] Lei nº 10.406, de 10 de janeiro de 2002 (Código Civil). Art. 148. *Pode também ser anulado o negócio jurídico por dolo de terceiro, se a parte a quem aproveite dele tivesse ou devesse ter conhecimento; em caso contrário, ainda que subsista o negócio jurídico, o terceiro responderá por todas as perdas e danos da parte a quem ludibriou.*

anulação do negócio jurídico validamente celebrado".²⁷⁷ Em outro caso, decidido há mais de vinte anos, o STJ julgou procedente ação anulatória em que irmãos analfabetos foram induzidos à celebração de negócio jurídico de cessão de direitos hereditários com grande desproporção entre o preço e o valor da coisa, com uso de maquinações, expedientes astuciosos, engendrados pelo inventariante-cessionário.²⁷⁸

Imagine-se exemplo diverso de dolo envolvendo a negociação de precatórios e de objetos embasados nesses créditos. Dessa vez, suponha-se que a sociedade que oferta tais créditos via plataforma eletrônica, buscando angariar investidores, informa ao mercado que os precatórios serão cadastrados para entrar no acordo direto com o ente federado devedor visando ao recebimento dos valores em prazo menor. Acontece que, ainda que hipoteticamente, esse ente federado não tenha norma regulamentadora e nunca publicou edital para que os credores de precatórios façam acordo direto. Em outras palavras, a sociedade tomadora agiu com dolo ao proceder a oferta, eis que, de forma maliciosa, ludibriou os investidores para que aplicassem seus recursos imaginando prazo de resgate muito inferior ao que acontecerá na prática. Caso se prove o dolo da sociedade, o negócio jurídico celebrado pode ser anulado, e os recursos financeiros, devolvidos aos investidores.

4.2.2.5 Estado de perigo

O estado de perigo é espécie de vício do consentimento que se caracteriza pela manifestação de vontade de alguém que se encontra em extrema necessidade e, por isso, assume prestação desproporcional e excessivamente onerosa (elemento objetivo).²⁷⁹ Para que o negócio seja anulável por "estado de perigo", é imprescindível que a outra parte tenha consciência acerca da situação de risco vivenciada pelo outro contratante (elemento subjetivo). A percepção de que alguém se

---

[277] BRASIL. Superior Tribunal de Justiça (STJ). Agravo em Recurso Especial (AREsp) nº 1.361.400/SP (2018/0237296-0). Rel. Marco Aurélio Bellizze, 3ª Turma. Julg. 20 ago. 2019. Diário de Justiça eletrônico, Brasília, 22 ago. 2019a.

[278] BRASIL. Superior Tribunal de Justiça (STJ). Recurso Especial (REsp.) nº 107.961/RS (1996/0058493-1). Rel. Min. Barros Monteiro, 4ª Turma. Julg. 13 mar. 2001. Diário de Justiça eletrônico, Brasília, 4 fev. 2002.

[279] Lei nº 10.406, de 10 de janeiro de 2002 (Código Civil). Art. 156. *Configura-se o estado de perigo quando alguém, premido da necessidade de salvar-se, ou a pessoa de sua família, de grave dano conhecido pela outra parte, assume obrigação excessivamente onerosa.*

encontra em perigo é o que diferencia esse instituto da coação e da lesão, sendo característica comum a esses vícios a celebração de negócios com prestações exorbitantes e desproporcionais.

São inúmeros os exemplos de situações envolvendo estado de perigo, como a troca de elevadas quantias de valor para salvar-se em casos de naufrágios ou, então, como forma de remunerar alguém que socorre terceiro em um prédio em chamas. É razoável admitir que alguém possa celebrar contrato de cessão de crédito de precatório sob estado de perigo, como se estiver acometido de grave enfermidade e necessitar de dinheiro para custear o tratamento médico. Além dessa, pode-se imaginar cenário em que o pai (titular do precatório) cede seu crédito a terceiro para conseguir dinheiro suficiente ao resgate do filho sequestrado.

Para definição do estado de perigo é necessário que ele seja iminente e grave, físico ou moral, considerando os padrões da pessoa natural comum, mas necessariamente contra a pessoa do próprio declarante ou de sua família, amigo íntimo, namorado, noivo, colega de trabalho, entre outros, desde que haja elevado grau de afeição entre as partes.[280]

Embora o conhecimento do perigo por quem aproveita seja fundamental para sua configuração, caso o outro contraente desconheça, pressupõe-se que agiu de boa-fé. Assim, caso a parte beneficiada proceda com a redução do excesso percebido, não há razão para a anulação do negócio. É bom frisar que, mesmo em estado de perigo, se a proposta atender aos padrões de mercado, não existe motivo para sua anulação, vez que, com fundamento no princípio da conservação dos contratos, não há onerosidade excessiva a uma das partes contratantes.[281]

4.2.2.6 Lesão

A lesão ocorre quando uma parte celebra negócio com prestações desproporcionais, por grande necessidade ou inexperiência (elemento subjetivo) que não possa ser presumida pelo outro contraente.[282]

---

[280] Lei nº 10.406, de 10 de janeiro de 2002 (Código Civil). Art. 156. Parágrafo único. Tratando-se de pessoa não pertencente à família do declarante, o juiz decidirá segundo as circunstâncias.

[281] CONSELHO DA JUSTIÇA FEDERAL (CJF). Enunciado nº 148 da III Jornada de Direito Civil. Ao "estado de perigo" (art. 156) aplica-se, por analogia, o disposto no §2º do art. 157. Conselho da Justiça Federal, Centro de Estudos Judiciários, Brasília, 2005a.

[282] CONSELHO DA JUSTIÇA FEDERAL (CJF). Enunciado nº 290 da IV Jornada de Direito Civil. A lesão acarretará a anulação do negócio jurídico quando verificada, na formação deste, a

Sua constatação e anulação buscam impedir o enriquecimento sem causa decorrente de prestações negociais desequilibradas (elemento objetivo).

Na lesão não é necessário que a parte beneficiada tenha ciência da necessidade ou inexperiência da outra, ou seja, não é preciso que haja o chamado "dolo de aproveitamento" como no estado de perigo. Pode-se processar ainda que a parte lesada esteja acostumada a celebrar contratos, desde que ela desconheça especificamente sobre o negócio em causa.[283]

Questão referente à anulação de contrato de cessão de crédito por lesão chegou ao STJ, onde a parte supostamente prejudicada alegava que o cessionário tinha conhecimento de que o crédito seria liquidado integralmente em pouco tempo.[284] O Tribunal *a quo* entendeu que as provas documentais apresentadas não eram suficientes para comprovar que o contrato de cessão de crédito havia sido firmado com vício de consentimento que apontava para a premente necessidade ou inexperiência, pressupostos indispensáveis para a caracterização da lesão e anulabilidade do negócio jurídico. Como justificativa, exarou que o arrependimento posterior não é causa para anulação de negócios jurídicos lícitos, realizados entre pessoas maiores e capazes, acompanhadas de cônjuge e descendente, pois tal situação resultaria em um estado de insegurança jurídica nos contratos celebrados entre particulares. Ressaltou-se a condição da autora da ação como funcionária pública aposentada, tendo plenas condições de fazer juízo a respeito do valor integral do crédito e do valor recebido por antecipá-lo, possuindo consciência a respeito da opção de recusar a oferta e aguardar na fila de pagamento. O Recurso Especial, ao chegar à Corte Superior, não foi conhecido, uma vez que demandaria nova análise no arcabouço fático-probatório, procedimento inviável pela vedação presente na Súmula nº 7 do STJ.

---

desproporção manifesta entre as prestações assumidas pelas partes, não se presumindo a premente necessidade ou a inexperiência do lesado. Conselho da Justiça Federal, Centro de Estudos Judiciários, Brasília, 2007a.

[283] CONSELHO DA JUSTIÇA FEDERAL (CJF). Enunciado nº 410 da V Jornada de Direito Civil. *A inexperiência a que se refere o art. 157 não deve necessariamente significar imaturidade ou desconhecimento em relação à prática de negócios jurídicos em geral, podendo ocorrer também quando o lesado, ainda que estipule contratos costumeiramente, não tenha conhecimento específico sobre o negócio em causa.* Conselho da Justiça Federal, Centro de Estudos Judiciários, Brasília, 2012.

[284] BRASIL. Superior Tribunal de Justiça (STJ). Agravo Interno no Agravo em Recurso Especial (AgInt no AREsp.) nº 1.575.607/SP (2019/0265119-9). Rel. Min. Moura Ribeiro, 3ª Turma. Julg. 22 jun. 2020. *Diário de Justiça eletrônico*, Brasília, 24 jun. 2020c.

Como no erro e no estado de perigo, também alicerçado no princípio da conservação dos negócios jurídicos, o magistrado pode deixar de decretar a anulação do negócio jurídico se a parte beneficiada reduzir o seu proveito econômico mediante transferência de recursos ao prejudicado a fim de compor seu patrimônio.[285]

4.2.2.7 Fraude contra credores

A fraude contra credores, tal qual a simulação, é considerada um vício social, pois envolve a prática de atos contrários à lei e à boa-fé que prejudicam terceiros que não estão envolvidos no negócio jurídico. Embora a fraude não envolva uma falsa representação da realidade, como nos vícios do consentimento, a declaração de vontade é feita com o objetivo de prejudicar terceiros através da alienação ou oneração de bens, como na remissão de dívidas por parte de um devedor insolvente ou à beira da insolvência.[286]

Considerando que o patrimônio – e não a pessoa do devedor – é o que garante a satisfação das dívidas,[287] sua proteção busca resguardar os interesses dos credores em geral. Caso o devedor, de forma ardilosa, com desígnio de obter vantagem em prol de terceiros, dispõe de seu patrimônio para evadir das suas responsabilidades na iminência de se tornar insolvente e passa a não ter condições de satisfazer o pagamento de suas dívidas, configura-se a fraude contra credores. Vale reforçar, no entanto, que essa fraude somente se caracteriza caso o devedor seja ou se torne insolvente. Não há que se falar em fraude quando o devedor se desfaz dos seus bens, mas possui outros que comportem o pagamento de seus débitos.

---

[285] CONSELHO DA JUSTIÇA FEDERAL (CJF). Enunciado nº 149 da III Jornada de Direito Civil. *Em atenção ao princípio da conservação dos contratos, a verificação da lesão deverá conduzir, sempre que possível, à revisão judicial do negócio jurídico e não à sua anulação, sendo dever do magistrado incitar os contratantes a seguir as regras do art. 157, §2º, do Código Civil de 2002.* Conselho da Justiça Federal, Centro de Estudos Judiciários, Brasília, 2005b. CONSELHO DA JUSTIÇA FEDERAL (CJF). Enunciado nº 291 da IV Jornada de Direito Civil. *Nas hipóteses de lesão previstas no art. 157 do Código Civil, pode o lesionado optar por não pleitear a anulação do negócio jurídico, deduzindo, desde logo, pretensão com vista à revisão judicial do negócio por meio da redução do proveito do lesionador ou do complemento do preço.* Conselho da Justiça Federal, Centro de Estudos Judiciários, Brasília, 2007b.

[286] Neste tópico, importante ressaltar que, ao utilizar o termo "devedores", não se está tratando dos entes federativos devedores de créditos de precatórios, mas, sim, de pessoas naturais ou jurídicas devedoras que não integram a Administração Pública.

[287] Lei nº 10.406, de 10 de janeiro de 2002 (Código Civil). Art. 391. *Pelo inadimplemento das obrigações respondem todos os bens do devedor.*

O elemento objetivo (*eventus damni*) consiste no dano causado a credor em virtude do estado de insolvência do devedor, a ser comprovado nas transmissões de bens e direitos ocorridas de forma onerosa. Nesse caso, a anulação do negócio ocorrerá mesmo sem a existência de conluio entre as partes. Para isso, todavia, o credor deve comprovar que o adquirente tinha conhecimento da situação do alienante, protegendo aqueles de boa-fé que não tinham motivos para saber da insolvência do alienante.

A prova pode ser feita com base no grau de afinidade entre as partes e na análise da situação financeira do alienante que, em virtude de dificuldades financeiras, dispõe do bem por preço vil; ou, então, pelo cenário de insolvência notória, situação em que o adquirente tinha plenas capacidades para conhecer,[288] caracterizada pela existência de títulos de crédito protestados, por protestos judiciais contra alienação de bens ou várias execuções ou demandas de elevado conteúdo financeiro contra o devedor (GONÇALVES, 2021, p. 608-611).

Observe-se que o investidor no mercado de precatórios possui meios para averiguar a insolvência notória e se resguardar de eventual pedido de anulação de negócio jurídico de cessão de crédito com fundamento na fraude contra credores. Para isso, basta atuar com diligência e coletar as certidões negativas de débitos e protestos, além de pesquisar os processos judiciais em que o titular do precatório é réu ou executado para se, eventualmente, ser alegada fraude, ter o argumento de que no momento da cessão o titular do precatório não era insolvente ou com risco de se tornar.

Ainda sobre o elemento objetivo, o Código Civil de 2002 trouxe duas situações que retratam a fraude contra credores, quais sejam: (i) o pagamento antecipado de dívida a um dos credores quirografários por devedor insolvente;[289] (ii) a concessão fraudulenta de garantias reais que o devedor insolvente tiver dado a um dos credores, sendo, neste caso, anulada somente a garantia.[290]

---

[288] Lei nº 10.406, de 10 de janeiro de 2002 (Código Civil). *Art. 159. Serão igualmente anuláveis os contratos onerosos do devedor insolvente, quando a insolvência for notória, ou houver motivo para ser conhecida do outro contratante.*

[289] Lei nº 10.406, de 10 de janeiro de 2002 (Código Civil). *Art. 162. O credor quirografário, que receber do devedor insolvente o pagamento da dívida ainda não vencida, ficará obrigado a repor, em proveito do acervo sobre que se tenha de efetuar o concurso de credores, aquilo que recebeu.*

[290] Lei nº 10.406, de 10 de janeiro de 2002 (Código Civil). *Art. 163. Presumem-se fraudatórias dos direitos dos outros credores as garantias de dívidas que o devedor insolvente tiver dado a algum credor.*

Passando à investigação do elemento de natureza subjetiva (*consilium fraudis*), tem-se que este se constitui pelo conluio fraudulento, representado pela má-fé, e presumido em atos gratuitos de alienação ou remissão de dívida.[291] Isso significa que se uma das partes celebra uma doação a título gratuito a outra, sendo reduzida à insolvência, não é necessária a comprovação de que agiu com intenção de prejudicar credores (STOLZE; PAMPLONA FILHO, 2020, p. 263). A fraude contra credores possui elementos semelhantes à fraude à execução – por exemplo: (i) a alienação de bens pelo devedor levando-o a insolvência, (ii) a existência do conluio fraudulento e (iii) o prejuízo ao credor. As diferenças entre os institutos, contudo, são relevantes e não podem ser ignoradas, a começar pelo fato de que a primeira corresponde a um defeito do negócio jurídico disciplinado pelo Código Civil que, para ser reconhecida, exige a propositura de ação pauliana. Enquanto isso, a fraude à execução pode ser arguida pela via do incidente processual previsto no art. 792 do Código de Processo Civil, independentemente da propositura de ação autônoma para seu reconhecimento e, portanto, resolvida por decisão interlocutória.

A fraude contra credores, ademais, provoca a anulação do negócio jurídico e configura-se mesmo em um cenário em que não há ação ou execução movida contra o devedor, aproveitando a todos os credores, ao passo que a fraude à execução acarreta a declaração de ineficácia da alienação fraudulenta somente ao exequente, e pressupõe, conforme Código de Processo Civil, art. 792, IV, a existência de uma demanda em andamento que seja capaz de reduzir o alienante à insolvência.

Em relação a terceiro, a fraude contra credores, nas alienações onerosas, depende de prova do *consilium fraudis*. No caso de fraude à execução, por conter um vício de natureza mais grave, resultante da violação de normas de ordem pública, presume-se a má-fé do terceiro adquirente, embora a Súmula nº 375 do STJ[292] preveja que "o reconhecimento da fraude à execução depende do registro da penhora do bem alienado ou da prova de má-fé do terceiro adquirente".

---

[291] Lei nº 10.406, de 10 de janeiro de 2002 (Código Civil). *Art. 158. Os negócios de transmissão gratuita de bens ou remissão de dívida, se os praticar o devedor já insolvente, ou por eles reduzido à insolvência, ainda quando o ignore, poderão ser anulados pelos credores quirografários, como lesivos dos seus direitos.*

[292] BRASIL. Superior Tribunal de Justiça (STJ). Súmula nº 375. Diário da Justiça eletrônico, Brasília, 30 mar. 2009a.

4.2.2.8 Ação anulatória, declaratória e pauliana

A ação anulatória é o direito ao exercício da atividade jurisdicional (CINTRA; GRINOVER; DINAMARCO, 2011, p. 271), sob o rito comum, de natureza constitutiva negativa ou desconstitutiva (BONIZZI, 2000, p. 139-163), pelo qual se invalidam atos homologados praticados pelas partes e terceiros, no curso do processo e, também, da execução.[293] Destaque-se que a anulatória se presta à anulação de atos judiciais sem qualquer conteúdo decisório, pois, caso o objetivo fosse atacar a decisão de mérito transitada em julgado que produz coisa julgada, dever-se-ia optar pela via da ação rescisória. Ou seja, se não resolver o mérito da causa, emprega-se a anulatória para questionar eventuais vícios decorrentes de decisões homologatórias (THEODORO JÚNIOR, 2022b, p. 774-780).

A anulação dos negócios jurídicos em sentença proferida no bojo de ação anulatória se dá por incapacidade relativa do agente ou por vício resultante de erro, dolo, coação, estado de perigo, lesão, fraude contra credores. Para essas situações, é comum o prazo de quatro anos de decadência, contado, no caso de: (i) coação, do dia em que ela cessar; (ii) erro, dolo, fraude contra credores, estado de perigo ou lesão, do dia em que se realizou o negócio jurídico; (iii) atos de incapazes, do dia em que cessar a incapacidade.[294] Quando determinado ato for anulável, sem que a lei estabeleça prazo para pleitear-se a anulação, será este de dois anos, a contar da data da conclusão do ato.[295]

Na hipótese de ocorrência da simulação, por se tratar de nulidade absoluta, não cabe a ação anulatória, mas sim declaratória de nulidade. Por ser de maior gravidade, não convalida com o decurso do tempo e, por conseguinte, não é atingida pela decadência e prescrição.

Feita essa ressalva, acentue-se que a anulatória de cessão de crédito deve ser distribuída diretamente ao juízo de primeiro grau do domicílio do réu em virtude da sua natureza de ação pessoal, sendo plenamente possível formular pedido de tutela de urgência cautelar antecedente ou incidental, visando obstar o levantamento, pelo

---

[293] Lei nº 13.105, de 16 de março de 2015 (Código de Processo Civil). *Art. 966. §4º Os atos de disposição de direitos, praticados pelas partes ou por outros participantes do processo e homologados pelo juízo, bem como os atos homologatórios praticados no curso da execução, estão sujeitos à anulação, nos termos da lei.*

[294] Lei nº 10.406, de 10 de janeiro de 2002 (Código Civil). *Art. 178, I-III.*

[295] Lei nº 10.406, de 10 de janeiro de 2002 (Código Civil). *Art. 179.*

cessionário, dos valores do precatório que serão depositados em conta judicial.[296] Em 2019, o Tribunal de Justiça do Paraná julgou procedente ação anulatória de negócio jurídico baseado em escritura pública de cessão de crédito de precatório em que restou configurado vício resultante de dolo por erro substancial quanto ao valor declarado dos precatórios na escritura pública.[297] Os efeitos da sentença que anula ou mantém o ato praticado são retroativos (*ex tunc*) à data de sua execução.

Caso o propósito seja questionar a fraude contra credores, o autor deve propor a ação pauliana. É uma espécie de ação anulatória manejada por credor prejudicado pela alienação de bens do devedor insolvente ou que resultem na sua insolvência, embora, para Stolze e Pamplona Filho (2020, p. 265) e Cahali (1999, p. 386), essa ação tenha natureza declaratória da ineficácia jurídica do ato praticado em fraude contra credores ou do negócio jurídico fraudulento, respectivamente.

A legitimidade ativa para a propositura da ação pauliana é do credor quirografário preexistente ao ato fraudulento e do credor com garantia que a viu se tornar insuficiente no curso do prazo para recebimento das prestações que lhe são devidas em virtude da celebração do negócio. O polo passivo, por sua vez, deve conter o devedor insolvente em litisconsórcio necessário com o adquirente e os terceiros de má-fé que participaram do ato fraudulento, pois não seria eficiente demandar isoladamente o alienante (devedor insolvente) cujo bem ou direito está em poder de terceiros. Além disso, tendo em vista que a sentença somente faz coisa julgada entre as partes,[298] é necessário demandar os proprietários do bem ou direito transmitido de forma fraudulenta para que possam ser executados e, consequentemente, restituir o patrimônio do credor. Assim, se porventura a ação for proposta sem a presença do adquirente e do terceiro de má-fé, o juiz deve, de ofício, ordenar a integração da lide para evitar a nulidade processual.

A anulação por fraude contra credores não pode ser alegada em sede de embargos de terceiro, sendo imprescindível, para esse fim, a

---

[296] SÃO PAULO. Agravo de Instrumento (AG) nº 2266338-40.2020.8.26.0000. Rel. Antônio Nascimento. 26ª Câmara de Direito Privado. Julg. 8 fev. 2021. *Diário Oficial do Estado de São Paulo (DJSP)*, São Paulo, 11 fev. 2021b.

[297] PARANÁ. Apelação Cível (APL) nº 0019108-69.2012.8.16.0035. Rel. Rui Bacellar Filho, 17ª Câmara Cível. Julg. 25 abr. 2019. *Diário Oficial do Estado do Paraná (DJPR)*, Curitiba, 26 abr. 2019.

[298] Lei nº 13.105, de 16 de março de 2015 (Código de Processo Civil). *Art. 506. A sentença faz coisa julgada às partes entre as quais é dada, não prejudicando terceiros.*

propositura da ação pauliana.[299] Isso porque o objeto dos embargos é limitado, destinando-se apenas a desfazer o ato de constrição judicial, sem resultar na perda da eficácia do negócio jurídico.

Em síntese, a ação anulatória tem como escopo atacar nulidades relativas e, no caso de fraude contra credores, denomina-se pauliana em homenagem ao pretor Paulo, que a introduziu no direito romano (MONTEIRO, 2001, p. 231 *apud* GONÇALVES, 2021, p. 614). Já a ação declaratória deve ser proposta no caso da presença de negócios jurídicos nulos, praticados com ofensa a preceitos de ordem pública.

4.2.3 A ineficácia da cessão de crédito

Por fim, partindo para o plano da eficácia, último degrau da escada Ponteana, analisa-se, em relação às partes e aos terceiros, a repercussão jurídica no plano social e nas relações de direito privado em geral. Assim, para que uma cessão de crédito de precatório seja existente, válida e juridicamente eficaz, algumas regras referentes à eficácia dos negócios jurídicos devem ser observadas.

Em primeiro lugar, para ser eficaz perante a terceiros, o negócio de transmissão do crédito lastreado em precatório não pode estar subordinado a evento futuro e deve ser formalizado mediante instrumento público ou instrumento particular revestido das solenidades previstas em lei.[300] Para que a cessão seja homologada pelo juízo da execução, não é necessário o consentimento do devedor, contudo, não tem eficácia enquanto este não for notificado.[301] É importante considerar que essa não é uma exigência absoluta, porquanto a lei não exige formalidade para essa notificação, podendo ser relativizada nas situações em que restar demonstrada a ciência inequívoca do devedor a respeito da cessão[302] – por exemplo, em caso da presença de manifestação do devedor nos autos após peticionamento do cedente, ou do cessionário, informando a cessão do crédito.[303] Dessa forma,

---

[299] BRASIL. Superior Tribunal de Justiça (STJ). Súmula nº 195. Em embargos de terceiro não se anula ato jurídico, por fraude contra credores. *Diário da Justiça eletrônico*, Brasília, 9 out. 1997.
[300] Lei nº 10.406, de 10 de janeiro de 2002 (Código Civil). *Art. 288.*
[301] Lei nº 10.406, de 10 de janeiro de 2002 (Código Civil). *Art. 290.*
[302] MINAS GERAIS. Agravo de Instrumento (AG) nº 10105082504181002. Rel. Cláudia Maia, 14ª Câmara Cível. Julg. 7 maio 2015. *Diário Oficial do Estado de Minas Gerais (DJMG)*, Belo Horizonte, 15 maio 2015.
[303] "Não há na lei formalidade específica para a notificação, apenas exige-se a ciência plena do devedor por escrito público ou particular, tudo com o fim de garantir que o devedor

basta a notícia da cessão de crédito nos autos para que o devedor seja comunicado da cessão, inexistindo a exigência de que o devedor, em escrito público ou particular, declare ciência da cessão feita.[304] Nesse caso, se o devedor desatender o conteúdo da cessão celebrada sobre a qual tem conhecimento, realizando o pagamento ao credor originário, é ineficaz o pagamento realizado de forma equivocada, e surge a obrigatoriedade de quitar o débito com o cessionário.[305]

É comum haver pedidos de nulidade da cessão de crédito quando não há comunicação do devedor.[306] Todavia, esse é o caso de ineficácia, e não nulidade, uma vez que não se enquadra nas hipóteses de nulidade apresentadas no tópico 4.2.2. Após essa breve introdução, prossegue-se com a apresentação dos elementos acidentais que devem ser observados para a verificação da eficácia da manifestação de vontade das partes.

4.2.3.1 Condição

A condição é modalidade voluntária de ato jurídico que subordina o início ou fim do efeito do negócio jurídico a evento futuro e incerto.[307] Existem condições que não são pactuadas pela vontade das partes, mas instituídas por determinação legal, sendo, portanto, requisitos formais de validade dos negócios. Como exemplo, há a exigência de adoção de escritura pública para formalizar negócios que envolvam bens imóveis de valor superior a 30 salários mínimos.[308]

---

não tenha que realizar novo pagamento após descobrir que pagou a quem não é mais credor. Na hipótese, houve ciência do devedor acerca da existência da cessão, prova disso foi sua manifestação sobre o pedido de substituição processual. Assim, não há que se falar em ineficácia da cessão de crédito" (BRASIL. Superior Tribunal de Justiça (STJ). Recurso Especial (REsp.) nº 588.321/MS (2003/0156694-9). Rel. Min. Nancy Andrighi, 3ª Turma. Julg. 4 ago. 2005. Diário de Justiça eletrônico, Brasília, 5 set. 2005).

[304] SÃO PAULO. Agravo de Instrumento (AG) nº 2226953-90.2017.8.26.0000. Rel. Roberto Mac Cracken, 22ª Câmara de Direito Privado. Julg. 7 mar. 2018. Diário Oficial do Estado de São Paulo (DJSP), São Paulo, 7 mar. 2018.

[305] Lei nº 10.406, de 10 de janeiro de 2002 (Código Civil). *Art. 308. O pagamento deve ser feito ao credor ou a quem de direito o represente, sob pena de só valer depois de por ele ratificado, ou tanto quanto reverter em seu proveito.*

[306] RIO GRANDE DO SUL. Apelação Cível (APL) nº 50376382220208210001. Rel. Marco Antônio Ângelo, 19ª Câmara Cível. Julg. 6 ago. 2021. Diário Oficial do Estado do Rio Grande do Sul (DJRS), Porto Alegre, 13 ago. 2021.

[307] Lei nº 10.406, de 10 de janeiro de 2002 (Código Civil). *Art. 121.*

[308] Lei nº 10.406, de 10 de janeiro de 2002 (Código Civil). *Art. 108. Não dispondo a lei em contrário, a escritura pública é essencial à validade dos negócios jurídicos que visem à constituição, transferência, modificação ou renúncia de direitos reais sobre imóveis de valor superior a trinta vezes o maior salário mínimo vigente no País.*

Normalmente, as condições integram o plano da eficácia e são lícitas todas as que não contrariem a lei, a ordem pública e os bons costumes, mas, caso se sujeitem ao puro arbítrio de uma das partes (condição puramente potestativa), ou privem totalmente o efeito do negócio realizado, serão vedadas.[309] Contrariando, no entanto, a regra geral, são hipóteses de invalidade do negócio jurídico as condições ilícitas, incompreensíveis, contraditórias e as condições suspensivas física ou juridicamente impossíveis[310] – por exemplo, é motivo para invalidar a cessão de crédito do precatório cláusula aposta em contrato prevendo que o valor somente será pago se o credor convencer, em uma semana, todos os outros credores de precatório no Brasil a ceder seus créditos. É fisicamente impossível que alguém consiga convencer os milhares de credores de precatório a ceder seus direitos em até uma semana, pois, primeiro, é necessário localizar os créditos, depois contatar os credores, realizar propostas, convencer 100% das pessoas a ceder o crédito, analisar os autos e celebrar contratos de cessão.

As condições de efeitos suspensivos, enquanto não verificado o evento futuro e incerto, impedem que o negócio gere efeitos. A venda a contento é exemplo de negócio que se caracteriza pela manifestação futura do comprador que pode aceitar ou não a venda, de forma totalmente discricionária, ocorrendo com frequência no mercado de vinhos.[311] Além dessa, a cessão de crédito derivado de precatório, cujo pagamento está condicionado à homologação do crédito, constitui condição de efeito suspensivo, pois o cedente (credor), enquanto não realizada a condição, não pode exigir o cumprimento da obrigação por parte do cessionário (devedor).

Por outro lado, são resolutivas as condições que não retiram os efeitos dos negócios jurídicos enquanto não realizadas. Assim, enquanto não ocorrer o evento futuro ou incerto, o negócio jurídico continua gerando efeitos.

4.2.3.2 Termo

O "termo" relaciona-se à subordinação da eficácia do negócio jurídico a evento futuro e certo; corresponde ao *dies a quo* ou *dies ad quem*

---

[309] Lei nº 10.406, de 10 de janeiro de 2002 (Código Civil). *Art. 122.*
[310] Lei nº 10.406, de 10 de janeiro de 2002 (Código Civil). *Art. 123.*
[311] Lei nº 10.406, de 10 de janeiro de 2002 (Código Civil). *Art. 509. A venda feita a contento do comprador entende-se realizada sob condição suspensiva, ainda que a coisa lhe tenha sido entregue; e não se reputará perfeita, enquanto o adquirente não manifestar seu agrado.*

de um negócio. Nesse ponto, é preciso ter cuidado para não confundir termo com prazo de duração, uma vez que este corresponde à diferença entre o termo final e o termo inicial, ao passo que aquele aborda o dia em que começa ou se extingue o negócio jurídico.

Divide-se o termo em legal, convencional e de graça. O termo legal é aquele fixado pela norma jurídica, enquanto o convencional é o fixado pelas partes, como o início e fim de um contrato de locação. O termo de graça é o fixado por decisão judicial, geralmente consiste em um prazo para cumprimento de alguma determinação.

No termo certo e determinado (*certus an e certus quando*), tem-se certeza quanto à ocorrência do evento e conhecimento a respeito das datas de início e fim. No incerto e indeterminado (*certus an e incertus quando*), embora se saiba que o evento acontecerá, não há certeza quanto à data. Um exemplo desse termo é o próprio pagamento do precatório, pois sabe-se que será pago, mas não é possível prever o dia exato.

O termo inicial suspende o exercício, mas não a aquisição do direito, ou seja, as partes podem adquirir direitos e deveres que estarão provisoriamente suspensos até a ocorrência do evento futuro.[312] Podem ser estipuladas, em instrumentos de cessão de créditos de precatórios, condições aliadas a termos, como cláusula definindo que, se o ente devedor efetuar o pagamento em até dois anos, o cessionário deve pagar ao cedente um valor adicional, isto é, pactua-se um valor à vista e outro a prazo predeterminado condicionado à ocorrência de evento futuro.

4.2.3.3 Encargo ou modo

O encargo ou modo vincula-se a um ônus para a parte recebedora, relacionado a uma liberalidade da parte "doadora". Geralmente é associado a testamentos e doações nos quais o beneficiário somente pode fazer jus a determinado bem ou direito caso cumpra alguma exigência.[313]

Os encargos ilícitos ou impossíveis são considerados não escritos, exceto quando constituem o motivo determinante da liberalidade. Dessa forma, é causa para invalidação do negócio jurídico condicionar uma doação à realização de viagem turística para Saturno, pois é situação

---

[312] Lei nº 10.406, de 10 de janeiro de 2002 (Código Civil). *Art. 131.*
[313] Lei nº 10.406, de 10 de janeiro de 2002 (Código Civil). *Art. 136. O encargo não suspende a aquisição nem o exercício do direito, salvo quando expressamente imposto no negócio jurídico, pelo disponente, como condição suspensiva.*

impossível de ser realizada (STOLZE; PAMPLONA FILHO, 2020, p. 303). A previsão para que os encargos sejam considerados não escritos decorre do princípio da conservação negocial, que visa à manutenção das disposições existentes, válidas e eficazes do contrato, se for o caso. Para exemplificar o encargo nas negociações de precatórios, presuma-se que a pessoa física titular do crédito realize cessão gratuita para pessoa jurídica da qual faz parte, determinando que o crédito cedido deve ser utilizado na compensação tributária dos débitos inscritos em dívida ativa. Nesse caso, não há suspensão da aquisição e do exercício do direito, mas, se o cessionário não proceder com a compensação no prazo determinado pelo cedente, cabe a revogação da cessão.

4.3 Risco de cancelamento do precatório por vícios no processo que o originou

Aqueles que adquirem os precatórios para aguardar o pagamento sem repassá-los a terceiros, os gestores dos FIDCs e FIDC-NPs ou os administradores das sociedades tomadoras de recursos via plataformas eletrônicas, além de se preocuparem com questões mercadológicas – como preço pago pelo crédito – e os possíveis defeitos associados ao negócio jurídico de cessão, devem ficar atentos aos vícios ocorridos no curso do processo de conhecimento e de cumprimento de sentença que podem resultar na rescisão ou declaração de inexistência do título executivo judicial que deu lastro ao crédito contra a Fazenda Pública.

Os investidores que, na condição de cessionários, adquirem precatórios para incorporá-los ao próprio patrimônio, devem, previamente à cessão de crédito, diligenciar para que a análise do processo judicial seja feita adequadamente, reduzindo as chances de ação rescisória ou *querela nullitatis* (ação declaratória de inexistência de sentença). Em contrapartida, não possuem essa condição os investidores de cotas de FIDCs ou FIDC-NPs e, também, os investidores que adquirem créditos via plataformas eletrônicas, uma vez que eles acabam tendo de confiar que os gestores dos fundos e os administradores da sociedade tomadora e/ou da plataforma realizaram auditorias nos créditos previamente às cessões e descartaram aqueles em que foram identificados vícios processuais rescisórios ou transrescisórios; ou, então, simplesmente, podem optar por não alocar seus recursos em determinado fundo ou sociedade cujo processo de análise não se mostrou confiável sob o seu ponto de vista.

Os vícios mencionados e as ações apropriadas para combatê-los não poderiam, diretamente, impedir a emissão de um precatório, pois a Constituição e a Lei de Diretrizes Orçamentárias da União exigem, para sua expedição, somente a certidão de trânsito em julgado da decisão exequenda.[314] Contudo, as ações têm a finalidade de desconstituir ou declarar inexistente a sentença judicial condenatória que serviu de lastro para a expedição do precatório, o que, por sua vez, impediria o pagamento da dívida.

Nesse sentido, é fundamental a análise dos autos do processo em que se origina o crédito, a fim de verificar se no seu curso não houve qualquer tipo de vício apto a ensejar o sucesso decorrente da propositura dessas ações. Não custa lembrar que mesmo após a realização da cessão de crédito e posterior homologação pelo juízo da execução, é possível o cancelamento do precatório como resultado do julgamento procedente de ação rescisória ou *querela nullitatis*.

À vista disso, com o propósito de ampliar o conhecimento sobre um dos pontos mais analisados por quem atua no mercado de precatórios, pormenorizam-se, a seguir, os atos processuais e seus eventuais vícios para, então, abordar a respeito das duas ações mencionadas.

4.3.1 Ato processual

O processo inicia-se, desenvolve-se e encerra-se por meio de atos jurídicos processuais, que possuem forma determinada a ser cumprida pelas partes, juiz e auxiliares da justiça para modificar, conservar, extinguir e definir uma relação processual. Nem todos os atos que ocorrem no processo são processuais, mas não existem atos processuais fora do processo.[315] O que caracteriza os atos processuais é a sua unidade de finalidade e interdependência,[316] pois todos têm

---

[314] Lei nº 14.436, de 9 de agosto de 2022. Art. 29. *A Lei Orçamentária de 2023 e os créditos adicionais somente incluirão dotações para o pagamento de precatórios cujos processos contenham certidão de trânsito em julgado da decisão exequenda e, no mínimo, um dos seguintes documentos: I – certidão de trânsito em julgado: a) da decisão que determinou a expedição de valor incontroverso; b) dos embargos à execução; ou c) da impugnação ao cumprimento da sentença; e II – certidão de que não tenham sido opostos embargos ou qualquer impugnação ao cumprimento da sentença.*

[315] O mandato *apud acta* (tácito) não é considerado um ato processual porquanto se insere no rol de contratos regidos pelo direito civil, ao passo que os atos praticados pelo advogado mediante procuração *ad judicia* têm caráter processual.

[316] Fundamental diferenciar a interdependência da teoria do isolamento dos atos processuais, uma vez que esta compreende cada ato de forma autônoma, de modo que não é possível que a lei nova retroaja para alcançar atos já praticados ou efeitos dele decorrentes. A nova lei processual tem aplicação imediata e só alcança os atos seguintes que serão praticados

como objetivo final atingir a prestação jurisdicional e são dependentes entre si, não podendo ser interpretados de forma isolada uns dos outros (THEODORO JÚNIOR, 2022a, p. 409-410).

O respeito à forma do ato é requisito basilar para sua eficácia, pois o processo precisa ser conduzido com a observância de certas regras para se chegar ao seu objetivo final de forma satisfatória. Um processo que não respeite as formalidades exigidas por lei, sem segurança de que houve obediência aos ritos e procedimentos que visam assegurar uma decisão imparcial e justa, dificilmente agradará às partes.[317]

Deve-se buscar, por esse motivo, a moderação, aplicando princípios e normas que privilegiem o julgamento de mérito e a satisfação da tutela jurisdicional pretendida,[318] a exemplo do princípio da instrumentalidade das formas que endossa a tese de que os atos não devem ser declarados nulos se atingirem sua finalidade.[319] O intuito é privilegiar a produção do resultado útil do processo, dado que a nulidade ou

---

no processo, observando o princípio da segurança jurídica e irretroatividade das leis. Conforme o STJ, "ocorre que, por mais que a lei processual seja aplicada imediatamente aos processos pendentes, deve-se ter conhecimento que o processo é constituído por inúmeros atos. Tal entendimento nos leva à chamada 'Teoria dos Atos Processuais Isolados', em que cada ato deve ser considerado separadamente dos demais para o fim de se determinar qual a lei que o rege, recaindo sobre ele a preclusão consumativa, ou seja, a lei que rege o ato processual é aquela em vigor no momento em que ele é praticado. Seria a aplicação do Princípio *tempus regit actum*. Com base neste princípio, temos que a lei processual atinge o processo no estágio em que ele se encontra, onde a incidência da lei nova não gera prejuízo algum às partes, respeitando-se a eficácia do ato processual já praticado. Dessa forma, a publicação e entrada em vigor de nova lei só atingem os atos ainda por praticar, no caso, os processos futuros, não sendo possível falar em retroatividade da nova norma, visto que os atos anteriores de processos em curso não serão atingidos" (BRASIL. Superior Tribunal de Justiça (STJ). Recurso Especial (REsp.) nº 1.404.796/SP. Rel. Min. Mauro Campbell Marques, 2ª Turma. Julg. 26 fev. 2014a. *Diário de Justiça eletrônico*, Brasília, 9 abr. 2014a).

[317] "Realmente, a forma, nos atos jurídicos mais importantes, é sempre instituída para segurança das partes, e não por mero capricho do legislador. O que se pode, razoavelmente, condenar é o excesso de formas, as solenidades exageradas e imotivadas. A virtude está no meio-termo: a forma é valiosa e mesmo imprescindível na medida em que se faz necessária para garantir aos interessados o proveito a que a lei procurou visar com sua instituição. Por isso, as modernas legislações processuais não sacrificam a validade de atos por questões ligadas ao excessivo e intransigente rigor de forma, quando se relacionam com atos meramente instrumentais, como soem ser os do processo" (THEODORO JÚNIOR, 2022a, p. 414).

[318] Lei nº 13.105, de 16 de março de 2015 (Código de Processo Civil). *Art. 4º As partes têm o direito de obter em prazo razoável a solução integral do mérito, incluída a atividade satisfativa.*

[319] Lei nº 13.105, de 16 de março de 2015 (Código de Processo Civil). *Art. 188. Os atos e os termos processuais independem de forma determinada, salvo quando a lei expressamente a exigir, considerando-se válidos os que, realizados de outro modo, lhe preencham a finalidade essencial" "Art. 277. Quando a lei prescrever determinada forma, o juiz considerará válido o ato se, realizado de outro modo, lhe alcançar a finalidade.*

invalidade do ato deve ser reconhecida somente quando seu propósito não for atingido, enfatizando-se a ideia de que o processo não é um fim em si mesmo, mas meio para que as partes alcancem resposta para um problema de direito material.

Os requisitos para que um ato processual seja válido são parecidos com os impostos aos negócios jurídicos. Em outras palavras, é preciso que tenha objeto lícito, isto é, não pode ser contrário à dignidade da justiça,[320] simulado ou ter como objetivo alcançar fim proibido por lei.[321] Do mesmo modo, deve ser praticado por agente materialmente capaz no aspecto jurídico (maioridade, assistência ou representação), a forma, prescrita ou não defesa em lei e exercido por profissional regularmente habilitado e inscrito na Ordem dos Advogados do Brasil,[322] exceto aqueles praticados em 1ª instância nos juizados especiais federais[323] e cíveis[324] em que se faculta à parte a prática de atos sem a representação de advogado.

As invalidades no curso de um processo judicial não são divididas em nulas e anuláveis como no sistema adotado pelo Código Civil. A doutrina, no entanto, não é pacífica e, nesse sentido, Theodoro Júnior (2022a, p. 507-508) adota a classificação de Couture (1974) para as espécies de vícios do ato processual, rotulando-os em: (i) atos inexistentes; (ii) atos absolutamente nulos; (iii) atos relativamente nulos. Neves (2018, p. 474) inclui nessa lista as meras irregularidades que, para o autor, são os vícios de menor gravidade dentro do sistema de classificação das invalidades dos atos. A inobservância de formalidades que, mesmo assim, produzem os efeitos pretendidos, são consideradas meras irregularidades e não devem resultar em anulação ou nulidade, uma vez que o ato praticado é válido e eficaz. Neves (2018, p. 475) ainda apresenta como exemplo de mera irregularidade a utilização de língua estrangeira na petição inicial, contrariando o disposto no art. 192, parágrafo único, do Código de Processo Civil, que exige o vernáculo, desde que não resulte em prejuízo e não torne a petição

---

[320] Lei nº 13.105, de 16 de março de 2015 (Código de Processo Civil). *Art. 139, III.*
[321] Lei nº 13.105, de 16 de março de 2015 (Código de Processo Civil). *Art. 142.*
[322] Lei nº 13.105, de 16 de março de 2015 (Código de Processo Civil). *Art. 103.*
[323] Lei nº 10.259, de 12 de julho de 2001. *Art. 10. As partes poderão designar, por escrito, representantes para a causa, advogado ou não.*
[324] Lei nº 9.099, de 26 de setembro de 1995. *Art. 9º Nas causas de valor até vinte salários mínimos, as partes comparecerão pessoalmente, podendo ser assistidas por advogado; nas de valor superior, a assistência é obrigatória.*

incompreensível, tal como a utilização de termos em latim difundidos no meio jurídico.

Os atos inexistentes são aqueles irrelevantes para a ordem jurídica, pois falta-lhes requisitos mínimos para produção de efeitos no processo. Não precisam ser invalidados (já que não existem) e não podem convalidar-se, como no caso de sentença proferida por juiz aposentado em que falta o pressuposto processual subjetivo da investidura. O ato inexistente é mais grave do que o ato nulo, pois falta-lhe o pressuposto material de sua constituição.

Os atos que possuem nulidade absoluta podem ser reconhecidos e invalidados pela autoridade judicial sem necessidade de provocação, pois, embora existam, apresentam grave desconformidade. Da mesma forma que os atos inexistentes, eles também não podem ser convalidados devido a relevante defeito em seus requisitos essenciais.

Correspondem a matérias de ordem pública, como a prescrição e a decadência, as condições da ação (legitimidade das partes e interesse de agir) e os pressupostos processuais (coisa julgada, perempção, litispendência, convenção de arbitragem, jurisdição, petição inicial, competência, imparcialidade, citação, capacidade das partes e postulatória). A invalidação do ato pode ser declarada de ofício ou mediante requerimento das partes, a qualquer tempo, e produz efeitos até a declaração de sua invalidade, devendo ser realizado novamente sob risco de preclusão.[325] Mesmo nulos, alguns atos podem ter seus efeitos suprimidos pela atuação voluntária das partes, como no exemplo do réu cuja citação foi nula ou inexistente, mas que comparece voluntariamente aos autos.

Diferentemente dos atos inexistentes e absolutamente nulos, os atos relativamente nulos podem ser convalidados caso a parte prejudicada não alegue a nulidade na primeira oportunidade e, nesse caso, produzem efeitos no processo mesmo que viciados em sua formação.[326] A nulidade relativa agrupa defeitos menos gravosos e recai sobre interesses privados dos litigantes, como o cerceamento do direito ao contraditório e à ampla defesa.

O ato viciado é defeituoso, mas não pode ser confundido com o ato nulo, porque este, além de ser defeituoso, é atingido pela nulidade, o que gera consequências distintas no plano da eficácia. A ausência de contestação é fato apto a gerar revelia, ou seja, é um ato defeituoso,

---

[325] Lei nº 13.105, de 16 de março de 2015 (Código de Processo Civil). *Art. 282, caput.*
[326] Lei nº 13.105, de 16 de março de 2015 (Código de Processo Civil). *Art. 278.*

mas, para que ocorra a presunção de veracidade dos fatos alegados pelo autor, é necessário observar outras questões – por exemplo se não foi apresentada contestação por outro litisconsorte passivo. A mera irregularidade, embora torne o ato defeituoso, nunca resulta em sua nulidade (NEVES, 2018, p. 472-473).

Por fim, é preciso enfatizar que somente os atos praticados por juízes e seus auxiliares podem ser nulos, e a consequência para os atos das partes que não preencham os requisitos legais é a ausência de produção dos efeitos pela ineficácia.

4.3.2 A sanabilidade dos vícios

Os vícios processuais podem afetar a validade e a eficácia dos atos processuais. Eles ocorrem quando não se segue a forma predeterminada para a realização de um ato e, dependendo da sua gravidade, podem ser corrigidos ou não. Os defeitos processuais que estão situados no plano da existência jurídica ou da validade, como o desrespeito a formalidades previstas em lei, devem ser entendidos como sanáveis, e é dever do magistrado direcionar esforços para que os atos sejam renovados ou tenham seus efeitos aproveitados (BUENO, 2016, p. 255).

Alguns princípios presentes no ordenamento jurídico pátrio visam proporcionar maior efetividade à prestação jurisdicional. Com base no princípio do aproveitamento, a sanabilidade do vício processual ocorre quando viável a supressão do defeito ou possível a utilização de parte dele. O princípio da finalidade traz a ideia de que o ato deve ser válido se atingir o seu objetivo, mesmo que praticado de forma distinta à exigida pelo ordenamento.[327] E, se ausente o prejuízo às partes, não deve ser declarada a nulidade pelo princípio da *pas de nullité sans grief*.[328]

Os atos processuais que contenham vícios (sanáveis) e resultem em nulidades na área do processo civil, portanto, podem ter deficiências afastadas pela convalidação, irrelevância ou suprimento, desde que não causem prejuízo para o processo ou para as partes.

A convalidação resulta no aproveitamento total ou parcial do ato defeituoso quando este, mesmo viciado, atinge sua finalidade ou não

---

[327] Lei nº 13.105, de 16 de março de 2015 (Código de Processo Civil). *Art. 277. Quando a lei prescrever determinada forma, o juiz considerará válido o ato se, realizado de outro modo, lhe alcançar a finalidade.*

[328] Lei nº 13.105, de 16 de março de 2015 (Código de Processo Civil). *Art. 282, §1º O ato não será repetido nem sua falta será suprida quando não prejudicar a parte.*

é alegado pela parte prejudicada no prazo legal. Tem como objetivo assegurar a eficiência do Estado por meio da razoável duração do processo e dos meios que garantam a celeridade de sua tramitação. Assim, o ato nulo produz todos os efeitos desde a sua prática, como se não fosse afetado por nenhum vício.

A irrelevância significa que a infração à norma processual é secundária, haja vista que não impede que o ato processual atinja a finalidade para a qual foi elaborado e, com isso, não há nulidade. A seu turno, o suprimento decorre da prática de outro ato, igual ou diferente do praticado, em substituição ao ato inválido, contanto que o novo ato cumpra a finalidade do ato anterior inválido.

Desse modo, como os atos e os termos processuais não exigem uma forma específica, a menos que a lei determine, os atos que atingem sua finalidade são considerados válidos, mesmo que realizados de outra forma.[329] É dever do magistrado garantir que os pressupostos processuais sejam cumpridos e que outros vícios processuais sejam saneados.[330]

Por outro lado, o vício insanável é aquele relevante que não pode ser convalidado ou suprido. Vincula-se a atos inexistentes e nulidades absolutas, ocorrendo quando há infração a norma jurídica que ofende, conforme Costa (2018, p. 142), "direitos fundamentais, princípios constitucionais do processo, pressupostos processuais, condições da ação e demais questões do processo civil regidas por normas jurídicas cogentes".

A alegação de nulidades relativas no curso do processo deve realizar-se na primeira oportunidade em que couber à parte falar nos autos, sob pena de preclusão consumativa.[331] As nulidades absolutas podem ser declaradas de ofício e sanadas a qualquer tempo. O magistrado, na fase de saneamento e organização do processo, deve resolver as questões processuais pendentes[332] e, antes de proferir a sentença de extinção do processo sem resolução de mérito, oportunizar à parte a possibilidade de correção do vício.[333]

---

[329] Lei nº 13.105, de 16 de março de 2015 (Código de Processo Civil). *Art. 188. Os atos e os termos processuais independem de forma determinada, salvo quando a lei expressamente a exigir, considerando-se válidos os que, realizados de outro modo, lhe preencham a finalidade essencial.*
[330] Lei nº 13.105, de 16 de março de 2015 (Código de Processo Civil). *Art. 139, IX.*
[331] Lei nº 13.105, de 16 de março de 2015 (Código de Processo Civil). *Art. 245.*
[332] Lei nº 13.105, de 16 de março de 2015 (Código de Processo Civil). *Art. 357, I.*
[333] Lei nº 13.105, de 16 de março de 2015 (Código de Processo Civil). *Art. 317.*

Quando somente após o trânsito em julgado da ação a parte constata que o processo tramitou com vícios, deve ser observado o procedimento adequado para declarar as nulidades/inexistências e/ou refazer os atos defeituosos, conforme se verá nos capítulos seguintes.

4.3.3 Ação rescisória

A rescisória é ação autônoma de impugnação adequada a desconstituir a coisa julgada material eivada de nulidades presentes no plano da validade (BUENO, 2016, p. 259). Tendo em mente que a sentença judicial condenatória transitada em julgado é considerada título executivo judicial, poderá, em respeito ao princípio constitucional do devido processo legal, da ampla defesa e do contraditório, ser rescindida em algumas hipóteses específicas, previstas no Código de Processo Civil. A decisão rescindível que afasta a segurança jurídica proporcionada pela coisa julgada não pode ser confundida com a decisão nula, pois o trânsito em julgado convalida as nulidades. Essa ação autônoma de impugnação não serve à rescisão de decisões inexistentes, pois a decisão precisa de existir juridicamente para ser rescindida. Nesse sentido, não são objeto de rescisão a sentença proferida por órgão sem jurisdição ou que tenha vício *in procedendo* intrínseco, como ausência da parte dispositiva na sentença (NEVES, 2018, p. 1453).

Decisão interlocutória de mérito, decisão monocrática, decisões terminativas,[334] acórdão, entre outras, podem ser atacadas pela rescisória, não havendo a necessidade de esgotamento das vias recursais ordinárias, ou mesmo extraordinárias, para o seu ajuizamento.[335] É de extrema importância frisar, contudo, que não pode ser utilizada como *sucedâneo recursal*, já que se destina apenas a situações especificadas em rol taxativo quando constatado erros e vícios graves. Ressalte-se a impossibilidade de se impugnar pela ação rescisória atos meramente homologatórios praticados pelas partes e chancelados pelo juízo, tendo como exemplo a decisão que homologa a cessão de crédito lastreado

---

[334] Lei nº 13.105, de 16 de março de 2015 (Código de Processo Civil). *Art. 966. §2º Nas hipóteses previstas nos incisos do caput, será rescindível a decisão transitada em julgado que, embora não seja de mérito, impeça: I – nova propositura da demanda; ou II – admissibilidade do recurso correspondente.*

[335] BRASIL. Supremo Tribunal Federal (STF). Súmula nº 514. *Admite-se ação rescisória contra sentença transitada em julgado, ainda que contra ela não se tenha esgotado todos os recursos.* Diário da Justiça eletrônico, Brasília, 10 dez. 1969.

em precatório, sendo que nesta hipótese o meio adequado é a ação anulatória.[336] Dessa maneira, a decisão, total ou parcial, poderá ser rescindida quando proferida por força de prevaricação, concussão ou corrupção do juiz.[337] A prevaricação ocorre quando o juiz atrasa, recusa-se a realizar ou executa incorretamente um ato oficial, ou contraria claramente a lei, a fim de atender a interesses ou sentimentos pessoais. A concussão[338] é semelhante à corrupção passiva,[339] e, apesar de ambos os crimes envolverem a obtenção de vantagem indevida para si ou para terceiros, de maneira direta ou indireta, eles se distinguem pelo verbo "exigir" na tipificação da concussão, enquanto na corrupção os verbos usados são "solicitar, receber ou aceitar".

Isso significa que para o ajuizamento da ação rescisória é necessário que a parte autora comprove que o magistrado não agiu conforme os preceitos de seu cargo público na condução e solução do processo. Não se exige prévia condenação ou nem sequer a preexistência de processo criminal para apurar a conduta do magistrado, podendo a infração ser apurada incidentalmente no juízo cível competente para o julgamento da ação rescisória (NEVES, 2018, p. 1.457).

O impedimento do juiz deve ser alegado em petição específica ou declarado de ofício pelo magistrado a qualquer tempo, uma vez que constitui matéria de ordem pública. Porém, caso o exercício da jurisdição realize-se por juiz impedido, cuja constatação somente ocorra após a formação da coisa julgada, esta deve ser desconstituída por meio da ação rescisória de competência do Tribunal. Tendo em vista que as causas impeditivas são taxativas, o magistrado deve se abster de exercer suas funções no processo, sob o risco de ter a sua decisão rescindida, quando, conforme art. 144 do Código de Processo Civil:

(i) nele interveio como mandatário da parte, oficiou como perito, funcionou como membro do Ministério Público ou prestou depoimento como testemunha;

---

[336] Lei nº 13.105, de 16 de março de 2015 (Código de Processo Civil). Art. 966, §4º.
[337] Lei nº 13.105, de 16 de março de 2015 (Código de Processo Civil). Art. 966, I.
[338] Decreto-Lei nº 2.848, de 7 de dezembro de 1940 (Código Penal). Art. 316. *Exigir, para si ou para outrem, direta ou indiretamente, ainda que fora da função ou antes de assumi-la, mas em razão dela, vantagem indevida.*
[339] Decreto-Lei nº 2.848, de 7 de dezembro de 1940 (Código Penal). Art. 317. *Solicitar ou receber, para si ou para outrem, direta ou indiretamente, ainda que fora da função ou antes de assumi-la, mas em razão dela, vantagem indevida, ou aceitar promessa de tal vantagem.*

(ii) dele conheceu em outro grau de jurisdição, tendo proferido decisão;
(iii) nele estiver postulando, como defensor público, advogado ou membro do Ministério Público, seu cônjuge ou companheiro, ou qualquer parente, consanguíneo ou afim, em linha reta ou colateral, até o terceiro grau;
(iv) for parte no processo ele próprio, seu cônjuge ou companheiro, ou parente, consanguíneo ou afim, em linha reta ou colateral, até o terceiro grau;
(v) for sócio ou membro de direção ou de administração de pessoa jurídica parte no processo;
(vi) for herdeiro presuntivo, donatário ou empregador de qualquer das partes do processo;
(vii) figure como parte no processo, instituição de ensino com a qual tenha relação de emprego ou decorrente de contrato de prestação de serviços;
(viii) figure como parte no processo, cliente do escritório de advocacia de seu cônjuge, companheiro ou parente, consanguíneo ou afim, em linha reta ou colateral, até o terceiro grau, inclusive, mesmo que patrocinado por advogado de outro escritório;
(ix) promover ação contra a parte envolvida no processo ou seu advogado.

Ainda se inclui no rol para a propositura da ação rescisória a decisão proferida por juízo absolutamente incompetente,[340] uma vez que a competência absoluta está inserida na tutela de interesse público e constitui pressuposto processual de validade. Assim como nas causas de impedimento, a rescisória é admissível mesmo que no curso do processo originário tenha sido arguida e resolvida a questão. Dessa forma, caso um processo contra a União tenha tramitado na Justiça Estadual, não sendo hipótese de cabimento de competência delegada ou de matéria previdenciária em que é autorizado o julgamento pela Justiça Estadual, a decisão terá sido proferida por juiz absolutamente incompetente em razão da pessoa ou da matéria e, em vista disso, passível de rescisão. Nessa hipótese, o precatório federal pode ser cancelado, caso seja desconstituída a coisa julgada material que serviu de lastro para sua expedição.

---

[340] Lei nº 13.105, de 16 de março de 2015 (Código de Processo Civil). Art. 966, II.

Além dessa hipótese, há substrato para que a decisão seja rescindida quando o resultado do processo é determinado pelo dolo ou coação da parte vencedora em detrimento da parte vencida, se presente o nexo de causalidade entre a conduta e o desfecho do processo. Em outras palavras, deve haver flagrante desrespeito aos princípios da lealdade e da boa-fé processual por impedir ou dificultar a atuação da parte adversa. Ou, ainda, se existir simulação ou colusão entre as partes a fim de fraudar a lei.[341] Nesse caso, como o prejuízo decorre de acordo prévio entre as partes, dificilmente será alegado por alguma delas, motivo pelo qual é mais comum a propositura da ação pelo Ministério Público.

A existência da coisa julgada insere-se entre os pressupostos processuais negativos, e o seu reconhecimento resulta no julgamento sem resolução de mérito.[342] Por outro lado, se a parte interessada não alegar sua ofensa no curso do processo, e este transitar em julgado, fala-se em vício passível de rescisão. Havendo conflito de coisas julgadas, deve ser desconstituída a decisão que transitou em julgado por último, mas, caso transcorra o prazo decadencial para ajuizamento da rescisória, prevalece o trânsito em julgado da segunda decisão, pois esta é eficaz enquanto não rescindida, em observância ao critério de que o ato posterior prevalece sobre o anterior.[343]

Para ilustrar, imagine-se que a demanda nº 1 tenha transitado em julgado, em seguida foi proposta a demanda nº 2, a parte contrária não alegou no curso da ação a existência de coisa julgada, e a demanda nº 2 também tenha transitado em julgado. Nesse sentido, ainda que não tenha alegado o vício no curso da ação, a parte interessada que prevaleça o título executivo judicial decorrente da demanda nº 1 tem o prazo de dois anos para manejar ação rescisória visando desconstituir a coisa julgada nº 2. No entanto, se a parte não ajuizar a rescisória nesse prazo, prevalecerá a coisa julgada nº 2. Essa é uma situação que poderia ocorrer envolvendo os precatórios se, por exemplo, um segurado da previdência social promovesse ação contra o INSS requerendo a condenação referente a auxílios retroativos não pagos. Após o trânsito em julgado e expedição do precatório ao segurado, suponha-se que o

---

[341] Lei nº 13.105, de 16 de março de 2015 (Código de Processo Civil). *Art. 966, III.*
[342] Lei nº 13.105, de 16 de março de 2015 (Código de Processo Civil). *Art. 485, V.*
[343] BRASIL. Superior Tribunal de Justiça (STJ). Agravo Interno (AgInt) no Recurso em Mandado de Segurança (RMS) nº 61.014/RO. Petição nº 757249/2019. *Diário de Justiça eletrônico*, Brasília 24 abr. 2020a.

INSS tenha distribuído ação declaratória de nulidade do laudo pericial, e esta ação foi julgada procedente sem que o segurado alegasse ofensa à coisa julgada. Enquanto o segurado não propuser ação rescisória para desconstituir a ação proposta pelo INSS, esta será eficaz. Caso o segurado deixe transcorrer o prazo, seu precatório poderá ser cancelado. Esse é um dos motivos pelos quais, no procedimento de auditoria do precatório, são coletadas certidões de distribuição referentes a processos judiciais ajuizados contra quem deseja ceder seus créditos.

O erro grosseiro do juízo na aplicação do direito corresponde à manifesta violação de norma jurídica.[344] Ressalte-se que a lei não é a única fonte do direito que, ao ser desrespeitada, enseja a propositura da rescisória. Embora a jurisprudência e as súmulas em geral não sirvam de base para a desconstituição da coisa julgada, a afronta a súmulas e precedentes vinculantes do STF fundamentam seu ajuizamento.

Como exemplo, apresenta-se acórdão do Tribunal Regional Federal da 4ª Região[345] em que a 3ª Seção, discutindo fatores de correção dos débitos da Fazenda Pública, decidiu, por unanimidade, julgar procedente ação rescisória ajuizada para estabelecer o INPC, conforme Tema nº 905 (REsp. nº 1.495.146), como índice de correção monetária em substituição à TR que havia sido aplicada no caso concreto. O trânsito em julgado da decisão rescindenda ocorreu em 6 de março de 2013, antes do julgado do STF das ADIs nº 4.357/DF e nº 4.425/DF e do Recurso Extraordinário nº 870.947, Tema nº 810 de repercussão geral, e embora houvesse, à época da decisão, controvérsia acerca da questão relativa à modulação dos efeitos da declaração de inconstitucionalidade, o pleito foi julgado procedente sob o argumento de que o STF havia declarado inconstitucional o preceito normativo utilizado para o cálculo da correção monetária.

Outra razão para intentar a desconstituição da coisa julgada se dá quando a decisão for fundada em prova cuja falsidade tenha sido apurada em processo criminal ou venha a ser demonstrada na própria ação rescisória;[346] ou, então, se obtiver o autor, posteriormente ao trânsito em julgado, prova nova, cuja existência ignorava ou de que não pôde fazer uso, capaz, por si só, de lhe assegurar pronunciamento

---

[344] Lei nº 13.105, de 16 de março de 2015 (Código de Processo Civil). *Art. 966, V.*
[345] BRASIL. Tribunal Regional Federal (TRF) da 4ª Região. Ação Rescisória (AR) nº 5007661-29.2019.4.04.0000. Rel. Márcio Antônio Rocha, 3ª Seção. Julg. 25 nov. 2020. *Diário Oficial do Estado do Rio Grande do Sul (DJRS)*, Porto Alegre, 18 dez. 2020.
[346] Lei nº 13.105, de 16 de março de 2015 (Código de Processo Civil). *Art. 966, VI.*

favorável.³⁴⁷ Em demandas movidas contra o INSS, para se obter o provimento jurisdicional, é imprescindível a juntada de diversas provas, como da incapacidade para o trabalho, do tempo de início da incapacidade, da morte, da existência da qualidade de segurado na época do agravamento de lesão, do tempo de contribuição, entre outras.

Então, caso uma dessas provas juntadas aos autos seja falsa, e a autarquia somente venha a descobrir após o trânsito em julgado, caberá ação rescisória para desconstituir a sentença e, possivelmente, cancelar o precatório.

Tem-se como rescindível, além disso, a decisão de mérito fundada em erro de fato verificável do exame dos autos,³⁴⁸ sendo assim considerada aquela que admite fato inexistente ou considerado inexistente fato efetivamente ocorrido. É indispensável, em ambos os casos, que o fato não represente ponto controvertido sobre o qual o juiz deveria ter se pronunciado.³⁴⁹ Para a rescisão da decisão baseada em erro de fato, é inescusável que: (i) o erro seja fundamento vital da sentença; (ii) a apuração do equívoco esteja alicerçada em provas produzidas no processo originário; (iii) o fato não represente ponto controvertido; (iv) não haja pronunciamento judicial a respeito do fato (NEVES, 2018, p. 1466).

Por último, é cabível contra a decisão que aplicou de forma equivocada entendimento sumulado ou em julgado firmado sob a sistemática de casos repetitivos, sem realizar o *distinguishing* (distinção entre a questão discutida no processo e o padrão decisório que lhe deu fundamento).³⁵⁰

Considerando a excepcionalidade da medida, os legitimados para sua propositura são as partes e os sucessores, o terceiro juridicamente interessado, aquele que não foi ouvido no processo em que lhe era obrigatória a intervenção do Ministério Público.³⁵¹ Este, como fiscal da ordem jurídica (*custus legis*), somente poderá ser o autor da rescisória se não foi ouvido no processo em que havia interesse público ou social, de incapaz ou se versava sobre litígios coletivos pela posse de terra rural ou urbana.³⁵²

---

³⁴⁷ Lei nº 13.105, de 16 de março de 2015 (Código de Processo Civil). *Art.* 966, VII.
³⁴⁸ Lei nº 13.105, de 16 de março de 2015 (Código de Processo Civil). *Art.* 966, VIII.
³⁴⁹ Lei nº 13.105, de 16 de março de 2015 (Código de Processo Civil). *Art.* 966, §1º.
³⁵⁰ Lei nº 13.105, de 16 de março de 2015 (Código de Processo Civil). *Art.* 966, §5º.
³⁵¹ Lei nº 13.105, de 16 de março de 2015 (Código de Processo Civil). *Art.* 967, I-IV.
³⁵² Lei nº 13.105, de 16 de março de 2015 (Código de Processo Civil). *Art.* 967, III, a.

Neste aspecto, é importante destacar um importante precedente da 4ª Turma do STJ em relação à falta de intimação do Ministério Público quando sua intervenção é necessária.[353] Segundo o entendimento do ministro Luís Felipe Salomão, a ausência do Ministério Público "por si só não justifica a anulação da sentença, sendo necessário demonstrar efetivo prejuízo às partes ou à busca da verdade substancial da disputa jurídica, à luz do princípio *pas de nullité sans grief*". Outra hipótese de legitimidade ativa do Ministério Público ocorre quando a decisão rescindenda é produzida sob o efeito de simulação ou de colusão das partes a fim de fraudar a lei.[354] É aceitável a formação de litisconsórcio ativo facultativo e unitário, pois, tanto na manutenção da sentença quanto em sua rescisão, a decisão atingirá todos os litisconsortes de forma indistinta.

A respeito da legitimidade para sua propositura, Neves (2018, p. 1.479) leciona no seguinte sentido:

> As partes que participam do processo originário têm legitimidade ativa para propor a ação rescisória, incluindo autor, réu e terceiros intervenientes, inclusive o assistente. Pouco importa como se deu a participação desses sujeitos no processo originário, de forma que o réu revel, mesmo não tendo efetivamente participado do processo, tem legitimidade para a ação rescisória, bem como terceiros intervenientes que tenham se mantido inertes durante o trâmite processual.

Consoante Enunciado nº 339 do IV Fórum Permanente de Processualistas Civis,[355] ainda têm legitimidade para propor ação rescisória o Conselho Administrativo de Defesa Econômica (CADE), nos processos judiciais em que se discute a estrutura do Sistema Brasileiro de Defesa da Concorrência ou a prevenção e repressão às infrações contra a ordem econômica – Lei nº 12.529/2011, art. 118 – e a CVM, nos processos que têm por objeto matéria incluída em sua competência – Lei nº 6.385/1976, art. 31.

---

[353] BRASIL. Superior Tribunal de Justiça (STJ). Recurso Especial (REsp.) nº 1.694.984/MS (2017/0012081-0). Rel. Min. Luis Felipe Salomão, 4ª Turma. Julg. 14 nov. 2017. *Diário de Justiça eletrônico*, Brasília, 1º fev. 2018a.

[354] Lei nº 13.105, de 16 de março de 2015 (Código de Processo Civil). *Art. 967, III, b*.

[355] FÓRUM PERMANENTE DE PROCESSUALISTAS CIVIS (FPPC). Enunciado nº 339 da IV FPPC. *(art. 967, IV; art. 118, Lei nº 12.529/2011; art. 31, Lei nº 6.385/1976) O CADE e a CVM, caso não tenham sido intimados, quando obrigatório, para participar do processo (art. 118, Lei nº 12.529/2011; art. 31, Lei nº 6.385/1976), têm legitimidade para propor ação rescisória contra a decisão ali proferida, nos termos do inciso IV do art. 967. (Grupo Sentença, Coisa Julgada e Ação Rescisória)*. Carta de Belo Horizonte, Salvador: Jus Podivm, 2015.

O prazo decadencial de dois anos para sua distribuição é contado a partir do trânsito em julgado da última decisão proferida no processo, no entanto, existem duas exceções a essa regra. A primeira ocorre na hipótese de ação rescisória ajuizada em virtude da descoberta da prova nova, situação em que deve ser observado o prazo máximo de cinco anos, contado do trânsito em julgado da última decisão proferida no processo.[356] Nesse cenário, o prazo de dois anos deve ser contado a partir da descoberta da nova prova, limitado a cinco anos após o trânsito em julgado. A segunda exceção ocorre quando é identificada colusão entre as partes, situação na qual o termo *a quo* da contagem do prazo inicia-se com a ciência da colusão.[357]

A ação rescisória é de competência originária dos Tribunais (SOARES; NEGRI, 2019, p. 50). Assim, se a sentença de primeiro grau não tiver sido objeto de recurso, a competência será do Tribunal de Justiça, para a hipótese de julgados de competência da Justiça Estadual. Se, por outro lado, a matéria for de competência da Justiça Federal, o órgão competente para julgar a ação será o respectivo Tribunal Regional Federal. Se houver a interposição de recurso especial e extraordinário, a competência será do STJ e do STF sempre que os recursos forem conhecidos em seu mérito; caso contrário, a competência será do Tribunal recorrido. Conclui-se, dessa maneira, que é competente para o julgamento da ação rescisória o Tribunal que resolver o mérito da demanda.

Uma vez que não possui efeito suspensivo *ope legis* (por força de lei), não paralisa a eficácia da decisão recorrida. A eventual suspenção da execução no juízo *a quo* depende de concessão de tutela provisória mediante análise e decisão judicial.[358]

Algumas decisões, embora de mérito, não podem ser rescindidas por expressa vedação legal, quais sejam: (i) acórdão proferido em ação direta de inconstitucionalidade (ADI) ou em ação declaratória de constitucionalidade (ADC) – Lei nº 9.868/1999, art. 26; (ii) acórdão proferido em arguição de descumprimento de preceito fundamental (ADPF) – Lei nº 9.882/1999, art. 12; (iii) decisões proferidas nos juizados

---

[356] Lei nº 13.105, de 16 de março de 2015 (Código de Processo Civil). *Art. 975, §2º.*
[357] Lei nº 13.105, de 16 de março de 2015 (Código de Processo Civil). *Art. 975, §3º.*
[358] Lei nº 13.105, de 16 de março de 2015 (Código de Processo Civil). *Art. 969. A propositura da ação rescisória não impede o cumprimento da decisão rescindenda, ressalvada a concessão de tutela provisória.*

especiais.[359] Dentre as citadas acima, espera-se que as proferidas nos juizados especiais cíveis e federais não sejam rescindidas após a cessão de crédito para que o precatório não seja cancelado. As ADIs e as ADCs têm o condão de, conforme visto no tópico 2.1, como exemplo, alterar a forma de correção monetária e dos juros e, consequentemente, a projeção de retorno anualizado.

A atividade de investimento é, por natureza, permeada de incertezas, especialmente quando consideramos a possibilidade de atos ilícitos serem perpetrados no curso do processo judicial. Em síntese, como a ação rescisória "serve tanto para promover a rescisão da coisa julgada (*iudicium rescindens*) como para viabilizar, sendo o caso, novo julgamento da causa (*iudicium rescissorium*)" (MARINONI; ARENHART; MITIDIERO, 2016, p. 1020), ela poderá impactar diretamente os investimentos em precatórios, caso seja rescindida a decisão que compõe o título executivo judicial ensejador da sua expedição.

Diante desse cenário de incertezas e falta de informações completas acerca da condução do processo judicial, é notório que o investidor terá dificuldades em detectar eventual corrupção do juiz que homologou os cálculos na fase de cumprimento de sentença, ocasionando a fixação de um valor superior ao devido. Em tais circunstâncias, por exemplo, admite-se que o precatório possa ser cancelado após sua aquisição pelo cessionário, decorrente da rescisão da sentença que tenha sido proferida mediante ato de corrupção, o que, invariavelmente, trará prejuízos ao investidor.

4.3.4 Querela nullitatis insanabilis

A ação declaratória de inexistência da sentença, também chamada de *querela nullitatis insanabilis* ou *actio nullitatis*, apesar de não estar prevista expressamente em nosso sistema jurídico, assemelha-se à ação rescisória no combate a decisões viciadas. Distingue-se desta, no entanto, uma vez que não está sujeita à prescrição e objetiva invalidar atos processuais inexistentes cujos efeitos produzem consequências no âmbito material e processual, não se confundindo com questões presentes no plano da validade, que são objeto da ação rescisória.

---

[359] FÓRUM NACIONAL DOS JUIZADOS ESPECIAIS FEDERAIS (FONAJEF). Enunciado nº 44. *Não cabe ação rescisória no JEF. O artigo 59 da Lei n 9.099/95 está em consonância com os princípios do sistema processual dos Juizados Especiais, aplicando-se também aos Juizados Especiais Federais*. Aprovado no II FONAJEF. Rio de Janeiro/RJ, out. 2005.

Os vícios sanáveis devem ser objeto de recurso e são passíveis de preclusão. Os vícios insanáveis rescisórios possuem ação própria para sua desconstituição. No caso da *querela nullitatis*, o vício insanável é chamado transrescisório e, por ser de elevada gravidade, torna as sentenças e decisões inexistentes. Parte da literatura jurídica aduz que a revisão dessas decisões não pode ser por meio da ação rescisória, pois não transitam em julgado.[360] Em contrapartida, por ter a causa de pedir e o pedido semelhantes ao da ação rescisória, em observância aos princípios da economia processual e da instrumentalidade das formas, o que privilegia a visualização teleológica do processo, o STJ admite a fungibilidade entre as ações, desde que respeitado o prazo decadencial de dois anos para o ajuizamento da rescisória.[361] Nesse sentido, foi identificado julgado aplicando a fungibilidade inclusive para rever a decisão de Tribunal *a quo* que, com fundamento na inadequação da via eleita, extinguiu sem julgamento de mérito ação rescisória que buscava a declaração de nulidade da sentença proferida em ação pauliana, porque não houve a citação do réu (autor da rescisória).[362] Em seguida, determinou-se o retorno dos autos à origem, a fim de que fosse examinado o mérito da ação rescisória. Embora a lide não envolvesse precatório, serve de parâmetro para demonstrar o cabimento da fungibilidade entre as ações.

Costa (2018, p. 142-143) apresenta algumas hipóteses meramente ilustrativas de vícios transrescisórios que ensejam a propositura da *querela nullitatis*, quais sejam:

---

[360] "É autorizada a impugnação da sentença proferida em processo em que não houve a jurisdição, representação do autor, petição inicial ou citação (com sentença de mérito) não poderá estar sujeita ao prazo da ação rescisória, visto que, na verdade não haverá rescisão, pois que não se rescinde o que não existe juridicamente, já que a coisa julgada não se produz" (WAMBIER, 2017, p. 130).

[361] "O princípio da fungibilidade autoriza que a *querela nullitatis* assuma também a feição de outras formas de tutela – incluindo a ação rescisória –, cuja escolha dependerá da situação jurídica em que se encontrar o interessado no momento em que toma conhecimento da existência do processo (concurso eletivo): se antes do prazo de dois anos, previsto no art. 495 do CPC/73, caberá ação rescisória ou ação de nulidade; se depois de transcorrido o biênio, somente esta, já que não é atingida pelos efeitos da decadência" (BRASIL. Superior Tribunal de Justiça (STJ). Recurso Especial (REsp.) nº 1.600.535/RS (2016/0114908-6). Rel. Min. Nancy Andrighi, 3ª Turma. Julg. 15 dez. 2016. Diário de Justiça eletrônico, Brasília, 19 dez. 2016).

[362] "Desse modo, ao extinguir o processo sem resolução de mérito com base no fundamento de que a questão deve ser discutida por meio de *querela nullitatis*, o Tribunal estadual decidiu em desacordo com a jurisprudência desta Corte" (BRASIL. Superior Tribunal de Justiça (STJ). Agravo em Recurso Especial (AREsp) nº 1.824.932/SP (2016/0027047-7). Rel. Nancy Andrighi, 3ª Turma. Julg. 10 fev. 2021. Diário de Justiça eletrônico, Brasília, 17 fev. 2021a).

a) condenação de réu revel, cuja citação é inexistente ou irregular. Nesse caso o vício insanável decorrerá da ausência de citação (pressuposto processual de validade), ofensa dos princípios do contraditório e da ampla defesa;

b) sentença judicial proferida por juízo absolutamente incompetente em razão da função ou da matéria;

c) sentença judicial proferida por juízo impedido;

d) sentença que comprovadamente temos a violação de Direitos Fundamentais, como, por exemplo, decisão que retira do jurisdicionado o exercício do direito de liberdade religiosa;

e) sentença que contraria um dos objetivos fundamentais da República Federativa do Brasil, como, por exemplo, decisão que reproduz a discriminação de gênero;

f) sentença proferida contrariamente a um dos fundamentos da República Federativa do Brasil, como, por exemplo, decisão em que o magistrado viola a dignidade da pessoa humana;

g) decisão que determina a investidura de cidadão a cargo público, contrariando os princípios constitucionais e legislações específicas;

h) decisão judicial que institui imunidade tributária ou isenção fiscal a empresas que comprovadamente vivenciam dificuldades financeiras, sem previsão legal ou constitucional;

i) sentenças judiciais sem fundamentação jurídica, configurando ofensa direta ao disposto no artigo 93, inciso IX da Constituição brasileira de 1988 e artigo 489 do Código de Processo Civil brasileiro de 2015;

j) decisões judiciais que instituem obrigações contrárias à lei e a Constituição em vigor;

h) decisão judicial proferida posteriormente e em sentido contrário à coisa julgada material anterior.

Embora o autor tenha citado o impedimento do juízo como viável à propositura da *querela nullitatis*, no tópico anterior apresentou-se tal circunstância como motivo para ação rescisória, o que demonstra a linha tênue que distingue as ações e a possibilidade de fungibilidade entre elas. A situação mais comum para o ajuizamento da *querela nullitatis* resulta da ausência ou nulidade da citação. Todavia, o comparecimento voluntário do réu ou do executado no curso da ação, mesmo que nula ou inexistente a citação, resulta na supressão da nulidade, uma vez que a finalidade é atingida.[363]

---

[363] Lei nº 13.105, de 16 de março de 2015 (Código de Processo Civil). Art. 239, §1º. O *comparecimento espontâneo do réu ou do executado supre a falta ou a nulidade da citação, fluindo*

A competência para o julgamento dessa ação, diferentemente da ação rescisória, é do juízo que proferiu a decisão supostamente viciada.[364] Essa não é, entretanto, uma posição pacífica na doutrina. Há estudiosos que sustentam a competência para julgamento da *querela nullitatis* por outros órgãos. Beraldo (2004) aduz que a competência para julgamento de mérito deve ser do STF. Didier Junior e Cunha (2007) entendem que a competência deve ser do juízo que proferiu a decisão nula, seja monocrático, seja o Tribunal nos processos de sua competência originária. Em acórdão proferido pelo TJSP, foi asseverado que a *querela nullitatis* deveria ser dirigida ao relator do caso em que praticado o ato que se pretendia desconstituir.[365]

Entende-se, respeitando as posições divergentes, que a competência para o julgamento deve ser do juízo que proferiu a decisão. Uma vez que a coisa julgada nem sequer foi formada, não há como ser desconstituída. A declaração da inexistência da relação jurídico processual, portanto, deve ser realizada por quem praticou o ato.

Foi localizado, no TRF5, exemplo de *querela nullitatis* em processo que resultou na expedição de precatório. Em tal caso foi manejada ação rescisória pelo devedor (INSS) contra a parte vencedora da ação com a finalidade de reduzir o valor da verba de honorários de sucumbência. O acórdão lavrado pelo Pleno do Tribunal julgou procedente em parte, rescindiu e arbitrou novo valor dos honorários sucumbenciais devidos em decorrência da propositura da ação originária. Em seguida, houve a cessão do precatório, e o cessionário, no uso de suas prerrogativas contratuais e legais, apresentou petição incidental de *querela nullitatis* objetivando declarar a inexistência/nulidade do acórdão que rescindiu o capítulo de fixação dos honorários de sucumbência. A petição do cessionário foi indeferida por ilegitimidade *ad causam*. Assim, interpôs agravo regimental, que foi conhecido e improvido por unanimidade.

Nesse contexto, o cessionário manejou reclamação[366] visando afastar o argumento de ilegitimidade, pois, se o cedente seria parte

---

a partir desta data o prazo para apresentação de contestação ou de embargos à execução.

[364] BRASIL. Superior Tribunal de Justiça (STJ). Agravo Regimental no Recurso Especial (AgRg no REsp.) nº 1.199.335/RJ (2010/0112569-4). Rel. Min. Benedito Gonçalves, 1ª Turma. Julg. 17 mar. 2011. *Diário de Justiça eletrônico*, Brasília, 22 mar. 2011.

[365] SÃO PAULO. Ação Rescisória (AR) nº 2123603-18.2019.8.26.0000. Rel. Melo Colombi, 7º Grupo de Direito Privado. Julg. 16 jul. 2019. *Diário Oficial do Estado de São Paulo (DJSP)*, São Paulo, 16 jul. 2019.

[366] BRASIL. Superior Tribunal de Justiça (STJ). Reclamação (RCL) nº 12.271/PE (2013/0105768-5). Rel. Min. Assusete Magalhães, 1ª Seção. Julg. 26 ago. 2021. *Diário de Justiça eletrônico*, Brasília, 30 ago. 2021b.

legítima para apresentar *querela nullitatis*, o cessionário também o seria, já que a cessão de crédito transfere todos os deveres e direitos do cedente ao cessionário. A reclamação, contudo, não foi conhecida por inadequação da via eleita, e o valor dos honorários sucumbenciais permaneceu reduzido.

Embora no caso julgado pelo TRF5 a *querela nullitatis* não tenha sido apreciada em seu mérito, por ausência de legitimidade, identificou-se caso em que foi julgado o mérito da *querela nullitatis*.[367] Nesse exemplo, o Município de Seropédica/RJ manejou a *querela* em face de pessoa jurídica titular de precatório visando à declaração de inexistência de sentença e à nulidade dos atos que ensejaram a expedição do precatório. Conforme narrado, foi determinada a expedição do precatório ante a ausência de embargos em ação de execução de título extrajudicial contra o Município. Este, autor da *querela nullitatis*, alegou que a ausência de sentença apta a embasar a expedição do precatório constituía vício insanável por não respeitar o disposto no art. 100 da Constituição Federal, motivo pelo qual deveriam ser declarados nulos os atos que resultaram na expedição do precatório. A sentença julgou improcedente o pedido autoral asseverando que o precatório cuja expedição visava impugnar estava lastreado em título executivo extrajudicial e, uma vez que o executado (Município, autor da *querela*) não se manifestou nos autos no momento oportuno, o juízo estaria autorizado a requisitar o pagamento, nos termos do art. 730 do CPC/1973.[368]

O Município, na sequência, interpôs apelação requerendo a reforma da sentença. No entanto, o recurso não foi conhecido porque não impugnou de forma específica os fundamentos da sentença, deixando de observar o requisito da regularidade formal.

Diante das características elencadas, constata-se que a *querela nullitatis* é uma importante medida para impugnar decisões que possuem existência formal, mas que carecem de conteúdo material devido à ausência de requisitos essenciais em sua formação. Porém, ela representa um risco para os investidores de precatório, já que

---

[367] RIO DE JANEIRO. Apelação Cível (APL) nº 0003417-07.2009.8.19.0077. Rel. Werson Franco Pereira Rêgo, 25ª Câmara Cível. Julg. 18 jan. 2021. *Diário Oficial do Estado do Rio de Janeiro (DJRJ)*, Rio de Janeiro, 18 jan. 2021.

[368] Lei nº 5.869, de 11 de janeiro de 1973 (Código de Processo Civil/1973). *Art. 730. Na execução por quantia certa contra a Fazenda Pública, citar-se-á a devedora para opor embargos em 10 (dez) dias; se esta não os opuser, no prazo legal, observar-se-ão as seguintes regras: (Vide Lei nº 8.213, de 1991) (Vide Lei nº 9.469, de 1997) (Vide Lei nº 9.494, de 1997) I – o juiz requisitará o pagamento por intermédio do presidente do Tribunal competente; II – far-se-á o pagamento na ordem de apresentação do precatório e à conta do respectivo crédito.*

as decisões que embasaram a sua expedição podem ser declaradas inexistentes, o que resultará no retorno do processo ao *status quo ante* e no cancelamento do precatório. Por isso, assim como na ação rescisória, é imperativo que os investidores estejam atentos ao título executivo judicial ou extrajudicial que lastreia a expedição do precatório que estão adquirindo, pois há o risco de terem uma redução em seu patrimônio caso o precatório seja cancelado e, pela gravidade do vício, não possa mais ser expedido. Mesmo em casos de vícios menos graves, que possam ser corrigidos para reexpedição do precatório, os investidores devem considerar que o prazo para recebimento dos valores será consideravelmente estendido, afetando negativamente a rentabilidade anual projetada.

Para minimizar os efeitos de situações como essas, aconselha-se a elaboração de instrumentos de cessão com cláusulas que prevejam, expressamente, a responsabilidade do cedente por vícios rescisórios e transrescisórios que não possam ser identificados pela análise do cessionário, como no caso já citado de corrupção do magistrado.

4.4 Riscos políticos e legislativos

Os riscos inerentes ao investimento em precatórios são diversos e relevantes. Conforme destacado anteriormente, os investidores devem levar em consideração potenciais vícios no processo que ensejou a expedição do precatório, a possibilidade de comprometimento da cessão por defeitos ou ineficácia, a ameaça de penhora em execuções movidas contra a empresa que negociou créditos decorrentes de precatórios por meio de plataformas eletrônicas e o risco de deferimento da falência ou recuperação judicial.

Além desses, o investidor precisa estar atento aos riscos políticos e legislativos que envolvem a edição de emendas constitucionais, alterações em leis, resoluções, portarias e outras normas que regulam o assunto, pois essas modificações podem afetar o prazo para o recebimento de precatórios, a forma de aplicação da correção monetária, dos juros moratórios e dos requisitos para formalização da cessão de crédito.

A EC nº 114/2021, que introduziu o art. 107-A ao ADCT e modificou as normas para o pagamento de precatórios devidos pela União até o julgamento das ADIs nºs 7.047/DF e 7.064/DF, exemplifica o risco político e legislativo envolvido.

Com a Emenda, foi estabelecido limite para alocação na proposta orçamentária equivalente ao valor da despesa paga no exercício de 2016, corrigido pela variação do Índice Nacional de Preços ao Consumidor Amplo (IPCA), ou de outro índice que viesse a substituí-lo, apurado no exercício anterior a que se refere a lei orçamentária. Em outros termos, essa modificação incluiu o novo Regime Fiscal (regra do teto dos gastos públicos)[369] ao regime dos precatórios, para que o valor total pago anualmente tivesse como base o valor quitado em precatórios em 2016, atualizado com base no IPCA.

A alocação dos recursos foi prevista no art. 107-A do ADCT e era calculada pela Secretaria de Orçamento Federal da Secretaria Especial do Tesouro e Orçamento do Ministério da Economia da seguinte forma: (i) no exercício de 2022, o espaço fiscal decorrente da diferença entre o valor dos precatórios expedidos e o limite estabelecido deve ser destinado ao programa de renda básica familiar e à seguridade social; (ii) no exercício de 2023, pela diferença entre o total de precatórios expedidos entre 2 de julho de 2021 e 2 de abril de 2022 até o limite estabelecido pela EC nº 114/2021; (iii) nos exercícios de 2024 a 2026, pela diferença entre o total de precatórios expedidos entre 3 de abril de dois anos anteriores e 2 de abril do ano anterior ao exercício.

O objetivo com essa alteração foi abrir espaço no orçamento para a seguridade social e para custear o "Auxílio Brasil". De acordo com o presidente do Congresso Nacional à época, o senador Rodrigo Pacheco, a aprovação da emenda "torna possível a execução de programas sociais de que a população tanto necessita" (OLIVEIRA, 2021). Nesse discurso, porém, o senador não considerou os milhares de idosos e aposentados que, após anos de disputas judiciais, tiveram seu direito reconhecido em juízo, mas que, em decorrência da emenda, terão de aguardar por mais alguns anos na fila dos precatórios. Ainda, ao estabelecer limite para o pagamento dos precatórios e instituir nova ordem de preferência, surgiu a possibilidade de que cessionários de precatórios e demais investidores recebessem em um prazo além do projetado, reduzindo a sua rentabilidade anualizada estimada.

Além da ampliação do prazo para pagamento e da criação de limite anual de gastos vinculados aos débitos de precatórios (medida declarada inconstitucional), houve mudança quanto à sua forma de correção monetária. Conforme julgamento e modulação dos efeitos nas ADIs nº 4.357/DF e nº 4.425/DF, em respeito ao princípio constitucional

---

[369] BRASIL. Constituição. Emenda Constitucional nº 95, de 15 de dezembro de 2016. Altera o Ato das Disposições Constitucionais Transitórias, para instituir o Novo Regime Fiscal, e dá outras providências. *Diário Oficial da União*, Brasília, 15 dez. 2016b.

da isonomia, precatórios de origem tributária não poderiam ser corrigidos com base no índice de remuneração da caderneta de poupança, devendo ser aplicada a mesma taxa de juros de mora pela qual a Fazenda Pública remunera seu crédito tributário – atualmente a taxa Selic. Por outro lado, nas condenações oriundas de relação jurídica não tributária, o STF declarou a constitucionalidade do índice de remuneração da caderneta de poupança para cálculo dos juros e o Índice de Preços ao Consumidor Amplo Especial (IPCA-E) para a correção monetária.

Com a aprovação da EC nº 113/2021, cada parcela passa a ter seu valor acrescido de juros equivalentes à taxa Selic, acumulados mensalmente, calculados a partir do mês subsequente ao da consolidação até o mês anterior ao do pagamento – ou seja, investidores que adquiriam precatórios de natureza não tributária e esperavam correção monetária com base no IPCA-E e juros de mora pela poupança terão de rever seus cálculos para aplicar a taxa Selic para fins de atualização monetária, de remuneração do capital e de compensação da mora. Além disso, é importante ficar atento aos precatórios de origem tributária, pois eventual alteração na forma com a qual a Fazenda Pública remunera seu crédito tributário resultará em automático descumprimento das decisões proferidas pelo STF, tendo em vista que seus débitos serão atualizados com base na taxa Selic, em decorrência do disposto no art. 3º da EC nº 113/2021,[370] e seus créditos em uma taxa diferente.

A fim de exemplificar a perda, considere-se o IPCA em 10% a.a, a taxa Selic em 13,25% a.a, acumulada mensalmente, e os juros da poupança em 6% a.a. Nesse cenário, para facilitar a conta, imagine-se um precatório com valor histórico de R$100.000,00, cujo pagamento já esteja em mora (após o período de graça – além do prazo constitucional para o seu pagamento) e que leve mais três anos para ser quitado.

---

[370] Emenda Constitucional nº 113, de 8 de dezembro de 2021. *Art. 3º Nas discussões e nas condenações que envolvam a Fazenda Pública, independentemente de sua natureza e para fins de atualização monetária, de remuneração do capital e de compensação da mora, inclusive do precatório, haverá a incidência, uma única vez, até o efetivo pagamento, do índice da taxa referencial do Sistema Especial de Liquidação e de Custódia (Selic), acumulado mensalmente.*

Tabela nº 7 – Atualização do precatório após vencimento

	IPCA + Poupança	Selic
Ano 0	R$100.000,00	R$100.000,00
Ano 1	R$116.000,00	R$113.250,00
Ano 2	R$134.560,00	R$126.500,00
Ano 3	R$156.089,60	R$139.750,00

Fonte: Elaborada pelo autor.

Com essa mudança na forma de calcular a atualização e os juros, percebe-se uma diferença de R$16.339,60 para um precatório expedido com o valor correspondente a R$100.000,00. Se houver, porém, uma inversão nos valores com aumento da Selic e redução do IPCA, eventualmente pode ocorrer uma situação na qual a nova forma de cálculo beneficie os titulares de precatórios.

Quanto aos débitos referentes a dívidas de estados e municípios enquadrados no regime especial de pagamento, é recorrente a edição de emendas constitucionais visando à postergação dos prazos de pagamento, a exemplo das ECs nº 62/2009, nº 94/2016, nº 99/2017 e nº 109/2021. A imprevisibilidade quanto ao prazo para pagamento desses débitos já está inserida no preço pago pelos precatórios. Todavia, considerando a insegurança jurídica nessa matéria, uma situação que pode piorar a situação do investidor é a possível edição de normas para reduzir os montantes, previstos no art. 97 do ADCT, que devem ser pagos anualmente pelos entes federados, ou até mesmo para, provisoriamente, suspender os pagamentos.

Os credores e cessionários de precatórios têm enfrentado dificuldades não apenas com relação aos prazos e índices de correção, mas também devido às mudanças frequentes em relação às possibilidades de uso desses créditos, como mencionado no tópico 2.4. As Emendas Constitucionais nº 113 e nº 114 ampliaram o prazo para o pagamento desses débitos, mas também permitiram que os titulares de precatórios utilizassem seus créditos para quitar débitos parcelados ou inscritos em dívida ativa do ente federativo devedor, comprar imóveis públicos além de outras opções. Apesar de bilhões de reais terem sido destinados ao pagamento de outorgas com precatórios, o governo federal surpreendeu a todos e optou por revogar a norma autorizadora suspendendo essa possibilidade por atos infralegais.

Após abordar os principais riscos associados ao investimento em precatórios, passa-se para o estudo da negociação dos direitos pessoais patrimoniais decorrentes desses créditos e sua regulamentação pelos órgãos competentes, como o Banco Central do Brasil e a Comissão de Valores Mobiliários.

CAPÍTULO 5

A NEGOCIAÇÃO DE DIREITOS PESSOAIS PATRIMONIAIS BASEADOS EM PRECATÓRIOS SE SUJEITA À REGULAÇÃO DO BANCO CENTRAL DO BRASIL E DA COMISSÃO DE VALORES MOBILIÁRIOS?

Considerando que o Banco Central do Brasil tem a competência exclusiva, conforme o inciso VI do art. 10 da Lei nº 4.595/1964, de exercer o controle do crédito em todas as suas formas, e que o art. 2º da Lei nº 6.385/1976, além de enumerar rol de objetos qualificados como valores mobiliários, determinou a mesma qualificação a objetos emitidos publicamente com o objetivo de captar recursos mediante oferta de remuneração, surge a questão central abordada nesta obra: se a negociação pública de precatórios e objetos derivados desses créditos em plataformas eletrônicas está sujeita à regulamentação dessas duas autarquias.

Com fundamento no art. 174 da Constituição de 1988,[371] compreende-se que a atuação do Estado regulador tem como objetivo controlar as atividades econômicas, estabelecendo limites ao exercício do direito de propriedade e à celebração de contratos, por meio da imposição de requisitos adicionais de validade. A ação regulatória do Estado engloba a elaboração de normas, sua aplicação, a fiscalização do cumprimento por parte dos agentes econômicos e a punição daqueles que não as cumprem (RIBEIRO; FREITAS; NEVES, 2017, p. 511-537).

---

[371] Constituição da República Federativa do Brasil de 1988. Art. 174. *Como agente normativo e regulador da atividade econômica, o Estado exercerá, na forma da lei, as funções de fiscalização, incentivo e planejamento, sendo este determinante para o setor público e indicativo para o setor privado.*

Essa concepção resulta de revisão bibliográfica – por exemplo, Crivelin (2018, p. 51-52) –, que mapeia a opinião de diversos autores:

> Grau entende regulação como um instrumento estatal utilizado para a ordenação e a organização dos mercados. Sundfeld, por sua vez, descreve esse conceito como sendo os poderes e ações decorrentes da intervenção do Estado quando este manifesta objetivos econômicos. Já para Posner, a regulação consiste no controle legislativo e administrativo exercido pelo Estado, por exemplo, por meio de impostos, subsídios e controle de ingresso nos mercados, e, para Souto, seria toda atividade de cunho econômico por meio da qual, em razão de um interesse econômico geral, o Estado transcende a área de atuação de sua titularidade para se inserir no campo da atividade privada.

Ou, ainda, com base em Viscusi, Vernon e Harrington (1998, p. 307) que, citando Alan Stone, admitem a regulação como "uma limitação imposta pelo Estado sobre a discrição que pode ser exercida pelos indivíduos ou organizações, as quais são sustentadas pela ameaça de sanção".[372] Da mesma forma, Eizirik et al. (2011, p. 16) a entendem como atividade "de elaboração das normas legais ou regulatórias, do registro e da fiscalização das entidades que atuam no mercado, bem como da aplicação de tais normas, que pode resultar em sanções administrativas, após o competente processo sancionador". Tal visão é presente, de igual modo, na Constituição de 1988, visto a positivação no ordenamento jurídico da intervenção do Estado na economia por meio de entidades autárquicas com competência para normatizar, fiscalizar e sancionar agentes no mercado de capitais e sistema financeiro.

A regulação da coleta, intermediação e aplicação de recursos financeiros, bem como a custódia de títulos e valores mobiliários, tem como base a manutenção do equilíbrio entre os agentes econômicos, juntamente com o aumento da quantidade e qualidade das informações disponibilizadas ao público. Para cumprir esse propósito, o Estado conta com integrantes do Sistema Financeiro Nacional (SFN)[373] e entidades

---

[372] Formalmente, a regulação foi conceituada por Stone (1982, p. 10) como "*a state imposed limitation on the discretion that may be exercised by individuals or organizations, which is supported by the threat of sanction*".

[373] Lei nº 4.595, de 31 de dezembro de 1964 (Lei da Reforma Bancária). *Art. 1º O sistema Financeiro Nacional, estruturado e regulado pela presente Lei, será constituído: I – do Conselho Monetário Nacional; II – do Banco Central do Brasil; III – do Banco do Brasil S. A.; IV – do Banco Nacional do Desenvolvimento Econômico; V – das demais instituições financeiras públicas e privadas.*

autárquicas em regime especial, como a CVM, para estabelecer as regras de organização e funcionamento. O objetivo final é promover, de forma eficiente, os fluxos financeiros entre os agentes superavitários (poupadores) capazes de financiar os agentes tomadores de recursos que necessitam de capital para desenvolver suas atividades. Para Assaf Neto (2021, p. 60),

> a *regulação* no mercado financeiro é explicada como um conjunto de leis, recomendações, regulamentos, contratos e procedimentos de fiscalização e acompanhamento, visando adequar os agentes econômicos de mercado aos objetivos de estabilidade e confiança de todo o sistema financeiro. A regulação é geralmente executada pelas autoridades governamentais, como o Banco Central (Bacen) e a Comissão de Valores Mobiliários (CVM) (grifo do autor).

A regulação estatal é justificada por diversos argumentos, sendo o principal deles decorrente da necessidade de cumprir os dois objetivos estabelecidos no art. 192 da Constituição[374] para o Sistema Financeiro Nacional: promover o desenvolvimento equilibrado do país e servir aos interesses da coletividade (NEVES *et al.*, 2022, p. 116-135). Com o intuito de alcançar tais objetivos, a regulação estatal atua por meio de normas, execução e julgamento, buscando reduzir ou minimizar os efeitos dos riscos inerentes à movimentação de recursos financeiros. Uma das estratégias adotadas é o controle prévio de entrada dos agentes no mercado, a fim de assegurar a redução da assimetria de informações entre tomadores e poupadores, por meio da imposição às instituições financeiras do dever de observar regras de publicidade quanto aos riscos dos negócios realizados, para que todos os participantes possam tomar decisões em uma base mínima de igualdade.

Resta saber, portanto, se a atividade de negociação de créditos decorrentes de precatórios, via plataformas eletrônicas, está sujeita a esse controle prévio exercido pelo BACEN e pela CVM. O exame dessa questão pressupõe a compreensão de quem são essas autarquias e quais são os objetos de sua competência regulatória, o que se apresenta a seguir.

---

[374] Constituição da República Federativa do Brasil de 1988. Art. 192. *O sistema financeiro nacional, estruturado de forma a promover o desenvolvimento equilibrado do País e a servir aos interesses da coletividade, em todas as partes que o compõem, abrangendo as cooperativas de crédito, será regulado por leis complementares que disporão, inclusive, sobre a participação do capital estrangeiro nas instituições que o integram.*

5.1 Regulação exercida pelo BACEN

O BACEN possui natureza jurídica de autarquia especial, com autonomia concedida a partir da Lei Complementar nº 179/2021, sendo sua missão institucional "garantir a estabilidade do poder de compra da moeda, zelar por um sistema financeiro sólido, eficiente e competitivo, e fomentar o bem-estar econômico da sociedade" (BACEN, 2022b, p. 5).

É o responsável por fiscalizar o cumprimento das políticas planejadas pelo Conselho Monetário Nacional – órgão máximo – visando garantir a estabilidade, eficiência e desenvolvimento do sistema financeiro por meio da execução e do supervisionamento de normas e procedimentos. Para Assaf Neto (2021, p. 47), "pode-se tratar o Banco Central como um banco *fiscalizador* e *disciplinador* do mercado financeiro, ao definir regras, limites e condutas das instituições".

Na sua esfera de atuação, possui competência para restringir o número de participantes e estabelecer montantes mínimos de capital para que possam exercer determinadas atividades, aplicando, até mesmo, critérios de necessidade ou conveniência econômica. Tem o dever de avaliar a qualidade dos ativos por meio de metodologias preestabelecidas e a liquidez dos membros, recorrendo ao monitoramento e à inspeção das instituições. Destaca-se o fomento da poupança popular e a regulação do exercício da atividade de intermediação financeira, cujo objetivo é manter a solvência do sistema, assegurando que as instituições tenham recursos para honrar seus compromissos a fim de evitar riscos sistêmicos que contaminem os demais participantes (BACEN, 2016, p. 22-25).

Atualmente, o Estado brasileiro se vale da definição de instituição de pagamento, de instituições autorizadas e de instituição financeira como critérios subjetivos utilizados para determinar ao BACEN que faça o prévio controle de entrada dos agentes no mercado.

As instituições de pagamento que oferecem contas de pagamento pré-pagas ao mercado estão autorizadas a exercer a coleta de moeda para prestar aos seus clientes serviços de pagamento e transferência de recursos financeiros (COSTA; NEVES; SILVA, 2021, p. 27-30).[375]

---

[375] Lei nº 12.865, de 09 de outubro de 2013. Art. *6º Para os efeitos das normas aplicáveis aos arranjos e às instituições de pagamento que passam a integrar o Sistema de Pagamentos Brasileiro (SPB), nos termos desta Lei, considera-se: I – arranjo de pagamento – conjunto de regras e procedimentos que disciplina a prestação de determinado serviço de pagamento ao público aceito por mais de um recebedor, mediante acesso direto pelos usuários finais, pagadores e recebedores; II – instituidor de arranjo de pagamento – pessoa jurídica responsável pelo arranjo de pagamento e, quando for o caso, pelo uso da marca associada ao arranjo de pagamento; III – instituição de pagamento – pessoa*

Como exemplo de instituição autorizada, cita-se a administradora de consórcio – pessoa jurídica constituída sob a forma de sociedade limitada ou sociedade anônima, prestadora de serviços com a finalidade de propiciar a seus integrantes, de forma isonômica, a aquisição de bens ou serviços, por meio de autofinanciamento.[376]

A coleta, a intermediação e a aplicação de recursos financeiros em conta de depósito são atividades privativas de instituições financeiras,[377] o que lhes confere autorização, nos moldes de regulação estatal, para coletar moedas de um cliente e repassá-la a outro, sob a forma, por exemplo, de celebração de contratos de empréstimos, financiamentos e de desconto (COSTA; NEVES; SILVA, 2021, p. 35-47).

Sem adentrar em pormenores sobre cada uma das espécies de instituições financeiras, cumpre reconhecer que essa autorização é variável conforme as gradações de controle que o Estado brasileiro exerce sobre cada uma delas.[378] Para compreensão do tema, é suficiente

---

jurídica que, aderindo a um ou mais arranjos de pagamento, tenha como atividade principal ou acessória, alternativa ou cumulativamente: a) disponibilizar serviço de aporte ou saque de recursos mantidos em conta de pagamento; b) executar ou facilitar a instrução de pagamento relacionada a determinado serviço de pagamento, inclusive transferência originada de ou destinada a conta de pagamento; c) gerir conta de pagamento; d) emitir instrumento de pagamento; e) credenciar a aceitação de instrumento de pagamento; f) executar remessa de fundos; g) converter moeda física ou escritural em moeda eletrônica, ou vice-versa, credenciar a aceitação ou gerir o uso de moeda eletrônica; e h) outras atividades relacionadas à prestação de serviço de pagamento, designadas pelo Banco Central do Brasil; IV – conta de pagamento – conta de registro detida em nome de usuário final de serviços de pagamento utilizada para a execução de transações de pagamento; V – instrumento de pagamento – dispositivo ou conjunto de procedimentos acordado entre o usuário final e seu prestador de serviço de pagamento utilizado para iniciar uma transação de pagamento; e VI – moeda eletrônica – recursos armazenados em dispositivo ou sistema eletrônico que permitem ao usuário final efetuar transação de pagamento.

[376] Lei nº 11.795, de 08 de outubro de 2008. *Arts. 2º, 5º, 7º, I.*
[377] Lei nº 4.595, de 31 de dezembro de 1964 (Lei da Reforma Bancária). *Art. 17.*
[378] As instituições financeiras e equiparadas que compõe o sistema financeiro nacional constituem-se, entre outras, por: bancos (câmbio, comercial, desenvolvimento, investimento e múltiplo); Caixa Econômica Federal; agência de fomento; sociedade de crédito, financiamento e investimento (SCFI); sociedade de crédito imobiliário; sociedade de arrendamento mercantil (*leasing*); associação de poupança e empréstimo; companhia hipotecária; a sociedade de crédito ao microempreendedor e à empresa de pequeno porte (SCMEPP); *fintechs* de crédito (SEP e SCD); cooperativa de crédito; sociedades de capitalização; administradora de consórcios; corretora e distribuidora de títulos; corretoras de câmbio; bolsas de valores; bolsas de mercadorias e futuros; seguradoras e resseguradoras; entidade de previdência complementar fechada; entidades de previdência complementar aberta. Entre essas, como exemplo, pode-se citar as seguintes instituições como autorizadas a realizar as atividades de empréstimos e financiamentos: bancos; caixas econômicas; sociedade de empréstimo entre pessoas (SEP); cooperativa de crédito; sociedades de crédito, financiamento e investimento (SCFI), conhecidas como "financeiras"; associação de poupança e empréstimo (APE), voltada ao financiamento imobiliário e incentivo à formação da poupança; sociedade de crédito ao microempreendedor e à empresa de pequeno porte

reconhecer que o banco comercial é o tipo de instituição financeira com a mais ampla autorização estatal para realizar essa espécie de movimentação de recursos financeiros, eis que autorizado a coletar moeda de qualquer tipo de cliente e a repassá-la a outro, com a mesma liberdade. Situação diferente da cooperativa de crédito, que somente pode fazê-lo em relação a seus sócios cooperados, ou ainda, distintamente da Caixa Econômica Federal, que embora tenha a mesma liberdade que o banco comercial para coletar e repassar moedas a quem quer que queira, não pode aplicar os lucros auferidos com o exercício de sua atividade onde bem entender, devendo aplicá-los nos fins sociais, a que está adstrita por lei, como turismo, habitação e esportes (NEVES, 2018, p. 701-735).

Sabendo que, em regra,[379] a atividade de oferta de crédito é atividade privativa de instituição financeira, cabe avaliar se a negociação de créditos baseados em precatórios via plataformas eletrônicas se encaixa como tal e se, consequentemente, para ser legitimamente exercida, depende de prévia autorização do BACEN.[380]

Antes de realizar tal avaliação, cumpre esclarecer as atribuições da CVM e os critérios postos pelo Estado brasileiro para determinar sua competência regulatória. Para tanto, vale lembrar que a referida autarquia foi criada pela Lei nº 6.385/1976 e absorveu parcela da competência anteriormente atribuída ao BACEN no que se refere a registro, custódia, escrituração, emissão e negociação de valores mobiliários.

5.2 Regulação exercida pela CVM

A Comissão de Valores Mobiliários é uma autarquia vinculada ao Poder Executivo que desempenha um papel fundamental na normatização, fiscalização e controle do mercado de valores mobiliários. Entre suas funções, destaca-se o incentivo a direcionamento da poupança popular para o mercado de valores mobiliários e a garantia da eficiência e integridade das operações realizadas, bem como a proteção dos interesses e direitos dos investidores (ASSAF NETO, 2021, p. 48).

(SCMEPP criada para ampliar o acesso ao crédito por parte dos microempreendedores (pessoas naturais) e empresas de pequeno porte (pessoas jurídicas).

[379] A regulação estatal vem sendo flexibilizada desde 1964, quando foi criada a definição de instituição financeira no art. 17 da Lei nº 4.595/1964, e um exemplo desse movimento é a Empresa Simples de Crédito – ESC, cuja entrada no mercado de crédito passou a ser permitida, sem prévia autorização do BACEN, pela Lei Complementar nº 167/2019 (BRODT; NEVES, 2021, p. 62-94).

[380] Lei nº 4.595, de 31 de dezembro de 1964 (Lei da Reforma Bancária). *Art. 18.*

CAPÍTULO 5
A NEGOCIAÇÃO DE DIREITOS PESSOAIS PATRIMONIAIS BASEADOS EM PRECATÓRIOS SE SUJEITA À REGULAÇÃO... | 189

Para cumprir esses objetivos, a autarquia adota o modelo regulatório baseado no princípio do *full and fair disclosure*, que busca assegurar a constante divulgação de informações a todos os interessados, por meio de regulamentações específicas contidas na Lei das Sociedades por Ações,[381] na Lei do Mercado de Valores Mobiliários,[382] na Lei dos Crimes Contra a Economia Popular,[383] no Código Penal[384] e na Lei do Mercado de Capitais,[385] reforçando assim algumas normas baseadas nesse princípio.

---

[381] Lei nº 6.404, de 15 de dezembro de 1976 (Lei das Sociedades por Ações). *Art. 157.* O administrador de companhia aberta deve declarar, ao firmar o termo de posse, o número de ações, bônus de subscrição, opções de compra de ações e debêntures conversíveis em ações, de emissão da companhia e de sociedades controladas ou do mesmo grupo, de que seja titular. §1º O administrador de companhia aberta é obrigado a revelar à assembléia-geral ordinária, a pedido de acionistas que representem 5% (cinco por cento) ou mais do capital social: a) o número dos valores mobiliários de emissão da companhia ou de sociedades controladas, ou do mesmo grupo, que tiver adquirido ou alienado, diretamente ou através de outras pessoas, no exercício anterior; b) as opções de compra de ações que tiver contratado ou exercido no exercício anterior; c) os benefícios ou vantagens, indiretas ou complementares, que tenha recebido ou esteja recebendo da companhia e de sociedades coligadas, controladas ou do mesmo grupo; d) as condições dos contratos de trabalho que tenham sido firmados pela companhia com os diretores e empregados de alto nível; e) quaisquer atos ou fatos relevantes nas atividades da companhia. §2º Os esclarecimentos prestados pelo administrador poderão, a pedido de qualquer acionista, ser reduzidos a escrito, autenticados pela mesa da assembléia, e fornecidos por cópia aos solicitantes. §3º A revelação dos atos ou fatos de que trata este artigo só poderá ser utilizada no legítimo interesse da companhia ou do acionista, respondendo os solicitantes pelos abusos que praticarem. §4º Os administradores da companhia aberta são obrigados a comunicar imediatamente à bolsa de valores e a divulgar pela imprensa qualquer deliberação da assembléia-geral ou dos órgãos de administração da companhia, ou fato relevante ocorrido nos seus negócios, que possa influir, de modo ponderável, na decisão dos investidores de mercado de vender ou comprar valores mobiliários emitidos pela companhia. §5º Os administradores poderão recusar-se a prestar a informação (§1º, alínea e), ou deixar de divulgá-la (§4º), se entenderem que sua revelação porá em risco interesse legítimo da companhia, cabendo à Comissão de Valores Mobiliários, a pedido dos administradores, de qualquer acionista, ou por iniciativa própria, decidir sobre a prestação de informação e responsabilizar os administradores, se for o caso. §6º Os administradores da companhia aberta deverão informar imediatamente, nos termos e na forma determinados pela Comissão de Valores Mobiliários, a esta e às bolsas de valores ou entidades do mercado de balcão organizado nas quais os valores mobiliários de emissão da companhia estejam admitidos à negociação, as modificações em suas posições acionárias na companhia.

[382] Lei nº 6.385, de 7 de dezembro de 1976 (Lei do Mercado de Valores Mobiliários). *Art. 4º* O Conselho Monetário Nacional e a Comissão de Valores Mobiliários exercerão as atribuições previstas na lei para o fim de: VI – assegurar o acesso do público a informações sobre os valores mobiliários negociados e as companhias que os tenham emitido.

[383] Lei nº 1.521, de 26 de dezembro de 1951 (Lei dos Crimes Contra a Economia Popular). *Art. 3º* São também crimes desta natureza: VII – dar indicações ou fazer afirmações falsas em prospectos ou anúncios, para fim de substituição, compra ou venda de títulos, ações ou quotas.

[384] Decreto-Lei nº 2.848, de 7 de dezembro de 1940 (Código Penal). *Art. 177.* Promover a fundação de sociedade por ações, fazendo, em prospecto ou em comunicação ao público ou à assembléia, afirmação falsa sobre a constituição da sociedade, ou ocultando fraudulentamente fato a ela relativo: Pena – reclusão, de um a quatro anos, e multa, se o fato não constitui crime contra a economia popular. §1º – Incorrem na mesma pena, se o fato não constitui crime contra a economia popular: (Vide Lei nº 1.521, de 1951) I – o diretor, o gerente ou o fiscal de sociedade por ações, que, em prospecto, relatório, parecer, balanço ou comunicação ao público ou à assembléia, faz afirmação

Para fazer aplicar tal princípio, a CVM editou, por exemplo, a revogada Instrução CVM nº 296/1998, em que, nos termos dos arts. 16 e 17, admitia os administradores e controladores das sociedades emissoras como os verdadeiros responsáveis pela veracidade das informações a ela encaminhadas, não cabendo à autarquia o julgamento sobre a qualidade da companhia, ou garantia de veracidade das informações prestadas. No mesmo sentido e de maneira mais detalhada, a Resolução CVM nº 160/2022 dispõe no art. 24 que o ofertante é o responsável pela suficiência, veracidade, precisão, consistência e atualidade dos documentos da oferta e demais informações fornecidas ao mercado durante a oferta pública de distribuição.

Assim, o Estado passou a impor a utilização de infraestrutura peculiar e a observância de requisitos às partes envolvidas no ato de captar recursos mediante emissão de valor mobiliário. Essa imposição estabelece limites ao exercício do direito de propriedade dos agentes, uma vez que adiciona requisitos de validade à celebração de contratos que envolvem a transferência de direitos patrimoniais em troca de moeda. Tais requisitos são exigidos tanto aos emissores quanto aos adquirentes, quando os valores mobiliários são emitidos, distribuídos ou negociados.

Para regular a divulgação de informações que devem ser fornecidas pelos interessados em acessar a poupança popular por meio da emissão de valores mobiliários, o Estado brasileiro:

1º) criou a figura do sistema de distribuição de valores mobiliários delimitando quais são os agentes que aí podem atuar, mediante prévia autorização da CVM e do BACEN, os atos que podem praticar e a forma que devem observar para fazê-lo;[386]

---

falsa sobre as condições econômicas da sociedade, ou oculta fraudulentamente, no todo ou em parte, fato a elas relativo; II – o diretor, o gerente ou o fiscal que promove, por qualquer artifício, falsa cotação das ações ou de outros títulos da sociedade; III – o diretor ou o gerente que toma empréstimo à sociedade ou usa, em proveito próprio ou de terceiro, dos bens ou haveres sociais, sem prévia autorização da assembléia geral; IV – o diretor ou o gerente que compra ou vende, por conta da sociedade, ações por ela emitidas, salvo quando a lei o permite; V – o diretor ou o gerente que, como garantia de crédito social, aceita em penhor ou em caução ações da própria sociedade; VI – o diretor ou o gerente que, na falta de balanço, em desacordo com este, ou mediante balanço falso, distribui lucros ou dividendos fictícios; VII – o diretor, o gerente ou o fiscal que, por interposta pessoa, ou conluiado com acionista, consegue a aprovação de conta ou parecer.

[385] Lei nº 4.728, de 14 de julho de 1965 (Lei do Mercado de Capitais). Art. 2º *O Conselho Monetário Nacional e o Banco Central exercerão as suas atribuições legais relativas aos mercados financeiro e de capitais com a finalidade de: I – facilitar o acesso do público a informações sôbre os títulos ou valôres mobiliários distribuídos no mercado e sôbre as sociedades que os emitirem.*

[386] Lei nº 6.385, de 7 de dezembro de 1976. Art. 15. *O sistema de distribuição de valores mobiliários compreende: I – as instituições financeiras e demais sociedades que tenham por objeto distribuir*

2º) condicionou a validade[387] desses negócios à sua celebração com o uso de mecanismos dispostos nas estruturas do sistema de distribuição com a intermediação e o auxílio dos agentes autorizados a fazê-lo;[388]

3º) exige autorização prévia para o emissor de valores mobiliários fazer parte do mercado[389] – por exemplo, registro de

---

emissão de valores mobiliários: a) como agentes da companhia emissora; b) por conta própria, subscrevendo ou comprando a emissão para a colocar no mercado; II – as sociedades que tenham por objeto a compra de valores mobiliários em circulação no mercado, para os revender por conta própria; III – as sociedades e os agentes autônomos que exerçam atividades de mediação na negociação de valores mobiliários, em bolsas de valores ou no mercado de balcão; IV – as bolsas de valores; V – entidades de mercado de balcão organizado. VI – as corretoras de mercadorias, os operadores especiais e as Bolsas de Mercadorias e Futuros; e VII – as entidades de compensação e liquidação de operações com valores mobiliários. §1º Compete à Comissão de Valores Mobiliários definir: I – os tipos de instituição financeira que poderão exercer atividades no mercado de valores mobiliários, bem como as espécies de operação que poderão realizar e de serviços que poderão prestar nesse mercado; II – a especialização de operações ou serviços a ser observada pelas sociedades do mercado, e as condições em que poderão cumular espécies de operação ou serviços. §2º Em relação às instituições financeiras e demais sociedades autorizadas a explorar simultaneamente operações ou serviços no mercado de valores mobiliários e nos mercados sujeitos à fiscalização do Banco Central do Brasil, as atribuições da Comissão de Valores Mobiliários serão limitadas às atividades submetidas ao regime da presente Lei, e serão exercidas sem prejuízo das atribuições daquele. §3º Compete ao Conselho Monetário Nacional regulamentar o disposto no parágrafo anterior, assegurando a coordenação de serviços entre o Banco Central do Brasil e a comissão de Valores Mobiliários. Art. 16. Depende de prévia autorização da Comissão de Valores Mobiliários o exercício das seguintes atividades: I – distribuição de emissão no mercado (Art. 15, I); II – compra de valores mobiliários para revendê-los por conta própria (Art. 15, II); III – mediação ou corretagem de operações com valores mobiliários; e IV – compensação e liquidação de operações com valores mobiliários. Parágrafo único. Só os agentes autônomos e as sociedades com registro na Comissão poderão exercer a atividade de mediação ou corretagem de valores mobiliários fora da bolsa. (...) Art. 19. (...) §5º O mercado de balcão organizado será administrado por entidades cujo funcionamento dependerá de autorização da Comissão de Valores Mobiliários, que expedirá normas gerais sobre: I – condições de constituição e extinção, forma jurídica, órgãos de administração e seu preenchimento; II – exercício do poder disciplinar pelas entidades, sobre os seus participantes ou membros, imposição de penas e casos de exclusão; III – requisitos ou condições de admissão quanto à idoneidade, capacidade financeira e habilitação técnica dos administradores e representantes das sociedades participantes ou membros; IV – administração das entidades, emolumentos, comissões e quaisquer outros custos cobrados pelas entidades ou seus participantes ou membros, quando for o caso.

[387] A Lei nº 4.728/1965, em seu art. 16, já previa que emissões de títulos e valores mobiliários nos mercados financeiros e de capitais somente poderia ocorrer via sistema de distribuição, cujos agentes somente passavam a integrar mediante prévia autorização do BACEN.

[388] Lei nº 6.385, de 7 de dezembro de 1976. Art. 19. (...) *§4º A emissão pública só poderá ser colocada no mercado através do sistema previsto no Art. 15, podendo a Comissão exigir a participação de instituição financeira.*

[389] Lei nº 6.385, de 7 de dezembro de 1976. Art. 21. *A Comissão de Valores Mobiliários manterá, além do registro de que trata o Art. 19: I – o registro para negociação na bolsa; II – o registro para negociação no mercado de balcão, organizado ou não. §1ºSomente os valores mobiliários emitidos por companhia registrada nos termos deste artigo podem ser negociados na bolsa e no mercado de balcão. §2º O registro do art. 19 importa registro para o mercado de balcão, mas não para a bolsa ou entidade de mercado de balcão organizado. §3º São atividades do mercado de balcão não organizado as realizadas com a participação das empresas ou profissionais indicados no art. 15, incisos I, II*

companhia aberta, registro do regulamento do fundo de investimento;

4º) exige autorização para emissão de valores mobiliários[390] mediante a imposição de uma série de requisitos de validade adicionais – por exemplo, registro de emissão de ações, de debêntures;

5º) admite a autorregulação dos agentes que intermedeiam e auxiliam negócios com valores mobiliários.[391]

As Instruções CVM nº 400/2003[392] e nº 480/2009[393] permitiam que as sociedades empresárias enquadradas como Microempresa (ME) e Empresa de Pequeno Porte (EPP) (Lei Complementar nº 123/2006, art. 3º) pudessem realizar emissão pública de valores mobiliários sem registro prévio perante a CVM (Lei nº 6.385/1976, arts. 15 e 19, §4º).

Diante do fato de que as sociedades anônimas não podem ser classificadas como Microempresas (ME) ou Empresas de Pequeno Porte (EPP), e que o valor das captações estava limitado a R$2.400.000,00 por ano, o regime simplificado de dispensa teve pouca adesão, devido à pequena quantidade de sociedades que eram elegíveis para utilizá-lo. Além disso, identificou-se que as alternativas tradicionais de acesso a crédito não atendiam às demandas de empreendimentos em estágio inicial[394] (FELIPE; FERREIRA, 2020, p. 561, *apud* NEVES; RAGIL, 2021,

---

e III, ou nos seus estabelecimentos, excluídas as operações efetuadas em bolsas ou em sistemas administrados por entidades de balcão organizado.

[390] Lei nº 6.385, de 7 de dezembro de 1976. Art. 19. *Nenhuma emissão pública de valores mobiliários será distribuída no mercado sem prévio registro na Comissão.*

[391] Lei nº 6.385, de 7 de dezembro de 1976. Art. 21. *§4º Cada Bolsa de Valores ou entidade de mercado de balcão organizado poderá estabelecer requisitos próprios para que os valores sejam admitidos à negociação no seu recinto ou sistema, mediante prévia aprovação da Comissão de Valores Mobiliários.*

[392] Revogada pela Resolução CVM nº 160/2022.

[393] Revogada pela Resolução CVM nº 80/2022.

[394] "Em geral, investidores tradicionais focam em empreendimentos com algum grau de maturação e validação mercadológica e não têm interesse em ter participação ativa no desenvolvimento dos negócios, compartilhando conhecimento e experiência, bem como disponibilizando networking para escalar o empreendimento. Dado o risco de retorno sobre investimentos em sociedades empresárias cujo modelo de negócios, muitas vezes, se encontra no plano das ideias, esse segmento não atrai o interesse do mercado bancário, de Private Equity ou de Venture Capital (SCHWIENBACHER; LARRALDE, 2010, p. 17-18; GIOIELLI, 2013, p. 20; IMMC, 2015; SILVA, 2019, p. 86-92). Além disso, as instituições financeiras usualmente cobram altas taxas de juros, ou mesmo negam crédito para negócios em estágio inicial. Do mesmo modo, é elevado o custo da tradicional oferta pública de valores mobiliários. Conforme a Deloitte, gasta-se, em média, R$5 milhões com auditores, advogados, custodiantes e escrituradores, registros perante a CVM e listagem na bolsa de valores ou no mercado de balcão organizado. Trata-se de valor de raro alcance para sociedades empresárias nascentes, sem fluxo de caixa e cujos negócios, muitas vezes,

p. 49-80), o que levou a CVM a criar o *crowdfunding* de investimento. Com a edição da Instrução CVM nº 588/2017, foram autorizadas ofertas públicas de distribuição de valores mobiliários por meio de plataformas eletrônicas, dispensando a necessidade de registros prévios na autarquia.

Com base na análise do aparato normativo vigente, é possível concluir que tanto a Instrução CVM nº 588/2017 quanto a Resolução CVM nº 88/2022, que a revogou, estão em conformidade com o princípio do *full and fair disclosure* em seus dispositivos, ao estabelecerem um conjunto mínimo de informações sobre as ofertas públicas que devem ser divulgadas pelas plataformas e sociedades empresárias de pequeno porte.[395] Com isso, a CVM não tem a responsabilidade de analisar o mérito dos valores mobiliários distribuídos e os riscos associados, e a obrigatoriedade do registro tem um caráter meramente preventivo, visando proteger os investidores contra ofertas temerárias e emissões irregulares, em conformidade com a Lei nº 6.385/1976, art. 4º, IV.

Quando de sua publicação, a Lei nº 6.385/1976 limitava-se a enumerar taxativamente os valores mobiliários.[396] Essa estratégia reduzia consideravelmente a possibilidade de novos títulos emitidos por diversos agentes, além das sociedades anônimas, serem considerados como valores mobiliários (EIZIRIK, 2001, p. 74). A Lei nº 10.303/2001 alterou substancialmente o art. 2º da Lei nº 6.385/1976 incluindo nominalmente novos objetos qualificados como valor mobiliário,[397] e, além disso, foi adicionada uma regra geral no inciso IX capaz de enquadrar na definição de valor mobiliário novos objetos criados pelo mercado, nessa parte, semelhante à utilizada pelos estadunidenses para as *securities*

---

sequer foram validados no mercado. Assim, o *Crowdfunding* de Investimento busca atender a um público, tanto de investidores quanto de emissores, não abarcado por esses métodos tradicionais de financiamento (BRASIL, 2019a, p. 21-28; 56-57; ABDI, 2011; ARMOUR; ENRIQUES, 2017; SALAMA, 2018)" (NEVES; RAGIL, 2021, p. 51).

[395] Resolução CVM nº 88, de 27 de abril de 2022. *Anexo E*.

[396] Havia também a previsão legal (de questionável constitucionalidade, segundo o prof. Nelson Eizirik) de que o Conselho Monetário Nacional (CMN) poderia, a seu critério, entender como valores mobiliários outros títulos emitidos pelas sociedades anônimas além dos já indicados em lei.

[397] Lei nº 6.385, de 7 de dezembro de 1976. *Art. 2º São valores mobiliários sujeitos ao regime desta Lei: I – as ações, debêntures e bônus de subscrição; II – os cupons, direitos, recibos de subscrição e certificados de desdobramento relativos aos valores mobiliários referidos no inciso II; III – os certificados de depósito de valores mobiliários; IV – as cédulas de debêntures; V – as cotas de fundos de investimento em valores mobiliários ou de clubes de investimento em quaisquer ativos; VI – as notas comerciais; VII – os contratos futuros, de opções e outros derivativos, cujos ativos subjacentes sejam valores mobiliários; VIII – outros contratos derivativos, independentemente dos ativos subjacentes.*

(EIZIRIK, 2001, p. 73). Passaram a ser considerados valores mobiliários, dessa forma, quaisquer títulos ou contratos de investimento coletivo ofertados publicamente que gerem direito de participação, de parceria ou de remuneração, até mesmo resultante de prestação de serviços, cujos rendimentos advêm do esforço do empreendedor ou de terceiros. Essa definição foi elaborada tendo como base a decisão da Suprema Corte norte-americana para o caso *SEC v. W. J. Howey Company*,[398] resultando na formulação do *Howey Test*,[399] que, no Brasil, tem servido de parâmetro para enquadrar novos ativos financeiros negociáveis como espécie de valor mobiliário.[400]

O estudo dos valores mobiliários e suas definições é de grande relevância nesta obra, pois, se os direitos decorrentes de precatórios negociados por meio de plataformas eletrônicas de investimento forem considerados valores mobiliários, isso, necessariamente, atrairá a competência regulatória e fiscalizatória da CVM. A adoção de uma definição abrangente de valor mobiliário, similar ao conceito de *securities* nos Estados Unidos, pode apresentar vantagens, pois permite que operações mais arriscadas envolvendo títulos e contratos, geralmente atípicos, ofertados publicamente por sociedades que possuem modelos de negócios inovadores e ainda sem uma regulação bem definida, possam ser reguladas pela CVM (RAGIL, 2017, p. 98).

É irrelevante o formato utilizado para instrumentalizar a emissão da unidade de direitos pessoais patrimoniais para que tal objeto seja categorizado como valor mobiliário, desde que suas características correspondam ao previsto no inciso IX do art. 2º da Lei nº 6.385/1976. Assim, um *token*, título, contrato ou conjunto de contratos, cuja remuneração decorra dos esforços do empreendedor ou terceiros, ao serem

---

[398] UNITED STATES. Supreme Court (SC). Securities and Exchange Commission v. W. J. Howey Co, 328 U.S. 293. U.S, may. 1946.

[399] O *Howey Test* consiste em algumas perguntas que devem ser feitas para sanar a dúvida se um ativo se enquadra como valor mobiliário. Os requisitos caracterizantes das securities, que devem ser respondidos positivamente no *Howey Test*, correspondem a: (i) investimento em dinheiro; (ii) empreendimento comum; (iii) expectativa de lucro; (iv) unicamente dos esforços dos outros (EIZIRIK *et al.*, 2011, p. 35).

[400] "No Caso *Howey*, dava-se a oferta pública de venda de pequenas unidades de terrenos plantados com pés de laranja, combinada com a contratação de serviço opcional de cultivo, trato exploração e negociação da produção pelo período de 10 anos, sendo que o lucro anual do empreendimento era revertido aos investidores. A oferta dos terrenos e dos serviços era feita com aviso de que não seria economicamente viável a realização da atividade de cultivo e exploração dos pés de laranja pelo próprio investidor, dada a pequena faixa de terra a ser cultivada, de modo que, embora supostamente 'opcional', a contratação do serviço oferecido conjuntamente com a aquisição dos terrenos era praticamente inexorável" (CVM, 2020a).

ofertados publicamente,[401] vão atrair a competência regulatória da CVM. Até mesmo os instrumentos de pagamento e crédito – a exemplo dos títulos de crédito –, quando utilizados para capitalização de empresas acessando a poupança popular, podem ser considerados valores mobiliários – isto é, títulos de crédito que deixam de ser emitidos como instrumento representativo de dívida e passam a ser utilizados como forma de captação de recursos, em virtude da sua utilização, caso cumpram os demais requisitos previstos no tópico 4.2.2, serão considerados valores mobiliários.

Os precatórios, apesar de algumas vezes ainda serem confundidos com títulos da dívida pública federal, estadual ou municipal,[402] **não se enquadram nessa categoria. Ademais, como visto no tópico 1.2, precatório, sob o prisma processual, é o procedimento utilizado na cobrança de direitos de crédito contra o Estado, ao passo que, sob o ponto de vista do credor, é a representação de um crédito decorrente de um título** executivo judicial.[403] Consequentemente, nem sequer podem ser categorizados como títulos e não fazem parte da exceção

---

[401] Sobre as emissões públicas, apresenta-se: 1º) Lei nº 6.385, de 7 de dezembro de 1976. *Art. 19. §3º Caracterizam a emissão pública: I – a utilização de listas ou boletins de venda ou subscrição, folhetos, prospectos ou anúncios destinados ao público; II – a procura de subscritores ou adquirentes para os títulos por meio de empregados, agentes ou corretores; III – a negociação feita em loja, escritório ou estabelecimento aberto ao público, ou com a utilização dos serviços públicos de comunicação.* 2º) Resolução CVM nº 160, de 13 de julho de 2022. *Art. 3º Configura oferta pública de distribuição o ato de comunicação oriundo do ofertante, do emissor, quando este não for o ofertante, ou ainda de quaisquer pessoas naturais ou jurídicas, integrantes ou não do sistema de distribuição de valores mobiliários, atuando em nome do emissor, do ofertante ou das instituições intermediárias, disseminado por qualquer meio ou forma que permita o alcance de diversos destinatários, e cujo conteúdo e contexto representem tentativa de despertar o interesse ou prospectar investidores para a realização de investimento em determinados valores mobiliários, ressalvado o disposto no art. 8º. §1º Sem prejuízo de outros atos que se enquadrem no caput, são exemplos que caracterizam uma oferta como pública: I – a utilização de material publicitário dirigido ao público investidor em geral; II – a procura, no todo ou em parte, de investidores indeterminados para os valores mobiliários, por meio de quaisquer pessoas naturais ou jurídicas, integrantes ou não do sistema de distribuição de valores mobiliários, atuando em nome do emissor, do ofertante ou das instituições participantes do consórcio de distribuição; III – a consulta sobre a viabilidade da oferta ou a coleta de intenções de investimento junto a potenciais subscritores ou adquirentes indeterminados, ressalvada a hipótese prevista no art. 6º; IV – a negociação feita em loja, escritório, estabelecimento aberto ao público, página na rede mundial de computadores, rede social ou aplicativo, destinada, no todo ou em parte, a subscritores ou adquirentes indeterminados; e V – a prática de quaisquer atos descritos nos incisos II a IV, ainda que os destinatários da comunicação sejam individualmente identificados, quando resultante de comunicação padronizada e massificada.*

[402] São títulos da dívida pública federal a LTN, NTN, LFT, entre outros, emitidos com a seguinte descrição pelo BACEN: "Título de responsabilidade do Tesouro Nacional, emitido para a cobertura de déficit orçamentário, exclusivamente sob a forma escritural, no SELIC" (BACEN, 2000).

[403] Sentença transitada em julgado que reconheça a existência de obrigação.

presente na Lei nº 6.385/1976, que exclui títulos da dívida pública da fiscalização da CVM.[404]

Para Deubex (2006, p. 25) e Souto (2005, p. 125), a assimetria de informações presente no mercado de valores mobiliários é o que justifica a regulação exercida pela CVM a fim de proporcionar o desenvolvimento do mercado e proteger os interesses dos investidores de, por exemplo, pirâmides financeiras[405] e esquemas "ponzi",[406] sendo os seguintes fundamentos para a sua regulação (CVM, 1978, p. 3-5):

(i) o interesse público associado à transformação da poupança popular em capital produtivo pelas sociedades empresárias, o que contribui para o crescimento econômico e social;
(ii) a confiabilidade que deve existir entre os agentes do mercado de que este funciona de forma impessoal e equânime, mediante a inexistência de atos e normas discriminatórios ou que privilegiem determinado grupo de pessoas;
(iii) o mercado eficiente nas operações e alocações de recursos e livre para que qualquer pessoa possa acessá-lo;
(iv) a competitividade, elemento essencial à efetividade do mercado. Como resultado, há redução na necessidade de regulação e estímulo à criatividade dos participantes que buscam alternativas melhores para serem oferecidas aos consumidores; e

---

[404] Lei nº 6.385, de 7 de dezembro de 1976. Art. 1º, §1º Excluem-se do regime desta Lei: I – os títulos da dívida pública federal, estadual ou municipal.

[405] "Pirâmides financeiras: Esquemas irregulares para captação de recursos da população, em que lucros ou rendimentos são pagos com os aportes de novos participantes, que pagam para aderir à estrutura ('investimento inicial'). A adesão de novos membros expande a base da pirâmide, mas essa expansão é insustentável e, inevitavelmente, não será suficiente para pagar todos os compromissos. Atrasos nos pagamentos levarão ao desmoronamento do esquema, gerando prejuízos especialmente para os novos aderentes, que por terem ingressado mais recentemente, não terão tempo para recuperar o que foi 'investido'. Em geral, pirâmides financeiras não são de competência da CVM, mas configuram crimes contra a economia popular e, por isso, são comunicados ao Ministério Público" (CVM, 2021).

[406] "O esquema 'Ponzi' também não oferece uma oportunidade real de investimento, mas se difere da pirâmide pois o 'investidor' não precisa atrair novos investidores. A aparência de ser um investimento de verdade pode ser maior, pois os recursos são entregues a uma pessoa que promete restituir os valores com maior rentabilidade, mas os lucros são pagos com recursos novos, como na pirâmide. A diferença é que a 'vítima' não precisa realizar esforços para atrair novos investidores. Assim, normalmente são classificados como ofertas públicas de contratos de investimento coletivo e recaem sob competência da CVM" (CVM, 2021).

(v) a proteção ao investidor individual perante os intermediários e companhias em virtude do seu menor poder econômico e menor capacidade de organização, buscando a limitação dos riscos.

Portanto, considerando que a Resolução CVM nº 88/2022, em seu art. 1º, estabelece a regulamentação da oferta pública de distribuição de valores mobiliários de emissão de sociedades empresárias de pequeno porte, realizada por meio de plataforma eletrônica, com dispensa de registro, visando proteger os investidores e viabilizar a captação pública por parte dessas sociedades, segue-se ao exame das situações em que os objetos negociados por plataformas eletrônicas podem ser considerados valores mobiliários sujeitos à regulação.

5.2.1 Situações em que os contratos de investimento coletivos são valores mobiliários. Aplicação do *Howey Test*

A CVM tem adotado, com as devidas adaptações à realidade brasileira, os exercícios desenvolvidos pela jurisprudência norte-americana, como o famoso *Howey Test*, para estabelecer critérios que permitam enquadrar contratos de investimento coletivo como valores mobiliários. A autarquia já apreciou captações de recursos envolvendo criações de avestruz;[407] cédulas de crédito bancário;[408] empreendimentos condo-hoteleiros;[409] multipropriedade (ou *time sharing*);[410] vagas de garagem;[411] participação em direitos de jogadores de futebol;[412] ecoempreendedorismo em modelo de *marketing* multinível[413] entre

---

[407] COMISSÃO DE VALORES MOBILIÁRIOS (CVM). *Processo Administrativo Sancionador nº 23/2004*. Julg. em 28 set. 2006b.
[408] COMISSÃO DE VALORES MOBILIÁRIOS (CVM). *Processo CVM nº RJ2007/11.593*. Decisão do Colegiado, Rio de Janeiro, 22 jan. 2008.
[409] COMISSÃO DE VALORES MOBILIÁRIOS (CVM). *Processo Administrativo nº 19957.004122/2015-99*. Rio de Janeiro, 12 abr. 2016b.
[410] COMISSÃO DE VALORES MOBILIÁRIOS (CVM). Processo Administrativo nº 19957.009524/2017-41. *Diário Eletrônico da CVM*, Rio de Janeiro, 22 abr. 2019a.
[411] COMISSÃO DE VALORES MOBILIÁRIOS (CVM). Processo Administrativo Sancionador nº 19957.006343/2017-63 (RJ2017/03090). Julg. em 7 maio 2019. *Diário Oficial da União*, Brasília, 8 jul. 2019b.
[412] COMISSÃO DE VALORES MOBILIÁRIOS (CVM). *Processo Administrativo nº RJ 2014-11253*. Rio de Janeiro, 22 jun. 2015.
[413] COMISSÃO DE VALORES MOBILIÁRIOS (CVM). *Processo Administrativo Sancionador nº 19957.008445/2016-32 (RJ2016/08381)*. Julg. em 18 fev. 2020d.

outros. Não foram identificados, entretanto, julgados envolvendo a negociação de créditos embasados em precatórios, o que demonstra a relevância do estudo.

O propósito das perguntas desenvolvidas no *Howey Test* é identificar a substância econômica do negócio em si, em contraposição à sua estrutura formal de implementação. Somente quando todas as seguintes perguntas do teste forem respondidas de forma positiva, é que os envolvidos na emissão do contrato de investimento estarão sujeitos à fiscalização da CVM:

a) Há oferta pública?

b) Há investimento formalizado por um título ou por um contrato?

c) O investimento é coletivo? isto é, vários investidores investem sua poupança em um empreendimento comum?

d) O investimento gera direito de participação, de parceria ou de remuneração?

e) A remuneração oferecida tem origem nos esforços do empreendedor ou de terceiros?

Em modelos de negócios que envolvem a negociação de direitos pessoais patrimoniais resultantes de frações de precatórios, via plataformas eletrônicas de investimento, é comum que a aplicação seja formalizada por título ou contrato e proporcione as mesmas condições de participação ou remuneração a todos os investidores. Vale destacar que a remuneração, para efeitos do *Howey Test*, deve ter como fruto o deságio aplicado na aquisição do precatório. Isto é, não pode ser resultado de variáveis externas ao esforço do empreendedor – por exemplo, em decorrência de aumento na inflação ou da taxa Selic (SEC, 2019, p. 6).

Ademais, como reconhecido pela CVM em outras oportunidades,[414] a participação ou colaboração pouco expressiva do investidor nas atividades desenvolvidas pelo ofertante, como nos casos em que o investidor recebe um bônus por recomendar a plataforma a terceiros, não descaracteriza o contrato de investimento coletivo como valor mobiliário desde que os esforços de terceiros sejam predominantes. Assim, por mais que o investidor contribua para sua remuneração, caso sua parcela de esforço não seja significativa para o sucesso do

---

[414] Dois exemplos: (i) PA CVM nº 19957.009524/2017-41 e (ii) PAS CVM nº 19957.007994/2018-51.

empreendimento, não há que se falar em descaracterização do valor mobiliário. Foram utilizados os ensinamentos do diretor Gustavo Gonzalez, em seu bem lançado voto no Processo Administrativo nº 19957.009524/2017-41, para consolidar o entendimento acerca dessa pergunta, *in verbis*: "É imprescindível, portanto, ir além das formas jurídicas e verificar se o que se oferece aos investidores é, de fato, um investimento em um empreendimento comum na expectativa de rentabilidade advinda preponderantemente do esforço de terceiros".

A fim de determinar se os rendimentos oferecidos aos investidores que adquirem direitos pessoais patrimoniais respaldados por precatórios, via plataformas eletrônicas, *são resultado do esforço do empreendedor ou de terceiros, é relevante compreender o conceito do termo "esforço"*. Para isso, pesquisou-se o termo no dicionário, chegando-se às seguintes explicações:

> 1 Intenso emprego de forças e energias (física, moral, intelectual etc.) para dar conta de um determinado empreendimento, satisfazer um desejo, realizar um sonho ou ideal, cumprir um dever etc.; conato. 2 *Ação penosa, difícil, que exige empenho e diligência; obra, trabalho, atividade.* 3 Recrudescimento de ânimo e vigor em face de determinada atividade ou objetivo, buscando superar obstáculos que se interpõem à sua realização; animação, estimulação; zelo exacerbado para vencer dificuldades. 4 Força moral para enfrentar situações de perigo ou adversas; coragem, valentia, intrepidez. 5 Atenção cuidadosa, aplicação no desempenho de uma tarefa; diligência, dedicação, zelo (ESFORÇO – Michaelis, 2022)

> substantivo masculino. 1 intensificação das forças físicas, intelectuais ou morais para a realização de algum projeto ou tarefa "fez um grande e. para arrombar a porta" "foi com e. que passou no exame vestibular". 2 aquilo que se faz com dificuldade e empenho; trabalho, empreendimento, obra "fizeram magníficos e. para recuperar as áreas desmatadas" 3 p.ext. intensificação de atividade, quando esta se acha de alguma forma bloqueada; estimulação, animação "e. mental". 4 coragem, destemor, valentia "enfrentou o agressor com grande e." 5 diligência, zelo "somos gratos por seus e". (ESFORÇO – Houaiss, 2022).

Partindo da premissa de que o esforço envolve algo intenso, difícil, penoso, que se faz com dificuldade e demanda trabalho, será realizado um exercício imaginativo com o fito de verificar se as atividades relacionadas à negociação de créditos amparados em precatórios, que resultam em remuneração, são fruto do esforço do empreendedor ou de terceiros. A SSE (Superintendência de Supervisão de Securitização) entende que o requisito do esforço será cumprido quando os objetos forem lastreados, vinculados ou representativos de direitos creditórios ou títulos, e as atividades relacionadas à seleção, análise de risco, precificação, aquisição, manutenção, custódia ou gestão desses direitos creditórios ou de seu fluxo de caixa, incluindo atividades de cobrança, forem realizadas por terceiros diferentes do próprio investidor, seja de forma conjunta ou isolada (CVM, 2023c). Para tanto, serão elencadas algumas situações que envolvem a celebração de negócios jurídicos e a prática de atos relacionados à transmissão de direitos relacionados a precatórios.

Vale rememorar que, para uma sociedade empresária se tornar cessionária de um precatório, deve localizar algum credor que tenha interesse em cedê-lo, realizar análise de riscos, confeccionar o instrumento de cessão de crédito, celebrá-lo e homologá-lo em juízo. Supondo que estamos falando da Sociedade A, e que ela realize a captação de recursos de investidores via plataforma eletrônica visando dispor da verba necessária ao custeio de todos esses atos, três são as opções para a cessionária após habilitar-se nos autos como nova titular do crédito: 1ª) aguardar o pagamento pelo ente devedor e peticionar requerendo a expedição do alvará ou transferência eletrônica para a sua conta; 2ª) inscrever-se no acordo direto com o ente devedor para receber o valor do precatório com deságio;[415] *3ª) realizar nova cessão de crédito a terceiro, celebrando os instrumentos necessários e homologando-a em juízo.*

---

[415] O acordo direto é a possibilidade de pagamento de precatórios sem a observância da ordem cronológica de pagamento – Constituição de 1988, art. 100, §20 –, mediante negociação direta com o ente devedor e aplicação de deságio de até 40% do valor atualizado do precatório.

Figura 5 – Sociedade realiza a captação de recursos antes de adquirir o precatório

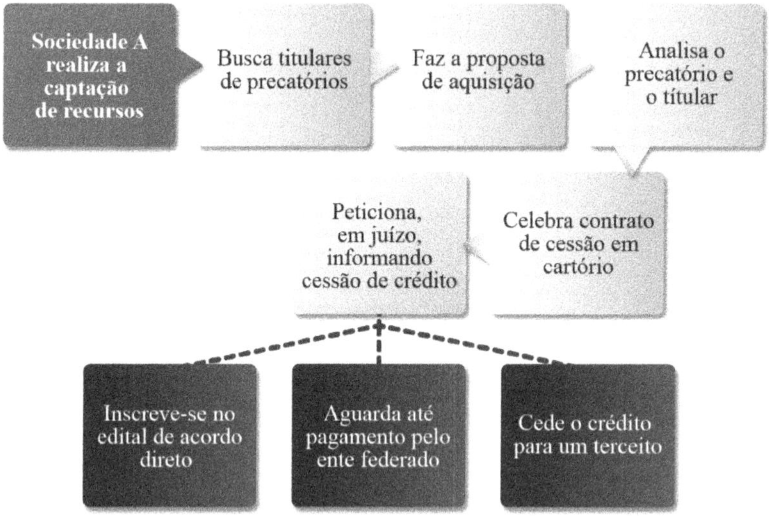

```
[Sociedade A realiza a captação de recursos] → [Busca titulares de precatórios] → [Faz a proposta de aquisição] → [Analisa o precatório e o titular]
                                                                                                                           ↓
                                              [Peticiona, em juízo, informando cessão de crédito]  ←  [Celebra contrato de cessão em cartório]
                                                                       ↓
                    [Inscreve-se no edital de acordo direto]   [Aguarda até pagamento pelo ente federado]   [Cede o crédito para um terceiro]
```

Fonte: Elaborada pelo autor.

Nesse caso, os atos praticados pela Sociedade A para se tornar titular do precatório podem ser considerados como esforço do empreendedor?

Como a Sociedade A primeiro captou recursos dos investidores para depois praticar todos os atos necessários à aquisição do precatório, pode-se admitir que os investidores se tornam: (i) titulares de participação societária do empreendimento que a sociedade organizou; ou (ii) credores em comum via objetos representativos de dívida. Nesse caso, embora não haja um entendimento consolidado sobre o que caracteriza o esforço do empreendedor, há chances de que a CVM entenda que a realização de todas essas tarefas corresponda ao esforço necessário para que a atividade seja bem-sucedida, uma vez que a realização exitosa de todas as etapas elencadas demanda competências adquiridas em áreas diferentes, sendo indiferente que a Sociedade A, após a aquisição do precatório: (i) aguarde o pagamento pelo ente devedor; (ii) inscreva-se nos editais de acordo direto; ou (iii) realize cessão de crédito para um terceiro com ágio em relação ao valor pago originalmente.

Em uma conjuntura diferente, admite-se que a Sociedade A, com recursos próprios, localiza o titular, analisa os riscos, celebra os instrumentos de cessão, efetua o pagamento, peticiona requerendo a homologação e, somente após a decisão judicial homologatória, capta recursos via plataformas eletrônicas mediante alienação de créditos baseados no precatório.

Figura 6 – Sociedade realiza a captação de recursos depois de adquirir o precatório

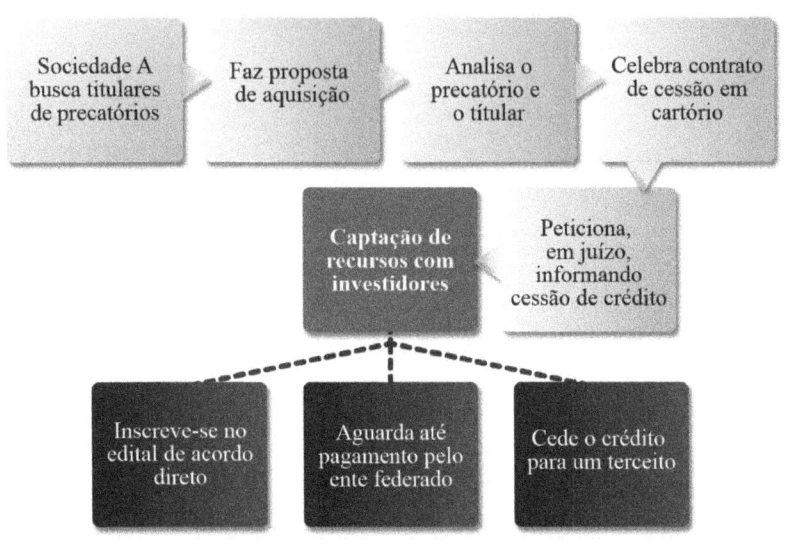

```
Sociedade A busca titulares de precatórios → Faz proposta de aquisição → Analisa o precatório e o titular → Celebra contrato de cessão em cartório
    ↓
Captação de recursos com investidores    Peticiona, em juízo, informando cessão de crédito
    ↓
Inscreve-se no edital de acordo direto | Aguarda até pagamento pelo ente federado | Cede o crédito para um terceiro
```

Fonte: Elaborada pelo autor.

Diante disso, indaga-se: Considerando que a remuneração oferecida aos investidores não dependerá do desempenho futuro de tarefas, estará aí caracterizado o "resultado decorrente do esforço do empreendedor"? Antes de responder a essa pergunta, é preciso lembrar que a CVM não estabeleceu parâmetros claros para determinar o que constitui o "esforço do empreendedor" e que o inciso IX do art. 2º da Lei nº 6.385/1976 *é omisso em relação ao momento de realização do esforço para fins de* caracterização de um objeto como valor mobiliário. A autarquia, em seus julgados, apenas enfatiza que o retorno deve advir de uma posição ativa do empreendedor.

> É importante ressalvar que, para a caracterização do contrato de investimento coletivo, o lucro esperado pode estar associado tanto aos resultados do empreendimento a ser desenvolvido, quanto à valorização do título ou contrato que representa o investimento. Nessa segunda hipótese, não se pode falar em contrato de investimento coletivo quando a expectativa de valorização é associada a fatores externos, que fogem

do controle do empreendedor, mas apenas quando o promotor do empreendimento ou um terceiro indicam que envidarão esforços com o objetivo de – ou tendentes a – valorizar o investimento inicialmente realizado – PA CVM nº 19957.009524/2017-41.

Com base na análise da argumentação utilizada em casos julgados no Brasil e nos EUA,[416] inclusive *SEC v. W. J. Howey Company*,[417] verificou-se que o esforço necessário para qualificar um objeto como valor mobiliário deve ser despendido posteriormente à sua emissão e à respectiva captação de recursos de terceiros. No Processo Administrativo CVM nº 19957.009524/2017,[418] em que se discutia a oferta de unidades imobiliárias no sistema de multipropriedade como valor mobiliário, pontuou-se que o lucro deve ser resultado do "empreendimento a ser desenvolvido", havendo necessidade de que o empreendedor ou terceiro indiquem "que envidarão esforços com o objetivo de – ou tendentes a – valorizar o investimento inicialmente realizado".

No Processo Administrativo Sancionador CVM *nº* 19957.009 925/2017-00,[419] discutiu-se a oferta irregular de valor mobiliário consubstanciado em contrato de investimento coletivo na qual a sociedade captava recursos de terceiros para investir "em ações e derivativos", prometendo "40,5% ao mês de retorno ou 1,35% ao dia", e investigou-se, na ocasião, se haveria esforço do empreendedor. Dadas as circunstâncias fáticas em que o retorno prometido era diretamente relacionado às atividades exercidas pelos empreendedores ou por terceiros, pois eram os responsáveis por "selecionar as oportunidades, investir os recursos aportados pelos investidores e, em alguns casos, auxiliar o desenvolvimento do negócio das sociedades investidas", concluiu-se

---

[416] A SEC (2017) entendeu que MUN *tokens* deveriam ser considerados valores mobiliários, pois, entre outros motivos, os lucros esperados pelos adquirentes seriam provenientes do esforço da sociedade Munchee, que atualizaria seu aplicativo e criaria o ecossistema em questão utilizando os recursos captados via ICO. Ou seja, em primeiro lugar a sociedade captou recursos junto ao mercado para, em seguida, desenvolver a atividade que, eventualmente, traria retorno aos investidores.
[417] UNITED STATES. Supreme Court (SC). Securities and Exchange Commission v. W. J. Howey Co, 328 U.S. 293. U.S, may. 1946.
[418] COMISSÃO DE VALORES MOBILIÁRIOS (CVM). Processo Administrativo nº 19957.009524/2017-41. *Diário Eletrônico da CVM*, Rio de Janeiro, 22 abr. 2019a.
[419] COMISSÃO DE VALORES MOBILIÁRIOS (CVM). Processo Administrativo Sancionador nº 19957.009925/2017-00. Ementa: Emissão e distribuição públicas de valores mobiliários sem autorização da CVM, em infração ao art. 16, inciso I; e art. 19, *caput*, da Lei nº 6.385/1976. Multas e absolvições. Julg. em 9 mar. 2021. *Diário Eletrônico da CVM*, Brasília, 19 mar. 2021c.

pela responsabilização do sócio e da sociedade por emissão pública de valores mobiliários distribuídos no mercado sem prévio registro na Comissão.

Empreendimentos de condo-hotéis ficaram notórios a partir de 2010 com a notícia da Copa do Mundo e das Olimpíadas. Isso atraiu a atenção da CVM, que passou a investigar a forma como eram celebrados os contratos de investimento coletivo. No Processo Administrativo Sancionador CVM nº 19957.008081/2016-91,[420] identificou-se que os investimentos tinham como base recursos financeiros aplicados cujo ganho decorria da "remuneração na forma do aluguel pago pela operadora hoteleira, que teria origem nos esforços empregados por esta última e pela Incorporadora na construção e administração dos Empreendimentos". Assim, como os contratos eram ofertados publicamente, geravam direito de participação ou remuneração, e os retornos dependiam de esforços empregados na construção e administração, entendeu a autarquia que se tratava de oferta de valor mobiliário.

No Processo Administrativo Sancionador CVM nº 19957.008 445/2016-32,[421] apurou-se contrato de compra e venda por meio do qual os investidores formalizavam a aplicação de seus recursos financeiros na aquisição de determinada quantidade de árvores mediante o pagamento de um preço ajustado. A autarquia concluiu que os negócios jurídicos realizados tratavam-se de ofertas públicas de valores mobiliários, pois, nos termos do contrato, o único trabalho do investidor era realizar o pagamento, enquanto o empreendedor ou terceiros deveriam cuidar das árvores, produzir a madeira serrada e vendê-la pelo preço de mercado, no final de sua vigência, a fim de obter a remuneração.

Por fim, no Processo Administrativo Sancionador CVM nº 19957. 000457/2020-03[422] a autarquia afastou o caráter de valor mobiliário do objeto negociado porque, entre outros motivos, os aplicadores de recursos financeiros – enquadrados como mutuantes, e não como investidores – eram movidos pelo retorno pactuado contratualmente, e não "pelo suposto sucesso de alguma atividade a ser desenvolvida

---

[420] COMISSÃO DE VALORES MOBILIÁRIOS (CVM). Processo Administrativo Sancionador nº 19957.008081/2016-91 (RJ2016/8347). Julg. 7 ago. 2018. *Diário Oficial da União*, Brasília, 19 out. 2018.

[421] COMISSÃO DE VALORES MOBILIÁRIOS (CVM). Processo Administrativo Sancionador nº 19957.008445/2016-32 (RJ2016/08381). Julg. em 18 fev. 2020d.

[422] COMISSÃO DE VALORES MOBILIÁRIOS (CVM). Processo Administrativo Sancionador nº 09/2014 (19957.000457/2020-03). Julg. em 20 dez. 2019. *Diário Eletrônico da CVM*, Brasília, 13 mar. 2020f.

com os recursos aportados". Percebe-se que o diretor relator Carlos Alberto Rebello Sobrinho, em seu voto, por utilizar a expressão "a ser desenvolvida", confirma a tese de que, para atrair a regulação da CVM, os recursos devem ser captados previamente à execução das atividades que trarão retorno aos investidores.

Considerando os cinco exemplos acima de casos reais em que a CVM constatou a relevância do esforço posterior à captação de recursos financeiros pelo empreendedor ou de terceiros para o sucesso do empreendimento e remuneração dos investidores, volta-se à indagação acerca da presença ou não de esforço da Sociedade A, que, após pesquisar precatórios expedidos, localizar os titulares, negociar valores, analisar o processo, coletar certidões, celebrar instrumento de cessão, realizar o pagamento com capital próprio e peticionar nos autos informando o juízo, dirige-se ao mercado para captar recursos.

Essa sociedade, após a emissão de objetos correspondentes a frações ideais do precatório em favor dos investidores, tem três opções para receber os valores do precatório adquirido por cessão. Em primeiro lugar, pode aguardar o prazo respeitando a ordem cronológica de pagamento estabelecida pelo ente federado. Outra possibilidade é inscrever-se em acordos diretos celebrados com os entes devedores. Por fim, pode ceder novamente o precatório para outro interessado por valor superior ao pago originalmente. Pressupondo-se que para adquirir o crédito, tornando-se cessionária e titular do precatório, o esforço é o mesmo em todas as situações, a inquirição fica interessante ao compreender qual o esforço da sociedade para o sucesso do investimento em cada uma dessas alternativas.

Como se pode observar, é mínimo o esforço da sociedade quando aguarda o pagamento pelo ente federado, uma vez que, não existindo impugnações posteriores à cessão, deve somente esperar os pagamentos conforme a ordem cronológica e peticionar requerendo a expedição de alvará ou transferência eletrônica. Da mesma forma é a inscrição para recebimento via acordo direto, pois a sociedade deve apenas realizar o requerimento no Tribunal ou Procuradoria respectiva. Nesses dois casos, o ganho não resulta do esforço da sociedade tomadora e, menos ainda, da plataforma, pois estes simplesmente aguardam o tempo para o recebimento do valor do precatório e pouco podem fazer para gerar e garantir o lucro ou remuneração. Já na situação em que sociedade opta por realizar outra cessão até é possível imaginar que exista certo esforço, dado o trabalho a ser despendido na eventual localização do interessado na nova cessão e nas negociações para chegar ao valor da cessão, mas não há parâmetros para definir se tal esforço é suficiente para atrair a competência da CVM.

Seja qual for a forma utilizada para receber os valores provenientes de precatórios e remunerar os investidores, entende-se que a captação de recursos pela Sociedade A é meramente uma antecipação de recebíveis, tal como é realizado com duplicatas mercantis, cheques, notas promissórias e outros instrumentos similares. Isso porque a emissão de objetos financeiros lastreados em precatórios permite que a Sociedade A receba, no presente, valores futuros, os quais podem ser utilizados para quitar dívidas, gerar fluxo de caixa ou realizar investimentos.

O direito de crédito adquirido pelos investidores consiste em receber um pagamento de quantia certa com prazo incerto, uma vez que a sociedade não é capaz de estabelecer uma data precisa para receber e transferir os valores dos precatórios, independentemente das ações que ela tome. O ganho financeiro decorre da emissão em favor dos investidores de objetos estabelecendo: (i) participação societária em empreendimento envolvendo precatórios; ou (ii) taxa de juros a ser paga numa data de vencimento, relacionadas ao deságio pago na aquisição junto ao titular e prazo estimado para pagamento do precatório. Para Pierce (2020, Appendix), não havendo expectativa por parte dos investidores de que o emissor/empreendedor se esforce, ou sendo irrelevante o esforço para o sucesso do negócio, a hipótese é de que não seja possível enquadrá-lo como contrato de investimento travestido de valor mobiliário.

Discorda-se, assim, da visão da Superintendência de Supervisão de Securitização da CVM, de que a mera atividade de cobrança ou de repasse dos fluxos de caixa ordinários caracterizam o esforço do empreendedor, pois, para a SSE, caracteriza-se o esforço de terceiro quando este é responsável e remunerado "pela análise de crédito do devedor e de seu perfil de risco para a definição da taxa de desconto ou remuneração a ser ofertada aos investidores, (...) mesmo quando ofertada uma faixa de taxas de desconto" (CVM, 2023c). Foi ressaltado que mesmo em situações de cessão direta, sem qualquer intervenção posterior do cedente ou de terceiros, é possível observar a existência de esforços prévios, tais como seleção do título a ser cedido, análise de risco, precificação, aquisição prévia, manutenção ou gestão prévia do direito creditório. Importante pontuar que, em 05 de julho de 2023, a CVM publicou o Ofício-Circular CVM nº 6/2023 ressaltando que as orientações do Ofício-Circular CVM nº 4/2023 não têm caráter normativo, mas visam dar publicidade às interpretações da SSE acerca das possibilidades de enquadramento dos Tokens de Recebíveis (TR) como valores mobiliários.[423]

Além disso, na captação de recursos pela Sociedade A, não há qualquer responsabilidade, negócio, parceria ou sociedade estabelecida entre os investidores, tendo em vista que a mera comunhão de investidores não implica empreendimento comum. Verifica-se apenas uma coletividade de investidores adquirindo frações de direitos garantidos pelo mesmo crédito, sem compartilhamento de responsabilidades e resultados, uma vez que cada investidor é proprietário de sua fração ideal sem dividi-la com os demais e sem ter seu valor afetado por esforços, ações ou omissões de terceiros. Se não há esforço do empreendedor alocado na valorização do ativo, conclui-se que a oferta pública desse direito pessoal patrimonial não descreve a emissão e a distribuição de valor mobiliário e, desse modo, está fora da esfera normativa sistematizada na Resolução CVM nº 88/2022.

Nesse caso específico, portanto, não há competência regulatória da CVM sobre plataformas eletrônicas que estejam intermediando esse tipo de captação pública de recursos financeiros em troca de créditos resultantes de precatórios.

---

[423] No Ofício-Circular CVM nº 6/2023, a CVM tratou das operações de securitização e enfatizou que esta prática é tipicamente definida por três etapas principais: (i) a aquisição de direitos creditórios por uma entidade especializada (veículo de securitização); (ii) a subsequente emissão de títulos lastreados nesses direitos creditórios pelo referido veículo; e (iii) a estipulação de que os pagamentos desses títulos estejam diretamente atrelados aos recebimentos advindos dos direitos creditórios. Importante destacar que essa sequência de eventos não é fixa, uma vez que os investidores frequentemente contribuem com capital antecipadamente para possibilitar a aquisição dos direitos creditórios pelo veículo de securitização.

Levando em conta a venda efetiva e definitiva de um ativo isolado (*true sale*), a SSE considera que a natureza da operação de securitização pode estar descaracterizada. Ainda que certos TR possam ser classificados como valores mobiliários, conforme discutido no Ofício-Circular CVM nº 4/2023, pode não ser reconhecida uma operação de securitização, quando, simultaneamente: (i) ocorre a oferta pública de um único direito creditório, por meio de instrumento de cessão ou outra modalidade, sem que haja coobrigação ou qualquer forma de retenção de risco por parte do cedente ou de terceiros; (ii) o fluxo de caixa gerado pelo direito creditório é direcionado aos investidores de forma direta, com intervenção mínima do cedente ou de terceiros para facilitar esse repasse; (iii) estão ausentes arranjos pré-estabelecidos para substituição, recompra ou revolvência do direito creditório cedido, assim como coobrigações relativas ao cumprimento do contrato de investimento coletivo ofertado; (iv) não existem prestadores de serviços contratados previamente, tais como custodiantes, escrituradores, depositários, agentes fiduciários, e para a cobrança dos direitos creditórios ofertados ou para prestar serviços de monitoramento; em outras palavras, não ocorre um "empacotamento" do direito creditório com serviços adicionais, mas sim uma venda direta; e (v) na hipótese de inadimplência, compete ao investidor tomar as medidas cabíveis de cobrança, seja judicial ou extrajudicialmente, podendo, por sua própria iniciativa e custo, contratar agentes de cobrança.

5.2.2 Títulos cambiais de responsabilidade de instituição financeira podem ser valores mobiliários? Aplicação do *Reves Test*

Tendo sido afastada a presença da competência regulatória da CVM na captação pública de recursos financeiros em troca de créditos vinculados a precatórios cujo esforço para adquiri-los foi antecedente à emissão de frações a eles correspondentes, cumpre, neste tópico, apresentar controvérsia envolvendo a possiblidade de enquadrar como valor mobiliário títulos de crédito[424] regidos pelo Direito Cambial, em especial as Cédulas de Crédito Bancário (CCBs).

O interesse desse tema justifica-se pela possibilidade de uma sociedade tornar-se emissora de CCB com o propósito de captar recursos publicamente, via plataformas eletrônicas, e utilizá-los para adquirir precatórios ou para outra finalidade, sendo estes dados em garantia do pagamento da CCB.

A CCB tem sido o principal instrumento jurídico utilizado no negócio desenvolvido pelas sociedades de empréstimo entre pessoas e pelas sociedades correspondentes de instituições financeiras para realizar a oferta de empréstimos de recursos financeiros e, com ela, representar seu crédito em relação ao devedor. Segundo conceito do próprio BACEN (2020a), a CCB é um

> título de crédito emitido pelo tomador do crédito, pessoa natural ou jurídica, em favor do credor, instituição integrante do Sistema Financeiro Nacional, podendo ou não ter garantias, reais ou fidejussórias. Trata-se de título de grande versatilidade, tendo em vista que é emitida para representar promessa de pagamento oriunda de operação de crédito de qualquer modalidade.

Como é de competência do BACEN controlar negócios envolvendo a concessão de crédito, fiscalizar as instituições financeiras e vigiar a interferência de outras empresas nos mercados financeiros e de capitais,[425] à primeira vista concebe-se que os negócios jurídicos envolvendo CCBs deveriam ser regulados pelo BACEN, e não pela

---

[424] Lei nº 10.406, de 10 de janeiro de 2002 (Código Civil). *Art. 887. O título de crédito, documento necessário ao exercício do direito literal e autônomo nele contido, somente produz efeito quando preencha os requisitos da lei.*

[425] Lei nº 4.595, de 31 de dezembro de 1964 (Lei da Reforma Bancária). *Art. 10.*

CVM.[426] Esta, não obstante, utilizando como parâmetro a definição prevista no inciso IX do art. 2º da Lei nº 6.385/1976, entende que em determinados casos específicos, ainda que dotada da natureza de título cambial, as CCBs também podem ser qualificadas como valores mobiliários. No julgamento do PA CVM nº RJ2007/11.593,[427] o diretor Marcos Barbosa Pinto analisou a possibilidade de exclusão da CCB da exceção apresentada para os títulos cambiais de responsabilidades de instituição financeira,[428] para que fosse reservado o mesmo tratamento dado às debêntures, como se pode observar nos trechos do voto proferido:

> 3.11 Resta saber se as CCBs caem na exceção prevista no inciso II do §1º do art. 2º da Lei 6.385/1976: "títulos de responsabilidade de instituição financeira". Embora as CCBs envolvam sempre instituições financeiras, estas figuram sempre no polo ativo da relação de crédito, como credoras e não como devedoras. Logo, as instituições financeiras não são "responsáveis" pelas CCBs.
>
> 3.12 Ocorre que o art. 29, §1º da Lei nº 10.931/04 diz que as CCBs só podem circular mediante endosso, segundo as regras do direito cambiário, ou seja, segundo o disposto na Lei Uniforme Relativa a Letras de Câmbio e Notas Promissórias. E o art. 15 desta lei prevê que o endossante de um título é, via de regra, responsável pelo seu inadimplemento.
>
> 3.13 Todavia, este mesmo dispositivo da Lei Uniforme prevê que o endossante pode excluir sua responsabilidade, desde que esta exclusão conste expressamente do título. Portanto, caso a instituição financeira proceda dessa forma ao endossar as CCBs para terceiros, restará afastada a incidência do art. 2º, §1º, II, da Lei 6.385/1976.

---

[426] "A CCB manifestamente não atende aos requisitos necessários para a caracterização da figura do 'contrato de investimento coletivo', previsto no artigo 2º, do inciso IX, da Lei nº 6.385/1976. Primeiramente, a criação da CCB não pressupõe a existência de um 'empreendimento' por parte do devedor, uma vez que ela pode ser emitida para representar qualquer espécie de crédito detido pela instituição financeira, independentemente de sua origem. Na emissão da CCB não se verifica, em regra, o requisito de que o investidor, em contrapartida pela aquisição do título, está entregando recursos para viabilizar o desenvolvimento de determinado empreendimento por parte do emissor. Ao contrário, no caso da CCB, a entrega dos recursos pela instituição financeira precede a emissão do título, o qual apenas visa a representar o crédito concedido, a fim de facilitar sua cobrança e circulação. Em segundo lugar, a expectativa do recebimento de 'lucros' por parte do titular da CCB, inerente a qualquer investimento financeiro, não decorre diretamente dos resultados gerados pelo empreendimento gerido pelo devedor, mas tão somente da taxa de juros cobrada pela concessão do empréstimo" (EIZIRIK, 2008).

[427] COMISSÃO DE VALORES MOBILIÁRIOS (CVM). Processo CVM nº RJ2007/11.593. Decisão do Colegiado, Rio de Janeiro, 22 jan. 2008.

[428] Lei nº 6.385, de 7 de dezembro de 1976. *Art. 2º. §1º Excluem-se do regime desta Lei: II – os títulos cambiais de responsabilidade de instituição financeira, exceto as debêntures.*

Em sua conclusão, apresentou a seguinte argumentação:

3.14 Em síntese, as CCBs serão valores mobiliários caso a instituição financeira em favor das quais elas foram emitidas: i. realize uma oferta pública de CCBs; e ii. exclua sua responsabilidade nos títulos.

3.15 A contrário senso, as CCBs não serão valores mobiliários e não estarão sujeitas ao regime imposto pela Lei nº 6.385/1976 caso: i. não sejam objeto de oferta pública; ou ii. a instituição financeira permaneça responsável pelo seu adimplemento, hipótese em que poderão circular no mercado sem estar sujeitas à regulamentação e fiscalização da CVM, assim como os demais títulos de emissão de instituições financeiras, como os certificados de depósito bancário ("CDBs").

Existe certa lógica nesse discurso, pois o que se buscava com o inciso II do §1º do art. 2º da Lei nº 6.385/1976 era excluir da esfera de competência da CVM, por exemplo, os Certificados de Depósitos Bancários (CDB) – títulos cambiais emitidos por instituições financeiras para captação de recursos, tornando-as devedoras daqueles que o adquirem.

Dessa maneira, há alguns anos a CVM entende que é de sua competência disciplinar e fiscalizar títulos cambiais se for realizada oferta pública com a cláusula não à ordem,[429] cujo efeito é a exclusão da responsabilidade da instituição para solver a dívida representada no título. No Processo nº 19957.000570/2018-66 / Memorando nº 157/2019-CVM/SRE/GER-3, analisaram-se negócios e instrumentos utilizados via plataforma eletrônica titularizada por pessoa jurídica correspondente de instituição financeira que proporcionava às micro, pequenas e médias empresas captar publicamente recursos financeiros de investidores. Tal plataforma era disponibilizada ao mercado sem prévia autorização da CVM.

Para compreender os negócios celebrados e os instrumentos jurídicos utilizados para revesti-los, imagine o investidor X, um depositante que celebrava contrato de depósito de moeda a prazo com a instituição financeira depositária Z, que, em favor dele, emitia um Recibo de Depósito Bancário (RDB) para representar a dívida dela com ele. Ao repassar a moeda coletada sob a forma de empréstimos à sociedade tomadora A, exigia que esta emitisse uma CCB. Após sessenta

---

[429] A cláusula "não à ordem" pode ser adicionada a um título de crédito para indicar que ele não pode ser transferido por meio de endosso. Isso significa que o devedor está informando ao credor que não quer estar sujeito aos princípios da abstração e inoponibilidade quando o título é colocado em circulação.

dias de inadimplência de A, a instituição financeira Z dava baixa no RDB, eliminando sua dívida, e, por meio de endosso, com cláusula não à ordem, a instituição financeira Z transferia a CCB ao investidor X, ficando a cargo dele cobrar seu crédito apenas da tomadora A. Na ocasião, concluiu-se que o investimento em CCB possuía as características de um contrato de investimento coletivo (valor mobiliário) previsto no inciso IX do art. 2º da Lei nº 6.385/1976, e um dos motivos para isso era que a instituição financeira não prestava garantias, deixando o risco do investimento na sociedade tomadora do empréstimo. A justificativa dada pela CVM para manter esses títulos cambiais sob sua tutela foi que, sem a responsabilização das instituições financeiras e a fiscalização do BACEN, os investidores ficariam desamparados, necessitando, dessa forma, de proteção. Tal ponto de vista causa certa estranheza, porquanto acidentalmente poderia existir um conflito de competência entre a CVM e o BACEN.

Após os julgados da CVM, com a edição da Circular BACEN nº 4.036, de 15 de julho de 2020, o BACEN estabeleceu as condições para o exercício da atividade de escrituração eletrônica das CCBs, autorizou seu exercício e passou a supervisionar as entidades participantes do sistema de escrituração – Lei nº 10.931/2004, art. 27-B. A partir da edição da Medida Provisória nº 897/2019, posteriormente convertida na Lei nº 13.986/2020, esclareceu que continuam a ser títulos cambiais de responsabilidade de instituições financeiras, afastando, portanto, a competência regulatória da CVM, a CCB, o Certificado de Cédulas de Crédito Bancário (CCCB) e a Cédula de Crédito Imobiliário (CCI), desde que a instituição financeira ou entidade autorizada a funcionar pelo Banco Central do Brasil: (i) seja titular dos direitos de crédito por eles representados; (ii) preste garantia às obrigações por eles representadas; ou (iii) realize, até a liquidação final dos títulos, o serviço de monitoramento dos fluxos de recursos entre credores e devedores e de eventuais inadimplementos.[430] Estipulou-se, portanto, as hipóteses em que o BACEN possui competência para fiscalizar e sancionar.

---

[430] Lei nº 10.931, de 2 de agosto de 2004. Art. 45-A. *Para fins do disposto no §1º do art. 2º da Lei nº 6.385, de 7 de dezembro de 1976, a Cédula de Crédito Bancário, o Certificado de Cédulas de Crédito Bancário e a Cédula de Crédito Imobiliário são títulos cambiais de responsabilidade de instituição financeira ou de entidade autorizada a funcionar pelo Banco Central do Brasil, desde que a instituição financeira ou a entidade: I – seja titular dos direitos de crédito por eles representados; II – preste garantia às obrigações por eles representadas; ou III – realize, até a liquidação final dos títulos, o serviço de monitoramento dos fluxos de recursos entre credores e devedores e de eventuais inadimplementos.*

A Resolução CMN nº 5.050/2022 estabelece regulamentações para as *fintechs* de crédito[431] e, nos termos do seu art. 18, proíbe que a sociedade de empréstimo entre pessoas (SEP), empresas controladas ou coligadas, assumam o risco de crédito direta ou indiretamente nas operações de crédito. Portanto, uma vez que essas instituições não são titulares dos direitos de crédito representados e não podem fornecer garantias, é crucial que a instituição financeira realize o serviço de monitoramento dos pagamentos para a CCB negociada via plataforma eletrônica, a fim de que a mesma seja excluída da esfera de regulação da CVM. Essa situação também se aplica aos modelos de negócios envolvendo plataformas correspondentes de instituições financeiras, por meio das quais sociedades empresárias tomam empréstimos de investidores, via emissão de CCB, e como garantia do pagamento destas oferecem direitos patrimoniais amparados por precatórios. Nesse caso, para que seja afastada a competência fiscalizatória da CVM, a instituição financeira também deve monitorar os fluxos de recursos e a inadimplência.

Percebe-se, pela análise dos julgados da CVM, que a autarquia aplica o *Howey Test* e a cláusula geral prevista no inciso IX do art. 2º da Lei nº 6.385/1976 para classificar determinado título como valor mobiliário. Essa classificação, no entanto, não deve ser empregada para expandir sua competência indefinidamente ou, então, para tornar cada vez menores as diferenças que existem entre valor mobiliário e títulos cambiais de responsabilidade de instituições financeiras (ALVES; LIMA JUNIOR, 2017, p. 19-20).

Indo além dos julgados e da legislação, na investigação das ofertas públicas envolvendo títulos, compreende-se que os critérios utilizados para classificá-los como valores mobiliários devem ser diferentes em relação àqueles formalizados por contratos, estabelecendo-se limites mais objetivos. Para Gorga (2013, p. 270-271), é preferível valer-se do *Reves Test*, em vez do *Howey Test*, quando se analisa títulos negociados publicamente:

> Todavia, a doutrina brasileira que cita o *Howey Test* para analisar eventual caracterização das CCBs brasileiras como valores mobiliários perante

---

[431] "As *fintechs* de crédito são instituições financeiras que concedem ou intermedeiam operações de crédito. No primeiro caso, as empresas realizam operações com recursos próprios por meio de plataforma eletrônica. No segundo, elas são denominadas instituições de empréstimos entre pessoas, atuando como intermediário entre credores e devedores por meio de negociações realizadas em meio eletrônico" (BACEN, 2022a).

o direito americano está tecnicamente equivocada. O teste apropriado para as CCBs, tal como a Suprema Corte deixou claro, seria o *Reves Test* – e não o *Howey Test*. Em conformidade com o direito americano atual, a questão primordial não é saber se as CCBs se configurariam em um contrato de investimento coletivo, mas saber se se constituem em títulos (ou *notes* como refere a jurisprudência americana).

Nesse sentido, em conformidade com o proposto pelo *Reves Test*, decorrente do caso *Reves v. Ernst & Young*,[432] também julgado pela Suprema Corte estadunidense, necessário observar as seguintes características do título negociado:

a) *A motivação das partes (comprador e vendedor do título) na operação foi negociar um investimento ou dívida?*[433]

b) *O instrumento é ofertado publicamente para investimento ou especulação?*[434]

c) *O público investidor espera que a CVM fiscalize o investimento?*[435]

d) *Os contratos estão sujeitos a alguma regulação específica que reduza seu risco e torne desnecessária a aplicação de normas editadas pela CVM?*[436]

Dessa forma, respondendo às perguntas, se o propósito da emissão da CCB, oferecida para um público indeterminado de pessoas, é captar recursos para que a sociedade tomadora financie suas atividades,

---

[432] UNITED STATES. Supreme Court (SC). *Reves v. Ernst & Young*, 494 U.S. 56, feb. 1990.

[433] "A motivação do vendedor e do comprador – O primeiro fator é descrito como a motivação que leva 'um vendedor e um comprador a entrar' na transação. Se a motivação do vendedor é levantar dinheiro para o seu negócio e a motivação do comprador é obter lucros, então a título é provavelmente um valor mobiliário. Mesmo que o título não tenha necessariamente característica de um valor mobiliário, se o investidor razoavelmente espera que esteja comprando um valor mobiliário e está protegido pelas leis de valores mobiliários que o acompanham, os tribunais podem determinar que, de fato, um valor mobiliário foi vendido" (ANTHONY, 2016, tradução nossa).

[434] "O plano de distribuição do instrumento – O segundo fator determina se o instrumento está sendo distribuído para investimento ou especulação. Se um título estiver sendo oferecido e vendido a um segmento amplo ou ao público em geral para fins de investimento, é um valor mobiliário" (ANTHONY, 2016, tradução nossa).

[435] "As expectativas razoáveis do público investidor – Um instrumento será considerado um valor mobiliário quando a expectativa razoável do público investidor for que as leis de valores mobiliários (e as disposições antifraude associadas) se apliquem ao investimento" (ANTHONY, 2016, tradução nossa).

[436] "A presença de regime regulatório alternativo – O quarto e último fator é determinar se outro regime regulatório "reduz significativamente o risco do instrumento, tornando desnecessária a aplicação do *Securities Act*" (ANTHONY, 2016, tradução nossa).

há possibilidade de que o título seja um valor mobiliário, desde que os investidores busquem obter retornos financeiros e acreditem que tanto as emissões quanto o emissor são regulados pela CVM. No entanto, se os investidores acreditarem que há regulação da CVM, mas na prática quem regula é o CMN ou BACEN, torna-se desnecessária a aplicação das normas editadas pela CVM, dada a existência de normas protetivas editadas por outro regulador.

Estabelece-se a competência da reguladora do mercado de valores mobiliários apenas quando for possível que a emissão e a comercialização do título atinjam grande quantidade de pessoas e não seja regulada por nenhum outro regulador específico. Isto é, não basta analisar os aspectos intrínsecos e objetivos de cada título e emissão, mas, subjetivamente, o potencial dano à coletividade. Enfim, trata-se de um critério subsidiário, pois a CVM não deve interferir se houver: (i) norma que regule a emissão e comercialização da CCB ou (ii) leis que regulam a atividade de instituições financeiras e que buscam defender a poupança popular.

Ter a plena compreensão relativamente às CCBs negociadas por plataformas eletrônicas que possuem como garantia do pagamento de frações ideais de precatórios é de extrema importância, visto que, no Brasil, a negociação de valores mobiliários em mercados regulamentados depende de prévio registro do emissor na CVM, conforme art. 2º da Resolução CVM nº 80/2022. Desse modo, caso a CVM interprete que a captação de recursos instrumentalizada por CCB corresponde à oferta pública de valor mobiliário, poderá instaurar processo administrativo, aplicar multa aos ofertantes e suspender as ofertas.

A falta de critérios e de uma definição clara e indiscutível traz insegurança jurídica para as sociedades titulares, plataformas, tomadoras de recursos e para os investidores. Por ser um título executivo extrajudicial e representar dívida em dinheiro certa, líquida e exigível, seja pela soma nela indicada, seja pelo saldo devedor demonstrado em planilha de cálculo, ou nos extratos da conta corrente,[437] a execução do devedor inadimplente de uma CCB não depende da produção de provas e tem procedimento simplificado em relação ao procedimento comum. Sob esse aspecto, seria preferível aos investidores realizar aplicação de recursos financeiros utilizando esse instrumento em vez de contratos de investimento coletivo, que, na hipótese de inadimplência, demandaria

---

[437] Lei nº 10.931, de 2 de agosto de 2004. *Art. 28.*

ação de conhecimento e dilação probatória para o reconhecimento do seu direito.

5.3 Negociação de direitos pessoais patrimoniais baseados em precatórios via plataformas eletrônicas

É notório e perceptível o crescimento das plataformas eletrônicas de investimento que atuam na intermediação de recursos financeiros entre poupadores e tomadores. Assim, como parte relevante da obra, abordam-se os diferentes modelos de negócios utilizados para a distribuição de direitos baseados em frações ideais de precatórios e o respectivo arcabouço regulatório. Contudo, antes de passar às simulações de modelos de negócios em si, cabe uma introdução a respeito das diferenças, semelhanças, direitos e deveres dos agentes regulados.

A Lei nº 6.385/1976, em seus arts. 19-21, estabelece que toda sociedade emissora de valores mobiliários deve estar registrada na CVM e registrar previamente as ofertas públicas de valores mobiliários. Com a entrada em vigor da Instrução CVM nº 588/2017, revogada pela Resolução CVM nº 88/2022, porém, passou-se a dispensar de registro, a oferta e o emissor, caso seja realizada por plataforma eletrônica de investimento participativo (*crowdfunding*). Para isso, a pessoa jurídica titular de plataforma deve estar regularmente constituída no Brasil e registrada na CVM com autorização para exercer profissionalmente a atividade de distribuição de ofertas públicas de valores mobiliários de emissão de sociedades empresárias de pequeno porte exclusivamente por meio de página na rede mundial de computadores, programa, aplicativo ou meio eletrônico que forneça um ambiente virtual de encontro entre investidores e emissores. A CVM, ao dispor sobre as plataformas eletrônicas de investimento participativo, não autoriza que seja realizada a atividade de empréstimos concedidos por pessoas físicas a pessoas físicas ou jurídicas.

Para suprir a vedação imposta pela CVM no que se refere à atividade de empréstimos, surgiram plataformas titularizadas por correspondentes de instituições financeiras, sujeitas a normas editadas pelo CMN e pelo BACEN, que regulam a atividade de intermediação financeira entre poupadores e tomadores de recursos. Nesse caso, o sistema eletrônico operado pelo correspondente permite, por meio de sítio eletrônico na internet, aplicativo ou outras plataformas de comunicação em rede, a recepção e o encaminhamento de propostas de operações de crédito concedidas pela instituição financeira contratante, bem como de outros serviços prestados para o acompanhamento da operação.[438] O correspondente, segundo a Resolução CMN nº 4.935/ 2021, art. 14, III, deve indicar, à instituição contratante, quem é pessoa natural responsável pela plataforma eletrônica e divulgar ao público a sua condição de prestador de serviços à instituição financeira, identificada pelo nome com o qual é conhecida no mercado, com descrição dos produtos e serviços oferecidos e canais de contato da instituição financeira, inclusive de sua ouvidoria, em local visível, em destaque e em formato legível.

Além das plataformas de correspondentes, desde 2018 autoriza-se a constituição de plataformas alegoricamente denominadas *fintechs* de crédito. São espécies de instituições financeiras a sociedade de crédito direto (SCD) e a sociedade de empréstimos entre pessoas (SEP) que, após autorização concedida pelo BACEN, desenvolvem sistema eletrônico (*site* ou aplicativo) para operações de empréstimo e de financiamento entre pessoas, respectivamente.

Tanto as plataformas de *crowdfunding* quanto as gerenciadas por correspondentes ou as *fintechs* de crédito desempenham a função de *gatekeeper* (guardião), pois buscam efetivar as garantias impostas pelas normas regulatórias e têm o papel de assegurar que os direitos dos investidores e tomadores serão cumpridos de acordo com as expectativas das autarquias.

Conforme apresentado por Gouvea (2021), existem nomenclaturas distintas para representar modelos de negócios similares que permitem o financiamento de atividades empresariais, baseado em participação societária ou dívida, geralmente por meio de plataformas

---

[438] Resolução CMN nº 4.935, de 29 de julho de 2021. *Art. 12. O contrato de correspondente pode ter por objeto as seguintes atividades de atendimento, visando ao fornecimento de produtos e serviços de responsabilidade da instituição contratante a seus clientes e usuários: I – recepção e encaminhamento de propostas de abertura de contas de depósitos e de pagamento mantidas pela instituição contratante; II – realização de recebimentos, pagamentos e transferências eletrônicas visando à movimentação de contas de depósitos e de pagamento de titularidade de clientes mantidas pela instituição contratante; III – recebimentos e pagamentos de qualquer natureza, e outras atividades decorrentes da execução de contratos e convênios de prestação de serviços mantidos pela instituição contratante com terceiros; IV – execução ativa e passiva de ordens de pagamento cursadas por intermédio da instituição contratante por solicitação de clientes e usuários; V – recepção e encaminhamento de propostas de operações de crédito e de arrendamento mercantil concedidas pela instituição contratante, bem como outros serviços prestados para o acompanhamento da operação; VI – recebimentos e pagamentos relacionados a letras de câmbio de aceite da instituição contratante; e VII – realização de operações de câmbio de responsabilidade da instituição contratante, observado o disposto no art. 13. Parágrafo único. Pode ser incluída no contrato a prestação de serviços complementares de coleta de informações cadastrais e de documentação, bem como controle e processamento de dados.*

eletrônicas.[439] Como característica comum, saliente-se a captação de recursos de uma multiplicidade de indivíduos distintos, com aportes pequenos e ausência de instituições financeiras bancárias. Como diferença, sublinhe-se que as captações podem ocorrer com a emissão de títulos de crédito ou valores mobiliários, amparadas pela Resolução CMN nº 5.050/2022 (que substituiu a Resolução CMN nº 4.656/2018),[440] ou Resolução CVM nº 88/2022 (que substituiu a Instrução CVM nº 588/2017)[441] com ou sem: (i) garantia e (ii) contribuição financeira da plataforma. E, para averiguar qual autarquia deve ser a responsável por conceder autorização ou fiscalizar a atividade da sociedade e da plataforma, analisa-se os instrumentos que permitem a intermediação financeira. Caso os instrumentos tenham as características de valores mobiliários, os agentes deverão atender ao que dispõe a CVM. Em contrapartida, se as atividades se constituírem por intermediação financeira instrumentalizada por contrato ou título de crédito representativos de dívida referente à operação de empréstimo e de financiamento, a normatização e a fiscalização são de competência do BACEN.

Para este trabalho adotou-se a seguinte classificação para denominar as plataformas eletrônicas: *As reguladas pela CVM*, em troca de recursos (*funding*) que serão utilizados para financiar suas atividades, adotam o modelo de *debt-crowdfunding*, quando emitem contratos representativos de dívida (*debt*)[442] ou *equity-crowdfunding*, quando concedem participação societária (*equity*).[443] *As reguladas pelo BACEN* trabalham com emissão de títulos ou contratos de empréstimos (*lending*) coletivos, sendo que a SCD utiliza o modelo em que há empréstimo com capital próprio (*balance sheet lending*), ao passo que a SEP realiza o empréstimo entre pessoas (*peer-to-peer lending*), promovendo a conexão direta entre investidores e tomadores de recursos. Ressalte-se que os correspondentes de instituições financeiras regulados pela Resolução

---

[439] Como exemplo o autor cita: *market place lending, peer-to-peer lending, balancesheet lending, crowdfunding, debt-based crowdfunding, equity-based crowdfunding, loan-based ou lend-based crowdfunding, peer-to-peer lending*, entre outros.
[440] Em vigor à época da publicação do artigo e revogada pela Resolução CMN nº 5.050/2022.
[441] Em vigor à época da publicação do artigo e revogada pela Resolução CVM nº 88/2022.
[442] Sociedade empresária emite instrumento de dívida, e investidor se torna credor. Basicamente é como se o investidor realizasse um empréstimo a juros, e é aconselhável que o investimento esteja atrelado a alguma garantia.
[443] O investidor se torna sócio de um empreendimento cuja participação pode gerar lucros e dividendos. O retorno do capital está diretamente ligado ao sucesso da atividade empresarial. Geralmente é empreendimento realizado por sociedades do tipo Sociedades de Propósito Específico (SPE), limitadas ou sociedades anônimas, com um objetivo específico.

CMN nº 4.935/2021 podem celebrar contratos de correspondência com a SCD, SEP e outras instituições financeiras.

Cabe apontar a grande semelhança nos modelos de negócios exercidos pelas sociedades titulares de plataformas, pois têm como objetivo comum possibilitar que agentes deficitários (tomadores de recursos) busquem financiamento para suas atividades empresariais em múltiplos credores por meio de plataformas eletrônicas que não respondem pelo sucesso do financiamento, tampouco pelo retorno financeiro ao investidor. Devem, sem embargo, cumprir as regras de *compliance*, segregar os recursos investidos antes dos repasses e obedecer ao dever de diligência, esclarecendo aos investidores a complexidade dos serviços ofertados de forma clara e objetiva.

Nesse último ponto, acentua-se que a plataforma de *crowdfunding*, visando orientar os interessados, em respeito ao princípio do *full and fair disclosure*, deve preparar um material didático a ser encaminhado eletronicamente para todos os investidores que tiverem manifestado interesse nas ofertas, cadastrando-se na plataforma, além de estar disponível para o público em geral, sem restrições de acesso em página destinada exclusivamente a esse conteúdo. Esse material deve conter informações sobre procedimentos; restrições e limites de investimentos individuais; os termos técnicos que usualmente constam dos contratos ou escrituras utilizados pela plataforma; riscos do investimento e a possibilidade de perda do total do capital investido; a indicação de que a constituição de um portfólio diversificado por parte do investidor é o maior mitigador dos riscos envolvidos no investimento em sociedades empresárias de pequeno porte; as taxas de mortalidade de microempresas e empresas de pequeno porte observadas no País, com indicação da fonte de informação utilizada; a dificuldade de avaliação do valor da empresa no momento da oferta; os prazos de retorno que devem ser esperados nesse tipo de empreendimento; a falta de liquidez do valor mobiliário, as dificuldades de apreçamento do valor mobiliário após a oferta; a ausência de obrigatoriedade de apresentação de demonstrações contábeis aos investidores e de exigência de auditoria independente das demonstrações; a possibilidade de que a sociedade empresária não contrate instituição custodiante e as implicações desse fato; o método de cálculo, incluindo exemplos numéricos, da taxa de desempenho paga; a forma pela qual o investidor poderá encaminhar consultas e reclamações à plataforma, informando ainda o endereço eletrônico do Serviço de Atendimento ao Cidadão (SAC) da CVM para o caso de não ser atendido satisfatoriamente pela plataforma, bem como para o envio de denúncias.[444] Existe, ainda, a determinação de que a plataforma apresente aviso, em destaque, informando: (i) a dispensa de registro e análise prévia pela CVM; (ii) a ausência de garantias prestadas pela autarquia quanto a veracidade das informações prestadas pela plataforma e pela sociedade tomadora; e (iii) a não verificação por parte da CVM quanto a adequação à legislação vigente e qualidade da sociedade empresária de pequeno porte. Deve ser recomendado, ao final do aviso, que antes de aceitar uma oferta, os investidores leiam com atenção as informações essenciais da oferta, em especial a seção de alertas sobre riscos.[445]

No modelo de *peer-to-peer lending*, também chamado de *crowdlending*, exercido pela SEP, existe a obrigatoriedade de que a plataforma preste informações a seus clientes e usuários sobre a natureza e a complexidade das operações contratadas e dos serviços ofertados, em linguagem clara e objetiva, de forma a permitir ampla compreensão sobre o fluxo de recursos financeiros e os riscos incorridos. Tais informações devem ser divulgadas e mantidas atualizadas em local visível e formato legível no sítio da instituição na internet, acessível na página inicial, bem como nos outros canais de acesso à plataforma eletrônica. Elas devem constar, também, dos contratos, materiais de propaganda e de publicidade e demais documentos que se destinem aos clientes e aos usuários.[446]

Além disso, conforme art. 26 da Resolução CMN nº 5.050/2022, há o dever de informar aos potenciais credores os fatores dos quais depende a taxa de retorno esperada, divulgando, no mínimo: os fluxos de pagamentos previstos, a taxa de juros pactuada com os devedores, os tributos, as tarifas, os seguros e outras despesas. A instituição também deve informar que a taxa de retorno esperada depende de perdas derivadas de eventual inadimplência do devedor. E, mensalmente, nos termos do art. 19, divulgar a inadimplência média por classificação de risco das operações de empréstimo e de financiamento relativas aos últimos doze meses.

As diferenças entre os modelos são pequenas e resumem-se basicamente no valor máximo que pode ser captado por rodada; na possibilidade de devolução do dinheiro aos investidores caso a captação

---

[444] Resolução CVM nº 88, de 27 de abril de 2022. Art. 33.
[445] Resolução CVM nº 88, de 27 de abril de 2022. Art. 34.
[446] Resolução CMN nº 5.050, de 25 de novembro de 2022. Art. 25.

não atinja um valor mínimo; e no valor máximo que cada investidor pode aplicar. Apesar dessas distinções, nas plataformas reguladas pela CVM, bem como nas reguladas pelo BACEN, o investidor não está protegido do risco de mercado e de crédito da sociedade tomadora. Quando a captação ocorre pelo modelo de *debt-crowdfunding* com a emissão de valores mobiliários, é comum que a sociedade tomadora dos recursos ofereça como garantias o penhor de cotas e fiança dos sócios. No caso do *equity-crowdfunding*, geralmente não há oferta de garantias, pois os investidores adquirem participações societárias. Por fim, se a captação suceder via emissão de títulos de crédito ou contratos de empréstimo com a utilização do *crowdlending*, o negócio pode ter como lastro alguma garantia real, a exemplo do precatório.

Podem ser elencadas algumas vantagens para os investidores que optam por obter uma remuneração para seu capital via plataformas eletrônicas, tais como: (i) procedimento simplificado de investimento por ser 100% *online*; (ii) custos reduzidos, tanto da emissora quanto da plataforma; e (iii) diversificação de portfólio. Para a sociedade tomadora, a vantagem se resume, basicamente, na possibilidade de captar recursos do público para financiamento de suas atividades com custos e burocracias reduzidas. Para o mercado, vislumbra-se o aumento da atividade econômica ao fomentar o crescimento de novas empresas e o incentivo para que novos investidores comecem a poupar e aplicar seus recursos pela facilidade da tecnologia utilizada.

No sentido contrário, percebe-se que também existem algumas desvantagens, uma vez que o investidor pode não ter a qualificação necessária para avaliar o tomador dos recursos e ter perdas financeiras. Junta-se a isso a possibilidade de que as plataformas, por serem recentes e geralmente com poucos recursos financeiros em comparação com grandes distribuidoras de títulos e valores, apresentem falhas ou ataques virtuais, o que pode comprometer a segurança dos dados, investimentos e a credibilidade do ecossistema. Para os tomadores, considerando que devem divulgar informações sobre os projetos ou sobre a própria sociedade, tal circunstância pode significar a publicidade de informações que serão utilizadas por pessoas mal-intencionadas. Ao mercado, por sua vez, o risco decorre das demais falhas que, se ocorrerem de maneira constante, resultarão no insucesso dessa nova forma de intermediação financeira, que tem muito a contribuir para a sociedade.

Em dezembro de 2020, existiam nove SEPs autorizadas a funcionar pelo BACEN, e até março de 2022 foi concedida autorização para apenas uma, totalizando dez instituições financeiras desse tipo no mercado brasileiro. No período de setembro de 2019 a dezembro de 2020, os créditos originados pelas SEPs totalizaram, aproximadamente, R$247.900.000,00, com uma média mensal de R$15.500.000,00. Até dezembro de 2019, somente pessoas físicas eram investidoras e, a partir do início de 2020, a participação das pessoas jurídicas aumentou consideravelmente, correspondendo a praticamente 60% das operações originadas no 4º trimestre de 2020. Até o final de 2020, os tomadores de recursos eram, em sua maioria, pessoas jurídicas, e a participação das pessoas físicas como devedoras chegou a 15,2% do total acumulado no último trimestre de 2020 (BACEN, 2021b, p. 179-180). Os dados relacionados a captações promovidas por plataformas de *crowdfunding* podem ser resumidos na seguinte tabela:

Tabela 8 – Dados estatísticos sobre plataformas de *crowdfunding*

Ano	Quantidade de plataformas	Volume captado	Quantidade de investidores	R$ médio captado por oferta
2016	4	R$8.342.924,00	1.099	R$347.621,82
2017	5	R$12.836.000,00	2.467	R$583.454,55
2018	14	R$46.006.340,00	8.966	R$1.000.137,83
2019	26	R$59.043.689,00	6.720	R$984.061,48
2020	32	R$84.401.300,00	8.275	R$1.140.558,10
2021	56	R$188.260.875,00	19.797	R$1.651.411,19
2022	60	R$131.130.640,00	13.803	R$1.579.887,23

Fonte: CVM, 2023d.

Por fim, tendo em vista que as sociedades tomadoras podem buscar diferentes formas de financiar sua atividade empresarial de aquisição e distribuição de títulos e valores baseados em precatórios, é de extrema importância que o objeto das captações esteja bem definido e de acordo com a autorização concedida pelo regulador. Isso porque as plataformas de *crowdfunding* reguladas pela CVM devem restringir-se a emissões de valores mobiliários, sendo vedado que realizem operações de empréstimo e de financiamento entre pessoas, sob o risco de sofrer, isolada ou cumulativamente, advertência, multa, inabilitação e proibição temporária, suspensão da autorização ou do registro para o exercício das atividades.[447] Do mesmo modo, não podem as *fintechs* de crédito ou as plataformas correspondentes de instituições financeiras realizar a distribuição de valores mobiliários, também sob pena de sofrer as sanções cabíveis.

5.3.1 Via plataformas de *crowdfunding*

A CVM, em cumprimento de sua missão de fiscalizar permanentemente as atividades e os serviços prestados no mercado de valores mobiliários, propôs uma regulação inovadora para facilitar o acesso a capital por empresas de pequeno porte, que resultou na edição da Instrução CVM nº 588/2017. Seu principal objetivo era: (i) contribuir para o desenvolvimento de setores inovadores que poderiam ser relevantes para a economia brasileira; (ii) ampliar e melhorar a qualidade dos instrumentos de financiamento para empresas em fase inicial ou com dificuldades de acesso ao crédito em função de seu porte; (iii) promover proteção adequada dos investidores que, em muitos casos, não são participantes costumeiros do mercado de capitais; e (iv) prover segurança jurídica para plataformas eletrônicas de *crowdfunding* e para empreendedores de pequeno porte (CVM, 2016a).

No edital de consulta pública que ensejou a edição da norma reguladora, admitiu-se que existem consideráveis riscos para os investidores de sociedades empresárias de pequeno porte via plataformas eletrônicas. Entre os principais perigos identificados estão:

> (i) a possibilidade de fracasso do empreendimento, que tende a ser elevada no caso das empresas ofertadas; (ii) a assimetria informacional entre emissor e os investidores de varejo, que é mais elevada do que nas emissões dos mercados de capitais tradicionais, em que ferramentas como um prospecto completo estão disponíveis, assim como a atuação de analistas especializados; (iii) a dificuldade de acompanhar o valor do investimento, dada a possível falta de demonstrações financeiras auditadas e de mercado secundário; (iv) as dificuldades ou limitações que investidores terão nas estruturas societárias deste tipo de empresas e a possível diluição que ocorrerá em futuras rodadas de capitalização de uma empresa cujas atividades venham a crescer; (v) a falta de liquidez – o fator de risco considerado mais sério pela *European Securities Markets Authority* – ESMA; e ainda (vi) a maior possibilidade de ocorrência de fraude considerando o estágio inicial de um mercado ainda em fase

---

[447] Lei nº 6.385, de 7 de dezembro de 1976 (Lei do Mercado de Valores Mobiliários). *Art. 11.*

de regulamentação, mas cujo alcance, dado os meios eletrônicos de difusão usados, incluindo mídia e redes sociais, é muito amplo (CVM, 2016a, p. 8).

Para aqueles que estão iniciando no mercado de aquisição de precatórios e não possuem capital, ou não têm condições operacionais de adquirir precatórios em um montante que seja financeiramente viável a constituição um FIDC ou FIDC-NP, utilizar uma sociedade empresária de pequeno porte para captação de recursos com o público se mostra como uma boa alternativa. Nesse sentido, a edição da Instrução CVM nº 588/2017 abriu o caminho para que uma gama de modelos de negócios inovadores pudesse ser licitamente financiada por agentes poupadores que ainda não tinham acesso a vários produtos financeiros e de investimento, como os precatórios. Com a edição da Resolução CVM nº 88/2022, o *crowdfunding* de investimento passou a ser definido como:

> captação de recursos por meio de oferta pública de distribuição de valores mobiliários dispensada de registro, realizada por emissores considerados sociedades empresárias de pequeno porte nos termos desta Resolução, e distribuída exclusivamente por meio de plataforma eletrônica de investimento participativo, sendo os destinatários da oferta uma pluralidade de investidores que fornecem financiamento nos limites previstos nesta Resolução.

Após três anos em vigor, a autarquia submeteu à audiência pública uma proposta de alteração da Instrução CVM nº 588/2017, destacando o baixo histórico de reclamações por parte dos investidores e a ausência de fraudes. A proposta buscava ampliar os limites de valor captado e faturamento das sociedades tomadoras, visando possibilitar que mais empresas se beneficiem dessa modalidade de captação de recursos. Inicialmente, a proposta sugeria que o limite máximo de captação fosse aumentado de R$5.000.000,00 para R$10.000.000,00, e a receita bruta anual das sociedades passasse de R$10.000.000,00 para R$30.000.000,00. No entanto, com a publicação da Resolução CVM nº 88/2022, os limites foram estabelecidos em R$15.000.000,00 para captação,[448] R$40.000.000,00 para receita bruta anual.[449] O valor

---

[448] Resolução CVM nº 88, de 27 de abril de 2022. Art. 3º, I.
[449] Resolução CVM nº 88, de 27 de abril de 2022. Art. 2º, VII.

de investimento individual permaneceu o mesmo da proposta inicial, sendo elevado de R$10.000,00 para R$20.000,00, por ano-calendário.[450] Da mesma forma que houve aumento nos valores aplicados aos investidores e às sociedades emissoras, algumas regras atinentes às plataformas eletrônicas foram objeto de mudanças. O capital social integralizado mínimo para que pleiteiem seu registro na Comissão passou de R$100.000,00 para R$200.000,00,[451] e, se no mesmo exercício social o volume de ofertas públicas bem-sucedidas for superior a R$30.000.000,00, passou-se a exigir a contratação de um profissional responsável pela supervisão das regras, procedimentos e controles internos.[452]

Os valores mobiliários emitidos pelas sociedades empresárias e negociados pelas plataformas podem ser representados por debêntures, títulos ou contratos de investimento coletivo[453] e, na definição de *crowdfunding* prevista na Resolução CVM nº 88/2022, estão incluídas as modalidades de *debt-crowdfunding* e *equity-crowdfunding*, excluindo do seu âmbito de atuação doações, brindes, ou compras antecipadas.[454]

Ademais, consoante o argumento desenvolvido no tópico 5.2.1, entende-se que é preciso, primeiro, realizar a coleta de recursos com o público para depois esforçar-se na aquisição dos precatórios, porquanto a norma somente regula a emissão de valores mobiliários, e essa é uma condição para que os objetos negociados sejam assim classificados.

Ante a omissão da norma anterior, que se limitava a obrigar a plataforma a informar a inexistência de mercado secundário regulamentado de negociação de valores mobiliários, a Resolução CVM nº 88/2022 é expressa ao vedar atividades de intermediação secundária de valores mobiliários pelas plataformas, seus sócios, administradores e funcionários.[455] Ressalvou, no entanto, que as plataformas, mediante consentimento expresso e contratual da sociedade empresária de pequeno porte,[456] estão autorizadas a atuar como intermediadoras de transações de compra e venda de valores mobiliários já emitidos publicamente, desde que a sociedade tenha realizado ao menos uma oferta

---

[450] Resolução CVM nº 88, de 27 de abril de 2022. Art. 4º.
[451] Resolução CVM nº 88, de 27 de abril de 2022. Art. 19, §1º, I.
[452] Resolução CVM nº 88, de 27 de abril de 2022. Art. 27.
[453] Resolução CVM nº 88, de 27 de abril de 2022. Art. 8º, §2º, II.
[454] Resolução CVM nº 88, de 27 de abril de 2022. Art. 1º, §3º.
[455] Resolução CVM nº 88, de 27 de abril de 2022. Art. 36, IX.
[456] Resolução CVM nº 88, de 27 de abril de 2022. Art. 17.

pública de distribuição no ambiente da plataforma.[457] Com a entrada em vigor das novas regras, espera-se maior popularização das plataformas de *crowdfunding*, pois, como as plataformas estão autorizadas a fornecer ambiente para que os investidores possam negociar valores fungíveis entre si,[458] inevitavelmente, haverá um aumento de liquidez e de transações entre os investidores no ambiente da mesma plataforma.

Embora os *non-fungible tokens* (NFTs)[459] possam ser considerados, do ponto de vista operacional, como instrumentos para emissão de valores mobiliários, devido a sua natureza de representação de objetos únicos, eles não podem ser transacionados como valores mobiliários, uma vez que correspondem a uma espécie de ativo não fungível. Por outro lado, objetos derivados de precatórios poderão ser livremente negociados por investidores ativos, ou seja, por aqueles que, cumulativamente, estejam com seu cadastro atualizado na plataforma e tenham realizado investimento em ao menos uma oferta pública nos últimos dois anos.[460]

Veda-se, ainda, que a plataforma utilize termos que possam induzir o investidor a erro quanto à existência de operação de mercado regulamentado de valores mobiliários, tais como "bolsa", "bolsa de valores", "mercado de bolsa", "mercado de balcão", "mercado secundário" entre outros.[461] É preciso que a sociedade empresária e a titular da plataforma observem algumas questões quando da realização das ofertas, para não incorrerem em irregularidades, tais como: (i) não

---

[457] Resolução CVM nº 88, de 27 de abril de 2022. *Art. 15, caput.*
[458] Resolução CVM nº 88, de 27 de abril de 2022. *Art. 15, §3º.*
[459] "Os NFTs representam uma evolução da propriedade física de um ativo específico. O *token* digital inclui um conjunto de informações registradas no *blockchain* que representa o ativo vinculado ao *token*. Com isso, também é possível identificar com precisão o seu titular, que pode fazer valer os direitos sobre o bem e também optar por trocá-lo. Na prática, os *tokens* digitalizam algo e suas trocas e transferências podem ocorrer com segurança e sem intermediários. Na verdade, esses ativos digitais podem ser trocados em mercados especiais, criando assim um processo de *tokenização* da realidade para o digital. Todas as informações, procedimentos e negócios podem ser facilmente rastreados com o apoio do *blockchain* que permite monitorar a transferência de propriedade e pagar ao autor original no futuro, se necessário. Os NFTs podem ser usados para criar propriedade digital verificável, autenticidade, rastreabilidade e segurança, facilmente exploráveis em diferentes setores e atividades. Isso inclui arte criptográfica, coleções digitais, jogos online, patentes ou outros direitos de propriedade intelectual, imóveis, objetos preciosos, veículos, licenças e documentos financeiros. Os NFTs são negociados globalmente, uma vez que as plataformas de tecnologia de razão distribuída operam além das fronteiras" (EU, 2021).
[460] Resolução CVM nº 88, de 27 de abril de 2022. *Art. 2º, II.*
[461] Resolução CVM nº 88, de 27 de abril de 2022. *Art. 15, §2º.*

informar com clareza os valores alvo mínimo e máximo de captação para cada oferta; ou (ii) oferecer bonificação para os investimentos realizados nos primeiros dias da oferta e por volume investido, de forma que o tratamento entre os investidores não seja equitativo, pois alguns acabam recebendo benefícios distintos para adquirir o mesmo valor mobiliário (CVM, 2020a). Além desses, devem tomar o cuidado de: (i) não apresentar documentos que não correspondem às demonstrações contábeis elaboradas de acordo com a legislação; ou (ii) autorizar que EIRELI (substituída pela sociedade limitada unipessoal) e empresários individuais – que não são sociedades empresárias – realizem captações de recursos pela plataforma (CVM, 2020b).

Antes da entrada em vigor da Resolução CVM nº 88/2022, era proibido às plataformas disponibilizarem materiais publicitários, documentos e informações sobre ofertas dispensadas de registro fora do ambiente da plataforma. No entanto, com as alterações introduzidas, agora é permitida a promoção de ofertas públicas com ampla divulgação, incluindo o uso de material publicitário, desde que observadas as seguintes condições: (i) sejam veiculadas no máximo informações essenciais sobre a oferta, tais como o tipo de valor mobiliário ofertado, os valores mínimo e máximo de captação, eventual valor mínimo de investimento e um breve histórico e descrição das atividades da sociedade empresária de pequeno porte; (ii) seja destacado o direcionamento eletrônico para as informações essenciais da oferta na página da plataforma, com a seguinte advertência: "Não invista antes de entender as informações essenciais da oferta"; (iii) seja informado, de forma destacada, que se trata de conteúdo patrocinado; e (iv) caso a entidade contratada para a divulgação seja supervisionada pela CVM, a comunicação deve esclarecer a natureza do arranjo comercial firmado com a plataforma, bem como a forma de sua remuneração, a fim de mitigar potenciais conflitos de interesse.

Os investimentos, caso tenham como objeto dívidas não conversíveis em participações societárias (*debt-crowdfunding*), podem ser formalizados por contrato participativo subdividido da seguinte forma: Considerandos; Capítulo I – Interpretação; Capítulo II – Do desembolso e da promessa de pagamento; Capítulo III – Adesão à oferta; Capítulo IV – Características da oferta; Capítulo V – Características dos contratos de dívida; Capítulo VI – Funções do agente e representação; Capítulo VII – Mandato; Capítulo VIII – Vencimento antecipado dos contratos de dívida; Capítulo IX – Reunião de investidores; Capítulo X – Pagamento;

Capítulo XI – Obrigações da emissora; Capítulo XII – Obrigações da plataforma; Capítulo XIII – Cessão; Capítulo XIV – Acesso à informação; Capítulo XV – Disposições Gerais; Capítulo XVI – Da lei aplicável e do foro. Faculta-se às partes inserir como cláusulas adicionais relativas à garantia fidejussória correspondente à fiança, à atualização monetária e à confidencialidade (LAB, 2020, p. 12-44).

Quando há o direito de, em algumas circunstâncias, converter o valor investido em ações, é o que se chama *equity indireto*. O objetivo do investidor não é deter participação societária, mas receber sua remuneração em dinheiro. Na hipótese de inadimplemento, contudo, imaginam-se algumas ocorrências que podem ensejar o direito do investidor de receber cotas da sociedade tomadora, tais como: (i) aplicação pela sociedade em finalidade não relacionada, direta ou indiretamente, ao projeto; (ii) atraso no pagamento da remuneração prometida ou da restituição do valor investido, salvo em eventual ocorrência de caso fortuito ou força maior; (iii) descumprimento de obrigações contratuais; (iv) comprovado esvaziamento patrimonial da sociedade, mediante alienação da totalidade ou quase-totalidade de seus ativos; (v) dívidas contraídas pela sociedade em valor superior ao autorizado pelos investidores, com exceção: (a) dos desembolsos previstos no plano de negócios; e (b) de outros títulos conversíveis emitidos pela sociedade no âmbito da oferta; (vi) comprovada fraude na administração e condução dos negócios; (vii) dissolução ou liquidação, fusão, aquisição, incorporação, cisão ou qualquer evento societário que implique alteração de controle societário; (viii) qualquer ato de constrição judicial que recaia sobre as cotas sociais objeto do penhor, cuja persecução do crédito seja movida contra sócio da sociedade.

Há uma clara diferença entre os contratos de *debt* e *equity*, pois nestes percebe-se a existência de cláusulas típicas de direito societário, como o direito de alienação conjunta (*tag along*),[462] o direito de não ter sua participação societária diluída[463] e a obrigação de conversão e

---

[462] Na hipótese de ser formulada oferta vinculante à sociedade tomadora para alienação, direta ou indireta, do controle, assegura-se aos investidores o direito de que suas quotas resultantes da conversão sejam alienadas juntamente com as ações ofertadas, nos mesmos termos e por preço igual ao preço por ação, sob pena de invalidade da operação.

[463] Em caso de realização de uma nova rodada de captação de recursos financeiros que implique na diluição da participação dos investidores nos resultados e distribuição de lucros da sociedade, será facultado ao investidor realizar novos aportes para que a sua participação não seja reduzida.

venda conjunta (*drag along*).[464] Para aumentar a proteção ao investidor, cláusulas de garantias fidejussórias típicas dos contratos de *debt* podem ser adicionadas, como a cessão fiduciária do precatório em garantia. Quando as sociedades emitem valores mobiliários respaldados por precatórios na modalidade de *debt*, significa que estão captando recursos para financiar suas operações, incluindo aquisição de novos créditos, e para isso combinam previamente uma remuneração com o investidor. Quando optam pela modalidade de *equity*, o investidor não sabe previamente qual será a sua remuneração, pois ela depende dos dividendos que ele receberá da sociedade quando os precatórios forem pagos. Pode-se fazer uma analogia ao comparar a modalidade de *debt* a um investimento em renda fixa, e o *equity* à renda variável.

O modelo de negócios entre a sociedade tomadora de recursos que emite valores mobiliários visando obter recursos para financiar suas atividades, a plataforma eletrônica de investimento participativo regulada pela CVM e o investidor que busca aplicar seu capital em produtos financeiros alternativos, desenvolve-se da seguinte forma:

Figura 7 – Modelo captação *crowdfunding*

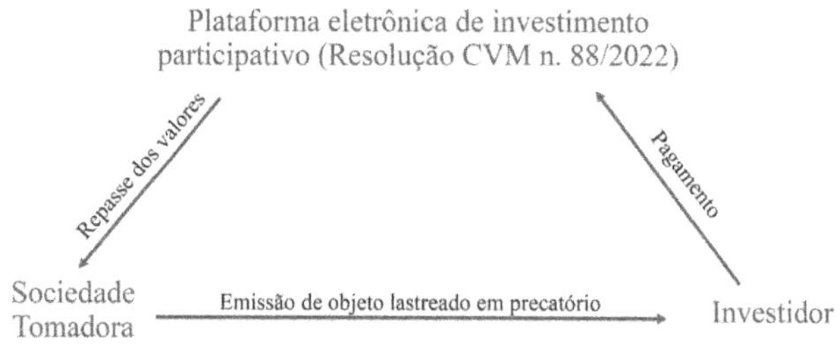

Plataforma eletrônica de investimento participativo (Resolução CVM n. 88/2022)

Sociedade Tomadora — Emissão de objeto lastreado em precatório → Investidor

Repasse dos valores / Pagamento

Fonte: Elaborada pelo autor.

Caso a sociedade empresária de pequeno porte – tomadora de recursos e emissora de valor mobiliário – seja instituída com o propósito específico de adquirir precatórios, recomenda-se que tenha esses

---

[464] Os sócios da sociedade poderão, caso recebam ofertas de terceiros para aquisição da totalidade das suas ações, além de alienarem a sua parte, exigir que os investidores realizem a conversão em participação societária e, posteriormente, alienem ao terceiro nas mesmas condições.

créditos como seu único ativo, sem passivos e obrigações que possam colocar em risco o investimento. Após o pagamento do precatório pelo Estado à sociedade tomadora, ela deve realizar o pagamento aos investidores conforme percentuais pactuados e formalizados no título, debênture ou contrato de investimento.

A CVM, nos termos da Lei nº 7.940/1989, cobra, das sociedades tomadoras, a Taxa de Fiscalização dos mercados de títulos e valores mobiliários, com o pedido de registro inicial como emissor de valores mobiliários,[465] e, após o encerramento com êxito da oferta pública de valores mobiliários ao mercado, no caso de oferta dispensada de registro,[466] cujo fato gerador é o exercício do poder de polícia.[467] Ressalte-se que não há sobreposição ou dupla cobrança da taxa na hipótese de oferta concomitante ao pedido de registro inicial, situação na qual haverá incidência da taxa apenas sobre o valor da oferta pública.[468]

O emissor deve pagar 0,03% sobre o valor da oferta pública, prevalecendo o mínimo de R$809,16[469] – isto é, em ofertas inferiores a R$2.697.200,00, o valor a ser pago será de R$809,16, e caso seja superior a R$2.697.200,00, a sociedade deve aplicar a alíquota de 0,03% sobre o valor da oferta. Então, hipoteticamente, no caso de uma oferta de R$10.000.000,00, a taxa terá o valor de R$3.000,00. Tal estrutura garante que, para valores de oferta menores, o custo fixo mínimo prevaleça, enquanto, para valores maiores, a taxa percentual seja aplicada, aumentando proporcionalmente com o valor da oferta.

Quando o valor da operação depender de procedimento de precificação, a taxa deve ser recolhida com base no montante previsto para a captação que orientou a decisão pela realização da oferta, bem como o eventual complemento da taxa, por ocasião do registro da oferta, caso o valor da operação supere a previsão. Por fim, de acordo com o §4º do art. 5º da Lei nº 7.940/1989, se o emissor desistir da oferta após realizar o pagamento da taxa, esta não será ressarcida.

Uma novidade apresentada pelo art. 12, I e II da Resolução CVM nº 88/2022, em comparação à Instrução CVM nº 577/2018, é a obrigatoriedade de contratação de um escriturador de valores

---

[465] Lei nº 7.940, de 20 de dezembro de 1989. Art. 4º, V (Incluído pela Lei nº 14.317/2022).
[466] Lei nº 7.940, de 20 de dezembro de 1989. Art. 5º, II, b (Incluído pela Lei nº 14.317/2022).
[467] Lei nº 7.940, de 20 de dezembro de 1989. Art. 2º.
[468] Lei nº 7.940, de 20 de dezembro de 1989. Anexo IV, 2 (Incluído pela Lei nº 14.317/2022).
[469] Lei nº 7.940, de 20 de dezembro de 1989. Anexo IV, 1 (Incluído pela Lei nº 14.317/2022).

mobiliários registrado por parte da sociedade empresária de pequeno porte. Essa obrigatoriedade se aplica quando: (i) a sociedade empresária de pequeno porte já tiver realizado, em outra plataforma, uma ou mais ofertas públicas de valores mobiliários fungíveis com o mesmo objeto da oferta em questão, que sejam conversíveis ou que se convertam na mesma espécie de valor mobiliário; (ii) ou quando a plataforma contratada para distribuir a oferta pública não oferecer os serviços de controle de titularidade e de participação societária.

Para que a sociedade seja isenta dos serviços de escrituração, de acordo com o art. 13, §1º, I e II, é necessário celebrar um contrato de prestação de serviços com a plataforma, que ficará responsável por: (i) realizar o registro atualizado das informações de titularidade dos valores mobiliários, inserindo-as em contas individuais de valores mobiliários em nome de cada titular; e (ii) efetuar o controle da participação societária presente e futura na sociedade empresária, incluindo os valores mobiliários que confiram participação efetiva no capital social e instrumentos conversíveis em participação societária.

Mesmo com o aumento dos limites de captação e receita para as sociedades tomadoras, é provável que, à medida que seus empreendimentos e captações sejam bem-sucedidos, elas precisem buscar outras formas de financiamento para suas atividades, já que ultrapassarão o limite de receita bruta anual de R$40.000.000,00 definido pela autarquia. Isso pode ter um impacto negativo para os investidores, uma vez que restringe as oportunidades de investimento em sociedades em crescimento que apresentam maiores riscos. Vale ressaltar que uma sociedade empresária que possua capacidade operacional para adquirir anualmente R$40.000.000,00 em precatórios tem condições de buscar outras alternativas de financiamento para suas atividades, visando uma maior eficiência tributária e proporcionando mais proteções aos investidores, como, por exemplo, por meio de FIDCs (Fundos de Investimento em Direitos Creditórios) ou FIDC-NPs (Fundos de Investimento em Direitos Creditórios Não-Padronizados).[470]

---

[470] Ao utilizar as plataformas de *crowdfunding*, a sociedade estará captando recursos de um público que, em sua maioria, nem sequer será qualificado. Dessa forma, recorda-se da limitação imposta aos investidores de Fundos apresentados no tópico 3.2.2, para pontuar que, nessa transição de modelos de captação, o perfil dos investidores, necessariamente, alterar-se-á.

Exceto em determinadas situações,[471] entende-se que a autarquia, ao limitar o valor que cada investidor pode aplicar em valores mobiliários ofertados com dispensa de registro a R$20.000,00 por ano-calendário, acaba por interferir na autonomia privada, restringindo a possibilidade de que o investidor aplique seus recursos onde quiser. Assim, ao mesmo tempo que proporciona diferentes formas de diversificação dos investimentos para pessoas físicas, em projetos e sociedades que até então eram restritos a investidores qualificados e profissionais, limita os valores para que eventual insucesso do empreendimento não prejudique as finanças pessoais e não descredibilize o *crowdfunding*.

Verificou-se a possibilidade de a sociedade empresária de pequeno porte obter autorização da CVM para realizar a atividade de plataforma eletrônica, nos termos da Resolução CVM nº 88/2022, com o objetivo de receber recursos de terceiros em nome próprio. Isto é, ao invés de contratar plataforma eletrônica autorizada para realizar intermediação de recursos financeiros, a sociedade tomadora desenvolve sistema informatizado e tecnológico apto ao exercício da atividade de *crowdfunding*.

O modelo de negócios seria estruturado entre a sociedade tomadora e o investidor da seguinte forma:

Figura 8 – Modelo de captação via *crowdfunding* pela própria plataforma eletrônica de investimento autorizada pela CVM

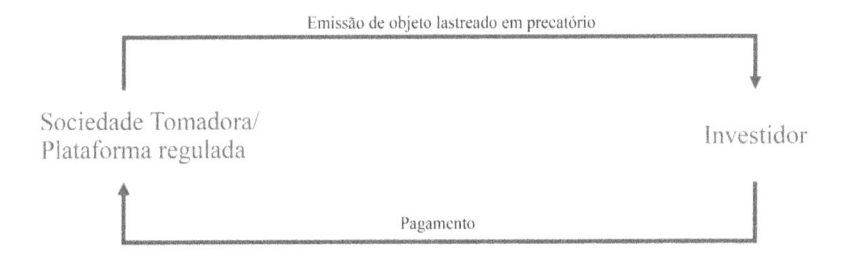

Fonte: Elaborada pelo autor.

---

[471] Autoriza-se investimento acima de R$20.000,00 ao investidor líder, qualificado ou àquele que tiver renda bruta anual ou o montante de investimentos financeiros que seja superior a R$200.000,00 (Resolução CVM nº 88/2022, art. 4º).

Desde a Instrução CVM nº 588/2017 (art. 28, XVII) autoriza-se ofertas por parte da própria plataforma como sociedade empresária de pequeno porte. Para isso, a sociedade (plataforma) deve protocolar os documentos necessários para a análise do pedido de autorização, e a CVM, por meio da Superintendente de Supervisão de Securitização (SSE), tem, segundo art. 21 da Resolução CVM nº 88/2022, noventa dias corridos[472] para analisar o pedido de registro.[473] Após concedida a autorização, a sociedade deve respeitar todos os requisitos de limites impostos pela norma quanto ao montante captado e receita bruta anual do tomador.

Após aprovação da CVM, caso a sociedade empresária adquirente de precatórios prossiga com tal cenário, poderá economizar um valor significativo, visto que as plataformas geralmente cobram um percentual do valor captado, além de um valor fixo mensal para

---

[472] Para a autarquia, o prazo de 90 dias representa um resultado médio das experiências internacionais e apropriado para a realidade brasileira. Como fundamento, apresentou os prazos dos seguintes países: "Austrália: sem prazo definido; Espanha: 3 meses; Estados Unidos: 90 dias, sendo 60 dias para a FINRA e 30 para a SEC; França: 2 meses; Portugal: 30 dias úteis a partir da resposta do último ofício de exigências; e Reino Unido: 6 meses" (CVM, 2020g, p. 10).

[473] Anexo F à Resolução CVM nº 88, de 27 de abril de 2022. *Art. 1º O pedido de registro deve ser instruído com os seguintes documentos: I – requerimento assinado pelo administrador responsável pelas atividades da plataforma eletrônica de investimento participativo perante a CVM; II – cópia dos atos constitutivos em sua versão vigente e atualizada, revestidos das formalidades legais, que devem conter previsão para o exercício da atividade e certidão de pessoa jurídica emitida pela Receita Federal do Brasil; III – demonstrações financeiras elaboradas de acordo com a legislação vigente; IV – parecer de auditor independente de tecnologia da informação sobre a adequação dos sistemas utilizados pela plataforma aos requisitos do art. 19, §1º, II; V – cópia do código de conduta, nos termos do art. 19, §1º, III; VI – documentos de identificação de sócios e administradores, incluindo identidade, CPF, e comprovante de residência no caso dos administradores; VII – declarações individuais firmadas pelos sócios e administradores da plataforma atestando: a) que não está inabilitado ou suspenso para o exercício de cargo em instituições financeiras e demais entidades autorizadas a funcionar pela CVM, pelo Banco Central do Brasil, pela Superintendência de Seguros Privados – SUSEP ou pela Superintendência Nacional de Previdência Complementar – PREVIC; b) que não foi condenado por crime falimentar, prevaricação, suborno, concussão, peculato, 'lavagem' de dinheiro ou ocultação de bens, direitos e valores, contra a economia popular, a ordem econômica, as relações de consumo, a fé pública ou a propriedade pública, o sistema financeiro nacional ou a pena criminal que vede, ainda que temporariamente, o acesso a cargos públicos, por decisão transitada em julgado, ressalvada a hipótese de reabilitação; e c) que, nos últimos 5 (cinco) anos, não sofreu punição em decorrência de atividade sujeita ao controle e fiscalização da CVM, do Banco Central do Brasil, da Superintendência de Seguros Privados – SUSEP ou da Superintendência Nacional de Previdência Complementar – PREVIC; e VIII – minuta do termo de ciência de risco requerido no inciso IV do art. 26 desta Resolução; IX – minuta do material didático requerido pelo art. 33 desta Resolução; e X – formulário de informações cadastrais constante do item 21 do Anexo B da Resolução CVM nº 51, de 31 de agosto de 2021, devidamente preenchido. Parágrafo único. O parecer a que se refere o inciso IV do caput deve ser emitido por auditor independente com certificação reconhecida em auditoria de tecnologia da informação.*

manutenção e *marketing*. Esse valor é utilizado para pagar as taxas da CVM, seus funcionários, tributos e, se houver lucro, distribuí-lo aos acionistas.

Nesse cenário, compreende-se que a modalidade de *debt-crowdfunding* é a mais adequada, pois restringe-se o objeto da dívida com as garantias oferecidas, entre elas o precatório. Caso fosse adotada a modalidade de *equity-crowdfunding*, os investidores também receberiam, como forma de remuneração, um valor percentual das outras captações a atividades realizadas pela plataforma, e, mesmo considerando que essa valorização adicional já estaria inclusa no cálculo do valor de mercado (*valuation*) utilizado para captar os recursos, não parece ser a melhor opção ao comparar com a captação por uma sociedade com propósito específico de aquisição de precatórios. Sob a ótica dos investidores, a aplicação em sociedade titular de plataforma e emissora de valor mobiliário traz um risco adicional ao investimento. Em suma, os riscos do empreendimento são potencializados uma vez que a sociedade passa a exercer mais atividades e celebrar negócios jurídicos com mais pessoas.[474]

Ressalte-se que a sociedade empresária de pequeno porte tomadora dos recursos não está autorizada a realizar nova oferta com dispensa de registro, por meio da mesma ou de outra plataforma, no prazo de 120 dias contado da data de encerramento da oferta anterior que tenha logrado êxito.[475] Além disso, deve respeitar o prazo de captação não superior a 180 dias, que deve ser definido antes do início da oferta,[476] e o limite anual de até R$15.000.000,00 captados.[477] Nas ofertas, faculta-se a distribuição de lote adicional limitado ao montante de até 25% do valor alvo, desde que: (i) a possibilidade tenha sido aprovada por órgão societário deliberativo da sociedade; (ii) esteja prevista no Anexo E – que dispõe as informações essenciais sobre a oferta pública – e (iii) o valor total da oferta respeite o limite anual de captação.[478]

Os controladores da sociedade que é titular da plataforma, ao perceberem o sucesso da atividade empresarial de captação de recursos para aquisição de precatórios, poderiam optar por constituir

---

[474] Para compreender melhor o porquê, basta recordar do tópico 4.1, em que se aprofundou nos riscos das sociedades empresárias tomadoras de recursos.
[475] Resolução CVM nº 88, de 27 de abril de 2022. Art. 3º, §5º.
[476] Resolução CVM nº 88, de 27 de abril de 2022. Art. 3º, I.
[477] Resolução CVM nº 88, de 27 de abril de 2022. Art. 3º, §3º.
[478] Resolução CVM nº 88, de 27 de abril de 2022. Art. 5º, VI, a-c.

uma nova sociedade para ser a tomadora dos recursos, a fim de evitar os limites de captação e receita bruta anual. Devem observar, no entanto, que os sócios, administradores e funcionários não podem deter, antes da oferta, participação superior a 20% do capital social da sociedade tomadora, seja por meio de participação direta ou de valores mobiliários conversíveis.[479] Além disso, embora não haja proibição para a constituição de quantas sociedades desejarem, é importante ter em mente que isso pode configurar fraude, uma vez que é dever da sociedade fiscalizar as ofertas e proteger os interesses dos investidores.

5.3.2 Por instituições financeiras

Neste tópico faz-se um recorte metodológico para analisar somente as sociedades correspondentes de instituições financeiras e as instituições financeiras qualificadas como sociedades de empréstimos entre pessoas (SEP) e de crédito direto (SCD), não cabendo aqui um estudo sobre as demais instituições financeiras e como elas atuam nesse mercado.

As sociedades titulares de plataformas não qualificadas como instituições financeiras, com base em contratos próprios, agem na condição de correspondentes de instituições financeiras autorizadas a negociar créditos no mercado e, em nome delas, realizam a captação e o atendimento dos clientes, viabilizando a ampliação do canal de oferta de diversos produtos e serviços da instituição. A Resolução CMN nº 4.935/2021, que revogou a anterior (Resolução CMN nº 3.954/2011), foi editada com o intuito de aprimorar a regulação a respeito da contratação de correspondentes pelas instituições financeiras e pelas demais instituições autorizadas a funcionar pelo BACEN, principalmente ao permitir a atuação via plataformas eletrônicas disponibilizadas em sítio eletrônico na internet, aplicativo ou outras formas de comunicação em rede. Essas plataformas são chamadas de correspondentes digitais, em contraposição à tradicional forma de correspondentes que atuam em ambientes presenciais.

Quando se fala em regulação de correspondentes, o objetivo que prevalece é a redução de assimetrias regulatórias entre correspondentes digitais e presenciais e a melhoria do controle, qualidade e gestão dos contratados (BACEN, 2021a, p. 14). Isso porque, pelo menos em teoria,

---

[479] Resolução CVM nº 88, de 27 de abril de 2022. *Art. 36, XVII.*

o correspondente atua por conta e sob as diretrizes da instituição financeira contratante, que assume inteira responsabilidade pelo atendimento prestado aos clientes e usuários por meio do contratado. Em geral, não é exigida prévia autorização do BACEN para exercer atividade de correspondente. É necessário, porém, obter permissão do regulador caso o postulante não integre o Sistema Financeiro Nacional e sua denominação ou nome fantasia tiver termos característicos das denominações das instituições do SFN em português ou em idioma estrangeiro.[480]

Com o avanço da atividade de correspondentes em 2014 e 2015, sobretudo em razão da difusão das *fintechs* (à época ainda não reguladas), o BACEN, por meio de supervisão, relatos de associações de instituições reguladas e da imprensa, iniciou a investigação dos principais modelos de negócios existentes para ter condições de regular adequadamente a atividade que vinha sendo desenvolvida (BACEN, 2021a, p. 8-9).

Após intensos debates e considerações sobre a necessidade de atualização e modernização do marco regulatório para as atividades de tecnologia financeira, foi editada a Resolução CMN nº 4.656/2018. Essa norma teve o papel de regulamentar especificamente as sociedades de crédito direto e as sociedades de empréstimo entre pessoas, estabelecendo um marco legal para a execução de operações de empréstimo e financiamento intermediadas por plataformas eletrônicas. Dentro das determinações dessa Resolução, foram definidos os requisitos e procedimentos essenciais para a obtenção da autorização de funcionamento dessas instituições financeiras, assim como as diretrizes para transferência de controle societário, reorganização societária e o cancelamento dessa autorização.

Contudo, é fundamental destacar que a norma em questão passou por uma significativa atualização com a entrada em vigor da Resolução CMN nº 5.050, de 25 de novembro de 2022, considerando as mudanças no mercado financeiro e nas práticas de tecnologia financeira. Esta Resolução revogou e substituiu a Resolução CMN nº 4.656/2018, preservando, porém, aspectos fundamentais da norma suplantada, como a exigência de que as sociedades se estruturem como sociedades anônimas e mantenham um patrimônio líquido mínimo de R$1.000.000,00.[481]

---

[480] Resolução CMN nº 4.935, de 29 de julho de 2021. Art. 8º.
[481] Resolução CMN nº 5.050, de 25 de novembro de 2022. Arts. 3º, 6º, 11 e 14.

As diretrizes regulatórias na esfera do BACEN **são segmentadas e proporcionais à complexidade e ao tamanho das instituições. Quanto maior o ativo da instituição, mais complexa é a regulação a que está submetida e, nesse sentido, as** *fintechs* de crédito passaram a ser reguladas visando "aumentar a segurança jurídica no segmento, elevar a concorrência entre as instituições financeiras e ampliar as oportunidades de acesso dos agentes econômicos ao mercado de crédito" (BACEN, 2017, p. 1). Após a entrada em vigor da Resolução CMN nº 4.656/2018, alguns correspondentes optaram por transformar suas sociedades em *fintechs* de crédito, enquanto outros preferiram continuar atuando somente como correspondentes, porém, com o benefício de poderem ser contratados, além das instituições tradicionais, por SEPs e SCDs (BACEN, 2021a, p. 9).

No cenário proposto nesta obra para alienação de direitos pessoais patrimoniais garantidos por direitos creditórios derivados de sentenças judiciais condenatórias, vislumbra-se a participação da SCD somente como instituição financeira que celebra contratos de correspondência com sociedades titulares de plataformas eletrônicas para possibilitar a emissão de instrumentos de captação de recursos, como as CCBs. As operações de empréstimo, de financiamento e de aquisição de direitos creditórios, realizadas por SCD, por opção do regulador, devem utilizar, exclusivamente, capital próprio e, por essa razão, não serão analisadas.

A SEP, por outro lado, é instituição financeira autorizada a exercer a atividade de coleta e repasse de recursos de terceiros e nem sequer pode utilizar capital próprio para conceder empréstimos e financiamentos, motivo pelo qual, daqui em diante, quando for apontada *fintech* ou instituição financeira que realiza a intermediação de recursos, deve-se interpretar essa sociedade como SEP.

Dessa forma, ao priorizar a regulação posta pelo BACEN, a sociedade tomadora poderá buscar o auxílio de correspondentes de instituições financeiras ou as próprias instituições financeiras, conforme se verá adiante.

5.3.2.1 Via plataforma eletrônica mantida por correspondente de IF

Sociedade que busca publicamente captar recursos financeiros de investidores, oferecendo créditos provenientes de precatórios como contrapartida, celebra um contrato com um correspondente de instituição financeira, que será responsável por administrar a plataforma eletrônica e os demais serviços relacionados. O correspondente, por sua vez, celebra um contrato de prestação de serviços com a instituição financeira e terá a função de gerenciar as captações e atrair investidores. Paralelamente, a instituição financeira celebra um contrato de empréstimo bancário com a sociedade empresária que receberá os recursos, e essa sociedade manifesta unilateralmente sua intenção de emitir um instrumento de dívida.

A CCB, após emissão em favor de instituição financeira, como forma de eximir qualquer risco de crédito relacionado ao tomador, é prontamente endossada ao investidor. Também há a opção de a instituição financeira emitir, com base na CCB, um Certificado de Cédula de Crédito Bancário (CCCB).

As sociedades, os empresários e outros[482] podem ser contratados como correspondentes, sendo vedada a contratação de:

(i) entidade cuja atividade principal seja a prestação de serviços de correspondente para: (a) realização de recebimentos, pagamentos e transferências eletrônicas visando à movimentação de contas de depósitos e de pagamento de titularidade de clientes mantidas pela instituição contratante; (b) execução ativa e passiva de ordens de pagamento cursadas por intermédio da instituição contratante por solicitação de clientes e usuários; (c) recebimentos e pagamentos relacionados a letras de câmbio de aceite da instituição contratante;[483] e

(ii) entidade cujo controle seja exercido por administrador da instituição contratante ou por administrador de entidade controladora da instituição contratante.[484] Caso o administrador seja também controlador da instituição contratante, não há vedação para celebração do contrato de correspondência.[485]

O correspondente, assim, utilizando sua própria plataforma eletrônica, individualmente ou em conjunto com a sociedade tomadora,

---

[482] Resolução CMN nº 4.935, de 29 de julho de 2021. Art. 4º *Podem ser contratados, na qualidade de correspondente: I – as sociedades, os empresários e as associações definidos na Lei nº 10.406, de 10 de janeiro de 2002 (Código Civil); II – os prestadores de serviços notariais e de registro de que trata a Lei nº 8.935, de 18 de novembro de 1994; e III – as empresas públicas.*

[483] Resolução CMN nº 4.935, de 29 de julho de 2021. Art. 5º, I.

[484] Resolução CMN nº 4.935, de 29 de julho de 2021. Art. 5º, II.

[485] Resolução CMN nº 4.935, de 29 de julho de 2021. Art. 5º, parágrafo único.

atuará na prospecção de investidores e encaminhará as propostas de operações de crédito para que a sociedade tomadora possa emitir títulos com promessas de pagamento futura. Em troca, a sociedade recebe valores no presente.

Uma desvantagem para a sociedade tomadora atuar dessa forma é que os custos podem ser maiores quando comparados com outros modelos de negócios, eis que conta com mais agentes atuando na prospecção de investidores, na gestão das emissões e na intermediação dos recursos do que se contratasse diretamente uma plataforma regulada pela CVM ou uma SEP disposta a se tornar credora de CCB e endossá-la ao investidor. A sociedade tomadora, nessa situação, pode ser criada como uma sociedade de propósito específico para adquirir precatórios, sem estipular em seu objeto social o exercício de outras atividades e sem assumir outras obrigações. O modelo de negócios, nessa situação, se desenvolveria da seguinte forma:

Figura 9 – Captação via correspondente com emissão de CCB

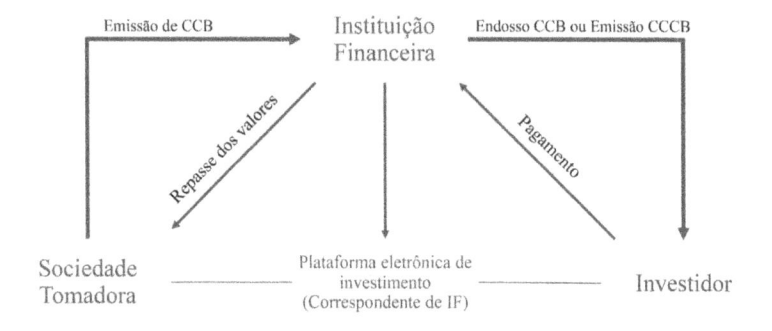

```
Emissão de CCB          Instituição          Endosso CCB ou Emissão CCCB
  ──────────→           Financeira           ──────────────────────→

         Repasse dos valores                     Pagamento

Sociedade              Plataforma eletrônica de
Tomadora                   investimento                    Investidor
                      (Correspondente de IF)
```

Fonte: Elaborada pelo autor.

A sociedade que altera seu contrato social para adicionar na cláusula de objeto social a atividade de correspondente de instituição financeira (Classificação Nacional de Atividades Econômicas-CNAE 66.19-3-02) e celebrar contrato com instituição financeira para, em nome dela, oferecer serviços ao mercado, está proibida, segundo dispõe o art. 14, VII, VIII e parágrafo único, da Resolução CMN nº 4.935/2021, de: (i) emitir, a seu favor, instrumentos de pagamento ou títulos relativos às operações realizadas, ou cobrar em seu próprio benefício, a qualquer título, valor relacionado com os produtos e serviços de fornecimento da instituição contratante; (ii) adiantar valores ao cliente por conta de recursos a serem liberados pela instituição; e (iii) prestar garantia, inclusive coobrigação, exceto para as operações de financiamento e de arrendamento mercantil de bens e serviços fornecidos pelo próprio correspondente no exercício de atividade comercial integrante de seu objeto social.[486]

Entende-se, portanto, que não existem vedações para que a sociedade tomadora adquirente de precatórios altere seu CNAE, celebre contratos de correspondência, desenvolva sítio eletrônico na internet, aplicativo ou outras plataformas de comunicação em rede, e capte recursos financeiros ao emitir CCBs em favor da instituição financeira que vai endossá-las aos investidores. Ao atuar dessa forma, a sociedade estará captando recursos com o público como qualquer outra; a única diferença é ter desenvolvido sistema próprio para facilitar a localização de investidores (mutuantes). A vedação presente na norma é para emissão de títulos em favor da correspondente, e não em favor de instituição financeira. Em relação à prestação de garantias, julga-se que está restrita às operações realizadas com terceiros.

Por último, não custa lembrar que se a plataforma extrapolar os limites postos na norma para as atividades que está autorizada a exercer, adentrando no âmbito de atuação das instituições financeiras, estará sujeita às penalidades previstas nas Leis nº 4.595/1964 e nº 7.492/1986.

5.3.2.2 Via plataforma eletrônica mantida por SEP

A sociedade de empréstimo entre pessoas é instituição financeira que, exclusivamente, por meio de plataforma eletrônica, viabiliza operações de empréstimo e de financiamento entre pessoas (*peer-to-peer* ou P2P). Conforme dispõe o art. 16 da Resolução CMN nº 5.050/2020, "as operações de empréstimo e de financiamento entre pessoas por meio de plataforma eletrônica são operações de intermediação financeira em que recursos financeiros coletados dos credores são direcionados aos devedores, após negociação em plataforma eletrônica". Nesse caso, o modelo de negócios transcorre da seguinte maneira:

---
[486] Essa situação não corresponde às hipóteses de atuação examinadas na presente obra, motivo pelo qual os correspondentes em análise são proibidos de prestar garantias.

Figura 10 – Captação de recursos via emissão de CCB diretamente com a instituição financeira.

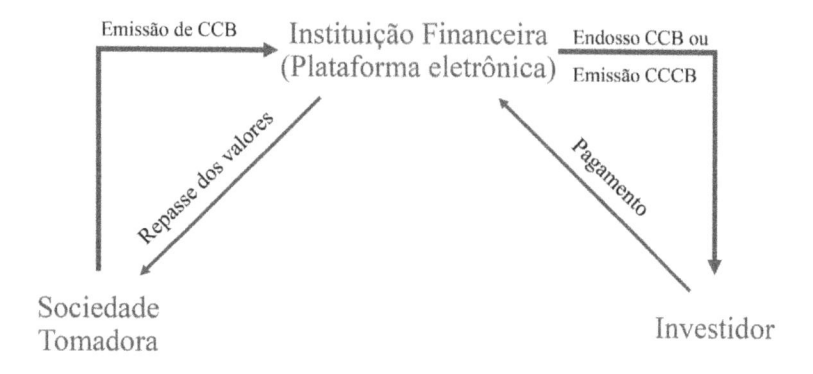

```
                Emissão de CCB    Instituição Financeira    Endosso CCB ou
                ─────────────►   (Plataforma eletrônica)    Emissão CCCB
                                        ▲         ╲
                       ╱                 │          ╲
                 Repasse dos valores     │           Pagamento
                     ╱                   │              ╲
                    ▼                                     ▼
                Sociedade                              Investidor
                Tomadora
```

Fonte: Elaborada pelo autor.

Conforme ilustrado na figura, a sociedade devedora que aliena créditos baseados em precatórios emite uma Cédula de Crédito Bancário (CCB) em favor da SEP. A seguir, a SEP endossa a CCB para o credor (investidor), que pode ser uma pessoa física, uma instituição financeira, um fundo de investimento destinado exclusivamente a investidores qualificados, uma companhia securitizadora ou uma pessoa jurídica não financeira.[487]

A sociedade tomadora poderá ser criada como de propósito específico e não realizar nada que não seja adquirir precatórios. Dessa forma, conforme os procedimentos delineados no tópico 3.2, imagine-se que ela adquira um precatório A de seu titular por R$100.000,00, cujo valor líquido atualizado perfaça R$150.000,00, e estima o pagamento em até dois anos. Ou seja, projeta, sem considerar a atualização monetária, um retorno de 50% em até dois anos. Considerando que a sociedade tem como objeto a localização e a análise de créditos, logo em seguida localiza outro beneficiário de precatório B, mas, dessa vez, precisa desembolsar R$110.000,00 para adquirir um precatório tenha o valor de R$165.000,00.

Supondo que sociedade não detenha os recursos necessários para desembolsar R$110.000,00, mas seja titular de crédito que vale

---

[487] Resolução CMN nº 5.050, de 25 de novembro de 2022. Art. 16, §1º.

R$150.000,00 (precatório A), ela poderá emitir CCBs lastreadas pelo precatório A até completar o valor de R$110.000,00 necessários à aquisição do precatório B. Nesse caso, o título será remunerado a uma taxa de 36,36%, que corresponde ao acréscimo dos investidores que compraram frações do precatório A, no presente, por R$110.000,00, para receber, no futuro, a mesma fração de R$150.000,00.

Apenas com essa operação, a sociedade vê seu patrimônio sair de R$150.000,00 (valor do precatório A) para R$165.000,00 (valor do precatório B), o que corresponde a um acréscimo de 10% em pouco tempo. Ela também pode, posteriormente, oferecer o precatório B em garantia de novas emissões e ter recursos para adquirir novos créditos. Dessa maneira, ao comprar créditos e emitir dívidas garantidas por eles, a sociedade consegue um retorno financeiro anualizado percentualmente superior do que se simplesmente comprasse os precatórios e aguardasse o pagamento pelo ente devedor.

Conforme destacado por Borges (2021), a SEP não possui a responsabilidade de garantir o cumprimento das obrigações da sociedade devedora, uma vez que cabe ao investidor realizar a análise da situação financeira e patrimonial do tomador dos recursos, bem como das garantias oferecidas. Além disso, a SEP não pode ser responsabilizada por eventuais inadimplementos, seja por parte do credor ou do devedor, do contrato de empréstimo. É importante ressaltar, no entanto, que a SEP deve fornecer uma avaliação de risco que englobe aspectos relevantes para a análise por parte do investidor, tais como a situação econômico-financeira, o grau de endividamento, a capacidade de geração de resultados ou fluxos de caixa, a pontualidade e atrasos nos pagamentos, o setor de atividade econômica e o limite de crédito.[488] Seu modelo de análise deve ser capaz de fornecer aos potenciais credores indicadores que reflitam de forma imparcial os riscos oferecidos pelos potenciais devedores e respectivas operações de empréstimo e de financiamento.[489]

Para sociedades empresárias com foco na aquisição de precatórios, a pontualidade nos pagamentos pode ser um problema, pois não se sabe com exatidão a data em que o Estado efetuará os repasses. Como alternativa para minimizar essa adversidade, pode-se estipular uma data de vencimento do título que seja superior à data de vencimento do precatório. Essa não é uma operação 100% segura e que vai funcionar

---

[488] Resolução CMN nº 5.050, de 25 de novembro de 2022. Art. 30.
[489] Resolução CMN nº 5.050, de 25 de novembro de 2022. Art. 29.

sempre, mas vale o exercício de imaginação. Assim, conceba um precatório expedido por devedor que esteja no regime geral, que tenha como ano de vencimento 2024, e que, no título, exista uma cláusula que autorize o vencimento antecipado por vontade unilateral do emissor. Dessa maneira, a sociedade conseguirá adimplir sua obrigação, sem qualquer problema, se emitir uma dívida com vencimento para 31 de dezembro de 2024 e o precatório for quitado antes do último dia do prazo.

O BACEN (2021a, p. 40), atuando conforme seus objetivos, desenvolveu "ferramentas de supervisão para automatização dos procedimentos de inspeção e avaliação das *fintechs* de crédito".[490] Desse modo, é fundamental que a análise de crédito feita pelas SEPs esteja em constante aprimoramento, pois há tecnologia para verificar, em alta velocidade, se as instituições financeiras estão atendendo a seus clientes conforme o perfil de risco de cada um.

Interessante perceber que para driblar o limite de investimento de um investidor (exceto qualificado) no mesmo devedor, no valor de R$15.000,00 imposto pelo art. 24 da Resolução CMN nº 5.050/2022 por razões prudenciais, as SEPs podem oferecer a cada investidor a participação parcial ou integral em diversas operações de crédito. Seria como investir em um condomínio ou em fundo composto por vários ativos diferentes. No caso, esses ativos são os títulos de crédito cujo lastro pode ser frações ideais de precatórios, recebíveis de cartão

---

[490] "A automatização é baseada em duas ferramentas: Amostragem Determinada por Aprendizado de Máquina (Adam) e EVE. Adam é um sistema que se propõe a encontrar clientes cuja perda esperada nas operações de crédito não foi adequadamente reconhecida pelas instituições financeiras. É de alto desempenho, com baixíssimo número de falsos positivos e com uma grande inteligência de supervisão. O sistema é treinado a partir de mais de dez mil análises realizadas pelos inspetores nos últimos anos. Além de selecionar as operações, a atual versão do aplicativo fornece vasto conjunto de explicações sobre os motivos para os apontamentos. A velocidade do Adam é um ponto de destaque, conseguindo analisar mais de três milhões de clientes em um único dia. Para efeitos de comparação, dez inspetores de alto desempenho levariam mais de setenta anos para fazer o mesmo trabalho. Por sua vez, o EVE se propõe a executar uma atividade de inspeção formal de ponta a ponta. Além das mais diversas análises que são realizadas usualmente em uma inspeção, a ferramenta prepara os relatórios e as minutas de ofícios para serem enviadas às instituições financeiras. A atual versão realiza a inspeção na área de crédito, mas em breve serão incorporadas análises nas áreas de tesouraria, demais ativos e passivos, e situação econômico-financeira. Estima-se que ele execute entre 80% e 90% do trabalho de uma inspeção similar que antes era executada de forma manual. Para efeito de comparação, o sistema realiza em dois dias uma inspeção que seria normalmente realizada em 45 dias por dois inspetores. Inicialmente a automatização foi aplicada como piloto no segmento de *fintechs* de crédito, mas há projetos para expansão da metodologia para os demais segmentos" (BACEN, 2021a, p. 40).

de crédito, contratos de alugueis de iPhones, cotas de consórcios, loteamentos, incorporações imobiliárias, enfim, praticamente qualquer bem ou direito que seja lícito.

Diferentemente de algumas instituições que necessitam de autorização prévia do Banco Central (BACEN) para sua constituição e funcionamento,[491] a SEP está dispensada da etapa de autorização para constituição, sendo submetida apenas ao processo de autorização para funcionamento. Essa abordagem evidencia a intenção da autarquia em simplificar os procedimentos e incentivar o desenvolvimento desse mercado.

Para a autorização, conforme estabelecido pelo art. 2º da Resolução CMN nº 4.970, de 25 de novembro de 2021, são impostos alguns requisitos que refletem a preocupação do regulador com a estabilidade, a transparência e a segurança no setor financeiro. Entre os critérios exigidos estão a demonstração da capacidade econômico-financeira por parte dos controladores, seja de maneira individual ou conjunta, assegurando que haja capital suficiente não só para a estruturação e a operação da instituição, mas também para lidar com as possíveis contingências oriundas das flutuações de mercado. Ademais, a origem dos recursos empregados tanto na integralização do capital social quanto na aquisição de controle ou participações significativas deve ser comprovadamente lícita.

A viabilidade econômico-financeira do empreendimento é igualmente crucial, indicando que o projeto deve ser sustentável no longo prazo, e a infraestrutura de tecnologia da informação da instituição precisa estar alinhada com a complexidade e os riscos intrínsecos ao negócio proposto, garantindo que haja capacidade adequada para o gerenciamento do projeto. A estrutura de governança corporativa, por sua vez, deve ser compatível com o nível de complexidade e riscos do empreendimento, assegurando a implementação de práticas sólidas de governança.

---

[491] As seguintes instituições necessitam de autorização do BACEN para processos de autorização de funcionamento: agências de fomento, associações de poupança e empréstimo, bancos comerciais, bancos de câmbio, bancos de desenvolvimento, bancos de investimento, bancos múltiplos, companhias hipotecárias, cooperativas de crédito, sociedades de arrendamento mercantil, sociedades corretoras de câmbio, sociedades corretoras de títulos e valores mobiliários, sociedades de crédito direto, sociedades de crédito, financiamento e investimento, sociedades de crédito imobiliário, sociedades de crédito ao microempreendedor e à empresa de pequeno porte, sociedades distribuidoras de títulos e valores mobiliários, sociedades de empréstimo entre pessoas e confederações de serviço (Resolução CMN nº 4.970, de 25 de novembro de 2021, art. 1º).

A integridade e a reputação ilibada dos indivíduos que ocupam cargos de gestão ou que possuem controle ou participação qualificada na instituição são fundamentais. Além disso, é imperativo que a administração tenha conhecimento profundo sobre o mercado em que a entidade deseja atuar, incluindo as nuances do segmento, as dinâmicas de mercado relevantes, as fontes de recursos operacionais, e uma compreensão clara sobre como gerenciar as atividades e os riscos associados. Por fim, a capacitação técnica dos administradores deve ser compatível com as responsabilidades que assumirão, garantindo que possuam os conhecimentos necessários para o desempenho de suas funções.

Importante mencionar que a instituição deve atender aos requisitos mínimos de capital e patrimônio líquido conforme a regulamentação em vigor. Adicionalmente, para fins da Resolução, considera-se como administração os sócios administradores, os diretores e, caso existam, os membros do conselho de administração. O BACEN reserva-se o direito de solicitar um plano de negócios para comprovar a viabilidade econômico-financeira do projeto e pode aceitar certificação técnica de infraestrutura de tecnologia da informação emitida por empresa independente qualificada, demonstrando a busca por um equilíbrio entre a flexibilidade operacional e a necessidade de rigor na avaliação das condições para atuação no sistema financeiro nacional.

Além disso, é necessário realizar o ato societário de constituição, integralizar e recolher o capital social em moeda corrente e/ou em títulos de emissão do Tesouro Nacional[492] e eleger os membros dos órgãos estatutários. Após a concessão da autorização para funcionamento publicada no *Diário Oficial*, para tornar-se apta a iniciar suas atividades, a sociedade deve adquirir personalidade jurídica própria com o arquivamento da documentação pertinente na Junta Comercial do estado onde tiver sua sede. Ressalte-se que deve entrar em funcionamento em até doze meses, sob o risco de caducidade da autorização (CC/2002, arts. 1.089, 1.123 e 1.124).

---

[492] Lei nº 4.595, de 31 de dezembro de 1964 (Lei da Reforma Bancária). *Art. 27. Na subscrição do capital inicial e na de seus aumentos em moeda corrente, será exigida no ato a realização de, pelo menos 50% (cinquenta por cento) do montante subscrito. §1º As quantias recebidas dos subscritores de ações serão recolhidas no prazo de 5 (cinco) dias, contados do recebimento, ao Banco Central da República do Brasil, permanecendo indisponíveis até a solução do respectivo processo. §2º O remanescente do capital subscrito, inicial ou aumentado, em moeda corrente, deverá ser integralizado dentro de um ano da data da solução do respectivo processo.*

Não há cobrança de taxas para obter a autorização de funcionamento perante o BACEN, bem como ocorre com as plataformas de *crowdfunding* reguladas pela CVM. Por outro lado, enquanto a CVM realiza cobrança de taxas dos emissores ao realizarem ofertas públicas de valores mobiliários, não há qualquer tipo de cobrança feita pelo BACEN na emissão dos títulos. Mas isso não significa que não existem custos para o exercício da atividade, muito pelo contrário, há diversas obrigações assumidas com a autarquia que se traduzem em aumento de despesas.

As instituições financeiras e outras instituições autorizadas a funcionar pelo BACEN, com exceção das administradoras de consórcio e instituições de pagamento, são obrigadas a elaborar e divulgar demonstrações financeiras, incluindo notas explicativas, individuais e consolidadas, anuais, semestrais e intermediárias, após auditoria realizada por auditor independente registrado na CVM.[493] As normas que regulam essas instituições são mais rigorosas em relação ao envio de informações para o órgão de supervisão, em comparação com as plataformas de *crowdfunding*, devido aos riscos para o sistema financeiro e para a poupança popular. Portanto, essas instituições devem ter uma equipe de *compliance* e análise financeira bem preparada para exercer suas atividades, o que resultará em aumento de custos a serem repassados ao usuário final.

A SEP não pode utilizar recursos próprios para suas operações, e a norma é clara quanto a isso.[494] Os recursos financeiros e os instrumentos representativos do crédito vinculados às operações de empréstimo e de financiamento não podem ser utilizados, direta ou indiretamente, para garantir o pagamento de dívidas ou de obrigações da SEP[495] e devem ser segregados de seus próprios recursos.[496] A instituição é, além disso, impedida de remunerar ou utilizar em seu benefício os recursos relativos às operações de empréstimo e de financiamento, transferir recursos aos devedores antes de sua disponibilização pelos credores e de transferir aos credores antes do pagamento pelos devedores.[497] Como também não pode manter recursos dos credores e dos devedores em

---

[493] Resolução CMN nº 4.910, de 27 de maio de 2021. Art. 2º.
[494] Resolução CMN nº 5.050, de 25 de novembro de 2022. Art. 22. *É vedado à sociedade de empréstimo entre pessoas: I - realizar operações de empréstimo e de financiamento com recursos próprios.*
[495] Resolução CMN nº 5.050, de 25 de novembro de 2022. Art. 23.
[496] Resolução CMN nº 5.050, de 25 de novembro de 2022. Art. 21, §1º.
[497] Resolução CMN nº 5.050, de 25 de novembro de 2022. Art. 22, IV-VI.

conta de sua titularidade não vinculados às operações de empréstimo e de financiamento.[498] Ou seja, a instituição financeira deve, de fato, por meio de plataforma eletrônica, proporcionar que recursos financeiros coletados dos credores sejam direcionados aos devedores.

Suponhamos que os sócios e controladores de uma sociedade tomadora de recursos financeiros desejem constituir uma instituição financeira qualificada como SEP com o objetivo de reduzir custos e aumentar a eficiência. Nesse contexto, é investigado se o mesmo grupo econômico e/ou pessoas poderiam constituir duas sociedades: a primeira, uma sociedade tomadora sob a forma limitada, que irá adquirir precatórios e direitos creditórios; e a segunda, uma SEP que atuará como plataforma eletrônica para a intermediação financeira.

Para garantir que a operação de crédito entre a instituição financeira e a sociedade tomadora ocorra em conformidade com a legislação, é fundamental que o grupo de controle da instituição financeira não seja composto pelas mesmas pessoas. Tal medida é necessária, pois as instituições financeiras estão proibidas de realizar operações de crédito com seus controladores pessoas jurídicas, bem como com pessoas jurídicas que possuam diretores ou membros de conselho de administração em comum. Além disso, a instituição financeira está impedida de fazer negócios com a sociedade tomadora caso haja participação qualificada no seu capital social, direta ou indiretamente, representando 15% ou mais das ações. Por fim, é essencial que a instituição financeira não exerça controle operacional efetivo ou preponderância nas deliberações da sociedade tomadora, independentemente do percentual de participação societária, de modo a garantir a separação adequada entre as atividades da instituição financeira e da sociedade tomadora.[499] Observa-se que, de acordo com o art. 3º, inciso XIV da Lei nº 13.506/2017, constitui infração deixar de segregar as atividades das instituições financeiras das atividades

---

[498] Resolução CMN nº 5.050, de 25 de novembro de 2022. *Art. 22, VII.*
[499] Lei nº 4.595, de 31 de dezembro de 1964 (Lei da Reforma Bancária). *Art. 34. É vedado às instituições financeiras realizar operação de crédito com a parte relacionada. §3º Considera-se parte relacionada à instituição financeira, para efeitos deste artigo: I – seus controladores, pessoas físicas ou jurídicas, nos termos do art. 116 da Lei nº 6.404, de 15 de dezembro de 1976; II – seus diretores e membros de órgãos estatutários ou contratuais; III – o cônjuge, o companheiro e os parentes, consanguíneos ou afins, até o segundo grau, das pessoas mencionadas nos incisos I e II deste parágrafo; IV – as pessoas físicas com participação societária qualificada em seu capital; e V – as pessoas jurídicas: a) com participação qualificada em seu capital; b) em cujo capital, direta ou indiretamente, haja participação societária qualificada; c) nas quais haja controle operacional efetivo ou preponderância nas deliberações, independentemente da participação societária; e d) que possuírem diretor ou membro de conselho de administração em comum.*

de outras sociedades, controladas ou coligadas, de forma a gerar ou contribuir para gerar confusão patrimonial.

No delineamento dos pré-requisitos para a nomeação a cargos de relevância em órgãos estatutários ou contratuais, bem como para a assunção de papéis de controle ou posse de participações significativas na SEP, destaca-se: (i) a exigência de residência no país para aqueles que almejam ocupar posições de liderança; (ii) a necessidade de não estar sob restrições impostas por legislação específica, ou ter sido condenado por delitos que comprometem a integridade fiscal, a administração pública ou o sistema financeiro, tais como crimes de natureza falimentar, sonegação fiscal, prevaricação, corrupção ativa ou passiva, concussão, peculato, ou qualquer ato contrário à economia popular, à fé pública, à propriedade ou que afete diretamente o Sistema Financeiro Nacional, incluindo-se condenações que restrinjam, mesmo que temporariamente, o direito de acessar cargos públicos; (iii) a obrigatoriedade de não estar sob estado de inabilitação ou suspensão para atuar em cargos de gestão ou controle em instituições que recebem autorização de funcionamento pelo Banco Central do Brasil, ou em organizações vinculadas ao sistema de previdência complementar, companhias de seguros, entidades de capitalização, empresas abertas ou outras submetidas à fiscalização da Comissão de Valores Mobiliários; e, por fim, (iv) a condição de não estar em estado de falência ou insolvente.[500]

Dessa forma, entende-se um tanto quanto complicada a constituição, pelo mesmo grupo, de sociedade empresária tomadora dos recursos e de instituição financeira para fazer a intermediação junto aos poupadores. Isso porque o controle da sociedade tomadora e da instituição financeira não pode coincidir nas mesmas pessoas. Para piorar, a SEP, ao exercer a sua atividade principal de intermediação, tem o dever de proceder com análise de crédito do tomador, evidenciando conflito de interesses e possível interferência de uma sociedade na outra, prejudicando a transparência e integridade nas operações da SEP, situação expressamente vedada pela Resolução CMN nº 5.050/2022.

5.3.3 Via plataformas eletrônicas não reguladas

Nos tópicos anteriores foram apresentadas as formas de intermediação de recursos financeiros reguladas pela CVM e pelo

---

[500] Resolução CMN nº 4.970, de 25 de novembro de 2021. *Art. 14.*

BACEN. Analisa-se, agora, a possibilidade de, sem prévia autorização da CVM ou do BACEN, licitamente haver captação pública de recursos de investidores, via plataforma eletrônica, por sociedade que emite objetos baseados em precatórios. Em primeiro lugar, vale relembrar do tópico 5.2.1 em que se discutiu a caracterização dos contratos de investimento coletivos como valores mobiliários e, caso a sociedade tomadora esteja de fato celebrando contratos de investimento coletivo oferecidos publicamente, de modo padronizado, à coletividade dos investidores, sem qualquer distinção de classes e remuneração, cujo resultado financeiro dependa do esforço do empreendedor ou de terceiros, tais objetos se qualificam como valores mobiliários e sua distribuição sem autorização do órgão regulador seria realizada de maneira irregular.

A mera ausência de registro na CVM da sociedade empresária que oferta valores mobiliários sem autorização não é fato impeditivo de sua distribuição, situação em que a distribuição ocorrerá, mas será feita de forma irregular.[501] Para Gustavo Gonzalez,[502] "a caracterização de determinado produto como um contrato de investimento coletivo não depende de prévia manifestação da CVM, mas da sua subsunção aos requisitos do chamado *Howey Test*". Assim, deve recair sobre as pessoas jurídicas e seus administradores a responsabilidade pela realização de uma oferta pública sem registro[503] e sem dispensa.[504] A pessoa natural

---

[501] Sobre a possibilidade de participantes do mercado de fato, conforme PAS CVM nº 19957.000238/2019-82 (CVM, 2020c): "A ausência de registro na CVM e de CNAE específico de instituição financeira e de distribuição de valores mobiliários no objeto social de determinada sociedade não impede que tal entidade distribua, de fato, valores mobiliários".

[502] COMISSÃO DE VALORES MOBILIÁRIOS (CVM). Processo Administrativo Sancionador nº 19957.006343/2017-63 (RJ2017/03090). Julg. em 7 maio 2019. Diário Oficial da União, Brasília, 8 jul. 2019b.

[503] Lei nº 6.385, de 7 de dezembro de 1976. *Art. 19. Nenhuma emissão pública de valores mobiliários será distribuída no mercado sem prévio registro na Comissão.* Resolução CVM nº 160, de 13 de julho de 2022. *Art. 4º Toda oferta pública de distribuição de valores mobiliários, cujos destinatários sejam investidores residentes, domiciliados ou constituídos no Brasil, deve ser submetida previamente a registro ou objeto de dispensa junto à CVM nos termos desta Resolução, observado o disposto no parágrafo único do art. 1º e no art. 43.*

[504] Lei nº 6.385, de 7 de dezembro de 1976. *Art. §5º Compete à Comissão expedir normas para a execução do disposto neste artigo, podendo: I – definir outras situações que configurem emissão pública, para fins de registro, assim como os casos em que este poderá ser dispensado, tendo em vista o interesse do público investidor*". Resolução CVM nº 160, de 13 de julho de 2022. *Art. 43. Considerando as características da oferta pública de distribuição de valores mobiliários, a CVM pode, a seu critério e sempre observados o interesse público, a adequada informação e a proteção ao investidor, dispensar o registro ou alguns dos requisitos para a concessão deste, inclusive divulgações, prazos e procedimentos previstos nesta Resolução.* Resolução CVM nº 88, de 27

ou jurídica que emite oferece ou negocia, de qualquer modo, títulos ou valores mobiliários: (i) sem registro prévio de emissão perante a autoridade competente; (ii) em condições divergentes das constantes do registro ou irregularmente registrados; (iii) sem lastro ou garantia suficientes; ou (iv) sem autorização prévia da autoridade competente, quando legalmente exigida, comete crime contra o sistema financeiro nacional e pode sofrer pena de reclusão, de dois a oito anos, e multa.[505]

Dessa forma, para que não sofra sanções por infrações às normas da CVM, a sociedade tomadora deve emitir objetos que não se enquadrem como valores mobiliários. Partindo do pressuposto de que são ofertados contratos a um público indiscriminado e que garantem o direito de receber uma fração do precatório quando este for pago pelo governo, seja após aguardar a ordem cronológica, seja ao receber antecipadamente via acordo direto, ou, então, ao realizar uma nova cessão, entende-se que a sociedade tomadora estará atuando conforme às normas da CVM somente se os rendimentos não dependerem de seus esforços ou de terceiros. É preciso, para isso, que a sociedade realize todos os procedimentos necessários para a homologação da cessão de crédito antes de proceder à captação de recursos do público, pois, desse jeito, ao emitir objetos vinculados a precatórios de sua titularidade, executa uma operação semelhante à antecipação de recebíveis e fora da esfera de competência da CVM, conforme visto no tópico 5.2.1. Nessa conjuntura, os poupadores depositam os recursos diretamente em conta de depósito da sociedade tomadora e esta, após o recebimento, retorna o valor aplicado acrescido de juros previamente acordados.

Assim, é necessário determinar se, na ausência de intermediação de instituição financeira, a reiterada tomada de recursos via objetos que não são valores mobiliários caracteriza-se como atividade privativa de instituição financeira. A discussão sobre quais são as atividades privativas de instituições financeiras é extensa e deve ser observado o que dispõe a legislação civil e penal, respectivamente:

> Lei nº 4.595, de 31 de dezembro de 1964. Art. 17. Consideram-se instituições financeiras, para os efeitos da legislação em vigor, as pessoas jurídicas públicas ou privadas, que tenham como atividade principal ou acessória a coleta, intermediação ou aplicação de recursos financeiros

---

de abril de 2022. Art. 3º A oferta pública de distribuição de valores mobiliários de emissão de sociedade empresária de pequeno porte realizada nos termos desta Resolução fica automaticamente dispensada de registro na CVM (...).

[505] Lei nº 7.492, de 16 de junho de 1986. Art. 7º.

próprios ou de terceiros, em moeda nacional ou estrangeira, e a custódia de valor de propriedade de terceiros.

Parágrafo único. Para os efeitos desta lei e da legislação em vigor, equiparam-se às instituições financeiras as pessoas físicas que exerçam qualquer das atividades referidas neste artigo, de forma permanente ou eventual.

Lei nº 7.492, de 16 de junho de 1986. Art. 1º Considera-se instituição financeira, para efeito desta lei, a pessoa jurídica de direito público ou privado, que tenha como atividade principal ou acessória, cumulativamente ou não, a captação, intermediação ou aplicação de recursos financeiros de terceiros, em moeda nacional ou estrangeira, ou a custódia, emissão, distribuição, negociação, intermediação ou administração de valores mobiliários.

Parágrafo único. Equipara-se à instituição financeira:

I – a pessoa jurídica que capte ou administre seguros, câmbio, consórcio, capitalização ou qualquer tipo de poupança, ou recursos de terceiros;

II – a pessoa natural que exerça quaisquer das atividades referidas neste artigo, ainda que de forma eventual.

De acordo com as normas, a captação, intermediação ou aplicação de recursos financeiros, realizadas de forma permanente ou eventual, com recursos próprios ou de terceiros, independentemente de corresponderem à atividade principal ou acessória da pessoa física ou jurídica que a realiza, é considerada atividade privativa de instituição financeira. É fundamental destacar que, nessa situação, o enquadramento de determinada atividade como privativa de instituição financeira, necessariamente, atrairá a competência regulatória do CMN e do BACEN.

Nesse sentido, Resolução CMN nº 5.037, de 29 de setembro de 2022, que alterou e consolidou os atos normativos que dispõem sobre o Sistema de Informações de Créditos (SCR), em seu art. 3º, considera operações de crédito para fins de monitoramento e fiscalização do BACEN as que envolvem: (i) empréstimos e financiamentos;[506]

---

[506] Empréstimo pode ser entendido como a "entrega de dinheiro a pessoa ou empresa para devolução em tempo prefixado, acrescido de taxas remuneratórias (juros e comissões)" (EMPRÉSTIMO – Michaelis, 2022). Para Stoeterau (1978, p. 48), "toda a soma tomada em empréstimo, seja por um particular ou pelo Estado, necessariamente implica adiantamento ou antecipação de dinheiro que, em um prazo, seja este curto ou longo, deverá ser devolvido com recursos ou ingressos futuros". Enquanto no empréstimo os recursos não são destinados a uma utilização específica, no financiamento o dinheiro é vinculado a determinada finalidade, como a compra de um carro ou imóvel.

(ii) adiantamentos;[507] (iii) operações de arrendamento mercantil; (iv) prestação de aval, fiança, coobrigação ou qualquer outra modalidade de garantia pessoal do cumprimento de obrigação financeira de terceiros; (v) compromissos de crédito não canceláveis incondicional e unilateralmente pela instituição concedente; (vi) créditos contratados com recursos a liberar; (vii) créditos baixados como prejuízo; (viii) créditos que tenham sido objeto de negociação com retenção substancial de riscos e de benefícios ou de controle; (ix) operações com instrumentos de pagamento pós-pagos; (x) operações de empréstimo e de financiamento entre pessoas por meio de plataforma eletrônica; e (xi) outras operações ou contratos com características de crédito, que sejam assim reconhecidos pelo Banco Central do Brasil.

Observe-se que a expressão "empréstimos e financiamentos" consta em um inciso diferente de "operações de empréstimo e de financiamento entre pessoas por meio de plataforma eletrônica", o que evidencia a preocupação do regulador com as operações de intermediações financeiras realizadas por *fintechs*.

Importante pontuar que o mútuo é espécie de empréstimo e consiste no "contrato pelo qual uma das partes empresta a outra coisa fungível, tendo a outra a obrigação de restituir igual quantidade de bens do mesmo gênero e qualidade" (GOMES, 2019a, p. 332), e quando se destina a fins econômicos, é chamado "mútuo feneratício". Para Moraes (1990, p. 42):

> os efeitos patrimoniais do mútuo feneratício têm que estar em posição sinalagmática, porque a obrigação assumida pelo mutuário, de pagamento de juros, não teria causa jurídica se não fosse em função da vantagem por ele (mutuário) obtida, em consequência da concessão do gozo temporâneo da soma introduzida em seu patrimônio.

Ressalte-se que o contrato de mútuo feneratício não é privativo das instituições financeiras, e nas relações entre particulares é incabível a atualização do débito com base na taxa CDI.[508] Em negócios jurídicos

---

[507] Os adiantamentos são operações realizadas por bancos ou *factorings* sobre crédito rural, pessoal e desconto de títulos, a exemplo das notas promissórias ou duplicatas, para antecipação do fluxo de caixa em que "o cliente transfere o risco do recebimento de suas vendas a prazo ao banco e garante o recebimento imediato dos recursos que, teoricamente, só teria disponíveis no futuro" (FORTUNA, 2015, p. 233-234).

[508] MINAS GERAIS. Apelação Cível (AC) nº 5016514-41.2017.8.13.0702. Rel. Fernando Caldeira Brant, 20ª Câmara Cível. Julg. 31 mar. 2022. Diário Oficial do Estado de Minas Gerais (DJMG), Belo Horizonte, 1º abr. 2022.

envolvendo particulares, aplica-se a Lei de Usura para estipulação do limite legal de juros remuneratórios – Decreto nº 22.626/1933[509] – sendo que atualmente o limite corresponde à taxa Selic,[510] pois é a taxa em vigor para atualizar o pagamento de impostos devidos à Fazenda Nacional.[511] Dessa forma, considerando que há previsão legal para o mútuo de coisas fungíveis[512] – dinheiro, por exemplo –, analisa-se se os contratos celebrados por sociedades tomadoras diretamente com os investidores constituem mútuos com garantia, e se, ao exercer essa atividade, a sociedade atua como instituição financeira.

No Recurso nº 14.456, o Conselho de Recursos do Sistema Financeiro Nacional (CRSFN, 2018) julgou a atividade exercida por sociedade empresária que captava recursos financeiros por meio de contrato denominado "Mútuo com Garantia", a fim de verificar se atuava como instituição financeira sem prévia autorização do BACEN.[513] No caso em exame, os "signatários de todas as modalidades contratuais apresentadas teriam seus recursos coletados para serem utilizados para concessão de novos contratos" e, embora a atividade exercida pela sociedade consistisse em coleta e repasse de recursos de terceiros, sendo típica de instituição financeira, a condenação foi fundamentada pelo conselheiro relator Sérgio Cipriano dos Santos com base na tese da alternatividade dos requisitos (coleta, intermediação ou aplicação) presentes no art. 17 da Lei nº 4.595/1964 – isto é, conforme

---

[509] Esta lei não se aplica às taxas de juros e aos outros encargos cobrados nas operações realizadas por instituições públicas ou privadas, que integram o sistema financeiro nacional, de modo a permitir taxas superiores cobradas por essas instituições (BRASIL, STF, 1977).

[510] Lei nº 9.065, de 20 de junho de 1995. *Art. 13. A partir de 1º de abril de 1995, os juros de que tratam a alínea c do parágrafo único do art. 14 da Lei nº 8.847, de 28 de janeiro de 1994, com a redação dada pelo art. 6º da Lei nº 8.850, de 28 de janeiro de 1994, e pelo art. 90 da Lei nº 8.981, de 1995, o art. 84, inciso I, e o art. 91, parágrafo único, alínea a.2, da Lei nº 8.981, de 1995, serão equivalentes à taxa referencial do Sistema Especial de Liquidação e de Custódia – SELIC para títulos federais, acumulada mensalmente.*

[511] Lei nº 10.406, de 10 de janeiro de 2002 (Código Civil). *Art. 406. Quando os juros moratórios não forem convencionados, ou o forem sem taxa estipulada, ou quando provierem de determinação da lei, serão fixados segundo a taxa que estiver em vigor para a mora do pagamento de impostos devidos à Fazenda Nacional.*

[512] Lei nº 10.406, de 10 de janeiro de 2002 (Código Civil). *Art. 586. O mútuo é o empréstimo de coisas fungíveis. O mutuário é obrigado a restituir ao mutuante o que dele recebeu em coisa do mesmo gênero, qualidade e quantidade.*

[513] No PAS CVM nº 09/2014 (19957.000457/2020-03), a CVM (2020f) entendeu que os contratos celebrados pela acusada não possuíam as características de valores mobiliários. Como justificativa, apontou a ausência do caráter coletivo das contratações, a falta de direcionamento dos recursos para um empreendimento comum e retorno ao investidor independente de sucesso de alguma atividade a ser desenvolvida com os recursos aportados.

seu entendimento, basta que a sociedade exerça qualquer uma dessas atividades para restar caracterizada a atuação de instituição financeira. Para distinguir a atuação profissional da eventual, asseverou que é necessário verificar se há utilização exclusiva de recursos próprios ou de terceiros, habitualidade, existência de fins lucrativos e publicidade da oferta.

A despeito da justificativa do Relator, é imperioso salientar que existem outras sociedades que realizam somente uma das atividades presentes no art. 17 da Lei nº 4.595/1964 e não são categorizadas como instituições financeiras, tais como: (i) a *factoring* (sociedade de fomento mercantil) cuja atividade principal consiste na aplicação de recursos próprios para aquisição de créditos;[514] e (ii) a Empresa Simples de Crédito (ESC) que realiza operações de empréstimo, de financiamento e de desconto de títulos de crédito exclusivamente com recursos próprios.[515] Conclui-se, dessa maneira, que não existem parâmetros claros e bem definidos para delimitar se determinada sociedade atua como instituição financeira ou não. Exemplo disso é que a sociedade de crédito direto (SCD) é instituição financeira por expressa previsão legal e, tal como a ESC, tem em seu objeto a concessão de empréstimos com recursos próprios.[516]

Para Amaral (2016, p. 18) e Salomão Neto (2020, p. b33), se o art. 17 da Lei nº 4.595/1964 fosse aplicado de forma literal (tese da alternatividade), uma infinidade de pessoas e sociedades empresárias seriam equiparadas a instituições financeiras ao promoverem seu autofinanciamento, visto que a maioria das atividades cotidianas envolve a coleta, a intermediação ou a aplicação de recursos próprios ou de terceiros. Esse ponto de vista leva Salomão Neto (2020, p. b46) a adotar uma interpretação distinta do CRSFN e do BACEN em relação ao art. 17 da Lei nº 4.595/1964, defendendo a tese da cumulatividade para afirmar que as atividades privativas das instituições financeiras devem agregar os serviços de:

---

[514] "As empresas popularmente conhecidas como *factoring* desempenham atividades de fomento mercantil, de cunho meramente comercial, em que se ajusta a compra de créditos vencíveis, mediante preço certo e ajustado, e com recursos próprios, não podendo ser caracterizadas como instituições financeiras" (BRASIL, STJ, 2010a). Por outro lado, há casos em que a *factoring* atua na concessão de créditos e, por essa razão, é condenada por exercer atividade privativa de instituição financeira (CRSFN, 2016).

[515] Lei Complementar nº 167, de 24 de abril de 2019.

[516] Resolução CMN nº 5.050, de 25 de novembro de 2022. Art. 7º.

(i) a captação de recursos de terceiros em nome próprio, (ii) seguida de repasse financeiro através de operação de mútuo, (iii) com o intuito de auferir lucro derivado da maior remuneração dos recursos repassados em relação à dos recursos coletados, (iv) desde que a captação seguida de repasse se realize em caráter habitual.

De modo semelhante explica Coelho (2000, *apud* AMARAL, 2016, p. 17):

Assim, somos inclinados a admitir que o verbo aplicar tem, no contexto do art. 17, da Lei 4.595, significação mais restrita ou condicionada. Não pode ser considerado isoladamente, mas em conjunto com outros dois vocábulos que o antecedem na frase: coleta e intermediação. Da conjunção dos três elementos componentes da definição legal – coleta, intermediação ou aplicação – desponta a conclusão de que o verbo aplicar está intimamente relacionado com atividade caracterizante de banco ou entidades similares.

Oliveira (1999, p. 74) diz que o "ponto nodal da questão não é nem saber o que é Instituição Financeira, mas saber quando é que uma determinada atividade de financiamento é considerada própria, exclusiva de Instituição Financeira, e especialmente quais as características que diferenciam tal mister". Para o autor, o que diferencia a atividade da instituição financeira da simples celebração de contratos de mútuo é a obtenção de lucro *stricto sensu* (parcela que extrapola o limite legal) ao conceder o empréstimo e a posterior aplicação do excedente em novos contratos.

Não parece ser esse o caso da sociedade que negocia objetos derivados de precatórios, pois, na conjuntura imaginada, ela é a mutuária, e não a mutuante, e quem lucra na operação são os investidores. Sob esse aspecto, não há que se falar em atividade privativa de instituição financeira, uma vez que não há excedente a ser aplicado em novos contratos. O lucro com concessão de crédito não pode ser confundido com aquele proveniente de operações envolvendo aquisição de créditos com deságio. Caso assim fosse, as atividades exercidas pelas *factorings* também seriam consideradas privativas de instituição financeiras, e não são. O CRSFN (2016), ao condenar sociedade de fomento mercantil por exercer atividade privativa de instituição financeira, fundamentou sua decisão no fato de que a referida sociedade estava atuando na concessão de mútuo de forma habitual, na condição de mutuante. Ademais, não se verifica qualquer vedação para que uma sociedade empresária que atue com a atividade de desconto de títulos,[517] ou aquisição de créditos com deságio, vá ao mercado para celebrar contratos de mútuo na condição de mutuária, objetivando financiar as suas operações.

Na instrução processual do Recurso nº 12.534 (CRSFN, 2016) foi incluído parecer do BACEN ressaltando que o mútuo feneratício não é exclusivo para instituições financeiras "desde que não seja realizado com o volume e frequência que caracterizem o atuar próprio dessas instituições", e enfatizou que o "elevado número deste tipo de operações contratadas por uma mesma pessoa atraem a tutela específica do Banco Central do Brasil". É preciso evidenciar que, novamente, analisa-se atividade habitual de concessão de mútuo em que a sociedade atua na condição de mutuante. A questão central no caso específico de negociação de objetos amparados por precatórios é que o cliente (poupador/investidor) se posiciona como mutuante, nem sempre ocupante dessa posição jurídica de modo profissional.

Percebe-se, com isso, que não há critérios objetivos na subsunção de uma atividade como privativa de instituição financeira. Ademais, sociedades que exercem atividades semelhantes ora são enquadradas como instituições financeiras, ora não são. Os conceitos abertos da legislação e a subjetividade dos julgadores levam à insegurança jurídica no desempenho de atividades relacionadas à coleta, intermediação ou aplicação de recursos financeiros. Pode-se questionar, por exemplo, o que caracteriza a habitualidade? Ou então, o que corresponde a aplicação? A partir de quantas operações considera-se um elevado número? O valor das operações é relevante? Esses são apenas exemplos de perguntas que não possuem uma resposta muito clara no ordenamento jurídico.

É preciso ter muita atenção quanto a esses requisitos, pois a pessoa jurídica ou natural, ainda que de forma eventual, que sem a devida autorização exerce atividades de instituição financeira, inclusive de distribuição de valores mobiliários, pode sofrer pena de reclusão, de um a quatro anos, e multa.[518] No processo administrativo sancionador, as sanções para quem exerce, sem a devida autorização, atividade sujeita à supervisão ou à vigilância do BACEN, vão de admoestação pública, multa, proibição de prestar determinados serviços, proibição de realizar

---

[517] A ESC não é instituição financeira e, nos termos do art. 1º da Lei Complementar nº 167/2019, está autorizada a realizar atividades de desconto de títulos de crédito. Não se trata, portanto, de atividade privativa às instituições financeiras.

[518] Lei nº 7.492, de 16 de junho de 1986. *Art. 16.*

determinadas atividades ou modalidades de operação, inabilitação para atuar como administrador, até a cassação de autorização para funcionamento, podendo as penalidades ser aplicadas de forma isolada ou cumulativa.[519]

O arcabouço jurídico brasileiro autoriza a prática esporádica de mútuo no País, e não se verificou impedimento legal para que determinada sociedade utilize meios tecnológicos para receber empréstimos de um número indeterminado e indefinido de pessoas, oferecendo frações ideais de precatórios em garantia.

Diante dessa situação, considera-se que a sociedade tomadora não pode sofrer sanções por exercer atividade privativa de instituição financeira, porquanto não desempenha o repasse financeiro por meio de operações de mútuo com o objetivo de auferir lucro. Logo, até que seja editada uma norma que expressamente determine a regulação desse negócio jurídico pelo BACEN, é possível sustentar a liberdade para seu exercício tendo por base a Declaração de Direitos de Liberdade Econômica – Lei nº 13.874/2019. Esta lei, em seu art. 2º, III, prevê a intervenção subsidiária e excepcional do Estado sobre o exercício de atividades econômicas e, no art. 3º, V, estabelece a presunção de boa-fé nos atos praticados no exercício da atividade econômica, para os quais houver dúvidas de interpretação de direito civil, empresarial e econômico.

Da mesma forma, seria lícito o exercício dessa sociedade se, em vez de celebrar contratos de mútuo com garantia, firmasse com os investidores instrumentos particulares ou públicos de cessão de crédito, situação em que cada investidor seria o cessionário de uma fração do precatório adquirido anteriormente pela sociedade empresária. Salomão Neto (2020, p. 413) traz exemplo de caso julgado pelo Tribunal Regional Federal da 3ª Região,[520] em que sociedade de comércio exterior auferia

---

[519] Lei nº 13.506, de 13 de novembro de 2017. Art. 5º.

[520] "outro elemento intrínseco da atividade de instituição financeira é que ela não capta recursos de terceiros para si e sim para repassá-los a todos os seus clientes que desejam ou necessitam de crédito. Tomar recursos de terceiros, embora seja próprio de instituição financeira, não é privativo dela. Quando o empresário necessita de recursos de médio e longo prazos, dificilmente ele os obtém juntos às instituições financeiras. Os Bancos captam recursos de curto prazo e, por isso mesmo, trabalham essencialmente com empréstimos de curto prazo. Seja por essa circunstância, seja porque o crédito bancário disponível é sempre insuficiente para a demanda de crédito, seja, ainda, pelo quase sempre elevado custo do dinheiro junto ao Sistema Bancário, o empresário se vê compelido, muito amiúde, a procurar recursos de terceiros, quer com a cobertura do capital da empresa, quer com a emissão de debêntures ou de *commercial paper*" (BRASIL, TRF, 3ª Reg., 1997).

lucro em operações de aquisição seguidas de cessão de crédito, para concluir que essa atividade, mesmo que praticada de forma reiterada, não pode ser configurada como privativa de instituição financeira, por ser instituto regulado pelo Código Civil.

Embora lícito, esse quadro não parece ser operacionalmente factível para o caso dos precatórios em razão da necessidade de homologação da cessão de crédito no juízo da execução. Proceder com a cessão de crédito para dezenas, centenas ou milhares de investidores diferentes, sendo que cada um seria cessionário e titular de uma pequena parcela do precatório, poderia atrasar bastante o processo de homologação e posterior pagamento aos novos beneficiários.

Por fim, quer entendam-se os contratos realizados entre a sociedade tomadora e os investidores como mútuo com garantia, quer como cessão de crédito, não é cabível afirmar que a sociedade que utiliza de plataforma eletrônica proprietária para captar recursos no mercado está exercendo atividade privativa de instituição financeira.

CONCLUSÃO

Com o propósito de responder se a transmissão de direitos de créditos decorrentes de precatórios, por meio de plataformas eletrônicas, sujeita-se à regulação da CVM e do BACEN, no desenvolvimento da pesquisa permitiu-se confirmar parcialmente a hipótese delineada. Comprovou-se que créditos decorrentes de precatórios conformados como valores mobiliários podem ser negociados por meio de plataforma eletrônica de investimento participativo (plataformas de *crowdfunding*) e, quando o forem, atrai-se a competência regulatória da CVM, nos termos da Resolução CVM nº 88/2022, que substituiu a Instrução CVM nº 588/2017. Para isso, precisam estar presentes os elementos do inciso IX do art. 2º da Lei **nº** 6.385/1976, quando o objeto baseado em precatório estará configurado como valor mobiliário, ao ser negociado publicamente, com a promessa para o investidor adquirente de rendimento advindo do esforço da sociedade tomadora de recursos ou de terceiros.

Pelo que se apurou no decorrer da pesquisa, é possível admitir que a caracterização de valor mobiliário depende que o esforço seja realizado posteriormente à captação pública de recursos financeiros dos investidores. Tal aspecto foi confirmado ao se examinar os Processos Administrativos Sancionadores CVM nº 19957.009925/2017-00, nº 19957.008081/2016-91, nº 19957.008445/2016-32, nº 19957.000457/2020-03 e o Processo Administrativo CVM nº 19957.009524/2017-41, por meio dos quais se verificou que o "esforço do empreendedor ou de terceiros" caracteriza-se como aquele que é fundamental para o sucesso do empreendimento e imprescindível para que determinado título ou contrato seja classificado como valor mobiliário.

Esse entendimento foi fortalecido pelo significado do termo "esforço" localizado, segundo o qual é compreendido como atividade penosa, trabalhosa e difícil de ser realizada; ou seja, o empreendedor deve se empenhar arduamente para que o empreendimento traga retorno aos investidores, pois, do contrário, se a sua atuação for limitada a atividades mínimas e não relevantes, seu trabalho não deve ser considerado para fins de caracterização do *token*, contrato ou título como valor mobiliário.

Além disso, constatou-se que para se usar a plataforma de *crowdfunding* para captar publicamente recursos de terceiros, a tomadora deve ser uma sociedade empresária qualificada, nos termos da regulação, como de pequeno porte, isto é, deve auferir receita bruta anual de até R$40.000.000,00 e subordinar-se ao limite de R$15.000.000,00 captados ao ano em até, no máximo, três ofertas.

Outra condição imposta pela regulação da CVM quanto a esse tipo de plataforma refere-se à sociedade que é a sua titular: ela deve ter seu capital social integralizado em no mínimo R$200.000,00 e, caso realize a coleta e o repasse de recursos de terceiros no mesmo exercício social em valores superiores a R$30.000.000,00, precisará contratar um profissional de *compliance*.

Embora fosse admitida a competência regulatória do BACEN no caso de emissão de CCB via plataforma eletrônica com base em transferência de créditos derivados de precatórios negociados publicamente, verificou-se que não é propriamente a presença da Cédula de Crédito Bancário em negócios envolvendo negociações públicas de créditos que define o controle do BACEN nesse caso, e sim a presença de instituição financeira, como a única possível credora da CCB, nos termos da Lei nº 10.931/2004.

Outro ponto de reflexão no decorrer do estudo diz respeito ao entendimento inicial de que, pelo fato de a Cédula de Crédito Bancário ser um título de crédito regido pelo Direito Cambial, enquadrar-se-ia na exceção prevista no inciso II do §1º do art. 2º da Lei nº 6.385/1976 e, portanto, não haveria a incidência da competência regulatória da CVM sobre sua pública negociação. Nesse caso, apurou-se entendimento da CVM em que se admitiu como valor mobiliário a CCB endossada publicamente por instituição financeira com a cláusula não à ordem, isto é, em que se afasta sua solidariedade pelo pagamento da dívida representada pelo título perante o investidor, imputando-lhe todo o risco da inadimplência por parte do emitente devedor da cédula.

Tanto que, por meio da Medida Provisória nº 897/2019, posteriormente convertida na Lei nº 13.986/2020 (alterada pela Lei nº 14.421, de 20 de julho de 2022), e da Circular BACEN nº 4.036/2020, estabeleceram-se critérios para que a Cédula de Crédito Bancário, o Certificado de Cédulas de Crédito Bancário e a Cédula de Crédito Imobiliário continuem a ser admitidos como títulos cambiais de responsabilidade de instituições financeiras, afastando, portanto, a competência regulatória da CVM. Para prevalecer a aplicação dessa regra, a instituição financeira – ou entidade autorizada a funcionar pelo Banco Central do Brasil – deve ser titular dos direitos de crédito por eles representados, prestar garantia às obrigações por eles representadas ou realizar, até a liquidação final dos títulos, o serviço de monitoramento dos fluxos de recursos entre credores e devedores e de eventuais inadimplementos.

Foi possível verificar, assim, que a negociação de créditos baseados em precatórios, envolvendo ou não a emissão ou a negociação de Cédula de Crédito Bancário, vai atrair a competência regulatória do BACEN ao ser legitimamente realizada em plataformas eletrônicas mantidas por correspondentes de instituições financeiras reguladas pela Resolução CMN nº 4.935/2021 ou em plataformas mantidas por sociedade de empréstimo entre pessoas (SEP), específico tipo de instituição financeira regulada na Resolução CMN nº 5.050/2022, vulgarmente chamada pelo mercado como *fintech* de crédito.

Apesar de o Ofício-Circular CVM nº 4/2023, que não possui força normativa, ter pontuado que a análise de crédito do devedor e o perfil de risco constituem esforço do empreendedor, apurou-se que, para caracterizar valor mobiliário com fundamento no inciso IX do art. 2º da Lei nº 6.385/1976, é relevante o momento em que ocorre o esforço do empreendedor que está publicamente captando recursos de terceiros. Com base nesse raciocínio, admite-se a possibilidade de que a negociação pública de certos créditos baseados em precatórios, por meio de plataformas eletrônicas, não atrai a regulação da CVM.

Trata-se do caso em que a tomadora de recursos realiza esforço de procurar, avaliar, escolher, adquirir e homologar a cessão do precatório antes de pretender fracioná-lo em partes para cedê-las a investidores. Ora, se o objeto negociado não se caracteriza como valor mobiliário porque falta o esforço posterior à captação pública de recursos, não há que se falar em competência da CVM, que pressupõe sua presença.

O precatório, portanto, sendo o procedimento que permite a cobrança de um direito de crédito a uma prestação de dar quantia certa, devida pela Fazenda Pública, e que foi reconhecido por sentença judicial transitada em julgado, não se qualifica como um dos valores mobiliários previstos nos incisos I a VIII do art. 2º da Lei nº 6.385/1976.

Assim, desde que a sua oferta não se configure como emissão de títulos ou contratos de investimento coletivo, nos termos do inciso IX do art. 2ª da Lei nº 6.385/1976, podem ser publicamente negociados em troca de recursos de terceiros, via plataformas eletrônicas, sem se submeterem à regulação da CVM.

Por outro lado, é preciso parcimônia antes de se afirmar ser lícita essa atividade, pois a coleta de recursos financeiros de terceiros pode enquadrar-se como atividade privativa de instituição financeira. Pelo exame de julgados do CRSFN – por exemplo, o Recurso nº 14.456 (CRSFN, 2018) e de ensinamentos como os de Oliveira (1999), Coelho (2000), Amaral (2016) e Salomão Neto (2020), apurou-se que, apesar das críticas doutrinárias, tem prevalecido a tese da alternatividade dos requisitos (coleta, intermediação ou repasse de recursos financeiros) para caracterizar as atividades privativas de instituições financeiras dispostas no art. 17 da Lei nº 4.595/1964, segundo a qual a prática de ao menos uma dessas atividades atrai a competência regulatória do BACEN.

Assim, dependendo da interpretação do BACEN e do CRSFN, pode ser que a atividade de captação pública de recursos financeiros de terceiros, em troca da cessão de créditos provenientes de precatórios, via plataformas eletrônicas sem autorização para atuar legitimamente no mercado, possa vir a ser admitida como privativa de instituição financeira, e os envolvidos venham a sofrer penalidades por exercício irregular de movimentação de recursos financeiros.

Esses resultados alcançados, somados ao fato de que no ordenamento jurídico brasileiro há previsão de agentes que realizam parcelas de atividades privativas de instituição financeira sem serem caracterizadas como tal – por exemplo, a Empresa Simples de Crédito (ESC) que pode a terceiros, observadas as restrições legais, emprestar, financiar e descontar títulos com recursos financeiros próprios; e a sociedade de fomento mercantil (*factoring*), que pode adquirir créditos, desde que assuma os riscos da inadimplência – permitem inferir a ausência de uniformização da regulação estatal dos sujeitos autorizados a exercerem profissionalmente a atividade de movimentação de recursos financeiros.

Para além das possibilidades de tomada de recursos por sociedades empresárias via plataformas eletrônicas, foram mapeados os vícios materiais e processuais que podem acarretar a perda do crédito lastreado em precatório, bem como os riscos políticos e legislativos que sobre ele podem incidir. Verificou-se, com isso, a necessidade de alertar os agentes e investidores que pretenderem se envolver na negociação desses tipos de direitos pessoais patrimoniais, devendo considerá-los com a devida cautela. Descobriu-se que existe uma grande quantidade de defeitos dos negócios jurídicos que, se presentes, podem ensejar a reconsideração da decisão que homologou a cessão de crédito, como o erro, o dolo, a coação, o estado de perigo, a lesão, a simulação e a fraude contra credores.

Há, também, a possibilidade de rescisão da decisão judicial que serviu de lastro para a expedição do precatório, pela ação rescisória ou *querela nullitatis insanabilis*, em virtude de vícios processuais. Tais riscos são comuns tanto ao cessionário que adquire o precatório diretamente do seu titular, quanto ao investidor de créditos provenientes de precatórios, seja o cotista de FIDCs ou FIDC-NPs, seja quem negocia objetos via plataformas eletrônicas. Os investidores, nesta última hipótese, sujeitam-se, ainda, ao risco de possível penhora do crédito, concessão de recuperação judicial ou decretação de falência da sociedade empresária titular do precatório e tomadora de recursos – ou seja, ao menos em teoria, é mais arriscado investir via plataformas eletrônicas. Saliente-se, no entanto, que para adquirir um precatório diretamente de seu titular é preciso ter capacidade operacional, técnica e financeira, ao passo que para se tonar cotista de FIDC ou FIDC-NP é necessário ser investidor qualificado, profissional, ou se restringir a determinada classe de cotas em FIDCs que investem em precatórios federais "padronizados", o que afasta a maioria dos interessados.

A verificação de quais negócios envolvendo a transmissão de créditos baseados em precatórios atraem a regulação da CVM e do BACEN permite o desenvolvimento de novas etapas de pesquisa em que se busque, por exemplo, comparar os níveis de proteção conferida pela regulação a cargo da CVM e do BACEN ao investidor de recursos via plataformas eletrônicas. Tal estudo poderia abordar as formas de execução da tomadora de recursos na hipótese de inadimplemento e o limite de responsabilidade da sociedade titular da plataforma por ela contratada.

Outro tema que merece investigação refere-se à verificação de custos dos variados modelos de negócios voltados para a captação pública de recursos financeiros, inclusive com a possibilidade de se avaliar o formato em que se cria sociedade anônima autorizada a emitir debêntures, cujas garantias ofertadas são créditos lastreados em precatórios. Ou então uma companhia securitizadora, regulada nos termos da Lei nº 14.430, de 3 de agosto de 2022, para lastrear a emissão de Certificados de Recebíveis ou outros títulos e valores mobiliários perante investidores, cujo pagamento é primariamente condicionado ao recebimento de recursos dos direitos creditórios e dos demais bens, direitos e garantias que o lastreiam.

Por fim, pode-se comparar o ordenamento jurídico brasileiro com o de outros países, de modo a mapear as características da atuação dos agentes que lidam com a transmissão de créditos em plataformas eletrônicas, os negócios jurídicos que utilizam para sua realização e sua regulação.

REFERÊNCIAS

ALVES, Alexandre Ferreira de Assumpção; LIMA JUNIOR, João Manoel de. *A incidência das normas emanadas da comissão de valores mobiliários (CVM) nas companhias fechadas e outros tipos societários*. In: Encontro Nacional do CONPEDI. Brasília/DF: CONPEDI, 2017. Disponível em: http://conpedi.danilolr.info/publicacoes/roj0xn13/1v8707b4/K5y2C7uG35uD7G6L.pdf. Acesso em: 10 jan. 2022.

AMARAL, Fernando Lima Gurgel do. *O conceito jurídico de instituição financeira*. 2016. 125 f. Dissertação (Mestrado em Direito) – Departamento de Direito Comercial, Pontifícia Universidade Católica de São Paulo. São Paulo, 2016. Disponível em: https://repositorio.pucsp.br/jspui/handle/handle/7078. Acesso em: 5 maio 2022.

ANTHONY, Laura. What is a security? The howey test and reves test. *Legal & Compliance, LLC*. 2016. Disponível em: https://lawcast.com/2014/11/25/what-is-a-security-the-howey-test-and-reves-test/. Acesso em: 30 abr. 2022.

ASSAF NETO, Alexandre. *Mercado financeiro*. 15. Ed. São Paulo: Atlas, 2021.

AZEVEDO, Antônio Junqueira de. Negócio Jurídico. *Existência validade e eficácia*. 4. ed. 7. tir. atualizada de acordo com o novo Código Civil. São Paulo: Saraiva, 2010.

BAHIA. Agravo de Instrumento (AG) nº 8024785-11.2019.8.05.0000. Rel. Maria De Lourdes Pinho Medauar, 1ª Câmara Cível. Julg. 17 maio 2021. *Diário Oficial do Estado da Bahia* (DJBA), Salvador, 20 maio 2021. Disponível em: https://tj-ba.jusbrasil.com.br/jurisprudencia/1212343704/agravo-de-instrumento-ai-80247851120198050000/inteiro-teor-1212343734. Acesso em: 12 jan. 2022.

BANCO CENTRAL DO BRASIL (BACEN). *Análise de impacto regulatório correspondentes no país*. Brasília, jul. 2021a. Disponível em: https://www.bcb.gov.br/content/publicacoes/air/AIR_Correspondentes_no_Pais.pdf. Acesso em: 2 maio 2022.

BANCO CENTRAL DO BRASIL (BACEN). Circular BACEN nº 4.036, de 15 de julho de 2020. Dispõe sobre o exercício da atividade de escrituração de Cédula de Crédito Bancário e de Cédula de Crédito Rural por instituições financeiras e altera a Circular nº 3.616, de 30 de novembro de 2012. *Diário Oficial da União*, Brasília, 17 jul. 2020b. Disponível em: https://normativos.bcb.gov.br/Lists/Normativos/Attachments/51096/Circ_4036_v1_O.pdf. Acesso em: 30 abr. 2022.

BANCO CENTRAL DO BRASIL (BACEN). *Edital de consulta pública nº 55/2017, de 30 de agosto de 2017*. Divulga minuta de resolução que dispõe sobre a constituição e o funcionamento da sociedade de crédito direto e da sociedade de empréstimo entre pessoas e disciplina a realização de operações de empréstimo entre pessoas por meio de plataforma eletrônica. Brasília, 2017. Disponível em: https://www.bcb.gov.br/htms/EditalConsultaPublica55.pdf. Acesso em: 2 maio 2022.

BANCO CENTRAL DO BRASIL (BACEN). *Funções do Banco Central do Brasil*. Informações, out. 2016. Disponível em: https://www.bcb.gov.br/content/cidadaniafinanceira/Documents/publicacoes/serie_pmf/FAQ%2011-Fun%C3%A7%C3%B5es%20do%20Banco%20Central.pdf. Acesso em: 9 abr. 2022.

BANCO CENTRAL DO BRASIL (BACEN). *Glossário*. 2000. Disponível em: https://www.bcb.gov.br/htms/infecon/demab/ma200012/glossario.pdf. Acesso em: 6 ago. 2019.

BANCO CENTRAL DO BRASIL (BACEN). Perguntas e respostas. *Fintechs de crédito (SCD e SEP) FAQ*. 2022a. Disponível em: https://www.bcb.gov.br/acessoinformacao/perguntasfrequentes-respostas/faq_fintechs. Acesso em: 30 abr. 2022.

BANCO CENTRAL DO BRASIL (BACEN). *Relatório de economia bancária 2020*. 31 ago. 2021b. Disponível em: https://www.bcb.gov.br/content/publicacoes/relatorioeconomiabancaria/reb_2020.pdf. Acesso em: 30 abr. 2022.

BANCO CENTRAL DO BRASIL (BACEN). *Relatório integrado do Banco Central (RIG) 2021*. Divulgado em 21 mar. 2022b. Disponível em: https://www.bcb.gov.br/content/publicacoes/rig/rig_2021.pdf. Acesso em: 9 abr. 2022.

BANCO CENTRAL DO BRASIL (BACEN). *Taxa Selic*. 2022c. Disponível em: https://www.bcb.gov.br/controleinflacao/taxaselic. Acesso em: 12 jan. 2022.

BANCO CENTRAL DO BRASIL (BACEN). Voto 196/2020–BCB, de 15 de julho de 2020. Assuntos de Regulação – Propõe a edição de ato normativo dispondo sobre a atividade de escrituração, por instituições financeiras, da Cédula de Crédito Rural (CCR) e da Cédula de Crédito Bancário (CCB) e alterando a Circular nº 3.616, de 30 de novembro de 2012. *Diário Oficial da União*, Brasília, 17 jul. 2020a. Disponível em: https://normativos.bcb.gov.br/Votos/BCB/2020196/Voto_do_BC_196_2020.pdf. Acesso em: 30 abr. 2022.

BELO HORIZONTE. *Lei nº 11.158, de 13 de fevereiro de 2019*. Texto de 13 de fevereiro de 2019 com as alterações adotadas por emendas constitucionais. Dispõe sobre requisições de pequeno valor no Município. Diário Oficial do Município, Belo Horizonte, 14 fev. 2019. Disponível em: https://www.legisweb.com.br/legislacao/?id=374825. Acesso em: 5 jan. 2022.

BERALDO, Leonardo de Faria. *A relativização da coisa julgada que viola a Constituição*. 4. ed. Rio de Janeiro: América Jurídica, 2004.

BEVILÁQUA, Clóvis. *Theoria geral de direito civil*. 2. ed. Rio de Janeiro: Francisco Alves, 1924.

BONA, André. *Taxa livre de risco e prêmio de risco entenda mais sobre esses conceitos*. 14. fev. 2020. Disponível em: https://andrebona.com.br/taxa-livre-de-risco-e-premio-de-risco-entenda-mais-sobre-esses-conceitos. Acesso em: 5 jan. 2022.

BONIZZI, Marcelo José Magalhães. Reflexões em torno da natureza da sentença na ação pauliana. *Revista da Procuradoria-Geral do Estado de São Paulo*, São Paulo/SP, nº 54, p. 139-163, dez. 2000. Disponível em: http://www.pge.sp.gov.br/centrodeestudos/revistaspge/Revista%20PGE%2054.pdf. Acesso em: 22 abr. 2022.

BORGES, João Paulo Resende. A responsabilidade civil da sociedade de empréstimo entre pessoas. *Revista da Procuradoria-Geral do Banco Central*, Brasília, v. 14, n. 2, 3 maio

2021. Disponível em: https://revistapgbc.bcb.gov.br/revista/article/view/1080. Acesso em: 2 maio 2022.

BRASIL. Advocacia-Geral da União (AGU). Portaria Normativa AGU nº 73, de 12 de dezembro de 2022. Dispõe sobre os requisitos formais, a documentação necessária, a possibilidade de exigência de prestação de garantias e o procedimento, a ser observado pelos órgãos da Advocacia-Geral da União e pela administração pública direta, autárquica e fundacional, de oferta de créditos líquidos e certos, decorrentes de decisão judicial transitada em julgado, para fins do art. 100, §11, da Constituição Federal. *Diário Oficial da União*, Edição 235, Seção 1, p. 9, 15 dez. 2022. Disponível em: https://www.in.gov.br/en/web/dou/-/portaria-normativa-agu-n-73-de-12-de-dezembro-de-2022-450775530. Acesso em: 22 mar. 2023.

BRASIL. Advocacia-Geral da União (AGU). Portaria Normativa AGU nº 87, de 14 de março de 2023. Revoga a Portaria Normativa AGU nº 73, de 12 de dezembro de 2022, que dispõe sobre os requisitos formais, a documentação necessária, a possibilidade de exigência de prestação de garantias e os procedimentos a serem observados pelos órgãos da Advocacia-Geral da União e pela administração pública direta, autárquica e fundacional, quanto ao recebimento por parte de órgãos e entidades públicas federais de oferta de créditos líquidos e certos, decorrentes de decisões judiciais transitadas em julgado, nos termos do disposto no §11 do art. 100 da Constituição, e institui Grupo de Trabalho para elaborar para o Advogado-Geral da União proposta de ato normativo que sucederá a Portaria Normativa revogada. *Diário Oficial da União*, Edição 51, Seção 1, p. 1, 15 mar. 2023. Disponível em: https://www.in.gov.br/en/web/dou/-/portaria-normativa-n-87-de-14-de-marco-de-2023-469975588. Acesso em: 22 mar. 2023.

BRASIL. Advocacia-Geral da União (AGU). Súmula nº 31, de 9 de junho de 2008. "É cabível a expedição de precatório referente a parcela incontroversa, em sede de jul. ajuizada em face da Fazenda Pública". *Diário Oficial da União*, Seção 1, de 10, 11 e 12 jun. 2008a. Disponível em: https://www.in.gov.br/materia/-/asset_publisher/Kujrw0TZC2Mb/content/id/2761454/do1-2018-02-07-sumulas-da-advocacia-geral-da-uniao-2761450. Acesso em: 13 jul. 2021.

BRASIL. Constituição *(1824)*. Constituição Politica do Imperio do Brazil, 1824. Texto constitucional de 25 de março de 1824 com as alterações adotadas por emendas constitucionais de revisão. *Coleção de Leis do Império do Brasil*, Rio de Janeiro, Imprensa Nacional, v. 1, 1824. Disponível em: http://www.planalto.gov.br/ccivil_03/constituicao/constituicao24.htm. Acesso em: 5 jan. 2022.

BRASIL. Constituição (1934). Constituição da República dos Estados Unidos do Brasil, 1934. Texto constitucional de 16 de julho de 1934 com as alterações adotadas pelo *Decreto Legislativo nº 6, de 1935*. *Diário Oficial de União*, Rio de Janeiro, 16 jul. 1934. Suplemento e republicado em 19 dez. 1935. Disponível em: http://www.planalto.gov.br/ccivil_03/constituicao/constituicao34.htm. Acesso em: 13 dez. 2019.

BRASIL. Constituição (1946). Constituição dos Estados Unidos do Brasil, 1946. Texto constitucional de 18 de setembro de 1946 com as alterações adotadas por emendas constitucionais de revisão. *Diário Oficial da União*, Rio de Janeiro, 19 set. 1946, republicado em 25 set. 1946 e 15 out. 1946. Disponível em: http://www.planalto.gov.br/ccivil_03/constituicao/constituicao46.htm. Acesso em: 5 jan. 2022.

BRASIL. Constituição (1967). Constituição da República Federativa do Brasil, 1967. Texto constitucional de 4 de janeiro de 1967 com as alterações adotadas por emendas constitucionais de revisão. *Diário Oficial da União*, Brasília, 24 jan. 1967. Disponível em: http://www.planalto.gov.br/ccivil_03/constituicao/constituicao67.htm. Acesso em: 5 jan. 2022.

BRASIL. Constituição (1988). Constituição da República Federativa do Brasil. Texto constitucional de 5 de outubro de 1988 com as alterações adotadas por emendas constitucionais de revisão. *Diário Oficial da União*, Brasília, 5 out. 1988a. Disponível em: http://www.planalto.gov.br/ccivil_03/constituicao/ConstituicaoCompilado.htm. Acesso em: 5 jan. 2022.

BRASIL. Constituição. Emenda Constitucional nº 109, de 15 de março de 2021. Altera os arts. 29-A, 37, 49, 84, 163, 165, 167, 168 e 169 da Constituição Federal e os arts. 101 e 109 do Ato das Disposições Constitucionais Transitórias; acrescenta à Constituição Federal os arts. 164-A, 167- A, 167-B, 167-C, 167-D, 167-E, 167-F e 167-G; revoga dispositivos do Ato das Disposições Constitucionais Transitórias e institui regras transitórias sobre redução de benefícios tributários; desvincula parcialmente o superávit financeiro de fundos públicos; e suspende condicionalidades para realização de despesas com concessão de auxílio emergencial residual para enfrentar as consequências sociais e econômicas da pandemia da Covid-19. *Diário Oficial de União*, Brasília, 16 mar. 2021a. Disponível em: http://www.planalto.gov.br/ccivil_03/constituicao/Emendas/Emc/emc109.htm. Acesso em: 5 jan. 2022.

BRASIL. Constituição. Emenda Constitucional nº 113, de 8 de dezembro de 2021. Altera a Constituição Federal e o Ato das Disposições Constitucionais Transitórias para estabelecer o novo regime de pagamentos de precatórios, modificar normas relativas ao Novo Regime Fiscal e autorizar o parcelamento de débitos previdenciários dos Municípios; e dá outras providências. *Diário Oficial da União*, Brasília, 8 dez. 2021b. Disponível em: https://www.planalto.gov.br/ccivil_03/constituicao/Emendas/Emc/emc113.htm. Acesso em: 11 jan. 2022.

BRASIL. Constituição. Emenda Constitucional nº 114, de 16 de dezembro de 2021. Altera a Constituição Federal e o Ato das Disposições Constitucionais Transitórias para estabelecer o novo regime de pagamentos de precatórios, modificar normas relativas ao Novo Regime Fiscal e autorizar o parcelamento de débitos previdenciários dos Municípios; e dá outras providências. *Diário Oficial da União*, Brasília, 16 dez. 2021c. Disponível em: https://www.planalto.gov.br/ccivil_03/constituicao/Emendas/Emc/emc114.htm. Acesso em: 11 jan. 2022.

BRASIL. Constituição. Emenda Constitucional nº 20, de 15 de dezembro de 1998. Modifica o sistema de previdência social, estabelece normas de transição e dá outras providências. *Diário Oficial da União*, Brasília, 16 dez. 1998. Disponível em: http://www.planalto.gov.br/ccivil_03/constituicao/emendas/emc/emc20.htm. Acesso em: 5 jan. 2022.

BRASIL. Constituição. Emenda Constitucional nº 30, de 13 de setembro de 2000. Altera a redação do art. 100 da Constituição Federal e acrescenta o art. 78 no Ato das Disposições Constitucionais Transitórias, referente ao pagamento de precatórios judiciários. *Diário Oficial de União*, Brasília, 14 set. 2000. Disponível em: http://www.planalto.gov.br/ccivil_03/constituicao/emendas/emc/emc30.htm. Acesso em: 5 jan. 2022.

BRASIL. Constituição. Emenda Constitucional nº 37, de 12 de junho de 2002. Altera os arts. 100 e 156 da Constituição Federal e acrescenta os arts. 84, 85, 86, 87 e 88 ao Ato das Disposições Constitucionais Transitórias. *Diário Oficial de União*, Brasília, 13 jun. 2002a. Disponível em: http://www.planalto.gov.br/ccivil_03/constituicao/emendas/emc/emc37.htm. Acesso em: 5 jan. 2022.

BRASIL. Constituição. Emenda Constitucional nº 62, de 10 de dezembro de 2009. Altera o art. 100 da Constituição Federal e acrescenta o art. 97 ao Ato das Disposições Constitucionais Transitórias, instituindo regime especial de pagamento de precatórios pelos Estados, Distrito Federal e Municípios. *Diário Oficial da União*, Brasília, 10 dez. 2009a. Disponível em: http://www.planalto.gov.br/ccivil_03/constituicao/emendas/emc/emc62.htm. Acesso em: 5 jan. 2022.

BRASIL. Constituição. Emenda Constitucional nº 94, de 15 de dezembro de 2016. Altera o art. 100 da Constituição Federal, para dispor sobre o regime de pagamento de débitos públicos decorrentes de condenações judiciais; e acrescenta dispositivos ao Ato das Disposições Constitucionais Transitórias, para instituir regime especial de pagamento para os casos em mora. *Diário Oficial da União*, Brasília, 16 dez. 2016a. Disponível em: http://www.planalto.gov.br/ccivil_03/constituicao/emendas/emc/emc94.htm. Acesso em: 5 jan. 2022.

BRASIL. Constituição. Emenda Constitucional nº 95, de 15 de dezembro de 2016. Altera o Ato das Disposições Constitucionais Transitórias, para instituir o Novo Regime Fiscal, e dá outras providências. *Diário Oficial da União*, Brasília, 15 dez. 2016b. Disponível em: https://www.planalto.gov.br/ccivil_03/constituicao/emendas/emc/emc95.htm. Acesso em: 24 jan. 2022.

BRASIL. Constituição. Emenda Constitucional nº 99, de 14 de dezembro de 2017. Altera o art. 101 do Ato das Disposições Constitucionais Transitórias, para instituir novo regime especial de pagamento de precatórios, e os arts. 102, 103 e 105 do Ato das Disposições Constitucionais Transitórias. *Diário Oficial de União*, Brasília, 15 dez. 2017a. Disponível em: http://www.planalto.gov.br/ccivil_03/constituicao/emendas/emc/emc99.htm. Acesso em: 5 jan. 2022.

BRASIL. Decreto nº 11.249, de 9 de novembro de 2022. Dispõe sobre o procedimento de oferta de créditos líquidos e certos decorrentes de decisão judicial transitada em julgado, nos termos do disposto no §11 do art. 100 da Constituição. *Diário Oficial da União*, Brasília, 10 nov. 2022. Disponível em: https://www.planalto.gov.br/ccivil_03/_ato2019-2022/2022/decreto/D11249.htm. Acesso em: 22 mar. 2023.

BRASIL. Decreto nº 11.328, de 1º de janeiro de 2023. Aprova a Estrutura Regimental e o Quadro Demonstrativo dos Cargos em Comissão e das Funções de Confiança da Advocacia-Geral da União e remaneja cargos em comissão e funções de confiança. *Diário Oficial da União*, Brasília, 1º jan. 2023. Disponível em: https://www.planalto.gov.br/ccivil_03/_ato2023-2026/2023/decreto/D11328.htm. Acesso em: 27 mar. 2023.

BRASIL. Decreto nº 2.433, de 15 de junho de 1859. Manda executar o novo Regulamento para a arrecadação dos bens de defuntos e ausentes, vago e do evento. *Diário Oficial da União*, Rio de Janeiro, 31 dez. 1859. Disponível em: https://www.diariodasleis.com.br/legislacao/federal/195534-manda-executar-o-novo-regulamento-para-a-arrecadauuo-dos-bens-de-defuntos-e-ausentes-vago-e-do-evento.html. Acesso em: 5 jan. 2022.

BRASIL. Decreto nº 22.626, de 7 de abril de 1933. Dispõe sobre os juros nos contratos e da outras providencias. *Diário Oficial da União*, Rio de Janeiro, 8 abr. 1933. Disponível em: http://www.planalto.gov.br/ccivil_03/decreto/d22626.htm. Acesso em: 5 jan. 2022.

BRASIL. Decreto nº 3.084 de 5 de novembro de 1898. Manda executar o novo Regulamento para a arrecadação dos bens de defuntos e ausentes, vago e do evento. *Coleção de Leis do Brasil*, Rio de Janeiro, 1898. v. 2 (publicação original). Disponível em: https://legis.senado.leg.br/norma/399352/publicacao/15685152. Acesso em: 19 abr. 2021.

BRASIL. Decreto-Lei nº 1.608, de 18 de setembro de 1939. Código de Processo Civil, 1939. Texto constitucional de 18 de setembro de 1939 com as alterações adotadas por emendas constitucionais de revisão. *Diário Oficial da União*, Rio de Janeiro, 31 dez. 1939. Disponível em: http://www.planalto.gov.br/ccivil_03/decreto-lei/1937-1946/del1608.htm. Acesso em: 5 jan. 2022.

BRASIL. Decreto-Lei nº 2.848, de 7 de dezembro de 1940. Código Penal. *Diário Oficial da União*, Rio de Janeiro, 31 dez. 1940. Disponível em: https://www.planalto.gov.br/ccivil_03/decreto-lei/del2848compilado.htm. Acesso em: 11 jan. 2022.

BRASIL. Decreto-Lei nº 4.657, de 4 de setembro de 1942. Lei de introdução às normas do direito brasileiro. *Diário Oficial da União*, Rio de Janeiro, 9 set. 1942. Disponível em: https://www.planalto.gov.br/ccivil_03/decreto-lei/del4657compilado.htm. Acesso em: 24 jan. 2022.

BRASIL. Lei Complementar nº 123, de 14 de dezembro de 2006. Institui o Estatuto Nacional da Microempresa e da Empresa de Pequeno Porte; altera dispositivos das Leis nº 8.212 e 8.213, ambas de 24 de julho de 1991, da Consolidação das Leis do Trabalho – CLT, aprovada pelo Decreto-Lei nº 5.452, de 1º de maio de 1943, da Lei nº 10.189, de 14 de fevereiro de 2001, da Lei Complementar nº 63, de 11 de janeiro de 1990; e revoga as Leis nº 9.317, de 5 de dezembro de 1996, e 9.841, de 5 de outubro de 1999. *Diário Oficial da União*, Brasília, 15 dez. 2006. Disponível em: http://www.planalto.gov.br/ccivil_03/leis/lcp/lcp123.htm. Acesso em: 16 jun. 2022.

BRASIL. Lei Complementar nº 167, de 24 de abril de 2019. Dispõe sobre a Empresa Simples de Crédito (ESC) e altera a Lei nº 9.613, de 3 de março de 1998 (Lei de Lavagem de Dinheiro), a Lei nº 9.249, de 26 de dezembro de 1995, e a Lei Complementar nº 123, de 14 de dezembro de 2006 (Lei do Simples Nacional), para regulamentar a ESC e instituir o Inova Simples. *Diário Oficial da União*, Brasília, 25 abr. 2019a. Disponível em: https://www.planalto.gov.br/ccivil_03/leis/lcp/lcp167.htm. Acesso em: 16 jun. 2022.

BRASIL. Lei Complementar nº 179, de 24 de fevereiro de 2021. Define os objetivos do Banco Central do Brasil e dispõe sobre sua autonomia e sobre a nomeação e a exoneração de seu Presidente e de seus Diretores; e altera artigo da Lei nº 4.595, de 31 de dezembro de 1964. *Diário Oficial da União*, Brasília, 25 fev. 2021d. Disponível em: https://www.planalto.gov.br/ccivil_03/leis/lcp/lcp179.htm. Acesso em: 8 jul. 2022.

BRASIL. Lei nº 1.521, de 26 de dezembro de 1951. Altera dispositivos da legislação vigente sobre crimes contra a economia popular. *Diário Oficial da União*, Rio de Janeiro. 27 dez. 1951. Disponível em: https://www.planalto.gov.br/ccivil_03/leis/l1521.htm. Acesso em: 8 jun. 2022.

BRASIL. Lei nº 10.259, de 12 de julho de 2001. Dispõe sobre a instituição dos Juizados Especiais Cíveis e Criminais no âmbito da Justiça Federal. Texto de 2001 com as alterações adotadas por emendas constitucionais. *Diário Oficial da União*, Brasília, 13 jul. 2001a. Disponível em: http://www.planalto.gov.br/ccivil_03/leis/leis_2001/l10259.htm. Acesso em: 5 jan. 2022.

BRASIL. Lei nº 10.303, de 31 de outubro de 2001. Altera e acrescenta dispositivos na Lei nº 6.404, de 15 de dezembro de 1976, que dispõe sobre as Sociedades por Ações, e na Lei nº 6.385, de 7 de dezembro de 1976, que dispõe sobre o mercado de valores mobiliários e cria a Comissão de Valores Mobiliários. *Diário Oficial da União*, Brasília, 1º nov. 2001b. Disponível em: http://www.planalto.gov.br/ccivil_03/leis/leis_2001/l10303.htm. Acesso em: 8 jul. 2022.

BRASIL. Lei nº 10.406, de 10 de janeiro de 2002. Institui o Código Civil. Texto de 10 de janeiro de 2002 com as alterações adotadas por emendas constitucionais de revisão. *Diário Oficial da União*, Brasília, 11 jan. 2002b. Disponível em: https://www.planalto.gov.br/ccivil_03/leis/2002/l10406.htm. Acesso em: 5 jan. 2022.

BRASIL. Lei nº 10.741, de 1º de outubro de 2003. Dispõe sobre o Estatuto do Idoso e dá outras providências. Texto de 1º de outubro de 2003 com as alterações adotadas por emendas constitucionais de revisão. *Diário Oficial da União*, Brasília, 3 out. 2003. Disponível em: http://www.planalto.gov.br/ccivil_03/leis/2003/l10.741.htm. Acesso em: 5 jan. 2022.

BRASIL. Lei nº 10.931, de 2 de agosto de 2004. Dispõe sobre o patrimônio de afetação de incorporações imobiliárias, Letra de Crédito Imobiliário, Cédula de Crédito Imobiliário, Cédula de Crédito Bancário, altera o Decreto-Lei nº 911, de 1º de outubro de 1969, as Leis nº 4.591, de 16 de dezembro de 1964, nº 4.728, de 14 de julho de 1965, e nº 10.406, de 10 de janeiro de 2002, e dá outras providências. *Diário Oficial da União*, Brasília, 3 ago. 2004. Disponível em: https://www.planalto.gov.br/ccivil_03/_ato2004-2006/2004/lei/l10.931.htm. Acesso em: 30 abr. 2022.

BRASIL. Lei nº 11.033, de 21 de dezembro de 2004. Altera a tributação do mercado financeiro e de capitais; institui o Regime Tributário para Incentivo à Modernização e à Ampliação da Estrutura Portuária – REPORTO; altera as Leis nº 10.865, de 30 de abril de 2004, 8.850, de 28 de janeiro de 1994, 8.383, de 30 de dezembro de 1991, 10.522, de 19 de julho de 2002, 9.430, de 27 de dezembro de 1996, e 10.925, de 23 de julho de 2004; e dá outras providências. *Diário Oficial da União*, Brasília, 22 dez. 2004. Disponível em: https://www.planalto.gov.br/ccivil_03/_ato2004-2006/2004/lei/l11033.htm. Acesso em: 22 mar. 2023.

BRASIL. Lei nº 11.101, de 9 de fevereiro de 2005. Regula a recuperação judicial, a extrajudicial e a falência do empresário e da sociedade empresária. *Diário Oficial da União*, Brasília, 9 fev. 2005. Disponível em: https://www.planalto.gov.br/ccivil_03/_ato2004-2006/2005/lei/l11101.htm. Acesso em: 11 jan. 2022.

BRASIL. Lei nº 11.795, de 8 de outubro de 2008. Dispõe sobre o Sistema de Consórcio. *Diário Oficial da União*, Brasília, 9 out. 2008b. Disponível em: https://www.planalto.gov.br/ccivil_03/_ato2007-2010/2008/lei/l11795.htm. Acesso em: 13 jul. 2022.

BRASIL. Lei nº 11.960, de 29 de junho de 2009. Altera e acresce dispositivos às Leis nº 9.639, de 25 de maio de 1998, e 11.196, de 21 de novembro de 2005, para dispor sobre parcelamento de débitos de responsabilidade dos Municípios, decorrentes de contribuições sociais de que tratam as alíneas *a* e *c* do parágrafo único do art. 11 da Lei nº 8.212, de 24 de julho de 1991; bem como acresce dispositivo à Lei nº 6.830, de 22 de setembro de 1980, para simplificar o tratamento dado às cobranças judiciais da dívida ativa quando, da decisão que ordene o seu arquivamento, tiver decorrido o prazo prescricional; dá nova redação ao art. 47 da Lei nº 8.212, de 24 de julho de 1991, para dispensar a apresentação da Certidão Negativa de Débito em caso de calamidade pública ou para recebimento de recursos para projetos sociais, ao art. 1º-F da Lei nº 9.494, de 10 de setembro de 1997, para uniformizar a atualização monetária e dos juros incidentes sobre todas as condenações judiciais impostas à Fazenda Pública, ao art. 19 da Lei nº 11.314, de 3 de julho de 2006, para estender o prazo durante o qual o Departamento Nacional de Infra-Estrutura de Transportes poderá utilizar recursos federais para executar obras de conservação, recuperação, restauração, construção e sinalização de rodovias transferidas para outros membros da Federação, e ao inciso II do art. 8º da Lei nº 11.775, de 17 de setembro de 2008, para prorrogar a data-limite para adesão pelos mutuários de créditos rurais inscritos em Dívida Ativa da União ao parcelamento dos seus débitos; e dá outras providências. Texto constitucional de 18 de setembro de 1939 com as alterações adotadas por emendas constitucionais de revisão. *Diário Oficial da União*, Brasília, 30 jun. 2009b. Disponível em: http://www.planalto.gov.br/ccivil_03/_ato2007-2010/2009/lei/l11960.htm. Acesso em: 5 jan. 2022.

BRASIL. Lei nº 12.529, de 30 de novembro de 2011. Estrutura o Sistema Brasileiro de Defesa da Concorrência; dispõe sobre a prevenção e repressão às infrações contra a ordem econômica; altera a Lei nº 8.137, de 27 de dezembro de 1990, o Decreto-Lei nº 3.689, de 3 de outubro de 1941 – Código de Processo Penal, e a Lei nº 7.347, de 24 de julho de 1985; revoga dispositivos da Lei nº 8.884, de 11 de junho de 1994, e a Lei nº 9.781, de 19 de janeiro de 1999; e dá outras providências. *Diário Oficial da União*, Brasília, 11 nov. 2011. Disponível em: https://www.planalto.gov.br/ccivil_03/_ato2011-2014/2011/lei/l12529.htm. Acesso em: 22 jan. 2022.

BRASIL. Lei nº 12.865, de 9 de outubro de 2013. Autoriza o pagamento de subvenção econômica aos produtores da safra 2011/2012 de cana-de-açúcar e de etanol que especifica e o financiamento da renovação e implantação de canaviais com equalização da taxa de juros; dispõe sobre os arranjos de pagamento e as instituições de pagamento integrantes do Sistema de Pagamentos Brasileiro (SPB); autoriza a União a emitir, sob a forma de colocação direta, em favor da Conta de Desenvolvimento Energético (CDE), títulos da dívida pública mobiliária federal; estabelece novas condições para as operações de crédito rural oriundas de, ou contratadas com, recursos do Fundo Constitucional de Financiamento do Nordeste (FNE); altera os prazos previstos nas Leis nº 11.941, de 27 de maio de 2009, e nº 12.249, de 11 de junho de 2010; autoriza a União a contratar o Banco do Brasil S.A. ou suas subsidiárias para atuar na gestão de recursos, obras e serviços de engenharia relacionados ao desenvolvimento de projetos, modernização, ampliação, construção ou reforma da rede integrada e especializada para atendimento da mulher em situação de violência; disciplina o documento digital no Sistema Financeiro Nacional; disciplina a transferência, no caso de falecimento, do direito de utilização privada de área pública por equipamentos urbanos do tipo quiosque, trailer, feira e banca de venda de jornais e de revistas; altera a incidência da Contribuição para o PIS/Pasep e da Cofins na cadeia de produção e comercialização da soja e de seus subprodutos; altera as Leis nº 12.666, de 14 de junho de 2012, 5.991, de 17 de dezembro de 1973, 11.508, de 20 de julho de 2007, 9.503, de 23 de setembro de 1997, 9.069, de 29 de junho de 1995, 10.865, de 30 de abril de 2004, 12.587, de 3 de janeiro de 2012, 10.826, de 22 de dezembro de 2003, 10.925, de 23 de julho de 2004, 12.350, de 20 de dezembro de 2010, 4.870, de 1º de dezembro de 1965 e 11.196, de 21 de novembro de 2005, e o Decreto nº 70.235, de 6 de março de 1972; revoga dispositivos das Leis nº 10.865, de 30 de abril de 2004, 10.925, de 23 de julho de 2004, 12.546, de 14 de dezembro de 2011, e 4.870, de 1º de dezembro de 1965; e dá outras providências. *Diário Oficial da União*. Brasília. 10 out. 2013. Disponível em: https://www.planalto.gov.br/ccivil_03/_ato2011-2014/2013/lei/l12865.htm. Acesso em: 13 jul. 2022.

BRASIL. Lei nº 13.105, de 13 de março de 2015. Código de Processo Civil. Texto de 13 de março de 2015 com as alterações adotadas por emendas constitucionais de revisão. *Diário Oficial da União*, Brasília, 17 mar. 2015a. Disponível em: http://www.planalto.gov.br/ccivil_03/_ato2015-2018/2015/lei/l13105.htm. Acesso em: 5 jan. 2022.

BRASIL. Lei nº 13.146, de 6 de julho de 2015. Institui a Lei Brasileira de Inclusão da Pessoa com Deficiência (Estatuto da Pessoa com Deficiência). Texto de 6 de julho de 2015 com as alterações adotadas por emendas constitucionais de revisão. *Diário Oficial da União*, Brasília, 7 jul. 2015b. Disponível em: http://www.planalto.gov.br/ccivil_03/_ato2015-2018/2015/lei/l13146.htm. Acesso em: 5 jan. 2022.

BRASIL. Lei nº 13.303, de 30 de junho de 2016. Dispõe sobre o estatuto jurídico da empresa pública, da sociedade de economia mista e de suas subsidiárias, no âmbito da União, dos Estados, do Distrito Federal e dos Municípios. Texto de 30 de junho de 2016 com as alterações adotadas por emendas constitucionais de revisão. *Diário Oficial da União*, Brasília, 1º jul. 2016c. Disponível em: http://www.planalto.gov.br/ccivil_03/_ato2015-2018/2016/lei/l13303.htm. Acesso em: 5 jan. 2022.

BRASIL. Lei nº 13.463, de 6 de julho de 2017. Dispõe sobre os recursos destinados aos pagamentos decorrentes de precatórios e de Requisições de Pequeno Valor (RPV) federais. Texto de 6 de julho de 2017 com as alterações adotadas por emendas constitucionais de revisão. *Diário Oficial da União*, Brasília, 7 jul. 2017b. Disponível em: http://www.planalto.gov.br/ccivil_03/_ato2015-2018/2017/lei/L13463.htm. Acesso em: 5 jan. 2022.

BRASIL. Lei nº 13.506, de 13 de novembro de 2017. Dispõe sobre o processo administrativo sancionador na esfera de atuação do Banco Central do Brasil e da Comissão de Valores Mobiliários; altera a Lei nº 6.385, de 7 de dezembro de 1976, a Lei nº 4.131, de 3 de setembro de 1962, a Lei nº 4.829, de 5 de novembro de 1965, a Lei nº 6.024, de 13 de março de 1974, a Lei nº 7.492, de 16 de junho de 1986, a Lei nº 9.069, de 29 de junho de 1995, a Lei nº 9.613, de 3 de março de 1998, a Lei nº 10.214, de 27 de março de 2001, a Lei nº 11.371, de 28 de novembro de 2006, a Lei nº 11.795, de 8 de outubro de 2008, a Lei nº 12.810, de 15 de maio de 2013, a Lei nº 12.865, de 9 de outubro de 2013, a Lei nº 4.595, de 31 de dezembro de 1964, o Decreto nº 23.258, de 19 de outubro de 1933, o Decreto-Lei nº 9.025, de 27 de fevereiro de 1946, e a Medida Provisória nº 2.224, de 4 de setembro de 2001; revoga o Decreto-Lei nº 448, de 3 de fevereiro de 1969, e dispositivos da Lei nº 9.447, de 14 de março de 1997, da Lei nº 4.380, de 21 de agosto de 1964, da Lei nº 4.728, de 14 de julho de 1965, e da Lei nº 9.873, de 23 de novembro de 1999; e dá outras providências. *Diário Oficial da União*, Brasília. 14 nov. 2017c. Disponível em: http://www.planalto.gov.br/ccivil_03/_ato2015-2018/2017/lei/L13506.htm. Acesso em: 30 abr. 2022.

BRASIL. Lei nº 13.874, de 20 de setembro de 2019. Institui a Declaração de Direitos de Liberdade Econômica; estabelece garantias de livre mercado; altera as Leis nos 10.406, de 10 de janeiro de 2002 (Código Civil), 6.404, de 15 de dezembro de 1976, 11.598, de 3 de dezembro de 2007, 12.682, de 9 de julho de 2012, 6.015, de 31 de dezembro de 1973, 10.522, de 19 de julho de 2002, 8.934, de 18 de novembro de 1994, o Decreto-Lei nº 9.760, de 5 de setembro de 1946 e a Consolidação das Leis do Trabalho, aprovada pelo Decreto-Lei nº 5.452, de 1º de maio de 1943; revoga a Lei Delegada nº 4, de 26 de setembro de 1962, a Lei nº 11.887, de 24 de dezembro de 2008, e dispositivos do Decreto-Lei nº 73, de 21 de novembro de 1966; e dá outras providências. *Diário Oficial da União*, Brasília. 20 set. 2019b. Disponível em: https://www.planalto.gov.br/ccivil_03/_ato2019-2022/2019/lei/L13874.htm. Acesso em: 17 jun. 2022.

BRASIL. Lei nº 13.986, de 7 de abril de 2020. Institui o Fundo Garantidor Solidário (FGS); dispõe sobre o patrimônio rural em afetação, a Cédula Imobiliária Rural (CIR), a escrituração de títulos de crédito e a concessão de subvenção econômica para empresas cerealistas; altera as Leis n os 8.427, de 27 de maio de 1992, 8.929, de 22 de agosto de 1994, 11.076, de 30 de dezembro de 2004, 10.931, de 2 de agosto de 2004, 12.865, de 9 de outubro de 2013, 5.709, de 7 de outubro de 1971, 6.634, de 2 de maio de 1979, 6.015, de 31 de dezembro de 1973, 7.827, de 27 de setembro de 1989, 8.212, de 24 de julho de 1991, 10.169, de 29 de dezembro de 2000, 11.116, de 18 de maio de 2005, 12.810, de 15 de maio de 2013, 13.340, de 28 de setembro de 2016, 13.576, de 26 de dezembro de 2017, e o Decreto-Lei nº 167, de 14 de fevereiro de 1967; revoga dispositivos das Leis n os 4.728, de 14 de julho de 1965, e 13.476, de 28 de agosto de 2017, e dos Decretos-Leis n os 13, de 18 de julho de 1966; 14, de 29 de julho de 1966; e 73, de 21 de novembro de 1966; e dá outras providências. *Diário Oficial da União*, Brasília. 7 abr. 2020a. Disponível em: https://www.planalto.gov.br/ccivil_03/_ato2019-2022/2020/lei/l13986.htm. Acesso em: 30 abr. 2022.

BRASIL. Lei nº 13.988, de 14 de abril de 2020. Dispõe sobre a transação nas hipóteses que especifica; e altera as Leis ns. 13.464, de 10 de julho de 2017, e 10.522, de 19 de julho de 2002. *Diário Oficial da União*, Brasília. 14 abr. 2020b. Disponível em: https://www.planalto.gov.br/ccivil_03/_ato2019-2022/2020/lei/l13988.htm. Acesso em: 21 maio 2022.

BRASIL. Lei nº 14.057, de 11 de setembro de 2020. Disciplina o acordo com credores para pagamento com desconto de precatórios federais e o acordo terminativo de litígio contra a Fazenda Pública e dispõe sobre a destinação dos recursos deles oriundos para o combate à Covid-19, durante a vigência do estado de calamidade pública reconhecido pelo Decreto Legislativo nº 6, de 20 de março de 2020; e altera a Lei nº 7.689, de 15 de dezembro de 1988, e a Lei nº 8.212, de 24 de julho de 1991. *Diário Oficial da União*, Brasília, 14 set. 2020c. Disponível em: https://www.planalto.gov.br/ccivil_03/_ato2019-2022/2020/lei/L14057.htm. Acesso em: 3 set. 2022.

BRASIL. Lei nº 14.421, de 20 de julho de 2022. Altera as Leis nº 492, de 30 de agosto de 1937, 6.015, de 31 de dezembro de 1973 (Lei de Registros Públicos), 8.668, de 25 de junho de 1993, 8.929, de 22 de agosto de 1994, 10.925, de 23 de julho de 2004, 11.076, de 30 de dezembro de 2004, e 13.986, de 7 de abril de 2020, e os Decretos-Lei ns. 3.365, de 21 de junho de 1941, e 167, de 14 de fevereiro de 1967. *Diário Oficial da União*, Brasília, 21 jul. 2022. Disponível em: https://www.planalto.gov.br/ccivil_03/_ato2019-2022/2022/Lei/L14421.htm. Acesso em: 13 abr. 2023.

BRASIL. Lei nº 14.430, de 3 de agosto de 2022. Dispõe sobre a emissão de Letra de Risco de Seguro (LRS) por Sociedade Seguradora de Propósito Específico (SSPE), sobre as regras gerais aplicáveis à securitização de direitos creditórios e à emissão de Certificados de Recebíveis e sobre a flexibilização do requisito de instituição financeira para a prestação do serviço de escrituração e de custódia de valores mobiliários; altera as Leis nº 6.404, de 15 de dezembro de 1976, 6.385, de 7 de dezembro de 1976, 9.718, de 27 de novembro de 1998, 4.594, de 29 de dezembro de 1964, e o Decreto-Lei nº 73, de 21 de novembro de 1966; e revoga dispositivos das Leis nº 9.514, de 20 de novembro de 1997, 10.931, de 2 de agosto de 2004, 11.076, de 30 de dezembro de 2004, 12.810, de 15 de maio de 2013, 13.331, de 1º de setembro de 2016, e 13.986, de 7 de abril de 2020. *Diário Oficial da União*, Brasília, 04 ago. 2022. Disponível em: https://www.planalto.gov.br/ccivil_03/_ato2019-2022/2022/Lei/L14430.htm. Acesso em: 24 mar. 2023.

BRASIL. Lei nº 14.791, de 29 de dezembro de 2023. Dispõe sobre as diretrizes para a elaboração e a execução da Lei Orçamentária de 2024 e dá outras providências. *Diário Oficial da União*, Brasília, 02 jan. 2024. Disponível em: https://www.planalto.gov.br/ccivil_03/_ato2023-2026/2023/lei/L14791.htm. Acesso em: 24 jan. 2024.

BRASIL. Lei nº 4.595, de 31 de dezembro de 1964. Dispõe sobre a Política e as Instituições Monetárias, Bancárias e Creditícias, Cria o Conselho Monetário Nacional e dá outras providências. *Diário Oficial da União*, Brasília. 31 dez. 1964. Disponível em: https://www.planalto.gov.br/ccivil_03/leis/l4595.htm. Acesso em: 29 abr. 2022.

BRASIL. Lei nº 4.728, de 14 de julho de 1965. Disciplina o mercado de capitais e estabelece medidas para o seu desenvolvimento. *Diário Oficial da União*, Brasília. 16 jul. 1965. Disponível em: https://www.planalto.gov.br/ccivil_03/leis/l4728.htm. Acesso em: 24 abr. 2022.

BRASIL. Lei nº 5.172, de 25 de outubro de 1966. Dispõe sobre o Sistema Tributário Nacional e institui normas gerais de direito tributário aplicáveis à União, Estados e Municípios. Texto de 25 de outubro de 1966 com as alterações adotadas por emendas constitucionais de revisão. *Diário Oficial da União*, Brasília, 27 out. 1966 e retificado em 31 out. 1966. Disponível em: http://www.planalto.gov.br/ccivil_03/leis/l5172compilado. htm. Acesso em: 5 jan. 2022.

BRASIL. Decreto-Lei nº 5.452, de 1º de maio de 1943. Aprova a Consolidação das Leis do Trabalho. *Diário Oficial da União*, Rio de Janeiro, 9 ago. 1943. Disponível em: https://www.planalto.gov.br/ccivil_03/decreto-lei/del5452.htm. Acesso em: 11 jan. 2022.

BRASIL. Lei nº 5.768, de 20 de dezembro de 1971. Abre a legislação sobre distribuição gratuita de prêmios, mediante sorteio, vale-brinde ou concurso, a título de propaganda, estabelece normas de proteção à poupança popular, e dá outras providências. *Diário Oficial da União*. Brasília. 21 dez. 1971. Disponível em: https://www.planalto.gov.br/ccivil_03/leis/l5768.htm. Acesso em: 30 abr. 2022.

BRASIL. Lei nº 5.869, de 11 de janeiro de 1973. Institui o Código de Processo Civil. Texto de 11 de janeiro de 1973 com as alterações adotadas por emendas constitucionais de revisão. *Diário Oficial da União*, Brasília, 17 jan. 1973. Disponível em: http://www.planalto.gov.br/ccivil_03/leis/l5869impressao.htm. Acesso em: 5 jan. 2022.

BRASIL. Lei nº 6.024, de 13 de março de 1974. Dispõe sobre a intervenção e a liquidação extrajudicial de instituições financeiras, e dá outras providências. *Diário Oficial da União*. Brasília. 14 mar. 1974. Disponível em: https://www.planalto.gov.br/ccivil_03/leis/L6024.htm. Acesso em: 30 abr. 2022.

BRASIL. Lei nº 6.385, de 7 de dezembro de 1976. Dispõe sobre o mercado de valores mobiliários e cria a Comissão de Valores Mobiliários. *Diário Oficial da União*, Brasília, 9 dez. 1976a. Disponível em: https://www.planalto.gov.br/ccivil_03/leis/l6385.htm. Acesso em: 22 jan. 2022.

BRASIL. Lei nº 6.404, de 15 de dezembro de 1976. Dispõe sobre as Sociedades por Ações. *Diário Oficial da União*, Brasília, 17 dez. 1976b. Disponível em: https://www.planalto.gov.br/ccivil_03/leis/L6404compilada.htm. Acesso em: 8 jul. 2022.

BRASIL. Lei nº 6.830, de 22 de setembro de 1980. Dispõe sobre a cobrança judicial da Dívida Ativa da Fazenda Pública, e dá outras providências. *Diário Oficial da União*, Brasília, 24 set. 1980. Disponível em: https://www.planalto.gov.br/ccivil_03/leis/l6830.htm. Acesso em: 11 jan. 2022.

BRASIL. Lei nº 7.492, de 16 de junho de 1986. Define os crimes contra o sistema financeiro nacional, e dá outras providências. *Diário Oficial da União*. Brasília. 18 jun. 1986. Disponível em: http://www.planalto.gov.br/ccivil_03/leis/l7492.htm. Acesso em: 2 maio 2022.

BRASIL. Lei nº 7.713, de 22 de dezembro de 1988. Altera a legislação do imposto de renda e dá outras providências. Texto de 22 de dezembro de 1988 com as alterações adotadas por emendas constitucionais. *Diário Oficial da União*, Brasília, 23 dez. 1988b. Disponível em: http://www.planalto.gov.br/ccivil_03/leis/l7713.htm. Acesso em: 5 jan. 2022.

BRASIL. Lei nº 7.940, de 20 de dezembro de 1989. Institui a Taxa de Fiscalização dos mercados de títulos e valores mobiliários, e dá outras providências. *Diário Oficial da União*. Brasília. 21 dez. 1989. Disponível em: https://www.planalto.gov.br/ccivil_03/leis/l7940.htm. Acesso em: 29 abr. 2022.

BRASIL. Lei nº 8.212, de 24 de julho de 1991. Dispõe sobre a organização da Seguridade Social, institui Plano de Custeio, e dá outras providências. Texto de 24 de julho de 1991 com as alterações adotadas por emendas constitucionais de revisão. *Diário Oficial da União*, Brasília, 25 jul. 1991a. Disponível em: http://www.planalto.gov.br/ccivil_03/leis/l8212cons.htm. Acesso em: 5 jan. 2022.

BRASIL. Lei nº 8.213, de 24 de julho de 1991. Dispõe sobre os Planos de Benefícios da Previdência Social e dá outras providências. *Diário Oficial da União*. Brasília. 25 jul. 1991b. Disponível em: https://www.planalto.gov.br/ccivil_03/leis/l8213cons.htm. Acesso em: 24 abr. 2022.

BRASIL. Lei nº 8.987, de 13 de fevereiro de 1995. Dispõe sobre o regime de concessão e permissão da prestação de serviços públicos previsto no art. 175 da Constituição Federal, e dá outras providências. *Diário Oficial da União*. Brasília. 14 fev. 1995. Disponível em: https://www.planalto.gov.br/ccivil_03/leis/l8987cons.htm. Acesso em: 27 mar. 2023.

BRASIL. Lei nº 9.065, de 20 de junho de 1995. Dá nova redação a dispositivos da Lei nº 8.981, de 20 de janeiro de 1995, que altera a legislação tributária federal, e dá outras providências. *Diário Oficial da União*, Brasília, 21 jun. 1995a. Disponível em: http://www.planalto.gov.br/ccivil_03/leis/l9065.htm. Acesso em: 9 maio 2022.

BRASIL. Lei nº 9.099, de 26 de setembro de 1995. Dispõe sobre os Juizados Especiais Cíveis e Criminais e dá outras providências. *Diário Oficial da União*, Brasília, 27 set. 1995b. Disponível em: https://www.planalto.gov.br/ccivil_03/leis/l9099.htm. Acesso em: 11 jan. 2022.

BRASIL. Lei nº 9.250 de 26 de dezembro de 1995. Altera a legislação do imposto de renda das pessoas físicas e dá outras providências. Texto de 26 de dezembro de 1995 com as alterações adotadas por emendas constitucionais de revisão. *Diário Oficial da União*, Brasília, 27 dez. 1995c. Disponível em: http://www.planalto.gov.br/ccivil_03/leis/l9250.htm. Acesso em: 5 jan. 2022.

BRASIL. Lei nº 9.430, de 27 de dezembro de 1996. Dispõe sobre a legislação tributária federal, as contribuições para a seguridade social, o processo administrativo de consulta e dá outras providências. Texto de 27 de dezembro de 1996 com as alterações adotadas por emendas constitucionais de revisão. *Diário Oficial da União*, Brasília, 30 dez. 1996. Disponível em: http://www.planalto.gov.br/ccivil_03/leis/l9430.htm. Acesso em: 5 jan. 2022.

BRASIL. Lei nº 9.494, de 10 de setembro de 1997. Disciplina a aplicação da tutela antecipada contra a Fazenda Pública, altera a Lei nº 7.347, de 24 de julho de 1985, e dá outras providências. Texto de 1997 com as alterações adotadas por emendas constitucionais. *Diário Oficial da União*, Brasília, 11 set. 1997a. Disponível em: http://www.planalto.gov.br/ccivil_03/leis/l9494.htm. Acesso em: 5 jan. 2022.

BRASIL. Lei nº 9.514, de 20 de novembro de 1997. Dispõe sobre o Sistema de Financiamento Imobiliário, institui a alienação fiduciária de coisa imóvel e dá outras providências. *Diário Oficial da União*, Brasília. 21 nov. 1997b. Disponível em: https://www.planalto.gov.br/ccivil_03/leis/l9514.htm. Acesso em: 24 abr. 2022.

BRASIL. Lei nº 9.868, de 10 de novembro de 1999. Dispõe sobre o processo e julgamento da ação direta de inconstitucionalidade e da ação declaratória de constitucionalidade perante o Supremo Tribunal Federal. *Diário Oficial da União*, Brasília, 11 nov. 1999ª. Disponível em: http://www.planalto.gov.br/ccivil_03/leis/l9868.htm. Acesso em: 3 set. 2022.

BRASIL. Lei nº 9.882, de 3 de dezembro de 1999. Dispõe sobre o processo e julgamento da arguição de descumprimento de preceito fundamental, nos termos do §1o do art. 102 da Constituição Federal. *Diário Oficial da União*, Brasília, 6 dez. 1999b. Disponível em: https://www.planalto.gov.br/ccivil_03/leis/l9868.htm. Acesso em: 11 jan. 2022.

BRASIL. Medida Provisória nº 1.577, de 11 de junho de 1997. Altera a redação dos arts. 2º, 6º, 7º, 11 e 12 da Lei 8.629, de 25/02/1993, acresce dispositivo a Lei 8.437, de 30/06/1992, e dá outras providências. *Diário Oficial da União*, Brasília, 13 jun. 1997c (publicação original). Disponível em: http://www.planalto.gov.br/ccivil_03/mpv/antigas/1577.htm. Acesso em: 10 maio 2022.

BRASIL. Superior Tribunal de Justiça (STJ). Agravo em Recurso Especial (AREsp) nº 1.824.932/SP (2016/0027047-7). Rel. Nancy Andrighi, 3ª Turma. Julg. 10 fev. 2021. *Diário de Justiça eletrônico*, Brasília, 17 fev. 2021a. Disponível em: https://processo.stj.jus.br/processo/dj/documento/mediado/?tipo_documento=documento&componente=MON&sequencial=121199462&tipo_documento=documento&num_registro=202100194775&data=20210217&formato=PDF. Acesso em: 7 mar. 2022.

BRASIL. Superior Tribunal de Justiça (STJ). Agravo em Recurso Especial (AREsp) nº 1.361.400/SP (2018/0237296-0). Rel. Marco Aurélio Bellizze, 3ª Turma. Julg. 20 ago. 2019. *Diário de Justiça eletrônico*, Brasília, 22 ago. 2019a. Disponível em: https://processo.stj.jus.br/processo/revista/documento/mediado/?componente=MON&sequencial=88497293&tipo_documento=documento&num_registro=201802372960&data=20190822&formato=PDF. Acesso em: 12 jan. 2022.

BRASIL. Superior Tribunal de Justiça (STJ). Agravo Interno (AgInt) no Recurso em Mandado de Segurança (RMS) nº 61.014/RO. Petição nº 757249/2019. *Diário de Justiça eletrônico*, Brasília 24 abr. 2020a. Disponível em: https://processo.stj.jus.br/processo/pesquisa/?tipoPesquisa=tipoPesquisaNumeroRegistro&termo=201901618801&totalRegistrosPorPagina=40&aplicacao=processos.ea. Acesso em: 21 jul. 2021.

BRASIL. Superior Tribunal de Justiça (STJ). Agravo Interno (AgInt) no Recurso Especial (REsp.) nº 1.859.389/CE. Rel. Min. Herman Benjamin, Segunda Turma. Julg. 29 jul. 2020. *Diário de Justiça eletrônico*, Brasília, 21 ago. 2020b. Disponível em: https://stj.jusbrasil.com.br/jurisprudencia/874631327/recurso-especial-resp-1859409-rn-2020-0019480-0/inteiro-teor-874631337. Acesso em: 5 jan. 2022.

BRASIL. Superior Tribunal de Justiça (STJ). Agravo Interno no Agravo em Recurso Especial (AgInt no AREsp.) nº 1.575.607/SP (2019/0265119-9). Rel. Min. Moura Ribeiro, 3ª Turma. Julg. 22 jun. 2020. *Diário de Justiça eletrônico*, Brasília, 24 jun. 2020c. Disponível em: https://processo.stj.jus.br/processo/julgamento/eletronico/documento/mediado/?documento_tipo=integra&documento_sequencial=111548650&registro_numero=201902651199&peticao_ =202000034087&publicacao_data=20200624&formato=PDF. Acesso em: 12 jan. 2022.

BRASIL. Superior Tribunal de Justiça (STJ). Agravo Interno no Recurso Especial (AgInt no REsp.) nº 1.309.505/GO (2011/0043782-4 de 26/03/2019). Rel. Luis Felipe Salomão, 4ª Turma. Julg. 19 mar. 2019. *Diário de Justiça eletrônico*, Brasília, 26 mar. 2019b. Disponível em: https://processo.stj.jus.br/processo/revista/documento/mediado/?componente=ITA&sequencial=1803926&num_registro=201100437824&data=20190326&peticao_numero=201700415074&formato=PDF. Acesso em: 12 jan. 2022.

BRASIL. Superior Tribunal de Justiça (STJ). Agravo Regimental no Recurso Especial (AgRg no REsp.) nº 1.199.335/RJ (2010/0112569-4). Rel. Min. Benedito Gonçalves, 1ª Turma. Julg. 17 mar. 2011. *Diário de Justiça eletrônico*, Brasília, 22 mar. 2011. Disponível em: https://processo.stj.jus.br/processo/revista/documento/mediado/?componente=ITA&sequencial=1045632&num_registro=201001125694&data=20110322&peticao_numero=201100044745&formato=PDF. Acesso em: 12 jan. 2022.

BRASIL. Superior Tribunal de Justiça (STJ). Conflito de Competência (CC) nº 98062/SP (2008/0174755-1). Rel. Jorge Mussi, 3ª Seção. Julg. 25 ago. 2010. *Diário de Justiça eletrônico*, Brasília, 6 set. 2010ª. Disponível em: https://www.stj.jus.br/websecstj/cgi/revista/REJ.cgi/ITA?seq=999224&tipo=0&nreg=200801747551&SeqCgrmaSessao=&CodOrgaoJgdr=&dt=20100906&formato=PDF&salvar=false. Acesso em: 17 jun. 2022.

BRASIL. Superior Tribunal de Justiça (STJ). Embargos de Divergência em Agravo em Recurso Especial (EAREsp.) nº 600.811/SP (2014/0261478-0). Rel. Min. Og Fernandes, Corte Especial. Julg. 4 dez. 2019. *Diário de Justiça eletrônico*, Brasília, 7 fev. 2020d. Disponível em: https://stj.jusbrasil.com.br/jurisprudencia/858001444/embargos-de-divergencia-em-agravo-em-recurso-especial-earesp-600811-sp-2014-0261478-0/inteiro-teor-858001454?ref=juris-tabs. Acesso em: 12 jan. 2022.

BRASIL. Superior Tribunal de Justiça (STJ). Processo nº 0230803-95.2018.3.00.0000. Petição nº 12.344/DF (2018/0230803-5). Rel. Min. Og Fernandes. Autuado em 4 set. 2018. *Diário de Justiça*, Brasília, 13 nov. 2020e. Disponível em: https://stj.jusbrasil.com.br/jurisprudencia/635397242/peticao-pet-12344-df-2018-0230803-5. Acesso em: 20 jul. 2021.

BRASIL. Superior Tribunal de Justiça (STJ). Proposta de Afetação de Recurso Especial. (ProAfR) nº 1.944.707/PE (2021/0192720-8) Rel. Min. Assusete Magalhães, 2ª Turma. *Diário de Justiça eletrônico*, Brasília, 22 abr. 2022a. Disponível em: https://processo.stj.jus.br/processo/pesquisa/?aplicacao=processos.ea&tipoPesquisa=tipoPesquisaGenerica&termo=REsp%20 1944707. Acesso em: 23 maio 2022.

BRASIL. Superior Tribunal de Justiça (STJ). Proposta de Afetação de Recurso Especial. (ProAfR) nº 1.944.899/PE (2021/0193641-0). Rel. Min. Assusete Magalhães, 2ª Turma. *Diário de Justiça eletrônico*, Brasília, 22 abr. 2022b. Disponível em: https://processo.stj.jus.br/processo/pesquisa/?aplicacao=processos.ea&tipoPesquisa=tipoPesquisaGenerica&termo=REsp%20 1944899. Acesso em: 23 maio 2022.

BRASIL. Superior Tribunal de Justiça (STJ). Proposta de Afetação de Recurso Especial. (ProAfR) nº 1.961.642/CE (2020/0285630-8). Rel. Min. Assusete Magalhães, 2ª Turma. *Diário de Justiça eletrônico*, Brasília, 22 abr. 2022c. Disponível em: https://processo.stj.jus.br/processo/pesquisa/?aplicacao=processos.ea&tipoPesquisa=tipoPesquisaGenerica&termo=REsp%20 1961642. Acesso em: 23 maio 2022.

BRASIL. Superior Tribunal de Justiça (STJ). Reclamação (RCL) nº 12.271/PE (2013/0105768-5). Rel. Min. Assusete Magalhães, 1ª Seção. Julg. 26 ago. 2021. *Diário de Justiça eletrônico*, Brasília, 30 ago. 2021b. Disponível em: https://processo.stj.jus.br/processo/dj/documento/mediado/?tipo_documento=documento&componente=MON&sequencial=134123358&tipo_documento=documento&num_registro=201301057685&data=20210830&formato=PDF. Acesso em: 12 jan. 2022.

BRASIL. Superior Tribunal de Justiça (STJ). Recurso em Mandado de Segurança (RMS) nº 67.005/DF (2021/0237523-0). Rel. Sérgio Kukina, 1ª Turma. Julg. 16 nov. 2021. *Diário* de Justiça eletrônico, Brasília, 19 nov. 2021c. Disponível em: https://processo.stj.jus.br/processo/revista/documento/mediado/?componente=ITA&sequencial=2118919&num_registro=202102375230&data=20211119&formato=PDF. Acesso em: 14 jan. 2022.

BRASIL. Superior Tribunal de Justiça (STJ). Recurso em Mandado de Segurança (RMS) nº 42.409/RJ. Rel. Min. Mauro Campbell Marques, Segunda Turma. Julg. 6 out. 2015. Diário de Justiça eletrônico, Brasília, 16 out. 2015. Disponível em: https://stj.jusbrasil.com.br/jurisprudencia/864109960/recurso-ordinario-em-mandado-de-seguranca-rms-42409-rj-2013-0126272-4/inteiro-teor-864109970. Acesso em: 5 jan. 2022.

BRASIL. Superior Tribunal de Justiça (STJ). Recurso Especial (REsp.) nº 1.377.626/RJ. Rel. Min. Humberto Martins, 2ª Turma. Julg. 20 jun. 2013. Diário de Justiça eletrônico, Brasília, 28 jun. 2013. Disponível em: https://processo.stj.jus.br/processo/revista/documento/mediado/?componente=ITA&sequencial=1245669&num_registro=201300937241&data=20130628&formato=PDF. Acesso em: 12 jan. 2022.

BRASIL. Superior Tribunal de Justiça (STJ). Recurso Especial (REsp.) nº 1.404.796/SP. Rel. Min. Mauro Campbell Marques, 2ª Turma. Julg. 26 fev. 2014a. Diário de Justiça eletrônico, Brasília, 9 abr. 2014a. Disponível em: https://processo.stj.jus.br/processo/revista/documento/mediado/?componente=ITA&sequencial=1301781&num_registro=201303202114&data=20140409&formato=PDF. Acesso em: 12 jan. 2022.

BRASIL. Superior Tribunal de Justiça (STJ). Recurso Especial (REsp.) nº 1.600.535/RS (2016/0114908-6). Rel. Min. Nancy Andrighi, 3ª Turma. Julg. 15 dez. 2016. Diário de Justiça eletrônico, Brasília, 19 dez. 2016. Disponível em: https://processo.stj.jus.br/processo/revista/documento/mediado/?componente=ATC&sequencial=67103228&num_registro=201601149086&data=20161219&tipo=5&formato=PDF. Acesso em: 12 jan. 2022.

BRASIL. Superior Tribunal de Justiça (STJ). Recurso Especial (REsp.) nº 1.629.470/MS (2016/0027047-7). Rel. Maria Isabel Gallotti, 2ª Seção. Julg. 30 nov. 2021. Diário de Justiça eletrônico, Brasília, 17 dez. 2021d. Disponível em: https://scon.stj.jus.br/SCON/jurisprudencia/toc.jsp?livre=%27201600270477%27.REG. Acesso em: 7 mar. 2022.

BRASIL. Superior Tribunal de Justiça (STJ). Recurso Especial (REsp.) nº 1.694.984/MS (2017/0012081-0). Rel. Min. Luis Felipe Salomão, 4ª Turma. Julg. 14 nov. 2017. Diário de Justiça eletrônico, Brasília, 1º fev. 2018a. Disponível em: https://processo.stj.jus.br/processo/revista/documento/mediado/?componente=ITA&sequencial=1652420&num_registro=201700120810&data=20180201&formato=PDF. Acesso em: 12 jan. 2022.

BRASIL. Superior Tribunal de Justiça (STJ). Recurso Especial (REsp.) nº 107.961/RS (1996/0058493-1). Rel. Min. Barros Monteiro, 4ª Turma. Julg. 13 mar. 2001. Diário de Justiça eletrônico, Brasília, 4 fev. 2002. Disponível em: https://processo.stj.jus.br/processo/revista/documento/mediado/?componente=IMG&sequencial=32450&num_registro=199600584931&data=20020204&formato=PDF. Acesso em: 12 jan. 2022.

BRASIL. Superior Tribunal de Justiça (STJ). Recurso Especial (REsp.) nº 588.321/MS (2003/0156694-9). Rel. Min. Nancy Andrighi, 3ª Turma. Julg. 4 ago. 2005. Diário de Justiça eletrônico, Brasília, 5 set. 2005. Disponível em: https://processo.stj.jus.br/processo/revista/documento/mediado/?componente=ITA&sequencial=565056&num_registro=200301566949&data=20050905&formato=PDF. Acesso em: 12 jan. 2022.

BRASIL. Superior Tribunal de Justiça (STJ). Recurso Especial (REsp.) nº 1.495.144/RS Rel. Min. Mauro Campbell Marques. Data de Afetação: 11 nov. 2014. Julg. 22 fev.

2018. *Diário de Justiça eletrônico*, Brasília, 20 mar. 2018b. Embargos de Declaração: 9 jun. 2018. Trânsito em Julgado: 6 fev. 2020. Disponível em: https://processo.stj.jus.br/repetitivos/temas_repetitivos/pesquisa.jsp?novaConsulta=true&tipo_pesquisa=T&sg_classe=REsp&num_processo_classe=1495144. Acesso em: 19 maio 2021.

BRASIL. Superior Tribunal de Justiça (STJ). Recurso Especial (REsp.) nº 1.495.146/MG. Rel. Min. Mauro Campbell Marques. Data de Afetação 11 nov. 2014. Julg. 22 fev. 2018. *Diário de Justiça*, Brasília, 2 mar. 2018c. Embargos de Declaração: 19 jun. 2018. Trânsito em Julgado: 13 set. 2018. Disponível em: https://stj.jusbrasil.com.br/jurisprudencia/551749190/recurso-especial-resp-1495146-mg-2014-0275922-0/inteiro-teor-551749192. Acesso em: 5 jan. 2022.

BRASIL. Superior Tribunal de Justiça (STJ). Recurso Especial (REsp.) nº 1.492.221/PR. Rel. Min. Mauro Campbell Marques. Data de Afetação: 11 nov. 2014. Julg. 22 fev. 2018. *Diário de Justiça eletrônico*, Brasília, 20 mar. 2018d. Embargos de Declaração: 19 jun. 2018. Trânsito em Julgado: 11 fev. 2020. Disponível em: https://stj.jusbrasil.com.br/jurisprudencia/558036196/recurso-especial-resp-1492221-pr-2014-0283836-2/relatorio-e-voto-558036460. Acesso em: 5 jan. 2022.

BRASIL. Superior Tribunal de Justiça (STJ). Recurso Especial (REsp.) nº 1.856.498/PE (2020/0004490-8). Rel. Min. Napoleão Nunes Maia Filho. Julg. 6 out. 2020. *Diário de Justiça eletrônico*, Brasília, 13 out. 2020f. Disponível em: https://stj.jusbrasil.com.br/jurisprudencia/1101139116/recurso-especial-resp-1856498-pe-2020-0004490-8/inteiro-teor-1101139127?ref=juris-tabs. Acesso em: 5 jan. 2022.

BRASIL. Superior Tribunal de Justiça (STJ). Recurso Especial (REsp.) nº 1.874.973/RS (2020/0116115-1). Rel. Min. Napoleão Nunes Maia Filho. Julg. 6 out. 2020. *Diário de Justiça eletrônico*, Brasília, 13 out. 2020g. Disponível em: https://stj.jusbrasil.com.br/jurisprudencia/1101139109/recurso-especial-resp-1874973-rs-2020-0116115-1/inteiro-teor-1101139120. Acesso em: 5 jan. 2022.

BRASIL. Superior Tribunal de Justiça (STJ). Recurso Especial (REsp.) nº 1.859.409/RN. Rel. Min. Mauro Campbell Marques, Segunda Turma. Julg. 16 jun. 2020. *Diário de Justiça eletrônico*, Brasília, 25 jun. 2020h. Disponível em: https://stj.jusbrasil.com.br/urisprudência/874631327/recurso-especial-resp-1859409-rn-2020-0019480-0/inteiro-teor-874631337. Acesso em: 5 jan. 2022.

BRASIL. Superior Tribunal de Justiça (STJ). Recurso Especial (REsp.) nº 1.131.360/RJ. Rel. Min. Napoleão Nunes Maia Filho, Rel. p/ Acórdão Min. Maria Thereza de Assis Moura, Corte Especial. Julg. 3 maio 2017. *Diário de Justiça eletrônico*, Brasília, 30 jun. 2017. Disponível em: https://stj.jusbrasil.com.br/jurisprudencia/474033469/recurso-especial-resp-1131360-rj-2009-0148689-7/inteiro-teor-474033471. Acesso em: 5 jan. 2022.

BRASIL. Superior Tribunal de Justiça (STJ). Recurso Especial (REsp.) 1.152.218/RS. Tema Repetitivo nº 637. "I – os créditos resultantes de honorários advocatícios têm natureza alimentar e equiparam-se aos trabalhistas para efeito de habilitação em falência, seja pela regência do Decreto-Lei nº 7.661/1945, seja pela forma prevista na Lei nº 11.101/2005, observado o limite de valor previsto no artigo 83, inciso I, do referido Diploma legal. II – são créditos extraconcursais os honorários de advogado resultantes de trabalhos prestados à massa falida, depois do decreto de falência, nos termos dos arts. 84 e 149 da Lei nº 11.101/2005." Decisão de afetação 11 abr. 2013. Julg. em 7 maio 2014. *Diário de Justiça*, Brasília, 9 out. 2014b. Disponível em: https://processo.stj.jus.br/repetitivos/temas_repetitivos/pesquisa.jsp?novaConsulta=true&tipo_pesquisa=T&cod_tema_inicial=637&cod_tema_final=637. Acesso em: 22 maio 2022.

BRASIL. Superior Tribunal de Justiça (STJ). Recurso Especial (REsp.) nº 1.896.515/RS. Rel. Min. Regina Helena Costa. 1ª Turma. Julg. 11 abr. 2023. *Diário de Justiça eletrônico*, Brasília, 17 abr. 2023. Disponível em: https://processo.stj.jus.br/SCON/GetInteiroTeorDoAcordao?num_registro=202001267145&dt_publicacao=17/04/2023. Acesso em: 28 abr. 2023.

BRASIL. Superior Tribunal de Justiça (STJ). Súmula nº 195. "Em embargos de terceiro não se anula ato jurídico, por fraude contra credores." *Diário da Justiça eletrônico*, Brasília, 9 out. 1997. Disponível em: https://www.stj.jus.br/docs_internet/revista/eletronica/stj-revista-sumulas-2010_14_capSumula195.pdf. Acesso em: 13 jan. 2022.

BRASIL. Superior Tribunal de Justiça (STJ). Súmula nº 375. "O reconhecimento da fraude à execução depende do registro da penhora do bem alienado ou da prova de má-fé do terceiro adquirente." *Diário da Justiça eletrônico*, Brasília, 30 mar. 2009a. Disponível em: https://www.stj.jus.br/docs_internet/revista/eletronica/stj-revista-sumulas-2013_33_capSumula375.pdf. Acesso em: 13 jan. 2022.

BRASIL. Superior Tribunal de Justiça (STJ). Súmula nº 406. "A Fazenda Pública pode recusar a substituição do bem penhorado por precatório." *Diário da Justiça eletrônico*, Brasília, 25 nov. 2009b. Disponível em: https://www.stj.jus.br/docs_internet/revista/eletronica/stj-revista-sumulas-2014_38_capSumula406.pdf. Acesso em: 13 jan. 2022.

BRASIL. Superior Tribunal de Justiça (STJ). Súmula nº 417. "Na execução civil, a penhora de dinheiro na ordem de nomeação de bens não tem caráter absoluto". *Diário de Justiça eletrônico*, Brasília, 11 mar. 2010b. Disponível em: https://www.coad.com.br/busca/detalhe_16/2335/Sumulas_e_enunciados. Acesso em: 8 ago. 2022.

BRASIL. Superior Tribunal de Justiça (STJ). Súmula nº 43. "Incide correção monetária sobre dívida por ato ilícito a partir da data do efetivo prejuízo". Corte Especial. Julg. 14 maio 1992. *Diário de Justiça*, Brasília, 20 maio 1992. Disponível em: https://www.stj.jus.br/publicacaoinstitucional/index.php/RevSTJ/author/proofGalleyFile/9711/9850. Acesso em: 5 jan. 2022.

BRASIL. Supremo Tribunal Federal (STF). Ação Direta de Inconstitucionalidade (ADI) nº 2.356/DF. Rel. Min. Nunes Marques. *Diário da Justiça eletrônico*, Brasília, 28 nov. 2000. Disponível em: https://portal.stf.jus.br/processos/detalhe.asp?incidente=1885065. Acesso em: 24 abr. 2022.

BRASIL. Supremo Tribunal Federal (STF). Ação Direta de Inconstitucionalidade (ADI) nº 225/PR. Rel. Min. Paulo Brossard. Julg. 31 ago. 1994. Plenário. *Diário da Justiça eletrônico*, Brasília, 25 maio 2001a. Disponível em: https://redir.stf.jus.br/paginadorpub/paginador.jsp?docTP=AC&docID=266256. Acesso em: 17 maio 2021.

BRASIL. Supremo Tribunal Federal (STF). Ação Direta de Inconstitucionalidade (ADI) nº 3.453/DF. Rel. Min. Cármen Lúcia. Julg. 30 maio 2007. *Diário da Justiça eletrônico*, Brasília, 09 abr. 2007. Disponível em: https://redir.stf.jus.br/paginadorpub/paginador.jsp?docTP=AC&docID=409756. Acesso em: 22 mar. 2023.

BRASIL. Supremo Tribunal Federal (STF). Ação Direta de Inconstitucionalidade (ADI) nº 4.357/DF. Rel. Min. Ayres Britto. Redator p/ o acórdão: Min. Luiz Fux. Ata nº 5, julg. 13 mar. 2013. *Diário da Justiça eletrônico*, Brasília, 1º abr. 2013a. Disponível em: https://redir.stf.jus.br/paginadorpub/paginador.jsp?docTP=TP&docID=6812428. Acesso em: 17 maio 2021.

BRASIL. Supremo Tribunal Federal (STF). Ação Direta de Inconstitucionalidade (ADI) nº 4.425/DF. Rel. Min. Ayres Britto. Redator p/ o acórdão: Min. Luiz Fux. Ata nº 5, 14 mar. 2013. *Diário da Justiça eletrônico*, Brasília, 19 dez. 2013b. Disponível em: https://redir.stf.jus.br/paginadorpub/paginador.jsp?docTP=TP&docID=5067184. Acesso em: 17 maio 2021.

BRASIL. Supremo Tribunal Federal (STF). Ação Direta de Inconstitucionalidade (ADI) nº 5.534/PA. Rel. Dias Toffoli. Ata 22, 11 fev. 2021. *Diário da Justiça eletrônico*, Brasília, 12 fev. 2021a. Disponível em: http://portal.stf.jus.br/processos/detalhe.asp?incidente=4989940. Acesso em: 15 jul. 2021.

BRASIL. Supremo Tribunal Federal (STF). Ação Direta de Inconstitucionalidade (ADI) nº 5.755/DF. Rel. Rosa Weber. Tribunal Pleno. Ata nº 19/2022 e nº 20/2022. *Diário da Justiça eletrônico*, Brasília, Julg. 30 jun. 2022a. Disponível em: https://portal.stf.jus.br/processos/detalhe.asp?incidente=5238859. Acesso em: 08 ago. 2022.

BRASIL. Supremo Tribunal Federal (STF). Ação Direta de Inconstitucionalidade (ADI) nº 5.867/DF. Rel. Gilmar Mendes. Ata 55, 6 abr. 2021. *Diário da Justiça eletrônico*, Brasília, 7 abr. 2021b. Disponível em: https://portal.stf.jus.br/processos/downloadPeca.asp?id=15346091857&ext=.pdf. Acesso em: 20 maio 2021.

BRASIL. Supremo Tribunal Federal (STF). Ação Direta de Inconstitucionalidade (ADI) nº 6.021/PA. Rel. Gilmar Mendes. Ata 55, 6 abr. 2021. *Diário da Justiça eletrônico*, Brasília, 7 abr. 2021c. Disponível em: https://portal.stf.jus.br/processos/downloadPeca.asp?id=15346093193&ext=.pdf. Acesso em: 20 maio 2021.

BRASIL. Supremo Tribunal Federal (STF). Ação Direta de Inconstitucionalidade (ADI) nº 4.372/DF. Rel. Min. Ayres Britto. Julg. 6 mar. 2013. Ata nº 137, 25 set. 2014. *Diário da Justiça eletrônico*, Brasília, 26 set. 2014a. Disponível em: https://stf.jusbrasil.com.br/jurisprudencia/25342731/acao-direta-de-inconstitucionalidade-adi-4372-df-stf/inteiro-teor-159438467. Acesso em: 5 jan. 2022.

BRASIL. Supremo Tribunal Federal (STF). Ação Direta de Inconstitucionalidade (ADI) nº 4.400/DF. Rel. Min. Ayres Brito. Ata nº 146, 2 out. *Diário da Justiça eletrônico*, Brasília, 3 out. 2013c. Disponível em: https://stf.jusbrasil.com.br/jurisprudencia/4277240/acao-direta-de-inconstitucionalidade-adi-4167. Acesso em: 5 jan. 2022.

BRASIL. Supremo Tribunal Federal (STF). Ação Direta de Inconstitucionalidade (ADI) nº 5.348/DF. Relª Min. Cármen Lúcia. Julg. 11 nov. 2019. Ata nº 181/2019. *Diário da Justiça eletrônico*, Brasília, 28 nov. 2019a. Disponível em: https://stf.jusbrasil.com.br/jurisprudencia/862029841/acao-direta-de-inconstitucionalidade-adi-5348-df-distrito-federal-0004673-2520151000000/inteiro-teor-862029851?ref=serp. Acesso em: 5 jan. 2022.

BRASIL. Supremo Tribunal Federal (STF). Ação Direta de Inconstitucionalidade (ADI) nº 2.332/DF. Rel. Min. Roberto Barroso. Tribunal Pleno. Julg. 17 maio 2018. Inconstitucionalidade (ADI) nº 5.348/DF. Relª Min. Cármen Lúcia. Julg. 11 nov. 2019 – Ata nº 181/2019. *Diário da Justiça eletrônico*, Brasília, 16 abr. 2019b. Disponível em: https://portal.stf.jus.br/processos/detalhe.asp?incidente=1868340. Acesso em: 20 jul. 2021.

BRASIL. Supremo Tribunal Federal (STF). Ação Direta de Inconstitucionalidade (ADI) nº 7.047/DF. Rel. Min. Rosa Weber. Petição Inicial (nº 117661) recebida em 10 dez. 2021. *Diário da Justiça eletrônico*, Brasília, 13 dez. 2021d. Disponível em: https://portal.stf.jus.br/processos/detalhe.asp?incidente=6318731. Acesso em: 21 maio 2022.

BRASIL. Supremo Tribunal Federal (STF). Ação Direta de Inconstitucionalidade (ADI) nº 7.064/DF. Rel. Min. Rosa Weber. Petição Inicial (n. 1095) recebida em 13 jan. 2022. *Diário da Justiça eletrônico*, Brasília, 14 jan. 2022b. Disponível em: https://portal.stf.jus.br/processos/detalhe.asp?incidente=6330822. Acesso em: 21 maio 2022.

BRASIL. Supremo Tribunal Federal (STF). Ação Direta de Inconstitucionalidade (ADI) nº 6.556/DF. Rel. Min. Rosa Weber. Tribunal Pleno. Julg. 21 fev. 2022. Ata nº 3/2022. *Diário da Justiça eletrônico*, Brasília, 3 mar. 2022c. Disponível em: https://portal.stf.jus.br/processos/detalhe.asp?incidente=6004868. Acesso em: 10 maio 2022.

BRASIL. Supremo Tribunal Federal (STF). Ação Originária (AO) nº 152. Embargos à execução-ED-AgR. Rel. Min. Ricardo Lewandowski. Julg. 17 nov. 2011, Plenário. *Diário de Justiça eletrônico*, Brasília, 1º dez. 2011a. Disponível em: https://stf.jusbrasil.com.br/jurisprudencia/20995856/agreg-nos-embdecl-nos-embargos-a-execucao-na-acao-originaria-ao-152-rs-stf. Acesso em: 14 maio 2021.

BRASIL. Supremo Tribunal Federal (STF). Ação Penal (AP) nº 503/PR. Rel. Min. Celso de Mello. Julg. 20 maio 2010. Plenário. *Diário da Justiça eletrônico*, Brasília, 1º fev. 2013d. Disponível em: https://redir.stf.jus.br/paginadorpub/paginador.jsp?docTP=AC&docID=629986. Acesso em: 17 maio 2021.

BRASIL. Supremo Tribunal Federal (STF). Agravo de Instrumento (AI) nº 313.854. Rel. Min. Néri da Silveira, 2ª Turma. Julg. 25 set. 2001. *Diário de Justiça*, Brasília, 26 out. 2001b. Disponível em: https://jurisprudencia.stf.jus.br/pages/search/sjur101311/false. Acesso em: 5 jan. 2022.

BRASIL. Supremo Tribunal Federal (STF). Arguição de Descumprimento de Preceito Fundamental (ADPF) nº 556/RN, Relª Minª Cármen Lúcia, Tribunal Pleno. Julg. 14 fev. 2020. *Diário da Justiça eletrônico*, Brasília, 6 mar. 2020a. Disponível em: https://stf.jusbrasil.com.br/jurisprudencia/860695363/arguicao-de-descumprimento-de-preceito-fundamental-adpf-556-rn-rio-grande-do-norte-0083147-0520181000000. Acesso em: 5 jan. 2022.

BRASIL. Supremo Tribunal Federal (STF). Mandado de Segurança (MS) nº 22.643/SC. Rel. Min. Moreira Alves. Julg. 6 ago. 1998. *Diário de Justiça*, Brasília, 4 dez. 1998. Disponível em: https://redir.stf.jus.br/paginadorpub/paginador.jsp?docTP=AC&docID=85800. Acesso em: 5 jan. 2022.

BRASIL. Supremo Tribunal Federal (STF). Recurso Extraordinário (RE) nº 870.947/SE. Ed-Terceiros. Rel.: Min. Luiz Fux. Redator do acórdão: Min. Alexandre de Moraes. Ata nº 1/2020. *Diário da Justiça eletrônico*, Brasília, 3 fev. 2020b. Disponível em: http://portal.stf.jus.br/processos/downloadPeca.asp?id=15342138130&ext=.pdf. Acesso em: 17 maio 2021.

BRASIL. Supremo Tribunal Federal (STF). Recurso Extraordinário (RE) nº 870.947/SE. Decisão pela existência de repercussão geral. Ata nº 23/2015. *Diário da Justiça eletrônico*, Brasília, 27 abr. 2015a. Disponível em: https://stf.jusbrasil.com.br/jurisprudencia/311628825/repercussao-geral-no-recurso-extraordinario-rg-re-870947-se-sergipe-0003286-9220144059999/inteiro-teor-311628834. Acesso em: 5 jan. 2022.

BRASIL. Supremo Tribunal Federal (STF). Recurso Extraordinário (RE) nº 870.947/SE. Tema nº 810 de repercussão geral do STF. Rel. Min. Luiz Fux. Ata nº 174/2017. *Diário da Justiça eletrônico*, Brasília, 20 nov. 2017a. Disponível em: https://portal.stf.jus.br/processos/downloadPeca.asp?id=313307256&ext=.pdf. Acesso em: 5 jan. 2022.

BRASIL. Supremo Tribunal Federal (STF). Recurso Extraordinário (RE) nº 870.947/ SE. Embargos rejeitados. Ata nº 1/2020. *Diário da Justiça eletrônico*, Brasília, 3 fev. 2020c. Disponível em: https://portal.stf.jus.br/processos/downloadPeca.asp?id= 15342137430&ext=.pdf. Acesso em: 5 jan. 2022.

BRASIL. Supremo Tribunal Federal (STF). Recurso Extraordinário (RE) nº 579.431. Tema nº 96. Rel. Min. Marco Aurélio. Julg. 19 abr. 2017. *Diário da Justiça eletrônico*, Brasília, 30 jun. 2017b. Disponível em: https://redir.stf.jus.br/paginadorpub/paginador. jsp?docTP=TP&docID=13127051. Acesso em: 5 jan. 2022.

BRASIL. Supremo Tribunal Federal (STF). Recurso Extraordinário (RE) nº 568.645/SP. Relª Min. Cármen Lúcia. Ata nº 170/2014. *Diário da Justiça eletrônico*, Brasília, 13 nov. 2014b. Disponível em: https://portal.stf.jus.br/processos/detalhe.asp?incidente=2570455. Acesso em: 11 set. 2021.

BRASIL. Supremo Tribunal Federal (STF). Recurso Extraordinário (RE) nº 1.205.530/SP. Rel. Min. Marco Aurélio. Tribunal pleno. Ata nº 100/2020. *Diário da Justiça eletrônico*, Brasília, 1º jul. 2020d. Disponível em: https://stf.jusbrasil.com.br/jurisprudencia/1105648728/recurso-extraordinario-re-1205530-sp-2167471-8520158260000/inteiro-teor-1105648765?ref=juristabs. Acesso em: 21 maio 2021.

BRASIL. Supremo Tribunal Federal (STF). Recurso Extraordinário (RE) nº 564.132/RS. Tema nº 18 da repercussão geral. Div. 9 fev. 2015. Rel. Eros Grau. *Diário da Justiça eletrônico*, Brasília, 10 fev. 2015b. Disponível em: https://redir.stf.jus.br/paginadorpub/paginador. jsp?docTP=AC&docID=630127. Acesso em: 13 jul. 2021.

BRASIL. Supremo Tribunal Federal (STF). Recurso Extraordinário (RE) nº 938.837/ SP. Tema nº 877. Rel. Edson Fachin, Tribunal Pleno. Julg. 19 abr. 1917. Ata nº 139/1917. *Diário da Justiça eletrônico*, Brasília 25 set. 2017c. Disponível em: https://stf.jusbrasil.com. br/jurisprudencia/769800625/recurso-extraordinario-re-938837-sp-sao-paulo. Acesso em: 5 jan. 2022.

BRASIL. Supremo Tribunal Federal (STF). Recurso Extraordinário (RE) nº 407.099/RS, Rel. Min. Carlos Velloso, 2ª Turma. Julg. 22 jun. 2004. *Diário de Justiça*, Brasília, 6 ago. 2004a. Disponível em: https://stf.jusbrasil.com.br/jurisprudencia/768086/recurso-extraordinario-re-407099-rs. Acesso em: 5 jan. 2022.

BRASIL. Supremo Tribunal Federal (STF). Recurso Extraordinário (RE) nº 599.628/ DF. Julgado mérito de tema com repercussão geral. Rel. Min. Joaquim Barbosa. Ata nº 156/2011. *Diário da Justiça eletrônico*, Brasília, 17 out. 2011b. Disponível em: http://redir.stf. jus.br/paginadorpub/paginador.jsp?docTP=AC&docID=628740. Acesso em: 19 maio 2021.

BRASIL. Supremo Tribunal Federal (STF). Recurso Extraordinário (RE) nº 852.302. AgR/AL, Rel. Min. Dias Toffoli, 2ª Turma. Julg. 15 dez. 2015. *Diário da Justiça eletrônico*, Brasília, 26 fev. 2016. Disponível em: https://redir.stf.jus.br/paginadorpub/paginador. jsp?docTP=TP&docID=10361541. Acesso em: 5 jan. 2022.

BRASIL. Supremo Tribunal Federal (STF). Recurso Extraordinário (RE) nº 627.242. AgR/ AL. Rel. Min. Marco Aurélio, Rel. p/ o acórdão Min. Roberto Barroso, 1ª Turma. Julg. 2 maio 2017. *Diário da Justiça eletrônico*, Brasília 25 maio 2017d. Disponível em: https:// portal.stf.jus.br/processos/downloadPeca.asp?id=311863116&ext=.pdf. Acesso em: 5 jan. 2022.

BRASIL. Supremo Tribunal Federal (STF). Recurso Extraordinário (RE) nº 220.906/DF. Rel. Min. Maurício Corrêa, Tribunal Pleno. Julg. 16 nov. 2000. *Diário de Justiça*, Brasília, 14 nov. 2002a. Disponível em: https://stf.jusbrasil.com.br/jurisprudencia/14752610/recurso-extraordinario-re-220906-df. Acesso em: 5 jan. 2022.

BRASIL. Supremo Tribunal Federal (STF). Recurso Extraordinário (RE) nº 229.696. Rel. Min. Ilmar Galvão. Rel. p/ o acórdão Min. Maurício Corrêa, 1ª Turma. Julg. 16 nov. 2000. *Diário de Justiça*, Brasília, 19 dez. 2002b. Disponível em: https://stf.jusbrasil.com.br/jurisprudencia/14752612/recurso-extraordinario-re-229696-pe/inteiro-teor-103137988. Acesso em: 5 jan. 2022.

BRASIL. Supremo Tribunal Federal (STF). Recurso Extraordinário (RE) nº 225.011. Rel. Min. Marco Aurélio. Rel. p/ acórdão Ministro Maurício Corrêa, Tribunal Pleno. Julg. 16 nov. 2000. *Diário de Justiça*, Brasília, 19 dez. 2002c. Disponível em: https://stf.jusbrasil.com.br/jurisprudencia/3002635/recurso-extraordinario-re-225011-mg.Acesso em: 5 jan. 2022.

BRASIL. Supremo Tribunal Federal (STF). Recurso Extraordinário (RE) nº 398.630. Rel. Min. Carlos Velloso, 2ª Turma. Julg. 17 ago. 2004. *Diário de Justiça*, Brasília, 17 set. 2004b. Disponível em: https://portal.stf.jus.br/processos/detalhe.asp?incidente=2152956. Acesso em: 11 maio 2022.

BRASIL. Supremo Tribunal Federal (STF). Recurso Extraordinário (RE) nº 354.897. Rel. Min. Carlos Velloso, 2ª Turma. Julg. 17 ago. 2004. *Diário de Justiça*, Brasília, 3 set. 2004c. Disponível em: https://stf.jusbrasil.com.br/jurisprudencia/767670/recurso-extraordinario-re-354897-rs. Acesso em: 11 maio 2022.

BRASIL. Supremo Tribunal Federal (STF). Recurso Extraordinário (RE) nº 1.169.289/SC. Julgado mérito de tema com repercussão geral. Ata nº 100. *Diário da Justiça eletrônico*, Brasília, 1º jul. 2020e. Disponível em: https://portal.trt3.jus.br/internet/jurisprudencia/repercussao-geral-e-controle-concentrado-adi-adc-e-adpf-stf/downloads/repercussao-geral/Acordao_Tema_1037_RG.pdf. Acesso em: 11 maio 2022.

BRASIL. Supremo Tribunal Federal (STF). Recurso Extraordinário (RE) 167.359, Rel. Min. Néri da Silveira. Julg. 22 nov. 1994, 2ª Turma, *Diário da Justiça*, Brasília, 25 ago. 1995. Disponível em: https://atos.cnj.jus.br/files/original163330201912195dfba65a8aa68.pdf. Acesso em: 14 maio 2021.

BRASIL. Supremo Tribunal Federal (STF). Súmula nº 323. "É inadmissível a apreensão de mercadorias como meio coercitivo para pagamento de tributos". *Diário da Justiça eletrônico*, Brasília, 13 dez. 1963. Disponível em: https://jurisprudencia.stf.jus.br/pages/search/seq-sumula323/false. Acesso em: 22 mar. 2023.

BRASIL. Supremo Tribunal Federal (STF). Súmula nº 514. "Admite-se ação rescisória contra sentença transitada em julgado, ainda que contra ela não se tenha esgotado todos os recursos". *Diário da Justiça eletrônico*, Brasília, 10 dez. 1969. Disponível em: https://www.stj.jus.br/docs_internet/revista/eletronica/stj-revista-sumulas-2014_38_capSumula406.pdf. Acesso em: 13 jan. 2022.

BRASIL. Supremo Tribunal Federal (STF). Súmula nº 596. "As disposições do Decreto 22.626/33 não se aplicam às taxas de juros e aos outros encargos cobrados nas operações realizadas por instituições públicas ou privadas, que integram o sistema financeiro nacional". *Diário da Justiça eletrônico*, Brasília, 3 mar. 1977. Disponível em: https://jurisprudencia.stf.jus.br/pages/search/seq-sumula596/falsehttps. Acesso em: 13 abr. 2022.

BRASIL. Supremo Tribunal Federal (STF). Súmula nº 70. "É inadmissível a interdição de estabelecimento como meio coercitivo para cobrança de tributo." *Diário da Justiça eletrônico*, Brasília, 13 dez. 1963. Disponível em: https://jurisprudencia.stf.jus.br/pages/search/seq-sumula70/false. Acesso em: 22 mar. 2023.

BRASIL. Supremo Tribunal Federal (STF). Súmula Vinculante nº 17. "Durante o período previsto no parágrafo 1º do artigo 100 da Constituição, não incidem juros de mora sobre os precatórios que nele sejam pagos." Ata nº de Aprovação Sessão Plenária de 29 out. 2009. *Diário da Justiça eletrônico*, Brasília, 10 nov. 2009. *Diário Oficial da União*, Brasília, 10 nov. 2009. Disponível em: https://jurisprudencia.stf.jus.br/pages/search/seq-sumula765/false. Acesso em: 19 maio 2021.

BRASIL. Supremo Tribunal Federal (STF). Súmula Vinculante nº 47. "Os honorários advocatícios incluídos na condenação ou destacados do montante principal devido ao credor consubstanciam verba de natureza alimentar cuja satisfação ocorrerá com a expedição de precatório ou requisição de pequeno valor, observada ordem especial restrita aos créditos dessa natureza. *Diário da Justiça eletrônico*, Brasília, 2 jun. 2015c. Disponível em: https://jurisprudencia.stf.jus.br/pages/search/seq-sumula806/false. Acesso em: 14 maio 2021.BRASIL. Tribunal Regional Federal (TRF) da 1ª Região. *Perguntas frequentes*. Disponível em: https://portal.trf1.jus.br/data/files/03/E2/C0/FF/EC2F5610AAC50F56F32809C2/Perguntas%20Frequentes%20Bahia.pdf. Acesso em: 9 fev. 2021.

BRASIL. Tribunal Regional Federal (TRF) da 1ª Região. Mandado de Segurança (MS) nº 1044272-13.2022.4.01.3400. Distribuído em 13 jul. 2022. *Órgão Julgador: 8ª Vara Federal Cível da SJDF*. Disponível em: https://pje1g.trf1.jus.br/consultapublica/ConsultaPublica/DetalheProcessoConsultaPublica/listView.seam?ca=e004aa0a1f62adff0b5f5118a227ae6de7eec8446d847878. Acesso em: 28 mar. 2023.

BRASIL. Tribunal Regional Federal (TRF) da 2ª Região. *Manual de precatórios (PRC) e requisitórios (RPV)*. 2009. Disponível em: https://www10.trf2.jus.br/corregedoria/wp-content/uploads/sites/41/2016/01/manual-precatorio-consolidado.pdf. Acesso em: 9 fev. 2021.

BRASIL. Tribunal Regional Federal (TRF) da 3ª Região. *Habeas Corpus* nº 96.03.046651-4/SP, Relª. Aricê Amaral. Julg.12 ago. 1997. Disponível em: https://www.jusbrasil.com.br/jurisprudencia/trf-3/2070015. Acesso em: 8 set. 2022.

BRASIL. Tribunal Regional Federal (TRF) da 3ª Região. *Perguntas frequentes*. Item 10. 2017. Disponível em: https://www.trf3.jus.br/ouvidoria-geral/perguntas-frequentes/. Acesso em: 9 fev. 2021.

BRASIL. Tribunal Regional Federal (TRF) da 4ª Região. Ação Rescisória (AR) nº 5007661-29.2019.4.04.0000. Rel. Márcio Antônio Rocha, 3ª Seção. Julg. 25 nov. 2020. *Diário Oficial do Estado do Rio Grande do Sul* (DJRS), Porto Alegre, 18 dez. 2020. Disponível em: https://eproc.trf4.jus.br/eproc2trf4/controlador.php?acao=acessar_documento_publico&doc=41411565621526151010000000511&evento=490&key=50a7e34ccf0610238c802c9a0e75000b8fb7bd42231ac8f7249c41b4de2100a4&hash=4e14477b84671cee8d2b4c748983ee92. Acesso em: 12 jan. 2022.

BRASIL. Tribunal Regional Federal (TRF) da 4ª Região. Agravo de Instrumento (AG) nº 5017094-33.2014.4.04.0000. Rel. Luís Alberto d'Azevedo Aurvalle, 4ª Turma. Julg. 23 set. 2014. *Diário Oficial do Estado do Rio Grande do Sul* (DJRS), Porto Alegre, 24 set. 2014. Disponível

em: https://eproc.trf4.jus.br/eproc2trf4/controlador.php?acao=acessar_documento_pu
blico&doc=41411565621526151010000000511&evento=490&key=50a7e34ccf0610
238c802c9a0e75000b8fb7bd42231ac8f7249c41b4de2100a4&hash=4e14477b
84671cee8d2b4c748983ee92. Acesso em: 9 jan. 2022.

BRASIL. Tribunal Regional Federal (TRF) da 4ª Região. *Perguntas frequentes*. Item 9. Disponível em: https://www.trf4.jus.br/trf4/controlador.php?acao=ajuda_faq#. Acesso em: 9 fev. 2021b.

BRASIL. Tribunal Regional Federal (TRF) da 5ª Região. *Perguntas frequentes*. Item 25. Disponível em: http://rpvprecatorio.trf5.jus.br/perguntas. Acesso em: 9 fev. 2021c.

BRODT, Luís Augusto Sanzo. NEVES, Rubia Carneiro. Empresa simples de crédito, intervenção penal e as teorias de Winfried Hassemer e Juarez Tavares. *Revista Justiça do Direito*, Passo Fundo/RS, v. 35, nº 2, 2021. Disponível em: http://seer.upf.br/index.php/rjd/issue/view/760. Acesso em: 7 jun. 2022.

BUENO, Cassio Scarpinella. *Manual de direito processual civil*: inteiramente estruturado à luz do novo CPC, de acordo com a Lei nº 13.256, de 4-2-2016. 2. ed. rev., atual. e ampl. São Paulo: Saraiva, 2016.

CAHALI, Yussef Said. *Fraude contra credores*. 2. ed. São Paulo: Revista dos Tribunais, 1999.

CÂMARA DOS DEPUTADOS. *Nota técnica conjunta nº 6/2020*: parcelamento de precatórios como uma alternativa para o financiamento do programa "renda cidadã". 2020. Disponível em: https://www2.camara.leg.br/orcamento-da-uniao/estudos/2020/nota-tecnica-conjunta-6_20-utilizacao-de-precatorios-para-o-programa-renda-cidada_-versao-final-dia-09-out-2020. Acesso em: 30 abr. 2021.

CASSETTARI, Christiano. *Elementos de direito civil*. 7. Ed. São Paulo: Saraiva, 2019.

CINTRA, Antônio Carlos de Araújo; GRINOVER, Ada Pellegrini; DINAMARCO, Cândido Rangel. *Teoria geral do processo*. 27. ed. São Paulo: Malheiros, 2011.

COELHO, Wilson do Egito. Empréstimo de dinheiro por particulares: quando se caracteriza operação privativa dos bancos: interpretação teleológica do art. 17 da lei 4.595, de 1964. *Revista de Direito Bancário e do Mercado de Capitais*. São Paulo, v. 3, n. 7, jan./mar. 2000.

COMISSÃO DE VALORES MOBILIÁRIOS (CVM). *CVM suspende 2 ofertas da plataforma de crowdfunding Bloxs*. Brasília, 2 set. 2020a. Disponível em: https://www.gov.br/cvm/pt-br/assuntos/noticias/cvm-suspende-2-ofertas-da-plataforma-de-crowdfunding-bloxs-bdc57032624b4894a34b29bb802f139c. Acesso em: 2 maio 2022.

COMISSÃO DE VALORES MOBILIÁRIOS (CVM). *CVM suspende 7 ofertas da plataforma de crowdfunding Cluster21*. Brasília, 1º jul. 2020b. Disponível em: https://www.gov.br/cvm/pt-br/assuntos/noticias/cvm-suspende-7-ofertas-da-plataforma-de-crowdfunding-cluster21-04825919f9c04afaa9663ad9e3f9b4e8. Acesso em: 2 maio 2022.

COMISSÃO DE VALORES MOBILIÁRIOS (CVM). Edital de audiência pública SDM nº 06/2016. Dispõe sobre a oferta pública de distribuição de valores mobiliários de emissão de empreendedores de pequeno porte realizada com dispensa de registro na CVM e por meio de plataformas eletrônicas de investimento participativo. *Diário Oficial da*

União, Brasília, 2016a. Disponível em: https://conteudo.cvm.gov.br/audiencias_publicas/ap_sdm/2016/sdm0616.html. Acesso em: 2 maio 2022.

COMISSÃO DE VALORES MOBILIÁRIOS (CVM). Instrução CVM nº 296, de 18 de dezembro de 1998. Dispõe sobre o registro de distribuição pública de contratos de investimento coletivo. *Diário Oficial da União*, Brasília, 29 dez. 1998. Disponível em: https://conteudo.cvm.gov.br/legislacao/instrucoes/inst296.html. Acesso em: 8 jun. 2022.

COMISSÃO DE VALORES MOBILIÁRIOS (CVM). Instrução CVM nº 356, de 17 de dezembro de 2001. Regulamenta a constituição e o funcionamento de fundos de investimento em direitos creditórios e de fundos de investimento em cotas de fundos de investimento em direitos creditórios. *Diário Oficial da União*, Brasília, 24 jan. 2002. Disponível em: https://conteudo.cvm.gov.br/legislacao/instrucoes/inst356.html. Acesso em: 24 mar. 2023.

COMISSÃO DE VALORES MOBILIÁRIOS (CVM). Instrução CVM nº 400, de 29 de dezembro de 2003. Dispõe sobre as ofertas públicas de distribuição de valores mobiliários, nos mercados primário ou secundário, e revoga a Instrução CVM nº 13, de 30 de setembro de 1980, e a Instrução CVM nº 88, de 3 de novembro de 1988. *Diário Oficial da União*, Brasília, 9 jan. 2004. Disponível em: https://conteudo.cvm.gov.br/legislacao/instrucoes/inst400.html. Acesso em: 11 abr. 2022.

COMISSÃO DE VALORES MOBILIÁRIOS (CVM). Instrução CVM nº 444, de 8 de dezembro de 2006, com as alterações introduzidas pela Instrução CVM nº 554/14. Dispõe sobre o funcionamento de Fundos de Investimento em Direitos Creditórios Não-Padronizados. *Diário Oficial da União*, Brasília, 11 dez. 2006a. Disponível em: http://conteudo.cvm.gov.br/legislacao/instrucoes/inst444.html. Acesso em: 11 jan. 2022.

COMISSÃO DE VALORES MOBILIÁRIOS (CVM). Instrução CVM nº 480, de 7 de dezembro de 2009. Dispõe sobre o registro de emissores de valores mobiliários admitidos à negociação em mercados regulamentados de valores mobiliários. *Diário Oficial da União*, Brasília, 9 dez. 2009. Disponível em: https://conteudo.cvm.gov.br/legislacao/instrucoes/inst480.html. Acesso em: 16 jul. 2022.

COMISSÃO DE VALORES MOBILIÁRIOS (CVM). Instrução CVM nº 588, de 13 de julho de 2017, com as alterações introduzidas pela instrução CVM nº 609/19 e resolução CVM nº 61/21. Dispõe sobre a oferta pública de distribuição de valores mobiliários de emissão de sociedades empresárias de pequeno porte realizada com dispensa de registro por meio de plataforma eletrônica de investimento participativo, e altera dispositivos da Instrução CVM nº 400, de 29 de dezembro de 2003, da Instrução CVM nº 480, de 7 de dezembro de 2009, da Instrução CVM nº 510, de 5 de dezembro de 2011, e da Instrução CVM nº 541, de 20 de dezembro de 2013. *Diário Oficial da União*, Brasília, 14 jul. 2017. Disponível em: http://conteudo.cvm.gov.br/legislacao/instrucoes/inst588.html. Acesso em: 11 jan. 2022.

COMISSÃO DE VALORES MOBILIÁRIOS (CVM). *Ofertas/Atuações irregulares*. 2021. Disponível em: http://conteudo.cvm.gov.br/menu/investidor/alertas/ofertas_atuacoes_irregulares.htm. Acesso em: 21 jan. 2021.

COMISSÃO DE VALORES MOBILIÁRIOS (CVM). Ofício-Circular nº 4/2023/CVM/SSE. Caracterização dos "tokens de recebíveis" ou "tokens de renda fixa" como valores mobiliários. São Paulo, 04 abr. 2023c. Disponível em: https://conteudo.cvm.gov.br/legislacao/oficios-circulares/sse1/oc-sse-0423.html. Acesso em: 18 abr. 2023.

COMISSÃO DE VALORES MOBILIÁRIOS (CVM). Ofício-Circular nº 6/2023/CVM/SSE. Complemento ao Ofício Circular nº 4/2023-CVM/SSE - "tokens de recebíveis" ou "tokens de renda fixa". São Paulo, 05 jun. 2023d. Disponível em: https://conteudo.cvm.gov.br/export/sites/cvm/legislacao/oficios-circulares/sse1/anexos/ocsse-0623.pdf. Acesso em: 05 mar. 2024.

COMISSÃO DE VALORES MOBILIÁRIOS (CVM). Processo Administrativo nº RJ 2014-11253. Atuação irregular no mercado de valores mobiliários – Panela Futebol Clube Intermediações de Negócios Ltda. e outros. Rio de Janeiro, 22 jun. 2015. Disponível em: https://conteudo.cvm.gov.br/decisoes/2015/20150630_R1/20150630_D9744.html. Acesso em: 13 maio 2022.

COMISSÃO DE VALORES MOBILIÁRIOS (CVM). Processo Administrativo nº 19957.004122/2015-99. Assunto: Mobiliários – SRE no sentido de exigir da requerente o cumprimento do disposto nos artigos 20 e 27 da ICVM 400/03 como condição para a concessão de dispensa de registro de oferta pública de distribuição de contratos de investimento coletivo. Rio de Janeiro, 12 abr. 2016b. Disponível em: https://conteudo.cvm.gov.br/decisoes/2016/20160412_R1/20160412_D0050.html. Acesso em: 13 maio 2022.

COMISSÃO DE VALORES MOBILIÁRIOS (CVM). Processo Administrativo nº 19957.009524/2017-41. Assunto: Consulta ao Colegiado sobre a caracterização de contratos de venda de frações de tempo em empreendimento imobiliário estruturado sob o modelo de multipropriedade (*time sharing*), como contratos de investimento coletivo se aliados a pool de locação voluntário e ofertados publicamente. *Diário Eletrônico da CVM*, Rio de Janeiro, 22 abr. 2019a. Disponível em: https://conteudo.cvm.gov.br/export/sites/cvm/decisoes/anexos/2019/20190422/0832__DGG.pdf. Acesso em: 13 maio 2022.

COMISSÃO DE VALORES MOBILIÁRIOS (CVM). Processo Administrativo Sancionador nº 19957.000238/2019-82. Assunto: Apurar responsabilidades pela emissão e distribuição públicas de valores mobiliários, em infração ao que dispõem os artigos 16, I, e 19 da Lei nº 6.385/1976. Rio de Janeiro, voto presidente relator: Marcelo Barbosa em 8 dez. 2020c. Disponível em: https://www.gov.br/cvm/pt-br/assuntos/noticias/anexos/2020/20201208_PAS_CVM_SEI_19957_000238_2019_82_voto_presidente_marcelo_barbosa.pdf-dc38593f640642a6905dc13a9b159342. Acesso em: 13 maio 2022.

COMISSÃO DE VALORES MOBILIÁRIOS (CVM). Processo Administrativo Sancionador nº 23/2004. Ementa: Emissão e distribuição pública de valores mobiliários (Contrato de Investimento Coletivo) sem o competente registro na CVM, em infração ao disposto no artigo 19, *caput*, §1º, c/c os artigos 16, I, e 2º, IX, todos da Lei nº 6.385/1976. Absolvição da empresa acusada e aplicação de multa para seu sócio majoritário e Diretor Presidente. Julg. Em 28 set. 2006b. Disponível em: https://conteudo.cvm.gov.br/export/sites/cvm/sancionadores/sancionador/anexos/2006/20060928_PAS_2304.pdf. Acesso em: 13 maio 2022.

COMISSÃO DE VALORES MOBILIÁRIOS (CVM). Processo Administrativo Sancionador nº 19957.008081/2016-91 (RJ2016/8347). Ementa: Oferta pública de contratos de investimento coletivo referentes a empreendimentos hoteleiros, sem a obtenção do registro previsto no art. 19 da Lei nº 6.385/1976 e no art. 2º da Instrução CVM nº 400/03, e sem a dispensa prevista no inciso I, do §5º do art. 19 da Lei nº 6.385/1976 e no art. 4º da Instrução CVM nº 400/03. Absolvições, advertências e multas. Julg. 7 ago. 2018. *Diário Oficial da União*, Brasília, 19 out. 2018. Disponível em: https://conteudo.cvm.gov.br/sancionadores/sancionador/2018/20180807_PAS_RJ20168347.html. Acesso em: 13 maio 2022.

COMISSÃO DE VALORES MOBILIÁRIOS (CVM). Processo Administrativo Sancionador nº 19957.006343/2017-63 (RJ2017/03090). Ementa: Oferta pública irregular de contratos de investimento coletivo. Infração ao disposto nos artigos 19, da Lei nº 6.385/1976, e 2º, da Instrução CVM nº 400/03. Multas. Julg. em 7 maio 2019. *Diário Oficial da União*, Brasília, 8 jul. 2019b. Disponível em: https://sistemas.cvm.gov.br/asp/cvmwww/inqueritos/DetPasAndamento.asp?sg_uf=RJ&Ano=2017&NumProc=3090. Acesso em: 13 maio 2022.

COMISSÃO DE VALORES MOBILIÁRIOS (CVM). Processo Administrativo Sancionador nº 19957.008445/2016-32 (RJ2016/08381). Assunto: Apurar suposta realização de oferta pública de contratos de investimento coletivo sem a obtenção de registro perante a CVM. Julg. em 18 fev. 2020d. Disponível em: https://sistemas.cvm.gov.br/asp/cvmwww/inqueritos/DetPasAndamento.asp?sg_uf=RJ&Ano=2016&NumProc=8381 e https://conteudo.cvm.gov.br/export/sites/cvm/noticias/anexos/2020/20200218_PAS_CVM_19957_008445_2016_32_voto_diretora_flavia_perlingeiro.pdf. Acesso em: 13 maio 2022.

COMISSÃO DE VALORES MOBILIÁRIOS (CVM). Processo Administrativo Sancionador nº 19957.007994/2018-51 (RJ2018/5377). Ementa: Realização de oferta de valores mobiliários sem a obtenção do registro previsto no artigo 19 da Lei nº 6.385/1976. Infração ao §1º do artigo 19 da Lei nº 6.385/1976. *Multas*. Julg. em 9 jun. 2020e. Rio de Janeiro. Disponível em: https://sistemas.cvm.gov.br/asp/cvmwww/inqueritos/DetPasAndamento.asp?sg_uf=RJ&Ano=2018&NumProc=5377 e https://conteudo.cvm.gov.br/sancionadores/sancionador/2020/20200609-PAS-19957.007994_2018_51.html. Acesso em: 13 maio 2022.

COMISSÃO DE VALORES MOBILIÁRIOS (CVM). Processo Administrativo Sancionador nº 19957.009925/2017-00. Ementa: Emissão e distribuição públicas de valores mobiliários sem autorização da CVM, em infração ao art. 16, inciso I; e art. 19, *caput*, da Lei nº 6.385/1976. Multas e absolvições. Julg. em 9 mar. 2021. *Diário Eletrônico da CVM*, Brasília, 19 mar. 2021c. Disponível em: https://conteudo.cvm.gov.br/sancionadores/sancionador/2021/20210309_PAS_19957009925201700.html. Acesso em: 13 maio 2022.

COMISSÃO DE VALORES MOBILIÁRIOS (CVM). Processo Administrativo Sancionador nº 09/2014 (19957.000457/2020-03). Ementa: Oferta pública irregular de Contrato de Investimento Coletivo – CIC sem o devido registro na CVM. Infração ao art. 19, c/c o art. 2º, IX, da Lei nº 6.385/1976. Infração ao disposto nos itens I e II, da Instrução CVM 18/81. Absolvições. Multa. Julg. em 20 dez. 2019. *Diário Eletrônico da CVM*, Brasília, 13 mar. 2020f. Disponível em: https://conteudo.cvm.gov.br/sancionadores/sancionador/2019/PAS-09-2014.html. Acesso em: 16 jun. 2022.

COMISSÃO DE VALORES MOBILIÁRIOS (CVM). Processo CVM nº RJ2007/11.593. Assunto: Dispensa de registro de oferta pública de distribuição de CCB de emissão de Bracor Investimentos Imobiliários Ltda. *Decisão do Colegiado*, Rio de Janeiro, 22 jan. 2008. Disponível em: https://conteudo.cvm.gov.br/decisoes/2008/20080122_R1/20080122_D01.html. Acesso em: 13 maio 2022.

COMISSÃO DE VALORES MOBILIÁRIOS (CVM). Processo nº 19957.000570/2018-66. Memorando nº 157/2019-CVM/SRE/GER-3. Rio de Janeiro, 27 nov. 2019c. Disponível em: https://conteudo.cvm.gov.br/export/sites/cvm/decisoes/anexos/2019/20191203/1626.pdf. Acesso em: 13 maio 2022.

COMISSÃO DE VALORES MOBILIÁRIOS (CVM). Resolução CVM nº 160, de 13 de julho de 2022. Dispõe sobre as ofertas públicas de distribuição primária ou secundária de valores mobiliários e a negociação dos valores mobiliários ofertados nos mercados regulamentados, e revoga as Instruções CVM nº 400, de 29 de dezembro de 2003, CVM nº 471, de 8 de agosto de 2008, CVM nº 476, de 16 de janeiro de 2009, CVM nº 530, de 22 de novembro de 2012, e as Deliberações CVM nº 476, de 25 de janeiro de 2005, CVM nº 533, de 29 de janeiro de 2008, CVM nº 809, de 19 de fevereiro de 2019, CVM nº 818, de 30 de abril de 2019 e CVM nº 850, de 7 de abril de 2020. *Diário Oficial da União*, Brasília, 14 jul. 2022a. Disponível em: https://conteudo.cvm.gov.br/legislacao/resolucoes/resol160.html. Acesso em: 16 jul. 2022.

COMISSÃO DE VALORES MOBILIÁRIOS (CVM). Resolução CVM nº 175, de 23 de dezembro de 2022. Dispõe sobre a constituição, o funcionamento e a divulgação de informações dos fundos de investimento, bem como sobre a prestação de serviços para os fundos, e revoga as normas que especifica. *Diário Oficial da União*, Brasília, 28 dez. 2022b. Disponível em: https://conteudo.cvm.gov.br/legislacao/resolucoes/resol175.html. Acesso em: 22 mar. 2023.

COMISSÃO DE VALORES MOBILIÁRIOS (CVM). Resolução CVM nº 179, de 14 de fevereiro de 2023. Altera a Resolução CVM nº 35, de 26 de maio de 2021 e atualiza a denominação dos assessores de investimento em diversas resoluções. *Diário Oficial da União*, Brasília, 15 fev. 2023a. Disponível em: https://conteudo.cvm.gov.br/legislacao/resolucoes/resol179.html. Acesso em: 22 jun. 2023.

COMISSÃO DE VALORES MOBILIÁRIOS (CVM). Resolução CVM nº 181, de 28 de março de 2023. Altera a Resolução CVM nº 175, de 23 de dezembro de 2022. *Diário Oficial da União*, Brasília, 30 mar. 2023b. Disponível em: https://conteudo.cvm.gov.br/legislacao/resolucoes/resol181.html. Acesso em: 04 abr. 2023.

COMISSÃO DE VALORES MOBILIÁRIOS (CVM). Resolução CVM nº 30, de 11 de maio de 2021 com as alterações introduzidas pela Resolução CVM nº 162/22. Dispõe sobre o dever de verificação da adequação dos produtos, serviços e operações ao perfil do cliente e revoga a Instrução CVM nº 539, de 13 de novembro de 2013. *Diário Oficial da União*, Brasília, 12 maio 2021. Disponível em: https://conteudo.cvm.gov.br/legislacao/resolucoes/resol030.html. Acesso em: 22 mar. 2023.

COMISSÃO DE VALORES MOBILIÁRIOS (CVM). Resolução CVM nº 80, de 29 de março de 2022. Dispõe sobre o registro e a prestação de informações periódicas e eventuais dos emissores de valores mobiliários admitidos à negociação em mercados regulamentados de valores mobiliários. *Diário Oficial da União*, Brasília, 30 mar. 2022c. Disponível em: https://conteudo.cvm.gov.br/legislacao/resolucoes/resol080.html. Acesso em: 30 abr. 2022.

COMISSÃO DE VALORES MOBILIÁRIOS (CVM). Resolução CVM nº 88, de 27 de abril de 2022. Dispõe sobre a oferta pública de distribuição de valores mobiliários de emissão de sociedades empresárias de pequeno porte realizada com dispensa de registro por meio de plataforma eletrônica de investimento participativo e revoga a Instrução CVM nº 588, de 13 de julho de 2017. *Diário Oficial da União*, Brasília, 28 abr. 2022d. Disponível em: https://conteudo.cvm.gov.br/legislacao/resolucoes/resol088.html. Acesso em: 30 abr. 2022.

COMISSÃO DE VALORES MOBILIÁRIOS (CVM). Revisão da ICVM nº 588, que dispõe sobre a oferta pública de distribuição de valores mobiliários de emissão de sociedades empresárias de pequeno porte realizada com dispensa de registro por meio de plataforma eletrônica de investimento participativo. *Diário Oficial da União*, Brasília, 2020h. Disponível em: https://conteudo.cvm.gov.br/audiencias_publicas/ap_sdm/2020/sdm0220.html. Acesso em: 2 maio 2022.

COMISSÃO DE VALORES MOBILIÁRIOS (CVM). *CVM divulga relatório com dados do mercado de crowdfunding*. Brasília, 7 jul. 2023d. Disponível em: https://www.gov.br/cvm/pt-br/assuntos/noticias/2023/cvm-divulga-relatorio-com-dados-do-mercado-de-crowdfunding. Acesso em: 28 fev. 2024.

COMISSÃO DE VALORES MOBILIÁRIOS (CVM). Voto CMN nº 426/78. Regulação do Mercado de Valores Mobiliários: fundamentos e princípios. Aprovado em 21 dez. 1978. Disponível em: https://www.investidor.gov.br/portaldoinvestidor/export/sites/portaldoinvestidor/galerias/arquivos-historias-interativas/RegulacaoDoMerca doDeValoresMobiliarios.pdf. Acesso em: 10 jan. 2022.

CONSELHO DA JUSTIÇA FEDERAL (CJF). Enunciado nº 148 da III Jornada de Direito Civil. "Ao 'estado de perigo' (art. 156) aplica-se, por analogia, o disposto no §2º do art. 157." Conselho da Justiça Federal, *Centro de Estudos Judiciários*, Brasília, 2005a. Disponível em: https://www.cjf.jus.br/enunciados/enunciado/244. Acesso em: 13 jan. 2022.

CONSELHO DA JUSTIÇA FEDERAL (CJF). Enunciado nº 149 da III Jornada de Direito Civil. "Em atenção ao princípio da conservação dos contratos, a verificação da lesão deverá conduzir, sempre que possível, à revisão judicial do negócio jurídico e não à sua anulação, sendo dever do magistrado incitar os contratantes a seguir as regras do art. 157, §2º, do Código Civil de 2002." Conselho da Justiça Federal, *Centro de Estudos Judiciários*, Brasília, 2005b. Disponível em: https://www.cjf.jus.br/enunciados/enunciado/247. Acesso em: 13 jan. 2022.

CONSELHO DA JUSTIÇA FEDERAL (CJF). Enunciado nº 152 da III Jornada de Direito Civil. "Toda simulação, inclusive a inocente, é invalidante." Conselho da Justiça Federal, *Centro de Estudos Judiciários*, Brasília, 2005c. Disponível em: https://www.cjf.jus.br/enunciados/enunciado/251. Acesso em: 13 jan. 2022.

CONSELHO DA JUSTIÇA FEDERAL (CJF). Enunciado nº 153 da III Jornada de Direito Civil. "Na simulação relativa, o negócio simulado (aparente) é nulo, mas o dissimulado será válido se não ofender a lei nem causar prejuízos a terceiros." Conselho da Justiça Federal, *Centro de Estudos Judiciários*, Brasília, 2005d. Disponível em: https://www.cjf.jus.br/enunciados/enunciado/253. Acesso em: 13 jan. 2022.

CONSELHO DA JUSTIÇA FEDERAL (CJF). Enunciado nº 290 da IV Jornada de Direito Civil. "A lesão acarretará a anulação do negócio jurídico quando verificada, na formação deste, a desproporção manifesta entre as prestações assumidas pelas partes, não se presumindo a premente necessidade ou a inexperiência do lesado." Conselho da Justiça Federal, *Centro de Estudos Judiciários*, Brasília, 2007a. Disponível em: https://www.cjf.jus.br/enunciados/enunciado/267. Acesso em: 13 jan. 2022.

CONSELHO DA JUSTIÇA FEDERAL (CJF). Enunciado nº 291 da IV Jornada de Direito Civil. "Nas hipóteses de lesão previstas no art. 157 do Código Civil, pode o lesionado optar por não pleitear a anulação do negócio jurídico, deduzindo, desde logo, pretensão com vista à revisão judicial do negócio por meio da redução do proveito do lesionador ou do complemento do preço." Conselho da Justiça Federal, *Centro de Estudos Judiciários*, Brasília, 2007b. Disponível em: https://www.cjf.jus.br/enunciados/enunciado/269. Acesso em: 13 jan. 2022.

CONSELHO DA JUSTIÇA FEDERAL (CJF). Enunciado nº 293 da IV Jornada de Direito Civil. "Na simulação relativa, o aproveitamento do negócio jurídico dissimulado não decorre tão-somente do afastamento do negócio jurídico simulado, mas do necessário preenchimento de todos os requisitos substanciais e formais de validade daquele." Conselho da Justiça Federal, *Centro de Estudos Judiciários*, Brasília, 2007c. Disponível em: https://www.cjf.jus.br/enunciados/enunciado/271. Acesso em: 13 jan. 2022.

CONSELHO DA JUSTIÇA FEDERAL (CJF). Enunciado nº 294 da IV Jornada de Direito Civil. "Sendo a simulação uma causa de nulidade do negócio jurídico, pode ser alegada por uma das partes contra a outra." Conselho da Justiça Federal, *Centro de Estudos Judiciários*, Brasília, 2007d. Disponível em: https://www.cjf.jus.br/enunciados/enunciado/272. Acesso em: 13 jan. 2022.

CONSELHO DA JUSTIÇA FEDERAL (CJF). Enunciado nº 410 da V Jornada de Direito Civil. "A inexperiência a que se refere o art. 157 não deve necessariamente significar imaturidade ou desconhecimento em relação à prática de negócios jurídicos em geral, podendo ocorrer também quando o lesado, ainda que estipule contratos costumeiramente, não tenha conhecimento específico sobre o negócio em causa." Conselho da Justiça Federal, *Centro de Estudos Judiciários*, Brasília, 2012. Disponível em: https://www.cjf.jus.br/enunciados/enunciado/214. Acesso em: 13 jan. 2022.

CONSELHO DA JUSTIÇA FEDERAL (CJF). Enunciado nº 537 da VI Jornada de Direito Civil. "A previsão contida no art. 169 não impossibilita que, excepcionalmente, negócios jurídicos nulos produzam efeitos a serem preservados quando justificados por interesses merecedores de tutela." Conselho da Justiça Federal, *Centro de Estudos Judiciários*, Brasília, jun. 2013. Disponível em: https://www.cjf.jus.br/enunciados/enunciado/148. Acesso em: 13 jan. 2022.

CONSELHO DA JUSTIÇA FEDERAL (CJF). Enunciado nº 578 da VII Jornada de Direito Civil. "Sendo a simulação causa de nulidade do negócio jurídico, sua alegação prescinde de ação própria." Conselho da Justiça Federal, *Centro de Estudos Judiciários*, Brasília, nov. 2015. Disponível em: https://www.cjf.jus.br/enunciados/enunciado/823. Acesso em: 13 jan. 2022.

CONSELHO DA JUSTIÇA FEDERAL (CJF). Resolução nº 458, de 4 de outubro de 2017. Dispõe sobre a regulamentação, no âmbito da Justiça Federal de primeiro e segundo graus, dos procedimentos relativos à expedição de ofícios requisitórios, ao cumprimento da ordem cronológica dos pagamentos, às compensações, ao saque e ao levantamento dos depósitos. *Diário Oficial da União*, Brasília, 4 out. 2017. Disponível em: https://www.in.gov.br/materia/-/asset_publisher/Kujrw0TZC2Mb/content/id/19344957/do1-2017-10-09-resolucao-n-458-de-4-de-outubro-de-2017-19344660. Acesso em: 11 jan. 2022.

CONSELHO DA JUSTIÇA FEDERAL (CJF). Resolução nº 822, de 20 de março de 2023. Dispõe sobre a regulamentação, no âmbito da Justiça Federal de 1o e 2o graus, dos procedimentos relativos à expedição de ofícios requisitórios, ao cumprimento da ordem cronológica dos pagamentos, às compensações, ao saque e ao levantamento dos depósitos. *Diário Oficial da União*, Edição 55, Seção 1, p. 149, Brasília, 21 mar. 2023. Disponível em: https://www.in.gov.br/web/dou/-/resolucao-n-822-cjf-de-20-de-marco-de-2023-471615314. Acesso em: 28 mar. 2023.

CONSELHO DE JUSTIÇA FEDERAL (CJF). Turma Nacional de Uniformização (TNU). *Tema nº 247*: Pedido de uniformização de interpretação de lei (Turma) nº 0501415-43.2007.4.05.8502/SE. Decisão de afetação 12 dez. 2019. Julg. em 9 dez. 2020. Acórdão Publicado em 11 dez. 2020. Trânsito em julg. 1º jul. 2021. Disponível em: https://www.cjf.jus.br/cjf/corregedoria-da-justica-federal/turma-nacional-de-uniformizacao/temas-representativos/tema-247. Acesso em: 10 maio 2022.

CONSELHO DE RECURSOS DO SISTEMA FINANCEIRO NACIONAL (CRSFN). Processo nº 10372.000564/2016-43 (BCB 0701361937). Recurso 12.534. Ementa: Empréstimos. Exercício de atividade privativa de instituição financeira sem a necessária autorização da autoridade supervisora – Irregularidades caracterizadas – Recurso de ofício parcialmente provido. *Boletim de Serviço Eletrônico*, Brasília, 5 out. 2016. Disponível em: https://www.bcb.gov.br/crsfn/download.asp?arquivo=Recurso%2012534.pdf. Acesso em: 30 abr. 2022.

CONSELHO DE RECURSOS DO SISTEMA FINANCEIRO NACIONAL (CRSFN). Recurso nº 14.456. Processo nº 10372.000313/2016-69. Processo na primeira instância BACEN nº 1401600157. Ementa: RECURSO DE OFÍCIO. Atuação como instituição financeira sem autorização do Banco Central do Brasil. Pessoa física recebia recursos decorrentes de parte dos contratos em sua conta corrente. Configuração de atuação sem autorização do Banco Central do Brasil. É possível o apenamento da pessoa física administradora. Recurso conhecido e provido. Infração não configurada como grave. Pena de multa. *Boletim de Serviço Eletrônico*, 9 out. 2018. Disponível em: https://www.bcb.gov.br/crsfn/download.asp?arquivo=10372000313201669.pdf. Acesso em: 17 jun. 2022.

CONSELHO MONETÁRIO NACIONAL (CMN). Resolução CMN nº 2.907, de 29 de novembro de 2001. Autoriza a constituição e o funcionamento de fundos de investimento em direitos creditórios e de fundos de aplicação em quotas de fundos de investimento em direitos creditórios. *Diário Oficial da União*, Brasília, 03 dez. 2001. Disponível em: https://normativos.bcb.gov.br/Lists/Normativos/Attachments/47013/Res_2907_v2_L.pdf. Acesso em: 24 mar. 2023.

CONSELHO MONETÁRIO NACIONAL (CMN). Resolução CMN nº 4.910, de 27 de maio de 2021. Dispõe sobre a prestação de serviços de auditoria independente para as instituições financeiras e demais instituições autorizadas a funcionar pelo Banco Central do Brasil. *Diário Oficial da União*, Brasília, 31 maio 2021a. Disponível em: https://www.bcb.gov.br/estabilidadefinanceira/exibenormativo?tipo=Resolu%C3%A7%C3%A3o%20CMN&numero=4910. Acesso em: 2 maio 2022.

CONSELHO MONETÁRIO NACIONAL (CMN). Resolução CMN nº 4.935, de 29 de julho de 2021. Dispõe sobre a contratação de correspondentes no País pelas instituições financeiras e pelas demais instituições autorizadas a funcionar pelo Banco Central do Brasil. *Diário Oficial da União*, Brasília, 2 ago. 2021b. Disponível em: https://www.bcb.gov.br/estabilidadefinanceira/exibenormativo?tipo=Resolu%C3%A7%C3%A3o%20CMN&numero=4935. Acesso em: 30 abr. 2022.

CONSELHO MONETÁRIO NACIONAL (CMN). Resolução CMN nº 4.970, de 25 de novembro de 2021. Disciplina os processos de autorização relacionados ao funcionamento das instituições que especifica. *Diário Oficial da União*, Brasília, 29 nov. 2021c. Disponível em: https://www.bcb.gov.br/estabilidadefinanceira/exibenormativo?tipo=Resolu%C3%A7%C3%A3o%20CMN&numero=4970. Acesso em: 05 mar. 2024.

CONSELHO MONETÁRIO NACIONAL (CMN). Resolução CMN nº 4.656, de 26 de abril de 2018. Dispõe sobre a sociedade de crédito direto e a sociedade de empréstimo entre pessoas, disciplina a realização de operações de empréstimo e de financiamento entre pessoas por meio de plataforma eletrônica e estabelece os requisitos e os procedimentos para autorização para funcionamento, transferência de controle societário, reorganização societária e cancelamento da autorização dessas instituições. *Diário Oficial da União*, Brasília, 30 abr. 2018. Disponível em: https://normativos.bcb.gov.br/Lists/Normativos/Attachments/50579/Res_4656_v4_P.pdf. Acesso em: 30 abr. 2022.

CONSELHO MONETÁRIO NACIONAL (CMN). Resolução CMN nº 5.037 de 29 de setembro de 2022. Altera e consolida os atos normativos que dispõem sobre o Sistema de Informações de Créditos (SCR). *Diário Oficial da União*, Brasília, 30 set. 2022a. Disponível em: https://www.bcb.gov.br/estabilidadefinanceira/exibenormativo?tipo=Resolu%C3%A7%C3%A3o%20CMN&numero=5037. Acesso em: 13 abr. 2023.

CONSELHO MONETÁRIO NACIONAL (CMN). Resolução CMN nº 5.050 de 25 de novembro de 2022. Dispõe sobre a organização e o funcionamento de sociedade de crédito direto e de sociedade de empréstimo entre pessoas e disciplina a realização de operações de empréstimo e de financiamento entre pessoas por meio de plataforma eletrônica. *Diário Oficial da União*, Brasília, 28 nov. 2022b. Disponível em: https://www.bcb.gov.br/estabilidadefinanceira/exibenormativo?tipo=Resolu%C3%A7%C3%A3o%20CMN&numero=5050. Acesso em: 05 mar. 2024.

CONSELHO NACIONAL DE JUSTIÇA (CNJ). *Justiça em números 2021*. Brasília: CNJ, 2021a. Disponível em: https://www.cnj.jus.br/wp-content/uploads/2021/09/relatorio-justica-em-numeros2021-12.pdf. Acesso em: 10 maio 2022.

CONSELHO NACIONAL DE JUSTIÇA (CNJ). *Mapa anual dos precatórios*. 2021b. Disponível em: https://paineisanalyticos.cnj.jus.br/single/?appid=24bb0aae-4341-48e7-b3b5-3606607894c4&sheet=60a7540d-d58d-43af-a15e-fa179c7a5233&lang=pt-BR&opt=ctxmenu. Acesso em: 10 maio 2022.

CONSELHO NACIONAL DE JUSTIÇA (CNJ). Resolução nº 303, de 18 de dezembro de 2019. Dispõe sobre a gestão dos precatórios e respectivos procedimentos operacionais no âmbito do Poder Judiciário. *Diário da Justiça eletrônico*/CNJ, Brasília, 19 dez. 2019. Disponível em: https://atos.cnj.jus.br/atos/detalhar/3130. Acesso em: 22 abr. 2022.

CONSELHO NACIONAL DE JUSTIÇA (CNJ). Resolução nº 448, de 25 de março de 2022. Altera, renumera e acrescenta dispositivos à Resolução CNJ nº 303/2019, que dispõe sobre a gestão de precatórios e respectivos procedimentos operacionais no âmbito do Poder Judiciário. *Diário da Justiça eletrônico*/CNJ, Brasília, 25 mar. 2022. Disponível em: https://atos.cnj.jus.br/files/original000233320220328624100053680830.pdf. Acesso em: 10 maio 2022.

CONSELHO NACIONAL DE JUSTIÇA (CNJ). Resolução nº 482, de 19 de dezembro de 2022. Atualiza a Resolução CNJ nº 303/2019, que dispõe sobre a gestão dos precatórios e respectivos procedimentos operacionais no âmbito do Poder Judiciário. *Diário da Justiça eletrônico*/CNJ, Brasília, 19 dez. 2022. Disponível em: https://atos.cnj.jus.br/files/original0209372022122063a119616681a.pdf. Acesso em: 22 mar 2023.

COSTA, Daniel Rodrigues; NEVES, Rúbia Carneiro; SILVA, Leila Bitencourt Reis da. *Regulação das contas de depósito e inovações da Agenda BC#*. Capítulo 1 – Contas de depósito como objeto da regulação estatal brasileira. São Paulo: Instituto ProPague, 2021. Disponível em: https://institutopropague.org/pagamentos/ebook-regulacao-das-contas-de-deposito-e-inovacoes-da-agenda-bc/. Acesso em: 13 jul. 2022.

COSTA, Eduardo José da Fonseca. Comentários ao art. 534. *In*: CABRAL, Antônio do Passo; CRAMER, Ronaldo (Coord.). *Comentários ao novo Código de Processo Civil*. Rio de Janeiro: Forense. 2015.

COSTA, Fabrício Veiga. *Querela nullitatis insanabilis* e segurança jurídica: um estudo crítico da coisa julgada material. *Revista Argumentum*, Marília/SP. 2018. Disponível em:

http://201.62.80.75/index.php/revistaargumentum/article/view/383. Acesso em: 8 nov. 2021.

COUTURE, Eduardo J. *Fundamentos del derecho procesal civil*. Buenos Aires: Depalma, 1974.

CRIVELIN, Letícia Cristina Centurion. *Regulação da geração de energia elétrica por fontes alternativas*: impactos da atuação da ANEEL na diversificação da matriz energética brasileira e na construção de um modelo de desenvolvimento sustentável. Dissertação (Mestrado em Direito) – Faculdade de Direito de Ribeirão Preto, Universidade de São Paulo. Ribeirão Preto, p. 180, 2018.

CUNHA, Leonardo José Carneiro. *A Fazenda Pública em juízo*. 17. ed. Rio de Janeiro: Forense, 2020.

CUNHA, Paula Chaves da. A qualificação material do precatório. *Revista da EMERJ*, Rio de Janeiro, v. 17, n. 66, p. 214-248, 2014. Disponível em: https://www.emerj.tjrj.jus.br/revistaemerj_online/edicoes/revista66/revista66_214.pdf. Acesso em: 25 ago. 2021.

DANTAS, Francisco Wildo Lacerda. O sistema do precatório. *Revista do Instituto de Pesquisas e Estudos*, Bauru/SP, n. 22, p. 61-102, 1998.

DELGADO, José Augusto. Precatório judicial e evolução histórica: advocacia administrativa na execução contra a fazenda pública: impenhorabilidade dos bens públicos: continuidade do serviço público. In: SILVA, Ricardo Perlingeiro Mendes da (Coord.). *Execução contra a Fazenda Pública*. Brasília, Centro de Estudos Judiciários (CEJ), 2003. Disponível em: http://bdjur.stj.jus.br/dspace/handle/2011/16940. Acesso em: 25 ago. 2021.

DIDIER JUNIOR, Fredie; CUNHA, Leonardo José Carneiro. *Curso de direito processual civil*: meios de impugnação às decisões judiciais e processo nos tribunais. São Paulo: Podivm, 2007, v. 3.

DINIZ, Maria Helena. *Curso de direito civil brasileiro*. 29. ed. São Paulo: Saraiva, 2012. v. 1: Teoria geral do direito civil.

DISTRITO FEDERAL. Agravo de Instrumento (AG) nº 0749493-35.2020.8.07.0000. Rel. Gilberto Pereira de Oliveira, 3ª Turma Cível. Julg. 10 mar. 2021. *Diário Oficial do Distrito Federal* (DJDFT), Salvador, 23 mar. 2021. Disponível em: https://tj-df.jusbrasil.com.br/jurisprudencia/1183620012/7494933520208070000-df-0749493-3520208070000. Acesso em: 12 jan. 2022.

DISTRITO FEDERAL. Lei nº 3.624, de 18 de julho de 2005. Texto de 2015 com as alterações adotadas por emendas constitucionais. Define obrigação de pequeno valor para o Distrito Federal, regulamentando o disposto nos §§3º e 4º do art. 100 da Constituição Federal e dá outras providências. *Diário Oficial do Distrito Federal*, Brasília, 21 jul. 2005. Disponível em: http://www.sinj.df.gov.br/sinj/Norma/51551/Lei_3624_2005.html.html. Acesso em: 25 ago. 2021.

DISTRITO FEDERAL. Sentença nº 0714969-66.2017.8.07.0016. Juíza Giselle Rocha Raposo, 3º Juizado Especial Cível de Brasília. Julg. 27 jun. 2017. *Diário Oficial do Distrito Federal e dos Territórios* (DJDFT), Brasília, 29 jun. 2017. Disponível em: https://pje.tjdft.jus.br/consultapublica/ConsultaPublica/DetalheProcessoConsultaPublica/listView.seam?ca=438f159413cd5ce19079d7d28ee6e844f9df79130d5ba526. Acesso em: 9 mar. 2022.

EIZIRIK, Nelson et al. *Mercado de capitais regime jurídico*. 3. ed. rev. e ampl. Rio de Janeiro: Renovar, 2011.

EIZIRIK, Nelson. As CCBs são valores mobiliários? *Migalhas*. 26 fev. 2008. Disponível em: https://www.migalhas.com.br/depeso/55041/as-ccbs-sao-valores-mobiliarios. Acesso em: 30 abr. 2022.

EIZIRIK, Nelson. Os valores mobiliários na nova lei das S/A. *Revista de Direito Bancário, do Mercado de Capitais e da Arbitragem*, São Paulo, nº 124, 2001.

EMPRÉSTIMO. *In*: MICHAELIS: Dicionário Brasileiro da Língua Portuguesa on-line Disponível em: https://michaelis.uol.com.br/busca?r=0&f=0&t=0&palavra=empr%C3%A9stimo. Acesso em: 5 abr. 2022.

ESFORÇO. *In*: HOUAISS CORPORATIVO. Disponível em: https://houaiss.uol.com.br/corporativo/apps/uol_www/v6-0/html/index.php#1. Acesso em: 5 abr. 2022.

ESFORÇO. *In*: MICHAELIS: Dicionário Brasileiro da Língua Portuguesa on-line. 2022 Disponível em: https://michaelis.uol.com.br/busca?r=0&f=0&t=0&palavra=esfor%C3%A7o. Acesso em: 5 abr. 2022.

EU BLOCKCHAIN: Observatory and Forum. *NFT*: legal token classification report. 2021. Disponível em: https://www.eublockchainforum.eu/sites/default/files/2021-07/NFT%20%E2%80%93%20Legal%20Token%20Classification.pdf. Acesso em: 10 jun. 2022.

FACCINI, Leonardo. *Mercado de valores mobiliários*. Sylvio Motta (Coord.). 2. ed. Rio de Janeiro: Forense; São Paulo: Método. 2015.

FAIM FILHO, Eurípedes Gomes. *Requisitórios*. Precatórios e requisições de pequeno valor: um tema de direito financeiro. 2014. 294 f. Tese (Doutorado em Direito Econômico e Financeiro) – Departamento de Direito Econômico e Financeiro, Universidade de São Paulo, São Paulo, 2014. Disponível em: https://www.teses.usp.br/teses/disponiveis/2/2133/tde-20012015-163203/publico/INTEGRAL_Euripedes_Gomes_Faim_Filho.pdf. Acesso em: 25 maio 2021.

FORTUNA, Eduardo. *Mercado financeiro*: produtos e serviços. 20. ed. rev. e atual. Rio de Janeiro: Qualitymark, 2015.

FÓRUM NACIONAL DOS JUIZADOS ESPECIAIS FEDERAIS (FONAJEF). Enunciado nº 44. "Não cabe ação rescisória no JEF. O artigo 59 da Lei n 9.099/95 está em consonância com os princípios do sistema processual dos Juizados Especiais, aplicando-se também aos Juizados Especiais Federais." Aprovado no II FONAJEF. Rio de Janeiro/RJ, out. 2005. Disponível em: https://www.ajufe.org.br/fonajef/245-enunciados-ii-fonajef/11435-enunciado-n-44. Acesso em: 24 abr. 2022.

FÓRUM PERMANENTE DE PROCESSUALISTAS CIVIS (FPPC). Enunciado nº 339 da IV FPPC. "(art. 967, IV; art. 118, Lei nº 12.529/2011; art. 31, Lei nº 6.385/1976) O CADE e a CVM, caso não tenham sido intimados, quando obrigatório, para participar do processo (art. 118, Lei nº 12.529/2011; art. 31, Lei nº 6.385/1976), têm legitimidade para propor ação rescisória contra a decisão ali proferida, nos termos do inciso IV do art. 967. (Grupo Sentença, Coisa Julgada e Ação Rescisória)". *Carta de Belo Horizonte*, Salvador: Jus Podivm, 2015. Disponível em: https://diarioprocessualonline.files.wordpress.com/2020/05/enunciados-forum-permanente-processualistas-civis-fppc-2020-atualizado.pdf. Acesso em: 22 jan. 2022.

FURTADO, José de Ribamar Caldas. *Direito financeiro*. 4. ed. Belo Horizonte: Fórum, 2013.

GOMES, Orlando. *Contratos*. Atualizado por Edvaldo Brito e Reginalda Paranhos de Brito. 27. ed. Rio de Janeiro: Forense, 2019a.

GOMES, Orlando. *Introdução ao direito civil*. coordenador e atualizador Edvaldo Brito; atualizadora Reginalda Paranhos de Brito. 22. ed. Rio de Janeiro: Forense, 2019b.

GOMES, Orlando. *Obrigações*. Atualizado por Edvaldo Brito. 19. ed. Rio de Janeiro: Forense, 2019c.

GONÇALVES, Carlos Roberto. *Direito civil*: obrigações – contratos – parte geral. Carlos Roberto Gonçalves coord. Pedro Lenza. 11. ed. São Paulo: Saraiva Educação, 2021. v. 1.

GONÇALVES, Hiram de Melo. *Análise de Investimentos*. 2020. Disponível em: https://egov.df.gov.br/wp-content/uploads/2020/11/Analise-de-Investimentos-Material-Teorico.pdf. Acesso em: 9 mar. 2022.

GORGA, Érica. Quando um título de crédito se transforma em valor mobiliário? Os casos das Cédulas de Produto Rural e das Cédulas de Crédito Bancário. In: GORGA, Érica; PINTO, Lígia Paulo (Coord.) *Estudos avançados de direito empresarial*: títulos de crédito. Rio de Janeiro: Elsevier, 2013.

GRAHAM, Benjamin. *O investidor inteligente*. + Atualizado com comentários de Jason Zweig. Ebook Kindle. Tradução de Lourdes Sette. Harper Collins, 2016.

LABORATÓRIO DE INOVAÇÃO FINANCEIRA (LAB). *Modelo de contrato de investimento coletivo de dívida (não conversível) para emissão em plataformas de crowdfunding de investimento*. 24 ago. 2020. Disponível em: https://www.labinovacaofinanceira.com/wp-content/uploads/2020/08/LAB-Introdu%C3%A7%C3%A3o-ao-Modelo-de-T%C3%Adtulo-de-D%C3%Advida_.pdf. Acesso em: 15 jul. 2022.

LIMA, Alcides de Mendonça. Jurisdição voluntária. Doutrina nacional. Direito processual civil. *Revista de Processo*, São Paulo, v. 17, p. 25-40, out. 2011.

MARINONI, Luiz Guilherme; ARENHART, Sérgio Cruz; MITIDIERO, Daniel. *Novo Código de Processo Civil comentado*. 2. ed. rev., atual. e ampl. São Paulo: RT, 2016.

MEDAUAR, Odete. *Direito administrativo moderno*. 19. ed. São Paulo: Ed. Revista dos Tribunais, 2015.

MELLO, Marcos Bernardes de. *Teoria do fato jurídico*: plano da existência. 22. ed. São Paulo: Saraiva Educação, 2019.

MINAS GERAIS. Agravo de Instrumento (AG) nº 10105082504181002. Rel. Cláudia Maia, 14ª Câmara Cível. Julg. 7 maio 2015. *Diário Oficial do Estado de Minas Gerais* (DJMG), Belo Horizonte, 15 maio 2015. Disponível em: https://tj-mg.jusbrasil.com.br/jurisprudencia/852850329/agravo-de-instrumento-cv-ai-10105082504181002-mg/inteiro-teor-852850379. Acesso em: 12 jan. 2022.

MINAS GERAIS. Apelação Cível (AC) nº 5016514-41.2017.8.13.0702. Rel. Fernando Caldeira Brant, 20ª Câmara Cível. Julg. 31 mar. 2022. *Diário Oficial do Estado de Minas Gerais* (DJMG), Belo Horizonte, 1º abr. 2022. Disponível em: https://tj-mg.jusbrasil.com.

br/jurisprudencia/1444156262/apelacao-civel-ac-10000211411186001-mg. Acesso em: 2 maio 2022.

MINAS GERAIS. Lei nº 20.540, de 14 de dezembro de 2012. Texto de 14 de dezembro de 2012 com as alterações adotadas por emendas constitucionais. Altera a Lei nº 6.763, de 26 de dezembro de 1975, que consolida a legislação tributária do Estado de Minas Gerais, e as Leis nº 14.699, de 6 de agosto de 2003, 14.941, de 29 de dezembro de 2003, 16.318, de 11 de agosto de 2006, 17.615, de 4 de julho de 2008, e 19.429, de 11 de janeiro de 2011, e dá outras providências. *Minas Gerais*, Belo Horizonte, 15 dez. 2012. Disponível em: http://www.fazenda.mg.gov.br/empresas/legislacao_tributaria/leis/2012/l20540_2012.html. Acesso em: 10 maio 2022.

MINAS GERAIS. Portaria nº 5047/PR/2021. Regulamenta a expedição do ofício precatório, via Sistema Eletrônico de Informações, no âmbito do Tribunal de Justiça do Estado de Minas Gerais, o recebimento do ofício precatório expedido por outros Tribunais, revoga as Portarias da Presidência que menciona e dá outras providências. *Diário de Justiça Eletrônico* (DJe), Belo Horizonte, 13 jan. 2021. Disponível em: https://www8.tjmg.jus.br/institucional/at/pdf/po50472021.pdf. Acesso em: 10 ago. 2022.

MINAS GERAIS. Precatório nº 1269 – Alimentar. Processo de origem nº 2493049443. 5ª Vara dos Feitos da Fazenda Pública. Ente devedor: Município de Belo Horizonte. Protocolo 28 jun. 2010. *Diário do Judiciário Eletrônico* (DJe), 2ª Instância – Administrativo. Belo Horizonte, 28 jun. 2010.

MINAS GERAIS. Processo nº 0851775-24.2014.8.13.0024. Autora: Sandra Lucia de Morais Réu: Município De Belo Horizonte e outros. Distribuição: 15 abr. 2014. Disponível em: https://www4.tjmg.jus.br/juridico/sf/proc_complemento.jsp?comrCodigo=24&numero=1&listaProcessos=14085177. Acesso em: 11 mar. 2022.

MINAS GERAIS. Recurso Administrativo (RA) nº 0346450-66.2015.8.13.0000. Rel. Eduardo Mariné da Cunha, Conselho da Magistratura. Julg. 2 fev. 2016. *Diário Oficial do Estado de Minas Gerais* (DJMG), Belo Horizonte, 19 fev. 2016. Disponível em: https://tj-mg.jusbrasil.com.br/jurisprudencia/306816430/recurso-administrativo-10000150346450000-mg. Acesso em: 11 mar. 2022.

MINAS GERAIS. Resolução SEF nº 5.748, de 27 de dezembro de 2023. Divulga o valor da Unidade Fiscal do Estado de Minas Gerais – Ufemg para o exercício de 2024. *Diário Oficial do Estado de Minas Gerais* (DOEMG), Belo Horizonte, 28 dez. 2023. Disponível em: https://www.fazenda.mg.gov.br/empresas/legislacao_tributaria/resolucoes/2023/rr5748_2023.html. Acesso em: 24 jan. 2024.

MINISTÉRIO DA ECONOMIA (ME). Conselho Administrativo de Recursos Fiscais. *Imposto sobre a renda de pessoa física* (IRPF). Processo nº 10240.721056/2018-60. Acórdão nº 2402-008.470, 2ª Seção de Julgamento, 4ª Câmara, 2ª Turma Ordinária. Julg. 6 jul. 2020. Disponível em: https://www.conjur.com.br/dl/decisao-carf-imposto.pdf. Acesso em: 10 jul. 2020.

MINISTÉRIO DA ECONOMIA (ME). Portaria Interministerial MPS/MF nº 2, de 11 de janeiro de 2024. Dispõe sobre o reajuste dos benefícios pagos pelo Instituto Nacional do Seguro Social - INSS e demais valores constantes do Regulamento da Previdência Social - RPS e dos valores previstos nos incisos II a VIII do § 1º do art. 11 da Emenda Constitucional nº 103, de 12 de novembro de 2019, que trata da aplicação das alíquotas da contribuição previdenciária prevista nos arts. 4º, 5º e 6º da Lei nº 10.887, de 18 de junho de

2004. (Processo nº 10128.119242/2023-98). *Diário Oficial da União*, Brasília, Seção 1, Ed. 9, 12 jan. 2024. Disponível em: https://www.in.gov.br/en/web/dou/-/portaria-interministerial-mps/mf-n-2-de-11-de-janeiro-de-2024-537035232. Acesso em: 22 jan. 2024.

MINISTÉRIO DA ECONOMIA (ME). Portaria ME nº 10.702, de 16 de dezembro de 2022. Dispõe sobre os procedimentos financeiros necessários à utilização de créditos líquidos e certos decorrentes de decisões transitadas em julgado, nos termos do disposto no §11 do art. 100 da Constituição e no Decreto nº 11.249, de 9 de novembro de 2022. *Diário Oficial da União*, Brasília, Edição 237, Seção 1, p. 54, 19 dez. 2022a. Disponível em: https://www.in.gov.br/en/web/dou/-/portaria-me-n-10.702-de-16-de-dezembro-de-2022-451608528. Acesso em: 22 mar. 2023.

MINISTÉRIO DA ECONOMIA (ME). Portaria SPU/ME nº 5.343, de 10 de junho de 2022. Regulamenta os procedimentos para a venda direta de bens imóveis da União, na hipótese de licitação deserta ou fracassada, conforme previsto no art. 24-A da Lei nº 9.636, de 15 de maio de 1998. *Diário Oficial da União*, Brasília, Edição 111, Seção 1, p. 24, 13 jun. 2022b. Disponível em: https://www.in.gov.br/en/web/dou/-/portaria-spu/me-n-5.343-de-10-de-junho-de-2022-407461826. Acesso em: 22 mar. 2023.

MINISTÉRIO DA ECONOMIA (ME). Portaria SPU/ME nº 9.650, de 3 de novembro de 2022. Estabelece procedimentos para a oferta de créditos para compra de imóveis públicos de propriedade da União, na forma prevista no art. 100, §11, II da Constituição. *Diário Oficial da União*, Brasília, Edição 210, Seção 1, p. 19, 07 nov. 2022c. Disponível em: https://www.in.gov.br/en/web/dou/-/portaria-spu/me-n-9.650-de-3-de-novembro-de-2022-441683841. Acesso em: 22 mar. 2023.

MORAES, Maria Celina Bodin de. O procedimento de qualificação dos contratos e a dupla configuração do mútuo no direito civil brasileiro. *Revista Forense*, Rio de Janeiro, v. 309, 1990.

MOREIRA, Egon Bockmann *et al*. *Precatórios*: o seu novo regime jurídico: a visão do direito financeiro, integrada ao direito tributário e ao direito econômico. 3. ed. São Paulo: Thomson Reuters, 2021.

NEVES, Daniel Amorim Assumpção. *Manual de direito processual civil*. Salvador: Juspodivm, 2018.

NEVES, Rubia Carneiro *et al*. Um exercício de verificação da observância dos objetivos estatais para regular os mercados bancário e de valores mobiliários em normas do CMN e da CVM. *Revista da Procuradoria-Geral do Banco Central*, Brasília, v. 14, n. 2, dez. 2020. Disponível em: https://revistapgbc.bcb.gov.br/revista/article/download/1081/60/1162. Acesso em: 2 mar. 2022.

NEVES, Rubia Carneiro. A caracterização do banco a partir da evolução da legislação brasileira. *Revista da Faculdade de Direito da UFMG*. Belo Horizonte, n. 73, p. 701-735, jul./dez. 2018.

NEVES, Rubia Carneiro; RAGIL, Rodrigo Rocha Feres. O *crowdfunding* de investimento em números no Brasil e a perspectiva de ampliação de seu acesso à população brasileira. *Revista da Procuradoria-Geral do Banco Central*, Brasília, v. 15, n. 2, dez. 2021. Disponível em: https://revistapgbc.bcb.gov.br/revista/article/view/1127. Acesso em: 2 mar. 2022.

OLIVEIRA, José Carlos. Congresso promulga PEC dos Precatórios, que abre espaço para o governo ampliar o Auxílio Brasil. *Agência Câmara de Notícias*, Brasília, 12 dez. 2021. Disponível em: https://www.camara.leg.br/noticias/840105-congresso-promulga-pec-dos-precatorios-que-abre-espaco-para-o-governo-ampliar-o-auxilio-brasil/. Acesso em: 13 jan. 2022.

OLIVEIRA, Leonardo Henrique Mundim Moraes. As instituições financeiras no direito pátrio: definição e caracterização da atividade própria ou exclusiva. *Revista de Informação Legislativa*, Brasília, v. 36, n. 142, p. 75-84, abr./jun. 1999. Disponível em: http://www2.senado.leg.br/bdsf/handle/id/477. Acesso em: 2 maio 2022.

OLIVEIRA, Regis Fernandes de. *Curso de direito financeiro*. 2. ed. São Paulo: Revista dos Tribunais, 2008.

PARANÁ. Agravo de Instrumento (AG) nº 0064086-61.2020.8.16.0000. Rel. Ângela Maria Machado Costa, 18ª Câmara Cível. Julg. 15 fev. 2021. *Diário Oficial do Estado do Paraná* (DJPR), Curitiba, 15 fev. 2021a. Disponível em: https://tj-pr.jusbrasil.com.br/jurisprudencia/1193677455/efeito-suspensivo-es-640866120208160000-pr-0064086-6120208160000-acordao/inteiro-teor-1193677466. Acesso em: 12 jan. 2022.

PARANÁ. Agravo de Instrumento (AG) nº 0067947-55.2020.8.16.0000. Rel. Marcos Sergio Galliano Daros, 3ª Câmara Cível. Julg. 1º jun. 2021. *Diário Oficial do Estado do Paraná* (DJPR), Curitiba, 2 jun. 2021b. Disponível em: https://tj-pr.jusbrasil.com.br/jurisprudencia/1242098610/agravo-de-instrumento-ai-679475520208160000-cascavel-0067947-5520208160000-acordao. Acesso em: 12 jan. 2022.

PARANÁ. Apelação Cível (APL) nº 0019108-69.2012.8.16.0035. Rel. Rui Bacellar Filho, 17ª Câmara Cível. Julg. 25 abr. 2019. *Diário Oficial do Estado do Paraná* (DJPR), Curitiba, 26 abr. 2019. Disponível em: https://tj-pr.jusbrasil.com.br/jurisprudencia/834433001/processo-civel-e-do-trabalho-recursos-apelacao-apl-191086920128160035-pr-0019108-6920128160035-acordao. Acesso em: 12 jan. 2022.

PEREIRA, Caio Mário da Silva. *Instituições de direito civil*. 24. ed. Rio de Janeiro: Forense, 2011. v. 1.

PIMENTA, Paulo Roberto Lyrio. O pagamento de tributos por meio de créditos relativos aos precatórios judiciais. *Revista Dialética de Direito Tributário*, São Paulo, n. 177, p. 121-129, 2010.

PROCURADORIA-GERAL DA FAZENDA NACIONAL (PGFN). Portaria PGFN nº 10.826, de 21 de dezembro de 2022. Regulamenta, no âmbito da Procuradoria-Geral da Fazenda Nacional, os requisitos formais, a documentação necessária e os procedimentos a serem observados uniformemente para a utilização de créditos líquidos e certos decorrentes de decisões transitadas em julgado para quitação de débitos inscritos em dívida ativa da União, na forma do art. 100, §11, da Constituição. *Diário Oficial da União*, Brasília, 22 dez. 2022. Disponível em: http://normas.receita.fazenda.gov.br/sijut2consulta/link.action?idAto=127975. Acesso em: 22 mar. 2023.

RAGIL, Rodrigo Rocha Feres. *A regulação das formas de captação coletiva de recursos pela internet mediante emissão de valor mobiliário*. 2017. 196 f. Dissertação (Mestrado em Direito) – Universidade Federal de Minas Gerais. Belo Horizonte, 2017. Disponível em: https://repositorio.ufmg.br/bitstream/1843/BUOS-ASXFT5/1/disserta_ao_final___revisada.pdf. Acesso em: 7 ago. 2022.

RIBEIRO, Marcia Carla Pereira; FREITAS, Cinthia Obladen de Almendra; NEVES, Rubia Carneiro. Direitos autorais e música: tecnologia, direito e regulação. *Revista Brasileira Políticas Públicas*, Brasília, v. 7, n. 3, 2017. Disponível em: https://www.publicacoesacademicas.uniceub.br/RBPP/article/viewFile/4799/3667. Acesso em: 14 mar. 2018.

RIO DE JANEIRO. Apelação Cível (APL) nº 0003417-07.2009.8.19.0077. Rel. Werson Franco Pereira Rêgo, 25ª Câmara Cível. Julg. 18 jan. 2021. *Diário Oficial do Estado do Rio de Janeiro* (DJRJ), Rio de Janeiro, 18 jan. 2021. Disponível em: https://www3.tjrj.jus.br/consultaprocessual/#/consultapublica?numProcessoCNJ=0003417-07.2009.8.19.0077. Acesso em: 20 jan. 2022.

RIO DE JANEIRO. Lei nº 7.781, de 10 de novembro de 2017. Dispõe sobre os recursos destinados aos pagamentos decorrentes de precatórios e de requisições de pequeno valor (RPV) estaduais. *Rio de Janeiro*, Rio de Janeiro, 13 nov. 2017. Disponível em: http://alerjln1.alerj.rj.gov.br/CONTLEI.NSF/c8aa0900025feef6032564ec0060dfff/edc1e85c8fe0ef10832581d70057f147?OpenDocument&Highlight=0,3451. Acesso em: 10 maio 2022.

RIO GRANDE DO SUL. 4ª Vara da Fazenda Pública do Foro Central da Comarca de Porto Alegre. Processo nº 001/1.09.0303537-9 (CNJ 3035371-97.2009.8.21.0001). *Diário de Justiça do Estado do Rio Grande do Sul* (DJRS), 19 nov. 2010. Disponível em: http://www.jusbrasil.com.br/diarios/23251378/pg-147-capital-1-grau-diario-de-justica-do-estado-do-rio-grande-do-sul-djrs-de-19-11-2010. Acesso em: 10 maio 2022.

RIO GRANDE DO SUL. Agravo de Instrumento (AG) nº 0326495-71.2018.8.21.7000. Rel. Niwton Carpes da Silva, 6ª Câmara Cível. Julg. 25 abr. 2019. *Diário Oficial do Estado do Rio Grande do Sul* (DJRS), Porto Alegre, 26 abr. 2019. Disponível em: https://consulta.tjrs.jus.br/consulta-processual/processo/movimentos?numeroProcesso=70079612834&codComarca=700. Acesso em: 9 mar. 2022.

RIO GRANDE DO SUL. Apelação Cível (APL) nº 50376382220208210001. Rel. Marco Antônio Ângelo, 19ª Câmara Cível. Julg. 6 ago. 2021. *Diário Oficial do Estado do Rio Grande do Sul* (DJRS), Porto Alegre, 13 ago. 2021. Disponível em: https://tj-rs.jusbrasil.com.br/jurisprudencia/1286806939/apelacao-civel-ac-50376382220208210001-rs. Acesso em: 12 jan. 2022.

RISCOS fiscais com demandas judiciais e precatórios. *Tesouro transparente*. 2023. Disponível em: https://www.tesourotransparente.gov.br/visualizacao/riscos-fiscais-com-demandas-judiciais-e-precatorios. Acesso em: 21 jun. 2023.

SALOMÃO NETO, Eduardo. *Direito bancário*. 3. ed. ver. e ampl. São Paulo: Trevisan, 2020. [livro eletrônico].

SANTOS, Bruno Maciel dos. *A utilização de precatórios como forma de extinção de créditos tributários*. 2013. 154 f. Dissertação (Mestrado em Direito) – Departamento de Direito Econômico Financeiro e Tributário, Universidade de São Paulo. São Paulo, 2013. Disponível em: https://www.teses.usp.br/teses/disponiveis/2/2133/tde-10092014-165223/publico/Dissertacao_Bruno_Maciel_dos_Santos_integral.pdf. Acesso em: 5 jan. 2021.

SÃO PAULO. Ação Rescisória (AR) nº 2123603-18.2019.8.26.0000. Rel. Melo Colombi, 7º Grupo de Direito Privado. Julg. 16 jul. 2019. *Diário Oficial do Estado de São Paulo* (DJSP), São Paulo, 16 jul. 2019. Disponível em: https://tj-sp.jusbrasil.com.br/jurisprudencia/732801903/acao-rescisoria-ar-21236031820198260000-sp-2123603-1820198260000. Acesso em: 12 jan. 2022.

SÃO PAULO. Agravo de Instrumento (AG) nº 2198932-65.2021.8.26.0000. Rel. Antonio Celso Faria, 8ª Câmara de Direito Público. Julg. 29 nov. 2021. *Diário Oficial do Estado de São Paulo* (DJSP), São Paulo, 29 nov. 2021a. Disponível em: https://tj-sp.jusbrasil. com.br/jurisprudencia/1334748078/agravo-de-instrumento-ai-21989326520218260000-sp-2198932-6520218260000. Acesso em: 12 jan. 2022.

SÃO PAULO. Agravo de Instrumento (AG) nº 2226953-90.2017.8.26.0000. Rel. Roberto Mac Cracken, 22ª Câmara de Direito Privado. Julg. 7 mar. 2018. *Diário Oficial do Estado de São Paulo* (DJSP), São Paulo, 7 mar. 2018. Disponível em: https://tj-sp.jusbrasil.com. br/jurisprudencia/558090593/22269539020178260000-sp-2226953-9020178260000/inteiro-teor-558090648. Acesso em: 12 jan. 2022.

SÃO PAULO. Agravo de Instrumento (AG) nº 2266338-40.2020.8.26.0000. Rel. Antônio Nascimento. 26ª Câmara de Direito Privado. Julg. 8 fev. 2021. *Diário Oficial do Estado de São Paulo* (DJSP), São Paulo, 11 fev. 2021b. Disponível em: https://esaj. tjsp.jus.br/cposg/search.do?conversationId=&paginaConsulta=0&cbPesquisa=NUMPROC&numeroDigitoAnoUnificado=2266338-40.2020&foroNumeroUnificado=0000&dePesquisaNuUnificado=2266338-40.2020.8.26.0000&dePesquisaNuUnificado=UNIFICADO&dePesquisa=&tipoNuProcesso=UNIFICADO#?cdDocumento=37. Acesso em: 12 jan. 2022.

SÃO PAULO. Apelação Cível (APL) nº 1010153-53.2018.8.26.0161. Rel. Alexandre David Malfatti, 20ª Câmara de Direito Privado. Julg. 25 out. 2021. *Diário Oficial do Estado de São Paulo* (DJSP), São Paulo, 26 out. 2021c. Disponível em: https://tj-sp. jusbrasil.com.br/jurisprudencia/1306528905/apelacao-civel-ac-10101535320188260161-sp-1010153-5320188260161/inteiro-teor-1306528932. Acesso em: 21 jan. 2022.

SARLET, Ingo WOLFGANG; Marinoni, Luiz Guilherme; MITIDIERO, Daniel. *Curso de direito constitucional*. 11. ed. São Paulo: SaraivaJur, 2022.

SCAFF, Fernando Facury. O uso de precatórios para pagamento de tributos. *In*: ROCHA, Valdir de Oliveira (Coord.). *Grandes questões atuais de direito tributário*. São Paulo: Dialética, 2009. v. 13.

SECURITIES AND EXCHANGE COMMISSION (SEC). *Administrative proceeding n. 3-18304*. Washington. 11 nov. 2017. Disponível em: https://www.sec.gov/litigation/admin/2017/33-10445.pdf. Acesso em: 16 jun. 2022.

SECURITIES AND EXCHANGE COMMISSION (SEC). *Framework for "investment contract" analysis of digital assets*. FinHub. 2019. under the Howey test. Disponível em: https://www.sec.gov/files/dlt-framework.pdfhttps://www.sec.gov/files/dlt-framework. pdf. Acesso em: 10 ago. 2021.

SIMÃO, José Fernando. Requisitos do erro como vício do consentimento no Código Civil. *In*: DELGADO, Mário Luiz; ALVES, Jones Figueiredo. *Questões controvertidas no novo Código Civil*. v. 6. São Paulo: Método, 2007.

SIQUEIRA, Dirceu Pereira; LINO JR, Keller Vieira. Teoria da transcendência dos motivos determinantes da sentença no controle difuso de constitucionalidade: análise crítica. *Revista Direitos Humanos e Democracia*, Ijuí/RS, Ano 2, n. 3. jan./jun. 2014. Disponível em: https://www.revistas.unijui.edu.br/index.php/direitoshumanosedemocracia/article/view/2526/2625. Acesso em: 10 ago. 2022.

SOARES, Marcelo Negri; FRESCHI, Izabella. *Ação rescisória*. 2. ed. atual. de acordo com o CPC/2015. São Paulo: Blucher, 2019.

STOETERAU, Rogério. Empréstimos compulsórios: uma análise financeira e constitucional. 1978. Disponível em: https://repositorio.ufsc.br/bitstream/handle/123456789/106053/321197.pdf?sequence=1&isAllowed=y. Acesso em: 2 maio 2022.

STOLZE, Pablo; PAMPLONA FILHO, Rodolfo. *Manual de direito civil*. 4. ed. São Paulo: Saraiva Educação, 2020, volume único.

STONE, Alan. *Regulation and its alternatives*. Washington, D.C.: Congressional Quarterly Press, 1982.

TARTUCE, Flávio. *Manual de direito civil*. 11. ed. Rio de Janeiro: Forense, 2021, volume único.

THEODORO JÚNIOR, Humberto. *Curso de direito processual civil*. 63. ed. rev., atual. e ampl. Rio de Janeiro: Forense, 2022a. v. 1.

THEODORO JÚNIOR, Humberto. *Curso de direito processual civil*. 55. ed. rev., atual. e ampl. – Rio de Janeiro: Forense, 2022b. v. 3.

UNITED STATES. Supreme Court (SC). *Reves v. Ernst & Young*, 494 U.S. 56, feb. 1990. Disponível em: https://supreme.justia.com/cases/federal/us/494/56/. Acesso em: 21 abr. 2022.

UNITED STATES. Supreme Court (SC). *Securities and Exchange Commission v. W. J. Howey Co*, 328 U.S. 293. U.S, may. 1946. Disponível em: https://supreme.justia.com/cases/federal/us/328/293/. Acesso em: 21 abr. 2022.

VISÃO integrada das dívidas da União, dos estados, do Distrito Federal e dos municípios. *Tesouro transparente*. 2022. Disponível em: https://www.tesourotransparente.gov.br/historias/visao-integrada-das-dividas-da-uniao-dos-estados-do-distrito-federal-e-dos-municipios. Acesso em: 10 out. 2022.

VISCUSI, W. Kip; VERNON, John Mitcham; HARRINGTON, Joseph Emmett. *Economics of regulation and antitrust*. Cambridge, Massachusetts London, England: MIT Press, 1998.

WAMBIER, Teresa Arruda Alvim. *Nulidades do processo e da sentença*. 8. ed. rev., atual. e ampl. São Paulo: Ed. Revista dos Tribunais, 2017.